高等职业教育通识类课程新形态教材

样板式常用应用文写作
（第二版）

主　编　傅春丹

副主编　王　纯

中国水利水电出版社
www.waterpub.com.cn
·北京·

内 容 提 要

本教材分上下篇，共十五个模块，上篇有四个模块，是常用党政公文的写作；下篇有十一个模块，是常用事务文书的写作，其中第十五模块“毕业论文”扫二维码即可看到。全书讲述了包括公文在内多个文种的写作，基本涵盖了学生工作后要用到的应用文和技能考证、公务员考试等应用文的写作。新版教材增加了视频内容，读者可以通过扫二维码观看微课，学习到更多的知识和技能；还增加了新的例文和实训题，这些例文和实训题大多来自社会和企业的工作情景，是作者到企业锻炼期间专门收集的文案；公文格式一目了然，读者可以“照样画瓢”。

本教材力求突出高职院校“教学做”一体化的特色，按照高职专业方向的培养目标、课程内容、评价标准和技能考证等进行编写；按照“能力目标—知识目标—工作情景—必需知识—范文借鉴—病例评析—微课资料”的体例编写，读者易学易懂。

本教材免费提供实训题参考答案、课程标准、教学参考资料等供教师教学时参考，如有需要的老师可向作者索取。作者邮箱：1751513234@qq.com；电话：13631448060。

本书配有教学 PPT 和样板文库（22 篇样板），读者可以从中国水利水电出版社网站（www.waterpub.com.cn）或万水书苑网站（www.wsbookshow.com）免费下载。

图书在版编目（CIP）数据

样板式常用应用文写作 / 傅春丹主编. -- 2版. -- 北京 : 中国水利水电出版社, 2021.1
高等职业教育通识类课程新形态教材
ISBN 978-7-5170-9402-9

Ⅰ. ①样… Ⅱ. ①傅… Ⅲ. ①汉语－应用文－写作－高等职业教育－教材 Ⅳ. ①H152.3

中国版本图书馆CIP数据核字(2021)第020389号

策划编辑：杨庆川　　责任编辑：张玉玲　　加工编辑：刘　瑜　　封面设计：李　佳

书　　名	高等职业教育通识类课程新形态教材 样板式常用应用文写作（第二版） YANGBANSHI CHANGYONG YINGYONGWEN XIEZUO
作　　者	主　编　傅春丹 副主编　王　纯
出版发行	中国水利水电出版社 （北京市海淀区玉渊潭南路 1 号 D 座　100038） 网址：www.waterpub.com.cn E-mail：mchannel@263.net（万水） sales@waterpub.com.cn 电话：（010）68367658（营销中心）、82562819（万水）
经　　售	全国各地新华书店和相关出版物销售网点
排　　版	北京万水电子信息有限公司
印　　刷	三河市航远印刷有限公司
规　　格	210mm×285mm　16 开本　18.25 印张　546 千字
版　　次	2014 年 1 月第 1 版　2014 年 1 月第 1 次印刷 2021 年 1 月第 2 版　2021 年 1 月第 1 次印刷
印　　数	0001—3000 册
定　　价	49.90 元

第二版前言

本教材的原版《样板式常用应用文写作》和《样板式常用应用文写作实践》，于 2004 年 8 月由广东高等教育出版社正式出版，重印 7 次，印刷册数近 3.5 万册；2014 年改版后由中国水利水电出版社出版，教材名称叫《样板式常用应用文写作》和《应用文写作范例与实训》，印刷 2 次，共 7000 册；作为一本“写作词典”，从 2004 年以来，经过不断修改完善，以“样板、简明、实用、新颖”和“可以照样画瓢”而得到广大学生和教师的认可，非常适合高职学生学习。至今为止，有十几所学院使用本教材，每年使用量超过 2700 册。

随着高职教育的改革，“项目导向、任务驱动、工学结合、学以致用、网络教学、云教学”的教学理念进入课堂，教材也必须贯穿这个思路。首先，2014 年版的例文和练习题，有些已经陈旧，必须更换，才能适应高速发展的社会；其次，教材必须注入网络教学的内容和理念，让老师和学生通过扫码学到更多的知识和技能，所以我们决定对 2014 年版的教材进行修订。修改的重点有：一是修改了编写体例，将原来的一套两册教材合为一册，以方便学生携带；二是加上【微课资料】，将“有声教材”和“无声教材”合为一体，【微课资料】有教学录像（微课）、样板文库，老师和学生都可以通过扫二维码查看；三是增加了例文，特别是“样板文库”，这是本教材最大的特点之一，例文大多数是企业的应用文，是编者走访了十几家企业，还到企业兼职一年收集到的写作案例，读者可从万水书苑（www.wsbookshow.com）下载；四是增加了很多更有针对性、实用性的技能训练题。笔者从事了二十多年的应用文写作课的教学，认为这样的教材更加简洁、实用、有趣。

一、新版的《样板式常用应用文写作》的特点有：

（1）“工学结合”。本套教材按照“能力目标－知识目标－工作情景－必需知识－范文借鉴－病例评析－微课资料”的体例编写，使教学能以学生为主角、老师为导演，有效锻炼学生的写作技能，适合高职院校学生学习。

（2）样板格式。这也是本书的一大特色，包括写法的“样板”和格式的“样板”。本书用国际 A4 型纸张编印，与公文和大多数事务文书的用纸尺寸相同，选用例文的写法和格式都是规范的、样板的，如公文跟实际工作中的公文格式（包括排版、字体、字号等）一模一样，学生可以“照样画瓢”，是目前同类书中少有的。

（3）样板文库。这是本书的第二大特色。编者从事应用文写作二十几年来，深深地感受到：学生学习应用文写作，最想看的就是例文，不管是课堂上还是工作生活中，需要写作应用文时首先想的就是找例文，不想看枯燥、难懂的理论。例文多，学生就容易学、容易模仿，老师也容易教。现在的一些应用文写作教材或参考书，还是理论太多，范文、练习题太少，且很多例文太旧，内容大多还是机关事业单位的，企业的较少，学生不喜欢看，也不实用。本书例文很多，包括工作情景、范文借鉴、病例评析、样板文库，【微课资料】里还有大量的样板文。

（4）与企业实际紧密结合。书中的例文大多是来自社会和企业的应用文写作实例，是作者通过自己到企业锻炼和专门到很多企业收集案例编写而成的。再者，本教材的编者是既有企业锻炼的经历，又有丰富教学经验和教材编写经验的资深教师，还有来自行业企业的高级工程师、高级管理者组成顾问团，如中国南方航空股份有限公司广州营业部副总经理张东升先生、广州国际（澳门）职业介绍所有限公司副总经理吴春燕女士等为本教材提供宝贵意见。

（5）与职业技能竞赛和职业技能证书考证紧密结合。我们在编写教材中特别注意与国家、省市举办的职业技能竞赛，劳动部门、行业部门举办的职业技能考证和技能鉴定标准接口，如全国（省、市）秘书技能竞赛、公务员考试等，须考的文种本教材基本上都有。

（6）突出“服务性”。我们把每一章节都做成课件（PowerPoint），还有课程标准、练习题参考答案等，以便于教师教学、读者学习。

二、几点说明：

（1）修订后教材只有一册，名称是《样板式常用应用文写作》（所有微课、实训题目和样板文都在二维码里）。

（2）本书由广东水利电力职业技术学院副教授傅春丹任主编，广东水利电力职业技术学院讲师王纯任副主编。具体分工如下：模块一至模块十二由傅春丹老师编写，模块十三至模块十五由王纯老师编写，微课由王纯老师主讲；全书的 PPT 由王纯老师制作。

（3）在本书修订过程中，我们曾多次与中国南方航空股份有限公司、深圳市长城房地产股份有限公司、广州国际劳务公司、广东电视台、江门市格威精密机械有限公司、江门市新会区熔鑫金属制品有限公司等企事业领导和有关部门负责人进行探讨，研究本书修改的内容和编写体例，在此表示感谢。

（4）本教材自 2004 年正式出版以来，一直受到省内外许多高职高专院校的认可，在诸多高职高专院校使用，具体有广东水利电力职业技术学院、广东铁路职业技术学院、广东轻工职业技术学院、广东从化市技工学校、广东化工制药职业技术学院、广东白云学院、广东技术师范学院、中山火炬职业技术学院、广州市公用事业技师学院、深圳信息职业技术学院、广东邮电职业技术学院、北京交通职业技术学院、石家庄职业技术学院、南京铁道职业技术学院、贵州铜仁职业技术学院、广西国际商务职业技术学院、广西师范高等专科学校、内蒙古警察职业学院、北京经济管理职业技术学院、安徽滁州职业技术学院等。这些院校在使用的同时也提出了很多宝贵意见，在此表示衷心的感谢！期待读者提出更多更好的建议，共同让此教材更加完善。

傅春丹

2020 年 7 月 19 日于广州

第一版前言

本教材的原版《样板式常用应用文写作》和《样板式常用应用文写作实践》，于2004年8月由广东高等教育出版社正式出版，至今已第7次印刷，每年平均重印1次，印刷数近3.5万册，因为“样板、简明、实用”和“可以照样画瓢”、是一本“写作词典”等突出特色，非常适合高职学生学习，得到了省内外许多高职高专院校的认可，有十几所学院使用本教材，每年使用量超过3800册。

随着高职教育的改革，“项目导向、任务驱动、工学结合、学以致用”的教学理念进入课堂，教材也必须贯穿这个思路；其次，上篇党政公文已经有新的规定，必须尽快更新；再次，原版的例文和练习题，有些已经陈旧，必须更换，才能适应高速发展的社会，所以我们决定对原版进行修订和改写。修改的重点有：一是改变了编写体例。吸取了完全工学结合编写体例和传统编写体例的优点，尝试用一种既易学又好教也贴近实际的新的编写体例，配合课堂教学，按企业实际经营活动帮助老师进行教学设计；二是按照党政公文最新的规定修改公文格式与内容；三是增加了例文，特别是“样板文库”，是本教材最大的特点之一，例文大多数是企业的应用文，为了这一点，编者走访了十几家企业，还到企业兼职工作一年之久，收集了很多现代企业的应用文写作案例；四是增加了很多更有针对性、实用性的技能训练题。笔者从事二十几年的应用文写作课教学，认为这样的教材更加简洁实用。

一、新的《样板式常用应用文写作》（配套《应用文写作范例与实训》）特点有：

1．“工学结合”。本套教材按照“能力目标—知识目标—工作情景—必需知识—范文借鉴—病例分析—技能实训—样板文库”的体例编写，使教学能以学生为主角、老师为导演，有效锻炼学生的写作技能，适合高职院校学生的学习。

2．样板格式。这也是本书的一大特色，包括写法的“样板”和格式的“样板”。本书用国际A4型纸张编印，与公文和大多事务文书的用纸大小相同，选用例文的写法和格式都是规范的、样板的，如公文跟实际工作中的公文格式（包括排版、字体、字号等）一模一样，学生可以“照样画瓢”，是目前同类书中少有的。

3．样板文库。这也是本书的第二大特色。编者从事应用文写作二十几年来，深深地感受到：学生学习应用文写作，最想看的就是例文，不管是课堂上还是工作生活中，需要写作应用文时首先想的就是找例文，不想看枯燥、难懂的理论。例文多，学生就容易学，老师也好教。现在的一些应用文写作教材或参考书，大多还是理论太多，范文、练习题太少，学生不喜欢。本书例文很多，包括：工作情景、范文借鉴、病例分析、样板文库和配套的《应用文写作范例与实训》，有大量的例文。

4．与企业实际紧密结合。书中的例文大多是来自社会和企业的应用文写作实例，是作者通过自己到企业锻炼和专门到很多企业收集案例编写而成。再者，本教材的编者，既有企业锻炼的经历，又有丰富的教学经验和教材编写经验的资深教师，还有来自于行业企业的高级工程师、高级管理者为企事业顾问团，如中国南方航空股份有限公司广州营业部副总经理张东升先生、广州国际（澳门）职业介绍所有限公司副总经理吴春燕女士等为本教材提供宝贵意见。

5．与技能证书考证紧密结合。我们在编写教材中特别注意与劳动部门、行业部门颁发的职业资格证书或技能鉴定标准接口，如国家秘书等级证书、公务员考证等，须考的文种本教材基本上都有。

6．突出“服务性”。为了方便教师教学，我们把每一章节都做成课件（PowerPoint），刻在光盘里（包括教学参考资料、练习题参考答案等）。使用此书 100 册以上赠送光盘（此光盘只送给老师教学用）。请订书的教师跟本书主编联系（手机号：13631448060）。

二、几点说明：

1．修订后教材的名称是：《样板式常用应用文写作》和《应用文写作范例与实训》两册。

2．本书在修订过程中，我们曾多次与中国南方航空股份有限公司、深圳市长城房地产股份有限公司、广州国际劳务公司、广东电视台、江门市格威精密机械有限公司、江门市新会区熔鑫金属制品有限公司等企事业领导和有关部门负责人进行探讨，研究本书修改的内容和编写体例，在此表示感谢。

3．本教材自出版以来，一直受到省内外许多高职高专院校的认可和使用，有：广东水利电力职业技术学院、广东轻工职业技术学院、广东从化市技工学校、广东化工制药职业技术学院、广东白云学院、广东技术师范学院、中山火炬职业技术学院、广州市公用事业技师学院、深圳信息职业技术学院、广东邮电职业技术学院、潮州韩山师专、北京交通职业技术学院、石家庄职业技术学院、南京铁道职业技术学院、贵州铜仁职业技术学院、广西国际商务职业技术学院、广西师范高等专科学校、海南琼台师范高等专科学校等。他们在使用的同时也提出了很多宝贵意见，在此表示衷心的感谢，期待提出更多更好的建议，共同将此教材建设得更加完善。

4．很荣幸邀请到了华东师范大学教授、博士生导师，教育部全国中等职业教育教学指导委员会委员、文化基础课教学指导委员会副主任，中国职业技术教育学会语文教学研究会理事长倪文锦教授为本书作序，在此表达由衷的谢意。

傅春丹

2013 年 10 月 8 日于广州

目　录

上篇　常用党政公文的写作

下篇　常用事务文书的写作

上篇　常用党政公文的写作

模块一　公文概述

【能力目标】

1. 能够根据具体情况正确选择公文文种并对各种公文的格式进行排版。
2. 能够根据具体公文内容正确运用公文语言，按行文规则和公文处理程序正确处理公文。

【知识目标】

1. 懂得公文的种类，了解确定文种的依据和各种公文不同的格式。
2. 掌握公文的行文规则和公文的处理办法。

【工作情景】

通知

学校各部门：

根据学校工作安排，12 月 17 日（星期四）中午由天河校区开往从化校区的交通车由中午 13:00 提前至中午 12:45 出发。

特此通知。

总务部（章）

2020 年 12 月 16 日

讨论：

1. 这份公文宜选用何种文种？依据是什么？
2. 如何正确规范地拟写这份公文？（学生讨论这份公文的结构，在老师指导下试写这份公文。）

【必需知识】

一、什么是公文？

公文即公务文书，又称公务文件，是我国党政机关、人民团体或企事业单位处理公务时使用的书面材料。这些材料按照特定的格式，经过一定的处理程序制成，是我国党政机关、人民团体或企事业单位发布政策法令、传达工作意图、联系公务与记载工作活动的一种工具。广义的公文包括党政机关公文、军事公文、外交公文、司法公文、立法机关公文等。狭义的公文特指党政机关的公文（包括电报，下同），是党政机关实施领导、履行职能、处理公务的具有特定效力和规范体式的文书，是传达贯彻党和国家的方针政策，公布法规和规章，指导、布置和商洽工作，请示和答复问题，报告、通报和交流情况等的重要工具。本章介绍的主要是狭义的公文，即党政机关公文，是根据中共中央办公厅、国务院办公厅印发的《党政机关公文处理工作条例》（以下称《条例》）和中华人民共和国国家标准《党政机关公文格式》（GB/T 9704—2012）（以下称《标准》）编写而成的。《条例》规定：“本条例从 2012 年 7 月 1 日起施行。1996 年 5 月 3 日中共中央办公厅发布的《中国共产党机关公文处理条例》和 2000 年 8 月 24 日国务院发布的《国家行政机关公文处理办法》停止执行。”

二、公文的特点

公文是法定的机关单位在处理公务时，按照特定的格式，经过一定的处理程序制发的一种通用文书。作为一种文章体裁，公文形成了自己鲜明的特点，主要表现在以下方面：

（1）以反映和治理社会、管理国家的公务信息为内容。公文所表达和反映的是某一党政机关、人民团体或企事业单位的意见和主张，其内容是治理社会、管理国家的公务信息。

（2）有规范的格式。一般应用文都有较规范的格式，公文的格式要求就更加严格了。公文的格式以最新的《条例》为依据。这种格式化有助于撰稿者规范思路，循格写作，也有利于受文者循格阅读，从而提高办理公务的效率。随着办公自动化程度的不断提高，公文程式化的特点也会更加鲜明突出。

（3）公文有法定的作者、特定的读者。公文的作者，只能是法定的机关单位及某些领导人，如国家主席、国务院总理等。实际的撰稿者，一般是公务人员。从承拟公文到收集材料、执笔撰稿、修改审核、签发定稿等的整个过程，是由有关的众多公务人员分工合作、集体完成的。而公文发送的范围一般仅限于机关单位之内或机关单位之间。读者是特指的，一般是受文机关，根据职权范围，谁可以承办，谁就是读者。但也有些在报纸公开发表或在公共场所张贴的公文，如公告、通告、“白头通知”等，读者是社会的全体成员。

（4）有法定的权威和约束力。公文作为治理国家、管理社会的工具，其作者又是法定的，所以公文的撰写、阅读、处理，都得按办理公务的要求进行，都要受各级机关的隶属关系和职权范围的限制，是不能随意的。公文的这种行政约束力使其有相应的法定权威。这也是公文不同于其他应用文的重要特点。

三、公文的种类

（一）按适用范围分，《条例》把党政机关公文分为 15 种（如表 1 所示）

表 1 党政机关公文的分类

序号	文种	性质	用途	示例
1	决议	法规性	适用于会议讨论通过的重大决策事项	1．中共中央关于社会主义精神文明建设指导方针的决议； 2．中共河北省委关于开除×××、×××党籍的决议
2	决定	法规性	适用于对重要事项作出决策和部署、奖惩有关单位和人员、变更或者撤销下级机关不适当的决定事项	1．国务院关于加快发展中西部地区乡镇企业的决定； 2．交通部关于整顿治理道路水路运输市场的决定
3	命令（令）	法规性	适用于公布行政法规和规章、宣布施行重大强制性措施、批准授予和晋升衔级、嘉奖有关单位及人员	1．中华人民共和国主席令； 2．国务院对胜利粉碎劫机事件的民航杨继海机组的嘉奖令； 3．国务院令第 126 号《长江三峡工程建设移民条例》
4	公报	告知性	适用于公布重要决定或者重大事项	1．中国共产党第××届中央委员会第七次全体会议公报； 2．新闻公报； 3．中华人民共和国和美利坚合众国关于建立外交关系的联合公报
5	公告	告知性	适用于向国内外宣布重要事项或者法定事项	中华人民共和国第十七届全国人民代表大会公告
6	通告	告知性 规定性	适用于在一定范围内公布应当遵守或者周知的事项	1．××市××区人民政府建设用地通告； 2．××市建设局施工断路通告
7	意见	建议性	适用于对重要问题提出见解和处理办法	××公安局关于检查整改火险隐患的几点意见

续表

序号	文种	性质	用途	示例
8	通知	发布性 批转性 指示性 告知性	适用于发布、传达要求下级机关执行和有关单位周知或者执行的事项，批转、转发公文	1．国务院批转财政部、国家计委关于进一步加强外国政府贷款管理若干意见的通知； 2．××省人民政府转发国务院关于进一步加强证券市场宏观管理的通知； 3．国务院关于印发近期开展反腐败斗争实施意见的通知； 4．国务院关于提高商品零售营业税税率的通知
9	通报	告知性 指导性	适用于表彰先进、批评错误、传达重要精神和告知重要情况	1.××省人民政府关于表彰×××等60位做出突出贡献优秀教师的通报； 2．××省教育委员会关于××县××镇教育干事××挪用教育经费私建住宅的通报； 3．××省××集团公司关于会计基础工作评比情况的通报
10	报告	呈报性	适用于向上级机关汇报工作、反映情况，回复上级机关的询问	中国人民银行××市××区分行关于发现变相货币的报告
11	请示	请示性	适用于向上级机关请求指示、批准	××厂关于产品仓库急需修建下水道的请示
12	批复	批示性	适用于答复下级机关请示事项	××市财政局关于毛毡生产纳税问题的批复
13	议案	法规性	适用于各级人民政府按照法律程序向同级人民代表大会或者人民代表大会常务委员会提请审议事项	××省人民政府向××省第八届人大第一次会议提请关于加强渔港建设的议案
14	函	商洽性 请示性 征询性	适用于不相隶属之间商洽工作、询问和答复问题、请求批准和答复审批事项	1．中国科学院××研究所关于建立全面协作关系的函； 2．国务院办公厅关于征求《国家行政机关公文处理办法（草案）》意见的函； 3．×××学校关于请求在××路兴建教职工宿舍的函
15	纪要	告知性 指导性	适用于记载会议主要情况和议定事项	1．北京市海淀区人民政府常务会议纪要； 2．中南大学校长办公会议纪要； 3．广州市人民政府关于防治传染性非典型肺炎指挥部成员第一次会议纪要

（二）按行文方向可分为上行文、平行文、下行文三类

上行文是指下级机关单位向上级机关发送的公文，有请示、报告等；平行文是平级机关单位或不相隶属单位之间往来的公文，有函、议案（议案作为政府机关向同级人大或人大常委会提请审议事项的文件，应为平行文，其格式也按“信函式”行文）等；下行文则是上级机关向下级机关所发的公文，有命令、决定、决议、公报、公告、通告、通知、通报、批复等。意见和纪要比较特殊，它们既可向上发，又可向下发，还可以向平级发，所以它们既可以是上行文，又可以是平行文，还可以是下行文。在写作时，必须根据发文目的和发文内容，选择不同方向行文的格式。

四、选择、决定文种的依据

一个机关单位行文时该用哪种文种，这是很重要的。选择、决定文种的根据是：

（1）公文的内容、目的。如果发文的内容是向上级汇报工作情况，目的是让上级知道工作开展得如何，有什么经验教训，作为上级决策时的参考内容，就必须用报告；如果发文的内容是请求上级帮助或批准做某件事或开展某项工作，就用请示行文。

（2）发文机关的权限。有些文种对使用者的权限有明确规定，如不具备法定的权限，则不能使用这些文种，如命令、议案等，除党中央、各级党委或国务院、国务院各部委及县级以上人民政府使用外，其他单位一般不宜采用。

（3）发文机关与受文机关之间的关系。上级机关只有向它的直接下级机关发文时才能使用规定性、指导性、公布性的下行文种，如通知、通报、决定等；下级机关只有向它的直接上级机关发文时才能选用呈报性的上行文种，如报告、请示等；当发文机关与受文机关是同级或不相隶属关系时，一般采用平行文种，如函等。

五、公文的格式

公文具有规范的格式是其一大特点。本书的公文格式是根据《条例》和《标准》编写的。

公文格式的基本内容包括公文文面结构，公文用纸、排版、装订等。

公文格式，指的是公文的外部组织形式。它包括公文用纸幅面及版面尺寸、公文的书写与排版规格、公文的图文颜色、公文的印刷装订要求、公文的文面结构等。

（一）公文用纸幅面及版面尺寸

1. 公文用纸

《条例》规定，公文用纸幅面采用国际标准 A4 型，即采用宽 210mm、长 297mm 的白纸。因公文规定双面印刷，故公文的纸张要有一定厚度，一般使用纸张定量为 60～80g/m^2 的胶版印刷纸或复印纸。纸张白度 80%～90%，横向耐折度≥15 次，不透明度≥85%，pH 值为 7.5～9.5。

特殊形式的公文用纸幅度，根据实际需要确定。

2. 公文版面尺寸

公文页边与版心尺寸如下。（见“模块一”后面的“公文格式样板一：版心尺寸”。）

版心尺寸：156mm（宽）×225mm（长）（不含页码）。

具体为：

单页面：上白边为 37mm；下白边为 35mm；左白边为 28mm；右白边为 26mm。

双页面：上白边为 37mm；下白边为 35mm；左白边为 26mm；右白边为 28mm。

每项误差为±1mm。

（二）公文的书写与排版规格

1. 公文的书写

公文文字从左到右横写、横排；民族自治地方的公文可以并用汉字和当地通用的少数民族文字，但其用纸、幅面尺寸及版面、印制等要求按照《标准》执行，其余可以参照《标准》并按照有关规定执行。

2. 公文的排版规格

正文用 3 号仿宋体字；文中如有小标题，可用 3 号小标宋体字或黑体字；一般每面排 22 行，每行排 28 个字。特定情况可以进行适当调整。

（三）公文的图文颜色

如无特殊说明，公文在一般情况下，除了发文机关名称、版头的间隔线和落款印章为红色外，其余部分均为黑色。

（四）公文的印刷装订要求

公文要求双面印刷，页码套正；公文应左侧装订，骑马订或平订的订点为两钉，订位为两钉外订眼距版面上下边缘各 70mm 处，允许误差±4mm。

（五）公文的文面结构

《条例》规定，公文一般由份号、密级和保密期限、紧急程度、发文机关标志、发文字号、签发人、标题、主送机关、正文、附件说明、发文机关署名、成文日期、印章、附注、附件、抄送机关、印发机关和印发日期、页码等组成。

（六）公文文面格式的制作

《标准》将版心内的公文格式各要素划分为版头、主体、版记三部分。公文首页红色分隔线以上的部分称为版头；公文首页红色分隔线（不含）以下、公文末页首条分隔线（不含）以上的部分称为主体；公文末页首条分隔线以下、末条分隔线以上的部分称为版记。

页码位于版心外。

1. 版头

版头是指置于公文首页红色分隔线以上的各个要素，它由份号、密级和保密期限、紧急程度、发文机关标志（红色印刷）、发文字号、签发人、版头中的分隔线等七部分组成。

（1）份号。份号即公文印刷份数的顺序号，是将同一文稿印制若干份时每份公文的顺序编号。如需标注份号，一般用6位3号阿拉伯数字，顶格编排在版心左上角第一行。

并不是所有公文都需要编制份号。《条例》规定，涉密公文应当标注份号。例如“1”编为“000001”。

（2）密级和保密期限。密级和保密期限是指公文秘密等级和保密期限。《中华人民共和国保守国家秘密法》（以下简称《保密法》）将国家秘密的密级分为绝密、机密、秘密三级。密级的确定，要根据公文内容，按照《保密法》的规定，从维护国家利益出发，坚持既有利于保密，又方便工作的原则，严格按权限范围、审定程序处理。2014年3月9日国家保密局公布的《国家秘密定密管理暂行规定》规定：“国家秘密一经确定，应当同时在国家秘密载体上作出国家秘密标志。国家秘密标志形式为‘密级★保密期限’‘密级★解密时间’或者‘密级★解密条件’。”

如需标注密级和保密期限，一般用3号黑体字，顶格编排在版心左上角第二行；保密期限中的数字用阿拉伯数字标注。

（3）紧急程度。紧急程度是指公文送达和办理的时限要求。根据紧急程度，紧急公文应分别标注“特急”或“加急”，电报应分别标注“特提”“特急”“加急”或“平急”。

如需标注紧急程度，一般用3号黑体字，顶格编排在版心左上角；如需同时标注份号、密级和保密期限、紧急程度，按照份号、密级和保密期限、紧急程度的顺序自上而下分行排列。

（4）发文机关标志。发文机关标志，即人们通常所称的“红头”，由发文机关全称或者规范化简称加“文件”二字组成，如“国务院文件”“广东省人民政府文件”等；也可以使用发文机关全称或者规范化简称，如“中共中央”“中共广州市委”等，不可随意简称。

发文机关标志居中排布，标志文字的上边缘至版心上边缘为35mm，推荐使用小标宋体字，颜色为红色，以醒目、美观、庄重为原则。[见“模块一”后面的“公文格式样板二：下行文格式（有附件）”的首页。]

联合行文时，发文机关标志可以并用联合发文机关名称，也可以单独用主办机关名称。如需同时标注联署发文机关名称，一般应当将主办机关名称排列在前；如有“文件”二字，应当置于发文机关名称右侧，以联署发文机关名称为准上下居中排布。[见“模块”后面的“公文格式样板十：联合行文首页格式（下行文）”和“公文格式样板十一：联合行文首页格式（上行文）”。]

（5）发文字号。发文字号又称文号，是指某一公文在发文机关一个年度内发文总号数中的实际顺序号。发文字号由发文机关代字、年份、发文顺序号三部分组成。例如“中办发〔2012〕14号”，表示中共中央办公厅在2012年度内发的第14号文。

发文字号的主要作用有：一是便于登记。发文机关和收文机关，发文或者收文一般都登记发文字号。二是便于分类、归档。无论是按发文机关还是按发文年份分类和归档，都得用到发文字号。三是便于查找、引用。一篇公文，标题可以有相同的，但发文字号绝对没有相同的。对于一些标题较长的公文，如要引用，引用其发文字号比引用标题要准确、简便得多。

发文字号的位置，在发文机关名称下空两行，用3号仿宋体字，居中排布；年份、发文顺序号用阿拉伯数字标注；年份应标全称，用六角括号“〔〕”括入；发文顺序号不编虚位（即1不编为01），不加“第”字。

发文字号中的三个部分书写的先后顺序是：先写发文机关代字，接着是年份，最后是发文顺序号。

上行文的发文字号居左空一字编排，与最后一个签发人姓名处在同一行。

联合行文的发文字号，只标明主办机关的发文字号即可。

（6）签发人。签发人是指批准发出公文的机关领导人。上行文应当标注签发人姓名。由“签发人”三字加全角冒号和签发人姓名组成，居右空一字，编排在发文机关标志下空二行位置。“签发人”三字用3号仿宋体字，签发人姓名用3号楷体字。

如有多个签发人，签发人姓名按照发文机关的排列顺序从左到右、自上而下依次均匀编排，一般每行排两个姓名，回行时与上一行第一个签发人姓名对齐。

（7）版头中的分隔线。在发文字号之下 4mm 处居中印一条与版心等宽的红色分隔线。

2. 主体

主体是文件的最主要部分，指红色分隔线（不含）以下、公文末页首条分隔线（不含）以上的各要素，它由标题，主送机关，正文，附件说明，发文机关署名、成文日期和印章，附注，附件等部分组成。

（1）标题。公文标题，是公文内容和作用的高度概括。完整的公文标题是由发文机关名称、事由和文种三要素组成。例如《国务院关于实施西部大开发若干政策措施的通知》《交通部关于整顿治理道路水路运输市场的决定》，一般重要文件用完整式标题。

公文标题的字体要稍大于正文，一般用 2 号小标宋体字，分一行或多行居中排布，以显突出。编排于红色分隔线下空二行位置。

1）公文标题应准确，不产生歧义。拟写时，一要选准文种。因为收文机关常常通过标题中的文种名称来初步了解公文的作用和重要性，考虑处理的初步意向。二要准确表述事由。如果事由和公文内容不切合，收文机关会产生困惑，给公文的处理和管理造成障碍。这是公文标题拟写的大忌。

2）公文标题应简明，不拖沓冗长。一是可从实际出发，省略其中的某些成分。例如《关于检查整改火险隐患的几点意见》等，就省去了“发文机关名称”（大多数公文用这种省略式标题，因为发文机关名称在文件名称中已有标识），也有的公文省去了“事由”，或“发文机关”和“事由”都省去了。二是对事由部分的文字表述要反复提炼，力避转弯抹角、啰唆冗长。例如《××学院关于要求在今年高等师范院校中文系毕业生中分配两名语文老师到我校任教的请示》，就可以提炼为《关于调配两名语文老师的请示》，再如《关于申请建立××市体育学校的请示》事由部分的“申请”一词就应该删去，因为“请示”已包含“申请”的意思。

3）公文标题的排列和标点符号要求。

一是在移行排列时不要将结构紧密的词语拆开跨行排列，以保持词语的相对完整。例如：

① ××人民政府关
于加强交通安全管理的通告

② ××人民政府关于加强交
通安全管理的通告

这两个标题的排列，分别将“关于”和“交通”两个词分割，造成不恰当的停顿，使移行阅读的时间差影响了阅文人所获概念的完整性，降低了阅读效率。正确的排列方法是：

③ ××人民政府
关于加强交通安全管理的通知

二是要保持标题的适中、对称和醒目。简短的标题，通常是“一”字式排列；复杂的长标题，要在保持标题词语结构的完整性的前提下，采用梯形或菱形的方式排列，例如：

① ××××××××
××××××××××××××

② ×××××××××××××
××××××××

③ ××××××
××××××
××××××××××××

④ ××××××××××
××××××××××
××××

⑤ ××××××××
×××××××××××××
××××××××

（2）主送机关。主送机关，相当于书信中的“收信人”，是指负责处理、执行公文的主要收文机关。主送机关应编排于标题下空一行位置，居左顶格，回行时仍顶格，最后一个机关名称后标全角冒号。当主送机关名称过多导致公文首页不能显示正文时，应当将主送机关名称移至版记，标注方法见版记部分的“抄送机关”。

标识主送机关时应当使用机关全称、规范化简称或同类型机关的统称。所谓同类型机关统称如“厅直属各单位”等。

能否准确地写明主送机关，是公文发出后能否得到及时有效的处理的关键。因此，必须根据公文内容与机关职能，慎重而准确地选定拟写。不能漏写、多写。

（3）正文。正文是公文的主体，用来表述公文的内容。公文首页必须显示正文。正文一般用 3 号仿宋体字，编排于主送机关名称下一行，每个自然段左空二字，回行顶格。数字、年份（用阿拉伯数字标识的）均不能回行。

文中结构层次序数依次可以用“一、”“（一）”“1.”“（1）”标注；一般第一层用黑体字、第二层用楷体字、第三层和第四层用仿宋体字标注。

一篇公文的质量如何，关键是正文部分。这部分的结构通常包括缘由、事项、结尾三部分。

1）缘由部分。缘由部分主要说明发文原因，开宗明义，极其概括地交代行文的目的、依据等。

2）事项部分。事项部分要围绕行文的基本意向展开内容，叙述情况、分析问题，说明做法、提出要求。

3）结尾部分。结尾部分是正文的收束。因文种和行文关系不同，其结语也有所区别，如请示用“以上请示当否，请批示”，函用“特此函告”等。有的公文事项说完即结束，没有独立的结尾部分。

（4）附件说明。附件说明是指公文附件的顺序号和名称。

如果有附件，则在正文下空一行左空二字编排“附件”二字，后标全角冒号和附件名称。如果有多个附件，则使用阿拉伯数字标注附件顺序号（如“附件：1. ×××××”）；附件名称后不加标点符号。附件名称较长需回行时，应当与上一行附件名称的首字对齐。

（5）发文机关署名、成文日期和印章。

1）发文机关署名，署发文机关全称或者规范化简称；成文日期，署会议通过或者发文机关负责人签发的日期，联合行文时，署最后签发机关负责人签发的日期。公文中有发文机关署名的，应当加盖发文机关印章，并与署名机关相符。有特定发文机关标志的普法性公文和电报，可以不加盖印章。

2）加盖印章的公文。成文日期一般右空四字编排，印章用红色，不得出现空白印章。

单一机关行文时，一般在成文日期之上、以成文日期为准居中编排发文机关署名，印章端正、居中下压发文机关署名和成文日期，使发文机关署名和成文日期居印章中心偏下位置，印章顶端应当上距正文（或附件说明）一行之内。

联合行文时，一般将各发文机关署名按照发文机关顺序整齐排列在相应位置，并将印章一一对应、端正、居中下压发文机关署名，最后一个印章端正、居中下压发文机关署名和成文日期，印章之间排列整齐、互不相交或相切，每排印章两端不得超出版心，首排印章顶端应当上距正文（或附件说明）一行之内。（见“模块一”后面的公文格式样板六、七、八。）

3）不加盖印章的公文。单一机关行文时，在正文（或附件说明）下空一行右空二字编排发文机关署名，在发文机关署名下一行编排成文日期，首字比发文机关署名首字右移二字，如成文日期长于发文机关署名，应当使成文日期右空二字编排，并相应增加发文机关署名右空字数。

联合行文时，应当先编排主办机关署名，其余发文机关署名依次向下编排。

4）加盖签发人签名章的公文。单一机关制发的公文加盖签发人签名章时，在正文（或附件说明）下空二行右空四字加盖签发人签名章，签名章左空二字标注签发人职务，以签名章为准上下居中排布。在签发人签名章下空一行右空四字编排成文日期。

联合行文时，应当先编排主办机关签发人职务、签名章，其余机关签发人职务、签名章依次向下编排，与主办机关签发人职务、签名章上下对齐；每行只编排一个机关的签发人职务、签名章；签发人职务应当标注全称。

签名章一般用红色。

5）成文日期中的数字。用阿拉伯数字将年、月、日标全，年份应标全称，月、日不编虚位（即 1 不编为 01）。

6）特殊情况说明。当公文排版后所剩空白处不能容下印章或签发人签名章、成文日期时，可以采取调整行距、字距的措施解决。

（6）附注。附注一般说明公文印发传达范围等需要说明的事项，如“此件发至县团级”“此件可见报”等；如有附注，居左空二字加圆括号编排在成文日期下一行。

（7）附件。附件是指公文正文的说明、补充或者参考资料。

附件应当另面编排，并在版记之前，与公文正文一起装订。“附件”二字及附件顺序号用 3 号黑体字顶格编排在版心左上角第一行。附件标题居中编排在版心第三行。附件顺序号和附件标题应当与附件说明的表述一致。附件格式要求同正文。

如果附件与正文不能一起装订，应当在附件左上角第一行顶格编排公文的发文字号并在其后标注“附件”二字及附件顺序号。

3. 版记

公文的版记是公文末页首条分隔线以下、末条分隔线以上的各要素的统称。这一部分由版记中的分隔线、抄送机关、印发机关和印发日期、页码等要素组成。

（1）版记中的分隔线。版记中的分隔线与版心等宽，首条分隔线和末条分隔线用粗线（推荐高度为 0.35mm），中间的分隔线用细线（推荐高度为 0.25mm）。首条分隔线位于版记中第一个要素之上，末条分隔线与公文最后一面的版心下边缘重合。（见“模块一”后面的公文格式样板二、三。）

（2）抄送机关。抄送机关指除主送机关外需要执行或者知晓公文内容的其他机关。应当使用机关全称、规范化简称或者同类型机关统称。

如果有抄送机关，则一般用 4 号仿宋体字，在印发机关和印发日期之上一行、左右各空一字编排。“抄送”二字后加全角冒号和抄送机关名称，回行时与冒号后的首字对齐，最后一个抄送机关名称后标句号。如需把主送机关移至版记，除将“抄送”二字改为“主送”外，编排方法同抄送机关。当既有主送机关又有抄送机关时，应当将主送机关置于抄送机关之上一行，之间不加分隔线。

（3）印发机关和印发日期。印发机关是指公文的送印机关，一般应是各机关的办公厅（室）或文秘部门，有的发文机关没有专门的办公厅（室）或文秘部门，也可标识发文机关。印发日期是指公文的送印日期。

印发机关和印发日期一般用 4 号仿宋体字，编排在末条分隔线之上，印发机关左空一字，印发日期右空一字，用阿拉伯数字将年、月、日标全，年份应标全称，月、日不编虚位（即 1 不编为 01），后加“印发”二字。

版记中如有其他要素，应当将其与印发机关和印发日期用一条细分隔线隔开。

（4）页码。页码是公文页数顺序号。一般用 4 号半角宋体阿拉伯数字，编排在公文版心下边缘之下，数字左右各放一条一字线；一字线上距版心下边缘 7 mm。单页码居右空一字，双页码居左空一字。公文的版记页前有空白页的，空白页和版记页均不编排页码。公文的附件与正文一起装订时，页码应当连续编排。

（七）公文的特定格式

1. 信函格式

（1）发文机关标志使用发文机关全称或者规范化简称，居中排布，上边缘至上页边为 30mm，推荐使用红色小标宋体字。联合行文时，使用主办机关标志。

（2）发文机关标志下 4mm 处印一条红色双线（上粗下细），距下页边 20mm 处印一条红色双线（上细下粗），线长均为 170mm，居中排布。

（3）如需标注份号、密级和保密期限、紧急程度，应当顶格居版心左边缘编排在第一条红色双线下，按照份号、密级和保密期限、紧急程度的顺序自上而下分行排列，第一个要素与该线的距离为 3 号汉字高度的 7/8。

（4）发文字号顶格居版心右边缘编排在第一条红色双线下，与该线的距离为 3 号汉字高度的 7/8。

（5）标题居中编排，与其上最后一个要素相距两行。

（6）第二条红色双线上一行如有文字，与该线的距离为 3 号汉字高度的 7/8。

（7）首页不显示页码。

（8）版记不加印发机关和印发日期、分隔线，位于公文最后一面版心内最下方。

2. 命令（令）格式

（1）发文机关标志由发文机关全称加“命令”或“令”字组成，居中排布，上边缘至版心上边缘为 20 mm，推荐使用红色小标宋体字。

（2）发文机关标志下空两行居中编排令号，令号下空两行编排正文。

（3）签发人职务、签名章和成文日期的编排见上文“4）加盖签发人签名章的公文”部分。

3. 纪要格式（见“模块一”后面的“公文格式样板五：纪要格式”）

（1）纪要标志由“×××××纪要”组成，居中排布，上边缘至版心上边缘为 35 mm，推荐使用红色小标宋体字。

（2）标注出席人员名单，一般用 3 号黑体字，在正文或附件说明下空一行左空两字编排“出席”二字，后标全角冒号，冒号后用 3 号仿宋体字标注出席人单位、姓名，回行时与冒号后的首字对齐。

（3）标注请假和列席人员名单，除依次另起一行并将“出席”二字改为“请假”或“列席”外，编排方法同出席人员名单。

（4）纪要格式可以根据实际制定。

六、公文的行文规则

行文规则是公文在运行传递中应遵循的规矩法则。公文能否在发文机关和受文机关之间正常运行，直接影响它能否得到及时有效的处理，能否充分地在公文办理中发挥应有的作用。要使公文能够正常地运行，撰写时，就得遵循《条例》规定的“行文规则”，正确地确定行文关系和行文方向。

（一）行文关系

行文关系，是保证机关单位工作正常的组织关系在公文运行中的体现。当今社会上的机关单位大致可分为三大类型：一是国家政权机关，包括国家立法机关、行政机关、司法机关、军事机关等；二是政党、团体和各种社会组织的机关，如共产党、共青团、工会、妇联等社会组织所设立的机关；三是企业、事业实体单位所设立的机构，如厂矿、公司等企业单位和文化、卫生、教育等事业单位。这些机关单位的组织关系主要有下面几种：

（1）上下级关系，即领导和被领导关系。例如我国行政管理系统的国务院和省政府、市政府、县（区）政府、乡（镇）政府之间，省政府和各个厅之间，厅和处、科之间，都是领导和被领导关系。

（2）平级关系，即同等级别的关系。例如省政府与省政府之间、市政府与市政府之间、县政府与县政府之间，省政府下属的各个厅之间，厅所属的各个处之间，处所属的各个科之间。

（3）隶属关系，是指同一垂直组织系统中存在直接职能往来的上下级机关单位之间的关系。例如省政府和它管辖范围内的市政府、县（区）政府、乡（镇）政府之间，省政府与其属下的厅之间、厅与其属下的直属单位之间的关系。

（4）非隶属关系，是指不处于同一垂直组织系统、不发生直接职能往来的机关单位之间的关系。这些机关单位包括平级机关或不同级别的机关单位。例如省水利厅人事处与省交通厅人事处之间，省政府下属各个厅与市政府之间，都属于非隶属关系。

根据机关单位的组织原则和工作需要，有隶属关系的上下级机关单位之间，要实行逐级的、直接的领导和被领导的管理制度。这种组织关系体现出的行文关系就是：上级可向下级行文指挥，布置工作，了解情况，处理问题，回答请示询问；下级按照上级来文精神开展工作，向上级行文报告情况，请求帮助和指示。非隶属关系的机关单位之间，包括平级或不同级别的机关单位之间，由于不存在逐级的直接的领导与被领导关系，如果因工作需要须联系、沟通、协调或共同办理，一般通过“函”进行协调，或用联合行文方式共同处理。

（二）行文规则

行文规则，就是行文的规矩、要求和原则。《条例》的“行文规则”这一章共有五条规定，即第十三条至第十七条。

（1）行文应当确有必要，讲求实效，注重针对性和可操作性。

（2）行文关系根据隶属关系和职权范围确定。一般不得越级行文，特殊情况需要越级行文的，应当同时抄送被越过的机关。

（3）向上级机关行文，应当遵循以下规则：

1）原则上主送一个上级机关，根据需要同时抄送相关上级机关和同级机关，不抄送下级机关。

2）党委、政府的部门向上级主管部门请示、报告重大事项，应当经本级党委、政府同意或者授权；属于部门职权范围内的事项应当直接报送上级主管部门。

3）下级机关的请示事项，如需以本机关名义向上级机关请示，应当提出倾向性意见后上报，不得原文转报上级机关。

4）请示应当一文一事。不得在报告等非请示性公文中夹带请示事项。

5）除上级机关负责人直接交办事项外，不得以本机关名义向上级机关负责人报送公文，不得以本机关负责人名义向上级机关报送公文。

6）双重领导的机关向一个上级机关行文，必要时抄送另一个上级机关。

（4）向下级机关行文，应当遵循以下规则：

1）主送受理机关，根据需要抄送相关机关。重要行文应当同时抄送发文机关的直接上级机关。

2）党委、政府的办公厅（室）根据本级党委、政府授权，可以向下级党委、政府行文，其他部门和单位不得向下级党委、政府发布指令性公文或者在公文中向下级党委、政府提出指令性要求。需经政府审批的具体事项，经政府同意后可以由政府职能部门行文，文中须注明已经政府同意。

3）党委、政府的部门在各自职权范围内可以向下级党委、政府的相关部门行文。

4）涉及多个部门职权范围内的事务，部门之间未协商一致的，不得向下行文；擅自行文的，上级机关应当责令其纠正或者撤销。

5）上级机关向受双重领导的下级机关行文，必要时抄送该下级机关的另一个上级机关。

（5）同级党政机关、党政机关与其他同级机关必要时可以联合行文。属于党委、政府各自职权范围内的工作，不得联合行文。

党委、政府的部门依据职权可以相互行文。

部门内设机构除办公厅（室）外不得对外正式行文。

七、公文的拟制与办理

（一）公文拟制

公文拟制包括公文的起草、审核、签发等程序。

1. 起草

起草就是草拟公文，也是对公文的承办。一般是谁主管的事谁拟稿。拟稿时要准确地确定公文的文种，并按格式要求逐项拟写。例如标题、主送机关和抄送机关、附件等，在发文稿纸上逐栏书写清楚。文稿写出后，要签上拟稿人姓名、日期。公文起草应当做到：

（1）符合党的理论路线方针政策和国家法律法规，完整准确体现发文机关意图，并同现行有关公文相衔接。

（2）一切从实际出发，分析问题实事求是，所提政策措施和办法切实可行。

（3）内容简洁，主题突出，观点鲜明，结构严谨，表述准确，文字精练。

（4）文种正确，格式规范。

（5）深入调查研究，充分进行论证，广泛听取意见。

（6）公文涉及其他地区或者部门职权范围内的事项，起草单位必须征求相关地区或者部门意见，力求达成一致。

（7）机关负责人应当主持、指导重要公文起草工作。

2. 审核

公文文稿签发前，应当由发文机关办公厅（室）进行审核。审核的重点是：

（1）行文理由是否充分，行文依据是否准确。

（2）内容是否符合党的理论路线方针政策和国家法律法规；是否完整准确体现发文机关意图；是否同现行有关公文相衔接；所提政策措施和办法是否切实可行。

（3）涉及有关地区或者部门职权范围内的事项是否经过充分协商并达成一致意见。

（4）文种是否正确，格式是否规范。人名、地名、时间、数字、段落顺序、引文等是否准确；文字、数字、计量单位和标点符号等用法是否规范。

（5）其他内容是否符合公文起草的有关要求。

需要发文机关审议的重要公文文稿，审议前由发文机关办公厅（室）进行初核。

经审核不宜发文的公文文稿，应当退回起草单位并说明理由；符合发文条件但内容需作进一步研究和修改的，由起草单位修改后重新报送。

3. 签发

公文应当经本机关负责人审批签发。重要公文和上行文由机关主要负责人签发。党委、政府的办公厅（室）根据党委、政府授权制发的公文，由授权机关主要负责人签发或者按照有关规定签发。签发人签发公文，应当签署意见、姓名和完整日期；圈阅或者签名的，视为同意。联合发文由所有联署机关的负责人会签。

（二）公文办理

机关或企事业单位的办公室日常工作，包括了公务文书的办理活动，诸如收到文件如何处理，平时工作后的文件怎样整理，最后又如何向档案部门移交等。所以公文办理包括收文办理、发文办理和整理归档。

1. 公文办理的基本原则

（1）法制原则。要按照法律法规、规章制度规范化地进行公文处理，每个环节都要达到规范性的统一，严格按照收文制度、办文制度、阅文制度、撰文制度、审签制度、印刷校对制度、立卷归档制度等办理。

（2）质量原则。在公文处理过程中要坚持质量第一，做到正确、准确、科学。

（3）时效原则。要求及时、快速地处理公文，办理效率要高，不拖拉，不积压，注意时效性。

（4）集中统一原则。公文处理要接受集中统一的领导，要遵守统一的公文处理制度，在具体公文处理方式上，按照公文处理的组织形式，根据各个机关、单位的收文数量和机构设置情况来定，该集中处理的就集中，该分散处理的就分散，职责分明。

（5）党政分开原则。职能分开，党务工作由党政机关行文；行政工作由行政机关行文。

（6）实事求是原则。要从实际出发，解决实际问题，而不图形式、走过场，应付上级。

（7）安全原则。在传递、处理和管理公文时做到严守党和国家机密，不仅不泄密，还要积极防范各种窃密行为。

（8）精简原则。在遵守规定、保证公文功能和效果的前提下，尽量精简公文，讲求实效，简化处理公文的程序、环节，提高办事效率。办公自动化软件的开发为公文处理效率的提高提供了很好的条件。

2. 收文办理

收文办理的主要程序有签收、登记、初审、承办、传阅、催办、答复等。

（1）签收。《条例》规定，对收到的公文应当逐件清点，核对无误后签字或者盖章，并注明签收时间。

公文发送件一般为信件形式套封送达。送出文件时，应当在公文送达簿上记录所送公文的发文单位、送达日期（月、日，急件需标明上午、下午或具体时间）、收件单位（人）、收文号、件数、密级。接收文单位的收件人应在公文送达簿上签收。

签收是公文处理的第一步，非常关键，签收公文时应重点注意：一是认真查看收文单位名称，防止误收不属本单位的信件；二是查对收文日期，特别是签收急件时，要准确无误，以便明确责任；三是信件编号，这是日后查询的重要依照，要确保信件与签收编号一致；四是签收簿或单据应妥善保管，以备查询。

（2）登记。登记是指对公文的主要信息和办理情况应当详细记载。

收到的公文拆封、清点、分类后，就应登记在公文的收文登记簿上。用计算机处理公文的，同样有如下登记项目：收文日期（月、日）、来文字号、收文号（即顺序号）、来文单位、文件标题、份数、秘密等级、处理过程及结果。登记后的文件，应当在文件首页的固定位置（有的定在右上方，有的定在左下方）盖上本机关的红色收文章。收文章应包括机关名称（应为机关全称或规范化简称）、收文号和收文的年、月、日。一个文件，在登记簿和收文章上的收文号、日期一定要一致，否则，文件运转之后，就难以查找。对来文字号的登记，一般按年度编排，切记不要漏号或重号。根据工作的需要，可以全登（包括机关代字、年号和序号），也可以只登记序号，不登记机关代字和年号。

来文的登记要注意：一是随到随登，对收到的公文，应于收文当日登记处理。并登记收文当日的日期，不要误登为文件的成文日期。二是要准确，防止随意简化。特别是用计算机管理公文，一个标点符号使用不慎就可能导致错误。三是几个部门联合发文的公文，可只登记主要部门和联合发文的机关数。机密级以上秘密等级的公文，均应注明密级，但保密期可以不登记。

（3）初审。收到的公文进行登记后，就应进行初审。初审的重点是：一是是否应当由本机关办理；二是是否符合行文规则，文种、格式是否符合要求；三是涉及其他地区或者部门职权范围内的事项是否已经协商、会签；四是是否符合公文起草的其他要求。经初审不符合规定的公文，应当及时退回来文单位并说明理由。

（4）承办。承办即具体办理公文的有关人员。公文初审后应分发给承办部门或人员。阅知性公文应当根据公文内容、要求和工作需要确定范围后分送。批办性公文应当提出拟办意见报本机关负责人批示或者转有关部门办理；需要两个以上部门办理的，应当明确主办部门。紧急公文应当明确办理时限。

承办部门对交办的公文应当及时办理，有明确办理时限要求的应当在规定时限内办理完毕。

（5）传阅。根据领导批示和工作需要将公文及时送传阅对象阅知或者批示。办理公文传阅应当随时掌握公文去向，不得漏传、误传、延误。

（6）催办。催办是负责办理公文的负责人必须及时了解掌握公文的办理进展情况，督促承办部门按期办结。紧急公文或者重要公文应当由专人负责催办。

（7）答复。公文的办理结果应当及时答复来文单位，并根据需要告知相关单位。

3. 发文办理

一个机关的发文大体上有两类：一类是承办来文后的复文，另一类是本机关根据事情的需要发出公文。这些都要有一个办文的过程，这个过程有许多环节，通常按公文格式印发稿纸，办文时使用这种稿纸来拟写、办理。发文稿纸式样如表 2 所示。

表 2　发文稿纸式样

签发：	审核和复核
会签：	主办单位和拟稿人：
标题：	附件：
主送机关：	抄送：
打字：	校对：　　份数：
发文：　　〔20××〕　　号	年　月　日封发

第　　页

发文办理过程包括复核、登记、印制、核发等。

（1）复核。公文正式印制前，文秘部门应当进行复核。复核的重点是公文的审批手续、内容、文种、格式等；需作实质性修改的，应当报原签批人复审。

（2）登记。对复核后的公文，应当确定发文字号、分送范围和印刷份数并详细记载。

（3）印制。公文印制必须确保质量和时效，涉密公文应当在符合保密要求的场所印制。

（4）核发。公文印制完毕，应当对公文的文字、格式和印刷质量进行检查后分发。

4. 涉密公文传递

涉密公文应当通过机要交通、邮政机要通信、城市机要文件交换站或者收发件机关机要收发人员进行传递，通过密码电报或者符合国家保密规定的计算机信息系统进行传输。

5. 归档

需要归档的公文及有关材料，应当根据有关档案法律法规以及机关档案办理规定，及时收集齐全、整理归档。两个以上机关联合办理的公文，原件由主办机关归档，相关机关保存复制件。机关负责人兼任其他机关职务的，在履行所兼职务过程中形成的公文，由其兼职机关归档。

八、公文管理

公文管理包括管理部门的设立、秘密公文管理、公文的撤销和废止、机关变动的公文管理、电子公文管理及其他公文管理等。

1. 管理部门的设立

党政机关公文由文秘部门或者专人统一管理。设立党委（党组）的县级以上单位应当建立机要保密室和机要阅文室，并按有关保密规定配备工作人员和必要的安全保密设施设备。

2. 秘密公文管理

公文确定密级前，应当按照拟定的密级先行采取保密措施。确定密级后，应当按照所定密级严格管理。绝密级公文应当由专人管理。

涉密公文公开发布前应当履行解密程序。公开发布的时间、形式和渠道，由发文机关确定。经批准公开发布的公文，同发文机关正式印发的公文具有同等效力。

复制、汇编机密级、秘密级公文，应当符合有关规定并经本机关负责人批准。绝密级公文一般不得复制、汇编，确有工作需要的，应当经发文机关或者其上级机关批准。复制、汇编的公文视同原件管理。

复制件应当加盖复制机关戳记，翻印件应当注明翻印的机关名称、日期，汇编本的密级按照编入公文的最高密级标注。

3. 公文的撤销和废止

公文的撤销和废止，由发文机关、上级机关或者权力机关根据职权范围和有关法律法规决定。公文被撤销的，视为自始无效；公文被废止的，视为自废止之日起失效。

涉密公文应当按照发文机关的要求和有关规定进行清退或者销毁。

不具备归档和保存价值的公文，经批准后可以销毁。销毁涉密公文必级严格按照有关规定履行审批登记手续，确保不丢失、不漏销。个人不得私自销毁、留存涉密公文。

4. 机关变动的公文管理

（1）机关合并时，全部公文应当随之合并管理；机关撤销时，需要归档的公文经整理后按照有关规定移交档案管理部门。

（2）工作人员离岗离职时，所在机关应当督促其将暂存、借用的公文按照有关规定移交、清退。

（3）新设立的机关应当向本级党委、政府的办公厅（室）提出发文立户申请。经审查符合条件的，列为发文单位，机关合并或者撤销时，相应进行调整。

5. 电子公文管理

党政机关公文含电子公文。电子公文处理工作的具体办法另行制定。

6. 其他公文管理

（1）法规、规章方面的公文，依照有关规定处理；外事方面的公文，依照外事主管部门的有关规定处理。

（2）其他机关和单位的公文处理工作，可以参照《条例》执行。

九、公文的语言

公文常用事务性词汇简表如表 3 所示。

表 3　公文常用事务性词汇简表

词汇名称	作用	常用词汇	例句
开端用语	主要用作发语词，或用来表述引文的目的、依据、范围、时间	根据、顷据、顷接、顷悉、查、兹、为、关于、鉴于、据查、据反映、为了、由于、兹有、兹因、兹悉、兹定于、按照、遵照、依照、据报	“鉴于当前财力较紧，扩建……项目拟待以后进行。” “遵照国务院指示……”
称谓用语	用于对人或单位的称谓，没有等级色彩，上下级均可用	第一人称：本（局）、我（公司） 第二人称：贵、你（公司） 第三人称：该（公司、项、人）	“贵公司该项措施对于提高产品质量……”
经办用语	说明工作处理过程，表明处理时间及前后情况	经、业经、兹经、均经	“经召集有关部门研究” “业经省厅批准” “对该问题，兹经调查落实”
引叙用语	引述来文的用语，多用于批复文	悉、收悉、谨悉、现悉、敬悉、惊悉、前接、近接	“你厂×月×日×××号文悉” “前接你局来电……”
递送用语	用于递送公文、规章制度等	上行文：上报、呈报 平行文：发送 下行文：颁布、印发、发布、下达	“关于上报××报表的报告” “关于印发《全省秘书工作会议纪要》的通知” “关于颁布《外汇管理条例》的通知”
表态用语	用于对问题的明确表态	照办、同意、不同意（上下级均可用） 可行、不可行、遵照执行（多用于下行文） 准予备案、研究办理、现予转发	“关于同意你院招生规模与专业设置问题的批复” “现将国务院《关于……的通知》发给你们，请遵照执行。”
综述过渡用语	用于引据之末，连接下文分述或承叙，起承前启后的连接作用	为此、对此、为使、据此、鉴此、鉴于、以上各点、综合所述、总之	“……，为此，公司决定开展下列活动，为搞好这些活动，特制订计划如下：”

续表

词汇名称	作用	常用词汇	例句
期请用语	用于表达公文作者的期望、请求，写于文末	即查照（同级了解、存查或办理用） 希即遵照执行（或参照执行、依照执行，上级指示下级用） 拟请（带协商口气） 尚望、请希（上下平级运用）	“现将总公司制定的工作职工考勤制度发给你们，请根据各分公司具体情况参照执行。”
征询期复用语	用于文末表示意向、请求	征询：当否、是否可行、是否同意、可否、妥否、敬请、恳请、特请、分请、切盼、渴望、希予、希将 期复：请批示、请回复、请批复、请核批、（如无不妥）请批转	合并使用“以上意见，当否，请批示”
结尾用语	用于公文结尾，起加强语气的作用	是荷，为盼，为荷（多用于平行机关），特此报告，特予公布，此令，为要，为宜，为妥，特此通知（通报、函复、函达），贯彻执行，参照执行	“……请接洽为荷” “以上各项，如蒙同意，请函复为盼。”
谦敬用语	用于向对方表示谦敬	承、承蒙、惠赠、惠书、惠寄、鼎力支持	“承蒙贵厂的大力支持，……”

【技能实训题库】

一、分析题

分析下列事例有无错误，并说明原因。

1．××市××工业总公司因市属重点企业×××电器厂领导班子个别人贪污犯罪，准备调整该电器厂领导班子，特向市政府请示，并将这份请示抄送给该电器厂。

2．中共××市委与该市委宣传部就学习贯彻中共第十四次代表大会精神联合向下发文。

3．××市××区职工大学是受区政府和市成人教育局双重领导的单位。该职工大学就2009年需增加教育经费一事，特向两个上级机关请示。

4．××市水利局与该市财政局就有关政策问题联合制发一份公文，但在协商过程中，对部分规定无法达成一致意见，最后只好取消这次联合行文，改由各自按自己的意见向下级行文。

二、修改题

（一）修改下列公文标题。

1．关于批准你校关于建立行政学院的批复

2．对王金寿旷工三天的处分决定

3．关于召开《全区中小学校长会议》的通知

4．关于召开生猪工作会议的通知

（二）修改下列发文字号。

1．［2020］政发第1号

2．第×号×粮字（2018）

3．××市人民政府（2019）××号

（三）指出下列公文语言的错误，并加以修改。

1．你乡提出试行“关于违反计划生育规定的惩罚意见”最好不执行，因为违反上级有关文件精神。

2．为此，要求各公司、企业都要配备一定数量的专职或兼职信息人员，并请各单位将信息人员名单早日报局，以便尽快组织我局系统的信息网络。

3．未经批准进山砍伐树木，一律罚款。砍伐碗口粗、一人高的油松一棵，罚款500元。

4．为安全及发展生产需要，应由上级拨款解决，特此请求，请批准。

5．由于交通工具不便，人少经费紧，我们需要上级批给一辆汽车和司机。

三、写作题

（一）请将下面这段文字按公文的规范格式正确书写，并加上标点符号。

加急××省人民政府文件×府〔2018〕×号签发人张××关于追加我省自然灾害救济款的请示国务院今年我省自然灾害频繁损失严重上半年我省十多个市遭受寒潮霜冻龙卷风冰雹和洪涝灾害下半年第二九十五十六十八二十三号强台风先后在我省五个县市登陆台风伴随暴雨造成洪涝灾害损失严重据统计全省受灾人口××××人死亡×人伤×××人倒塌房屋×××间损坏房屋×××间受灾粮食作物×××公顷其中成灾××公顷绝收×××公顷因灾直接经济损失××××万元夏粮减产××××吨初步估算秋糖减产××××吨国务院对我省灾情非常重视今年已经拨给我省救灾补助款×××万元但是由于受灾面积广人口多需要救灾救济补助款数额大无法全部解决灾区群众的困难鉴此除继续发动灾民生产自救和依靠各级地方政府财政支持外恳求国务院再拨给我省冬令救济款×××万元以上请示请批复附件××省受灾情况报告2018年×月×日（公章）××省人民政府办公厅2018年×月×日印发

（二）给下面的公文加上准确的标题。

1．标题：××市蔬菜公司

市商业局：

我公司新建××仓库，位于××公路以西和××厂以南的通道，由于地势低，东北两方高处的雨水均往仓库方向流积。大雨之时，仓库围墙内积水竟达一尺多深，既影响仓库基脚，又危及所储商品。现梅雨即将来临，为此急需修建下水道，据初步预算需人民币××××元，特此报请核批拨款。

（公章）

2018年×月×日

2．标题：××省教育厅

××学院：

你院《关于办学规模和专业设置的请示》收悉。根据教育部《高职高专学校专业设置暂行办法》和你院的办学条件，现批复如下：

同意你院设置××、××、××和××四个专业，学制为三年。各专业每年招收应届高中毕业生一百名，全校在校学生三千二百名。

（公章）

2019年×月×日

【样板文库】

公文格式样板一：版心尺寸

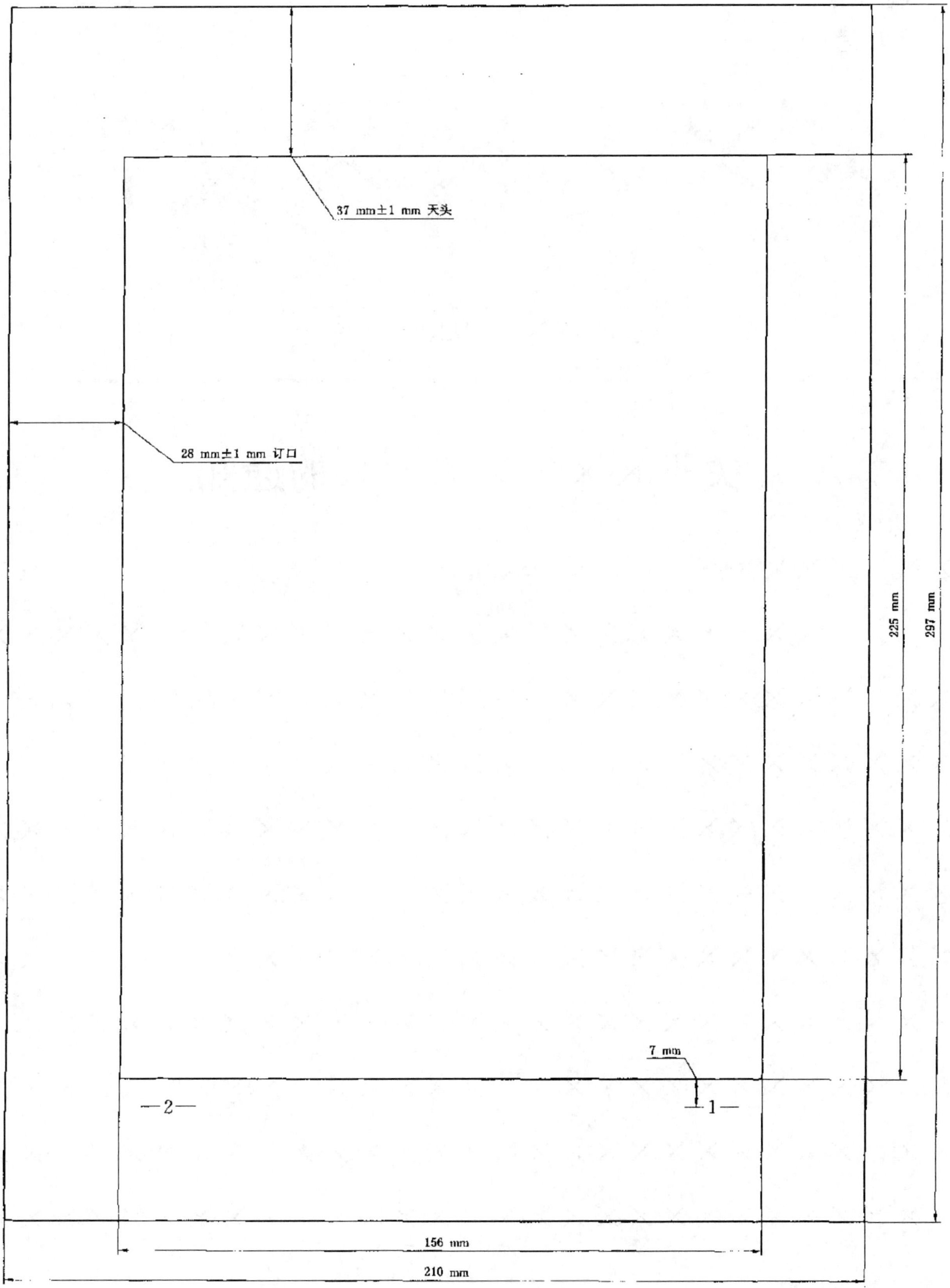

公文格式样板二：下行文格式（有附件）

000001
秘 密
加 急

×××××文件

×××〔2020〕×号

关于×××××××的通知

×××××××：

××

×××××××××××××××××××××××××××××
×××××××××××××××××××××××××××××
×××××××××××××××××××××××××××××
×××××××××××××××××××××××××××××
×××××××××××××××××××××××××××××
×××××××××××××××××××××××。

附件：××××××××××××

（盖章）

××××××××××

2020 年×月×日

（×××××××××××）

附件

×××××××××

×××：

　　×××××××××××××××××××××××××××
×××××××××××××××××××××××××××××
×××××××××××××××××××××××××××××
×××××××××××××××××××××××××××××
×××××××××××××××××××××××××××××
×××××××××××××××××××××××××××××
×××××××××××××××××××××××××××××
×××××××××××××××××××××××××××××
×××××××××××××××××××××××××××××
×××××××××××××××××××××××××××××
×××××××××××××××××××××××××××××
××××××××。

抄送：×××，×××××××××，××××××××××
　　　×，×××××××。

×××××××××× 2020年×月×日印发

公文格式样板三：上行文格式

000001
秘 密
加 急

×××××文件

×××〔2020〕×号　　　　　　　　签发人：×××

× × × ×请示

×××：

　　×××××××××××××××××××××××××××
×××××××××××××××××××××××××××××
×××××××××××××××××××××××××××××
×××××××××××××××××××××××××××××
×××××××××××××××××××××××××××××
×××××××××××××××××××××××××××××
×××××××××××××××××××××××××××××
×××××××××××××××××××××××××××××
×××××××××××××××××××××××××××××

×××××××××××××××××××××××××××××
×××××××××××××××××××××××××××××
××××××××。

附件：××××××××××××××××

（印章）

×××××××××××××

20××年×月×日

（联系人：×××；电话：×××××××××××）

抄送：×××，×××××××××，××××××××××
×，×××××××。

×××××××××× 2020年×月×日印发

公文格式样板四：平行文首页格式

××××××××××

000001　　　　　　　　　　　　　　××〔2020〕××号

秘　密

加　急

××××××函

×××：

　　××××××××××××××××××××××××××
××××××××××××××××××××××××××××
××××××××××××××××××××××××××××
××××××××××××××××××××××××××××
××××××××××××××××××××××××××××
××××××××××××××××××××××××××××
×××××××××××××××××××××××。

　　××××××××××××××××××××××××××
××××××××××××××××××××××××××××
××××××××××××××××××××××××××××
××××××××××××××××××××××××××××
××××××××××××××××××××××××××××
××××××××××××××××××××××××××××
×××××××××××××××××××××××。

　　××××××××××××××××××××××××××
××××××××××××××××××××××××××××
××××××××××××××××××××××××××××
×××××××××××××××××××××××××。

××。

（盖章）

××××××

2020年×月×日

（××××××）

公开方式：主动公开

公文格式样板五：纪要格式

××公司会议纪要

××公司行政部　　　　　　　　　　　　2020年×月×日

××公司××××××会议纪要

　　××××××××××××××××××××××××××
××××××××××××××××××××××××××××
××××××××××××××××××××××××××××
××××××××××××××××××××××××××××
××××××××××××××××××××××××××××
××××××××××××××××××××××××××××
××××××××××××××××××××××××××××
××××××××××××××××××××××××××××
××××××××××××××××××××××××××××
××××××××××××××××××××××××××××
××××××××××××××××××××××××××××
××××××××××××××××××××××××××××
××××××××××××××××××××××××××××

××。

出席：公司领导张×× 总经办主任贾××
党群办主任杨×× ××处处长林××
××处处长肖×× ××处处长陈××

请假：××× ×××
列席：×××

抄送：×××××××××，×××××××××××。	
××公司行政部	20××年×月×日印发

公文格式样板六：公文末页盖章板式（一个单位单独行文）

XXXXXXXXXXXXXXX。

　　XXXXXXXXXXXXXXXXXXXXXXXXXX
XXXXXXXXXXXXXXXXXXXXXXXXXXXX
XXXXXXXXXXX。

2012年7月1日

（XXXXX）

抄送：XXXXXXXX，XXXXXX，XXXXX，XXXXX，
　　　XXXXX。

XXXXXXXXX　　　　2012年7月1日印发

— 2 —

公文格式样板七：公文末页盖章板式（两个单位联合行文）

××××××××××××××××。

××。

2012年7月1日

（×××××）

抄送：××××××××，××××××，×××××，×××××，×××××。

××××××××× 2012年7月1日印发

公文格式样板八：公文末页盖章板式（三个以上单位联合行文）

XXXXXXXXXXXXXXXX。

XXXXXXXXXXXXXXXXXXXXXXXXXXXXXXXXXXXXXXXXXXXXXXXXXXXXXXXXXXXXXXXXXX。

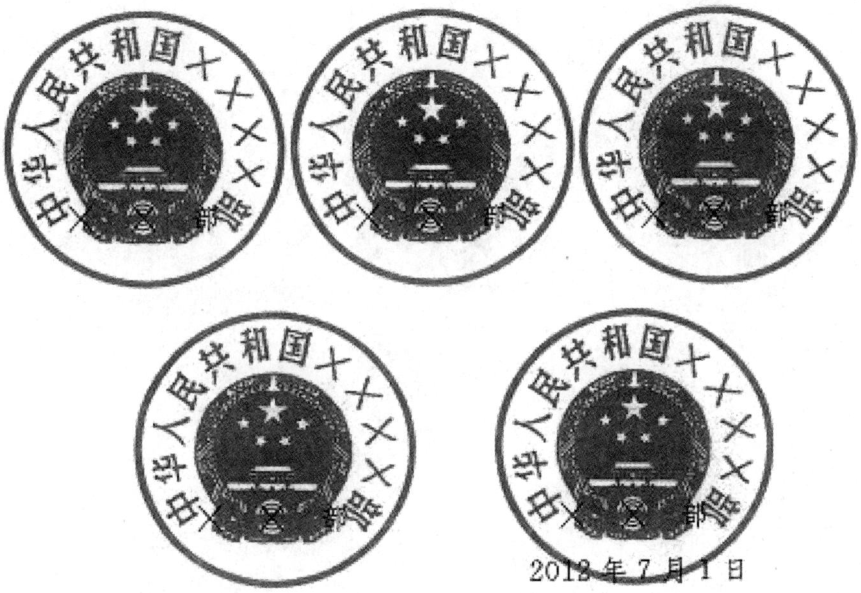

2012年7月1日

（XXXXX）

抄送：XXXXXXXX，XXXXXX，XXXXX，XXXXX，XXXXX。

XXXXXXXXX　　2012年7月1日印发

— 2 —

公文格式样板九：下行文格式（无附件）（请扫描二维码）

公文格式样板十：联合行文首页格式（下行文）（请扫描二维码）

公文格式样板十一：联合行文首页格式（上行文）（请扫描二维码）

公文格式样板 一至八　　公文格式样板 九至十一

模块二　通知、通报

【项目 1】通知的写作

【能力目标】

1. 能够根据具体情况确定是否用通知行文。
2. 能够写出格式规范、事项明确、条理清晰的通知。

【知识目标】

1. 懂得在什么情况下用通知行文。
2. 掌握通知的格式和一般写法。

【工作情景】

广东华侨物业发展有限公司为隆重庆祝“五一”国际劳动节，丰富广大职工的业余文化生活，拟于2020 年 4 月 29 日下午 2:30 在××小区广场组织公司职工开展庆“五一”体育花会活动，比赛项目有：①小绳过大绳；②传球接力投篮；③巧接毽球。比赛方式为团队形式，组队办法为职工自行组队，最后决出优胜奖六名（团体总分前六名）。以上事项需告知公司各部门做好准备，公司经理让秘书小郭去写通知发给各个部门。

讨论：应该如何写这份通知呢？（学生讨论这份公文的结构，并在老师指导下试写这份通知。）

【必需知识】

一、什么情况下用通知？

有五种情况必须用通知行文，分别是：①转发上级机关或不相隶属机关公文，批转下级机关公文；②发布规章；③发布要求下级部门执行的事项；④任免和聘用干部；⑤会议通知。

二、通知的种类

根据通知的内容性质和作用，一般可分为五种，即发布性通知、批转性通知、指示性通知、告知性通知和会议通知。指示性通知和会议通知比较常用，下面就介绍这两种通知的结构与一般写法。

三、通知的结构与一般写法

（一）通知的结构

通知的结构通常为“标题+主送机关+正文+落款”。

（二）通知的一般写法

1. 标题的写法

通知的标题有完全式和省略式两种。完全式标题是发文单位、事由、文种齐全的标题，如《莫森公司关于全面推行“5S”管理的通知》；省略式标题则是根据需要省去其中一项或两项的标题，如《关于春节放假时间及有关工作的通知》《会议通知》《通知》（发文范围很小，内容简单）等。

2. 主送机关的写法

主送机关就是发送对象，相当于书信中的“收信人”，是指负责处理、执行通知的部门；位置为标题之下空一行，左侧顶格写起；主送机关可以是一个，也可以是多个，如果发送范围较广可以使用抽象概括的泛称，如“各分公司”“总公司各部门”等。

3. 正文的写法

不同类型的通知有不同的写法，指示性通知和会议通知在企业中比较常用。

（1）指示性通知正文的写法。事项性通知的正文一般分两个部分来写。开头部分，一般是通知的缘由和目的，说明为什么要发此通知，目的是什么；主体部分，即事项部分，把通知的具体内容一一列出，把布置的工作或须周知的事项阐述清楚，主要讲清目的、要求、措施、办法等。这部分要写得具体明确、切实可行，使下级部门知道要求他们处理、解决什么问题，达到什么要求，准备采取什么措施等，如【范文 1】【样板一】所示。

（2）会议通知正文的写法。内容较重要的会议通知，一般会正式书面印发；如一般单位内部的、事务性的小型会议，可用大字书写张贴或写在小黑板上。

会议通知正文的内容一般包括：①会议名称；②会议时间（包括报到时间和开会时间）；③会议地点（包括报到地点和开会地点）；④议题、参加人员（数量及职务）；⑤需携带的材料或发言的准备；⑥联系方式等，如【范文 2】【样板二】所示。

4. 落款的写法

落款时间要全称，用阿拉伯数字书写。

四、写通知必须注意的问题

（1）目的要明确。不同种类通知的写作目的不同，写作内容也不一样，要加以区别。

（2）写明发通知的原因。一般指示性通知和会议通知要写明发通知的原因，让下级知道为什么要做这些工作或开这个会，下级才更能体会上级的旨意。

（3）通知事项要交代明白清楚。指示性通知事项要具体明确、切实可行，让下级知道做什么，怎么做，做到什么程度；会议通知要把开会有关事项具体、完备地加以说明，不能含糊其辞或有所缺漏，让下级不知所措，难以开展工作。

（4）条理清晰，让人一目了然。

【范文借鉴】

【范文 1】（指示性通知）

广州海洋集团有限公司关于新入职员工培训的通知

公司各部门：

为了使新员工能更快、更清楚地了解公司的概况、规章制度和企业文化，增强新员工的自信心和工作意识，使其尽快投入工作和融入公司的企业文化。为此，行政人事部定于 2020 年 5 月 12 日下午（星期二）举办新入职员工培训，具体安排如下：

一、负责部门：集团行政人事部、物业公司行政管理部。

二、时间：5 月 12 日 14:00－14:10 签到。

三、培训地点：集团公司一号会议室。

四、培训内容及安排：

14:10－14:20，宣读欢迎词；

14:20－15:00，公司概况简介；

15:00－16:00，公司制度（行政方面）学习；

16:00－16:05，休息；

16:05—16:30，公司有关负责人回答新员工的疑问；

16:30—17:00，与“海洋”共成长（沟通无限小游戏）。

请新员工所在部门提前做好工作安排，以保证新员工能及时参加培训。参加培训学员自备笔记本、笔及员工手册，并准时出席。如因工作关系确实不能参加者，请以书面形式经部门负责人批准后，向行政人事部请假方可。

附件：新员工培训人员名单

广州海洋集团有限公司行政部（印章）
2020 年 5 月 4 日

《新员工培训人员名单》（略）

【范文 2】

会议通知

公司各部门：

为了搞好人事制度改革，公司决定召开为期三天的会议，要求住宿。现将有关事项通知如下：

一、与会人员：总部各部门负责人、各分公司经理、工厂厂长各 1 人

二、会议时间：3 月 11 日至 14 日。

三、会议地点：××区×路×号×××招待所。

四、报到时间：3 月 10 日下午 5 时至 6 时。

五、报到地点：×××招待所东楼 101 室。

六、食宿安排：会议安排食宿。

七、交通安排：请各部自行解决交通问题。

请与会人员安排好本部门工作，会议期间没有特殊情况不准离会。

××公司行政部（印章）
2020 年 3 月 2 日

联系人：×××，电话：×××－×××××××××，传真：××××××××

通信地址：×××××××××××××××，E-mail：×××××××××

回执（略）

【病例评析】

【病例】

通知

企、事业各单位：

最近，在财务大检查中，我们发现一些单位，特别是集体建筑企业，用白条报账的现象极为严重，其中大部分是经各单位领导同志签字批准的。这些白条少则几百元，多则几千元，甚至上万元。应当指出，这种做法不符合会计制度，是一种严重违反财经纪律的现象，应当杜绝。特此通知。

××市财经纪律检查组
2019 年×月×日

【评析】

这份通知存在的主要问题有：①标题不完整。公文标题除“公告”“通告”和一般事务性的“白头通知”外，仅用文种作为标题是不妥当的。这份通知从内容看不是一般事务性的通知，应该是以正式公文下发的文件，所以应补上发文机关名称及事由，落款可省去发文机关名称。②通知内容的具体要求不明确。“通知”仅讲了“报白条”现象，但没有指出该现象所造成的危害；对于这种现象，只笼统地提出“应当杜绝”，但没有要求如何杜绝等，整份通知没有告诉收文单位“做什么”“怎么做”等事项，这样的通知是不符合要求的。③主送单位涵盖不清。应改为“市属各企事业单位”才明确。④不应以“检查组”名义发文，这不符合公文权限规定。⑤缺公章。

【微课资料】

通知的一般写法

【项目 2】通报的写作

【能力目标】

1. 能够根据具体情况确定是否用通报行文。
2. 能够写出格式规范、分析中肯、语言简洁的通报。

【知识目标】

1. 懂得在什么情况下用通报行文。
2. 掌握通报的格式和一般写法。

【工作情景】

康特集团公司人力资源部最近发现个别员工有代打卡现象，4 月 28 日，公司员工张石星因堵车迟到 6 分钟，但在其未到公司前请王英良代打考勤，违反了公司纪律。被公司发现后，鉴于两人平时表现较好，在此次事件中能够主动承认错误，态度良好，按照员工手册规定，公司研究决定做以下处理：①两人作深刻检讨；②每人罚款 200 元；③公司内部通报批评。

讨论：请你替康特集团公司人力资源部拟写这份通报。（在老师指导下，学生试着写这份通报。）

【必需知识】

一、什么情况下用通报?

通常，通报在两种情况下采用：一是表彰先进或批评错误；二是传达重要精神或情况。

二、通报的种类

通常按内容性质把通报分为三类：表彰性通报、批评性通报和情况通报。

（1）表彰性通报，就是表彰先进个人或先进单位的通报。

（2）批评性通报，就是批评典型人物或单位的错误行为、不良倾向、丑恶现象和违章事故等的通报。

（3）情况通报，就是上级机关把现实社会生活中出现的重要情况告知所属单位和群众，让其了解全局，与上级统一认识和步调，克服存在的问题，开创新的局面。

三、通报与通知的区别

（1）性质不同。通知可以发布行政法规和规章，批转和转发公文，告知需办理和周知的事项；通报只是表扬先进，批评错误，传达交流重要情况、信息。两者虽然都有告知的作用，但通知告知的主要是工作的情况，以及共同遵守执行的事项；通报则是告知正反面典型或有关重要情况。

（2）目的不同。通知的目的是告知事项，布置工作，部署行动，内容具体，措施可行，要求受文机关了解要办什么事，该怎样办理，有严格的约束力，要求遵照执行；通报的目的不是贯彻执行，而是通过正反面的典型去教育人，宣传先进的思想和事迹，提高人们的认识，如表彰先进是为了使先进思想发扬光大，鼓舞斗志；批评错误是为了让当事人改正错误，让人们引以为戒；传达交流重要情况和信息，目的是让人们了解好的苗头和不良的倾向，引起注意。

（3）表达方式不同。通知的写作方式主要是直叙式，告知人们做什么，怎样做，具体明白，语言平实；通报的表达方式则常常兼用叙述、说明和议论，有较强的感情色彩，根据需要陈述事实、分析意义、作出评价，让人们了解事实真相，受到教育。

四、通报的结构与一般写法

（一）通报的结构

通报的结构通常为“标题+主送机关+正文+落款”。

（二）通报的一般写法

1. 标题的写法

通报的标题写法与通知一样，有完全式和省略式两种。例如《××公司关于给予×××违反操作规程罚扣工资的通报》《关于最近出现员工代打卡现象的通报》《关于给予三好学生×××的表彰通报》《通报》（发文范围很小，内容简单）等。

2. 主送机关的写法

与通知相同。

3. 正文的写法

（1）表彰性通报正文的写法。表彰性通报正文一般包括三个方面：①叙述事迹。先概括介绍先进事迹或经验，要注意事迹或经验的可靠性，这是通报能否起作用的关键。所以，对先进事迹或经验要认真核实。叙述时尽可能简明扼要，把人物、时间、地点、事情的主要经过和结果交代清楚，不必叙述详细过程。通报还常在介绍事迹或经验之后作简要的评价和指出其重大意义。②表彰决定。这部分经常是写表彰的目的和给予什么表彰奖励。通常用这样的套语：“为表彰先进，经……决定，对……给予表彰奖励……”这部分要略写，但要具体明确。③希望和要求。希望被表彰的单位和个人发扬成绩，戒骄戒躁，再接再厉，号召人们向先进单位和个人学习。例如【样板四】。

（2）批评性通报的写法。批评性通报的写法与表彰性通报大致相同，正文内容主要写四部分：

1）错误事实。批评性通报要求实事求是地反映事实真相，不能夸大或缩小。在通报中，叙述事实部分，要尽量详细具体，特别是一些重要情节，更要交代清楚。写作时要注意把错误事实的时间、地点、经过和结果写清楚。

2）简略分析错误和危害。正文的第二部分对错误进行分析，指出错误的原因，点明危害。这部分要写得准确、中肯、实事求是，不能含含糊糊、模棱两可，或者故意夸大，无限上纲。

3）处理决定。在摆明事实、分析原因的基础上，恰如其分地提出处理决定。注意处罚要有依据，慎重严肃，做到有理有据，令人信服。

4）希望要求。这部分是通过对错误的处理，要求当事者如何正确对待错误；希望大家吸取教训，引以为戒。例如【样板三】。

4. 落款

与通知相同。

五、写通报必须注意的问题

（1）注意通报与通知的不同，不要写错文种。如果是告知事项、布置工作、部署行动、要求受文部门贯彻执行的，就用通知行文；如果是通过正反面的典型去教育人们，宣传先进的思想和事迹，提高人们的认识的，用通报行文。

（2）注意时效性。通报具有较强的时效性，因为通报的内容都是当前刚发生的事件和情况，与推动当前中心工作密切相关，因此，必须不误时机，否则，就失去了通报的价值。

（3）材料必须新颖、典型、具有代表性。通报必须选择新颖、典型、具有代表性的人与事，选择与中心任务有关的重大情况和事项来写，以引起警惕或重视，从而对各机关的工作有所启示与推动。

（4）通报的材料必须调查核实。无论是哪种通报，材料都应当真实可靠。特别是批评性通报，通常被认为是对被批评者的一种处分形式，因此应特别慎重。通报应力求真实准确，用词恰当，以理服人，不乱扣帽子，只有这样才有说服力，才能起到教育作用。

【范文借鉴】

【范文 1】（表彰性通报）（见本模块后面的【样板四】）

【范文 2】（情况通报）

关于学院广大师生员工
2018 年“扶贫济困日”捐款情况的通报

学院各部门：

今年是全面贯彻党的十九大精神的开局之年，是改革开放 40 周年，是决胜全面建成小康社会、实施“十三五”规划承上启下的关键一年。今年的广东扶贫济困日活动主题是“关爱贫困人口，助力攻坚脱贫”。我院广大师生员工积极响应省委、省政府号召，在学院领导带动下，行动迅速，踊跃捐款，截至 7 月 10 日，共收到爱心捐款×万×仟×佰×拾×元整（¥××××××元）。日前，学院工会已将此笔善款全额汇入省教育基金会账户，用于学院定点帮扶村精准扶贫精准脱贫任务，现将捐款明细予以通报（详见附件）。

本次捐款彰显我院师生员工扶贫济困、乐善好施的优良传统和积极倡导感恩奉献、团结互助的民族精神。希望广大师生员工继续发扬优良传统、传递扶贫济困正能量。

附件：学院师生员工参加 2018 年广东扶贫济困日捐款明细表

××××职业技术学院（盖章）
2018 年 7 月 10 日

【范文 3】（批评性通报）（见本模块后面的【样板三】）

【病例评析】

【病例】

关于李××的通报

各系、处、室，各班级：

我院2018级计算机班学生李××，于2018年11月30日中午到学院饭堂吃饭的时候，看到排队打饭的人多，就要强行插队打饭。有同学劝他要遵守纪律时，他还大声说："关你屁事！"一位纠察队员走过来阻止，他不管三七二十一，拿起搪瓷饭碗打在纠察队员头上，致使那位纠察队员头部受伤。李××的行为引起了在场其他同学的公愤，有人甚至叫嚷要把他拉到派出所去关押起来。

据查，李××平时学习也不够刻苦，上学期期末考试有一科仅得61分。

经学院领导研究决定，给予李××以记大过一次处分。

希望广大同学以此为戒，努力学习，争取在学年考试中取得好的成绩。

××职业技术学院

2018年12月2日

【评析】

此文属于批评性通报。表彰性通报和批评性通报正文的内容结构与奖惩性决定大体相同，也由概述事实、评价事实、说明决定、提出希望四个部分组成。不同的是其作用主要在于宣传教育、提高认识，而不是布置工作。所以，对事实、情况除了选择上要注意倾向性、典型性外，叙述也相对地要求更具体详细。此篇通报存在的问题有：

（1）有些材料不是主旨需要的。这篇通报的主旨是要通过对李××严重违纪伤人事件的处分，教育学生加强纪律性和道德品质的修养，但其中却写入了李××平时学习不够刻苦，"上学期期末考试有一科仅得61分"的材料，这显然是不恰当的。如果李××在平时也有类似的违纪的错误行为，也只能作为背景材料简略写出。像这样把与主旨无关的材料写上，既不利于对学生的教育，也不利于主旨的表达。

（2）缺少对李××错误事实性质的评价，这既不利于主旨的鲜明突出，也不利于提高学生的思想认识。

（3）"提出希望"部分的内容离开了主旨，离开李××违纪伤人事实意义的范围。"希望广大同学以此为戒，努力学习，争取在学年考试中取得好的成绩"离题。

（4）语言欠提炼。例如"他还大声说：'关你屁事！'""他不管三七二十一"等都比较粗俗，不符合公文语言简练庄重的要求。

（5）标题的意义不够清楚。主要是事由不完整具体。

【技能实训题库】

一、分析题

（一）分析下面这份公文正文存在的问题。

××省邮电学院教职工校园歌手卡拉OK大赛

为活跃教职工的文化生活、准备参加省邮电卡拉OK歌手赛，定于4月中旬举行第三届校园歌手大赛。有关事项通知如下：

一、比赛时间：4月21日。

二、比赛办法：参加歌手抽签排次序，先预赛选出20名，后决赛排出前10名（不分组别）。

三、参赛办法：

1．凡我校在职教职工均可报名。

报名时间：4月5日至14日；

报名地点：校工会办公室。

2．参赛曲目要求：内容健康，形式自定。比赛时工会提供影碟，也可自备。

四、奖励办法：奖励前10名，决赛入围发纪念奖。

五、练习时间：

1．自己自行安排。

2．4月14日、16日两晚，校工会于卡拉OK厅安排歌手练习。

（二）分析下面这篇通报存在的错误。

表扬通报

各部门：

2016年6月11日晚20点左右，公司泵房发生漏水现象，短时间内地下泵房的五个水泵全部淹没，水深在一米以上，造成当时三条生产线停产，情况非常紧急。为了确保生产的正常进行，保证产品按时发货，生产部马上组织人员进行抢修，当时的生产班组人员和闻讯赶来的机修人员马上进行排水抢修，经过五个小时的奋战终于恢复了生产，保证了车间正常生产和及时发货。

在此次抢修工作中，生产部机修班班长王××、技术组组长武××、钢带组组长张××、主机手胡×表现非常突出。这几名同志始终奋战在抢修第一线，脏活、累活抢着干并且一直站在水中工作，此时早已过了他们下班的时间，可他们没有一个人离开，直到抢修完毕恢复生产。

他们这种忘我的精神非常值得我们大家学习，云祥公司为有这样的员工感到骄傲。为了倡导这种不怕苦、不怕累，一切以公司利益为重的精神，提高大家的工作积极性，公司研究决定对以上四名同志给予每人500元的奖励并全厂通报表扬。同时对生产部积极组织抢救工作给予表扬。希望我们全体员工都以他们为行动榜样，发扬公司精神，做好本职工作。

广东云祥特种管道有限公司
二〇一八年六月十四日

二、修改题

（一）根据通知的写作要求修改以下的公文文稿。

××县教育局《会议通知》

各中小学：

根据上级要求，对全县中小学卫生状况进行一次全面大检查。我们拟召开中小学负责人会议，现将有关事项通知如下：

一、会议时间：2019年10月5日在县教育局报到，会期三天。

二、参加会议人员：各中小学校长各一名。

××县教育局
2019年8月9日

（二）根据通报的写作要求修改以下的公文文稿。

××市人民政府办公厅通报

全体市民：

据反映，近日来本市部分地区有一种令人惶惶的传言，称原流行于某国的恶性传染病×××已传入本市，并已造成十几人死亡。经本市防疫部门证实，这是完全没有任何事实根据的，本市至今从未发生一起×××的病例。现已查明，这一消息源于本市“晨报”××××年4月1日的一则“愚人节特快报道”。“晨报”这种不顾国情、照搬西方文化的极不严肃的做法是非常错误的，已经给全市人民的稳定生活带来了极其恶劣的影响。目前有关部门已对该报作出停刊整顿，并令其主要负责人深刻检查等纪律处分的处理。有关单位应吸取这一教训，采取措施予以杜绝。特此通报。

××市人民政府启

××××年5月6日

三、写作题

1．化工部决定于2018年2月15日至20日在北京市××招待所召开全国化工厅（局）长会议。要求省、自治区、直辖市化工厅（局）长一人（可带一名助手）和化工企业、事业单位的厂长（经理）参加。会议的内容是贯彻党的十八大精神，研究2018年化工战线的工作任务和改革目标及各项措施；讨论化工部门职能转变和加强行业管理，深化企业改革等重大方针、政策。请代拟一份通知。

2．根据下面两则新闻代浙江省政府写一则通报。

杭州日报讯（通讯员××　×××）　2019年1月4日下午16时，萧山区公安分局接到群众报警，称南阳镇万丰村村民黄某被数名犯罪嫌疑人非法拘禁在萧山银通酒店。萧山警方闻警出动，在银通酒店内当场抓获6名犯罪嫌疑人。经审讯，得知该案主谋将在当晚7时左右前来酒店。负责审查工作的治安大队副大队长张叶良立即组织新塘派出所的三名协警前往酒店守候。晚上19时许，当两名犯罪嫌疑人进入该酒店404房间时，张叶良当即出示工作证上前盘问，此时两名犯罪嫌疑人突然熄灭房间电灯，拔刀行凶。为防止犯罪嫌疑人逃跑，张叶良及协警队员在黑暗中与对方进行了激烈的搏斗，不幸身中三刀，受重伤。另有两名协警也不同程度受伤。

两名犯罪嫌疑人行凶后夺门而逃。张叶良手捂住伤口沿楼梯直追而下，鲜血从四楼一直滴到了一楼。在追捕途中，张叶良还以惊人的毅力拨通守候在酒店门口的队友的手机，但此时他已伤重说不出话来。在公安民警、协警队员和周围群众的合力追捕下，当场抓获一名犯罪嫌疑人。而此时张叶良倒在了血泊中。张叶良被队友迅速送到了萧山中医院抢救，经过两个多小时的全力抢救，终因流血过多，壮烈牺牲。

当晚，省委常委、省公安厅厅长×××，市委常委、市公安局局长×××等领导迅速赶赴现场，组织抢救，指挥追捕在逃的犯罪嫌疑人。

张叶良同志牺牲后，各级领导对其家属、亲友进行了慰问。

抓歹徒牺牲杭州民警张叶良被追授“一级英模”

2019年1月26日下午，由浙江省委省政府和公安部联合召开的张叶良同志荣誉称号命名暨英雄事迹报告会在杭州举行。公安部与浙江省政府分别追授张叶良“一级英模”和“人民卫士”荣誉称号。

2019年1月4日19时许，时任杭州市公安局萧山区分局治安大队副大队长的张叶良同志在抓捕犯罪嫌疑人时，与两名持刀拒捕的歹徒展开殊死搏斗，在身中数刀、心脏被刺的情况下，仍英勇顽强地从四楼追到一楼，并在生命的最后时刻以惊人的毅力拨通战友的手机，为及时抓获犯罪嫌疑人赢得了宝贵的时间，但自己因伤势过重，经全力抢救无效而壮烈牺牲，谱写了一曲可歌可泣的英雄赞歌。

【样板文库】

模块二样板文库

【样板一】

广西壮族自治区人民政府办公厅文件

桂政办发〔20××〕×号

关于在机构改革中做好我区中等专业学校管理工作有关问题的通知

各地区行署，各地级市人民政府，柳铁，区直各委、办、厅、局，各中等专业学校：

为在政府机构改革和中等职业教育结构调整中切实保护国有教育资产，为我区中等专业学校的发展创造良好的环境，现就加强当前我区中等专业学校（含成人中等专业学校）管理工作有关问题通知如下：

一、各地区行署，各地级市人民政府，区直各委、办、厅、局和各行业主管部门要认真贯彻执行《自治区人民政府关于切实保护国有教育资产防止教育资产流失的通知》（桂政发〔2000〕18号），切实负起保护所主管的中等专业学校国有教育资产的责任，确保学校资产不流失。

二、在机构改革期间，暂时冻结学校人员编制和人员调动。

三、在机构改革中撤并的中等专业学校，暂由接收撤并部门或单位的部门主管；机构改革中发生职能调整的部门或单位，其原有的主管或举办的中等专业学校的管理权暂不改变，机构改革后再统一安排。

四、有关学校教育资源重组配置事项，由自治区人民政府统筹安排。未经自治区教育厅、财政厅、编委办审核并报自治区人民政府批准，任何部门和单位不得擅自改变学校的性质、功能与资产属性。

五、各有关管理部门必须切实加强对所属中等专业学校的领导和管理，积极推进学校各项改革。在机构改革期间，要安排专人主动与自治区教育厅、人事厅等有关部门联系，认真做好毕业生就业安置工作，加快学校布局结构调整和各项改革工作的步伐。

六、各有关中等专业学校必须切实加强学校日常管理工作，加强对师生的教育，确保学校教育资产不流失，确保学校稳定。

七、对违反上述规定造成国有教育资产损失者，要追究有关当事人及其领导者的责任。

（印章）

广西壮族自治区人民政府办公厅

20××年×月×日

抄送：×××××××××，××××××××××××。

广西壮族自治区人民政府办公厅　　　　20××年×月×日印发

【样板二】

会议通知

各局（总公司）办公室、市直属委、办：

为了听取各单位对市政府办公厅办文、办会、办事及为基层、为群众服务的意见和建议，××市人民政府办公厅定于11月初召开市直属委、办、局（总公司）办公室主任会议，现将会议有关事项通知如下：

参加人员：直属委、办、局（总公司）办公室主任

会议时间：11月5日至8日

报到时间：11月5日上午8:30

会议地点：××市政府大院

报到地点：××市政府大院1号楼304会议室

食宿安排：会议安排食宿

交通安排：请相关人员自行前往，会议不作安排

请有关单位派一名办公室领导同志参加，会议重要，请勿缺席。

（会议专用章）

××市人民政府办公厅

20××年10月25日

联系人：××××××××　传真：××××××××

电　话：××××××××　E-mail：××××××××

回　执

单　位	
姓　名	
性　别	
职　务	

注：请于11月2日前交办公厅政治处。

【样板三】

××市建设委员会文件

×建委〔2020〕×号

关于对××物业管理公司管理失控问题的批评通报

各有关单位：

1月23日，××物业管理公司15名外来务工人员因我市发生“新冠肺炎”疫情欲返乡，经劝阻未果，擅自离开我市，在高速路收费站附近被阻，滞留在路边达10小时之久，而该物业管理公司经理陆××以“对工人劝阻无效，工人已离开工作场所，公司对此不再承担责任”为由，推脱管理责任，拒绝配合办理工人安置、防疫等工作。

该公司不顾上级的指示，没有深入做好员工的思想工作，还借口员工不听劝阻而任其离开，这是对员工的不负责任，对公司的不负责任，对社会的不负责任，对人民生命财产安全的不负责任，造成了恶劣的社会影响。

根据中央关于“就地预防、就地观察、就地治疗”的精神，按照市房地产管理局《关于做好外地施工人员防控‘新冠肺炎’工作的紧急通知》的要求，各物业管理企业应全力做好防控疫情工作。为此，市房地产管理局决定给予××物业管理公司罚款一万元人民币，并在全市通报批评。请各物业管理企业引以为戒，采取措施稳定外来务工人员，严禁其擅自离开我市。

特此通报。

（印章）
××市建设委员会
2020 年 1 月 25 日

抄送：×××××××××，×××××××××××××。

××市建设委员会办公厅　　　　2020 年 1 月 25 日印发

【样板四】

××××公司文件

×××〔2018〕×号

关于给予蒋××拾金不昧的表彰通报

公司各部门：

6月25日，财富渔港餐饮部员工在客人离席后，准备收拾餐桌时，突然发现就餐客人遗留了一个黑色皮包在包房内。蒋××迅速按照规范将皮包上交给主管瞿××，并告知具体情况。瞿主管立刻追赶客人至九龙轩门口，发现客人已经离店。为尽快找到失主，瞿主管查看客人预订记录后，确认皮包是继续教育学院客人所遗留的。为进一步确认客人身份，她和迎宾员一道打开皮包，发现皮包内有数千元现金和数张银行卡，同时也找到客人孙××的身份证。

孙××是酒店的老客户，迎宾员马上从客史档案中查到孙××的电话号码。打电话时，孙××一再对酒店表示感谢，并表明对酒店的充分信任。1小时后，孙××过来取走了皮包，再次对酒店员工拾金不昧的精神给予了高度赞扬。

餐饮部员工用他们的实际行动和规范服务赢得了客人的信任和

赞誉，反映了酒店员工急客人之所急、想客人之所想的服务意识，体现了酒店员工高尚的职业操守。这种好人好事是新时期新风尚，这种拾金不昧的精神值得我们全体员工学习和发扬。

经研究决定，对餐饮部员工蒋××奖励现金 500 元，予以通报表扬；并对餐饮部主管瞿××和迎宾组予以通报表扬。

特此通报。

（印章）

××公司

2018 年 6 月 27 日

抄送：×××××××××，××××××××××××。

××公司行政部　　　　　　　　2018 年 6 月 27 日印发

模块三　报告、请示、批复

【项目 1】报告的写作

【能力目标】

1. 能够根据具体情况确定是否用报告行文。
2. 能够写出格式规范、分析到位、重点突出的报告。

【知识目标】

1. 懂得在什么情况下用报告行文。
2. 掌握报告的格式和一般写法。

【工作情景】

广州联宏股份有限公司第三分厂 5 月份生产的销往上海的 300 吨产品中，发现混有硝块、钢丝、鱼骨杂物，给公司造成了很坏的影响。2019 年 6 月 10 日该厂组织三、四车间各个包装班组逐一开会，分析讨论，同时对他们进行了质量意识与工作责任心教育。经过分析讨论，大家认为：产品的硝块是干燥管壁上的，由于振动筛筛网与二次过筛损坏而进入产品中；钢丝是二次筛网损坏留下的；鱼骨是离心岗位、干燥岗位或是包装岗位人员吃饭时不小心掉到产品中的。造成这次质量事故的原因，主要是员工的质量意识较差、工作责任心不强以及管理不到位。为避免类似事故再次发生，该厂做了以下几方面的工作：

（1）对全体干部员工进行质量意识与工作责任心的教育，使员工认识到产品质量就是企业的生命，没有质量企业就不能存在，每个员工的经济收益就要受到损害。

（2）层层把好质量关，对各个工序进行严格控制：对振动筛定期检查，二次筛网随坏随换，包口及时扎实，调度员、工段长、包装班长、化验员随时监督。

（3）在加强过程控制的同时，加大查处力度，对个别不负责任人员予以严肃处理。

讨论：请你替广州联宏股份有限公司第三分厂厂长拟写一份报告给公司董事会。（在老师指导下，学生试着写这份报告。）

【必需知识】

一、什么情况下用报告？

报告是向上级机关汇报工作，反映情况，答复上级机关查询事项的公文。它是机关单位经常使用的上行文。

有两种情况必须用报告行文，分别是：

（1）下级部门向上级部门汇报某一阶段的工作情况时，如汇报工作的进展、成绩、经验、存在问题及打算；汇报上级或领导交办事项的结果；汇报对某一计划执行的情况等。例如《关于清理整顿统一着装工作情况的报告》。

（2）下级部门向上级部门反映本部门发生的比较重大的事件或报送一些材料、物品时。例如《关于 5 月份产品质量事故的报告》《××制衣厂关于火灾情况的报告》等。

二、报告的种类

报告的种类较多。人们习惯上按内容将报告分为工作报告和情况报告两种。

工作报告指汇报工作的报告。工作报告主要用于下级机关向上级机关汇报某一阶段的工作情况，如汇报工作的进展、成绩、经验、存在问题及打算；汇报上级交办事项的结果；汇报对某一指示传达贯彻的情况等，如【范文 1】。

情况报告指向上级机关反映情况、答复上级查询的事项或报送一些材料、物品的报告。例如本地区、本单位发生的重大事件，以及在一定范围内带有倾向性的情况，包括会议的情况，要用报告的形式及时向上级汇报；上级对诸如群众来信来访中反映的问题、文件材料中反映的问题，通知下级机关查办或询问有关情况，下级机关办理完毕后，须用报告形式答复上级机关；还有一些材料、物品等要报送上级机关，都使用情况报告，如【范文 2】。

三、报告的结构和一般写法

报告虽然有两种类型，但结构和写法相似。报告的结构包括标题、正文、落款三部分。这里只介绍标题和正文的写法。

（一）标题

报告的标题可根据需要省略发文机关，事由和文种是不能省略的。另外，报告的标题容易出问题的是事由，有的报告标题乱而长、内容不集中、中心不突出。例如某单位给上级机关的一份报告《关于从落实责任制入手，制定岗位考核标准，按标准严格考核等方面加强企业管理基础工作的报告》，这个标题有 40 多字，把工作的主要措施都写在标题上，这是不符合报告标题的写作要求的。这个标题可改为《×××公司关于加强企业管理基础工作的报告》。

（二）正文

工作报告和情况报告正文一般写三方面的内容：

（1）陈述情况。工作报告写做了什么工作，采取了哪些措施，取得了怎样的成效，或有何经验教训等；情况报告则写发生了什么事，情况如何，已经采取了什么措施，结果如何等。

（2）存在的问题及今后的意见和打算。报告必须以反映工作或情况为主，但对工作或情况要有分析，要说明看法和意见。

（3）结束语。常用的有“特此报告”“专此报告”“请审阅”“请核查备案”等。

四、写报告必须注意的问题

报告的写作要注意“三要一不要”。

（1）情况要属实。报告的内容必须是真实的、实事求是的，绝不能编造假情况欺骗上级。所以，起草报告的人员要深入调查研究，掌握第一手材料，然后进行分析归纳，去伪存真；材料要具体，既有概括性的材料，也有典型的具体事例。

（2）中心要明确。报告要主次分明、针对性强，必须围绕中心来组织材料，详略得当；切忌记流水账，冗长琐碎，使受文者无法掌握文章要点。

（3）条理要清晰。有时报告内容比较复杂，需要对内容进行合理的设计安排，不能忽东忽西，给人杂乱无章之感。

（4）报告不要夹带请示事项。报告属陈述性文件，或汇报工作，或反映情况，或答复上级的有关询问。对于报告，受文单位不用批复，如果夹带请示事项，不便处理，甚至会贻误工作。《条例》明文规定：“不得在报告等非请示性公文中夹带请示事项。”在汇报工作、反映情况时，如需要上级机关解决一些问题，应该另外用“请示”行文，这样才能做到一文一事，专文专用，不致请示、报告不分，更不能出现“请示报告”的文种。

【范文借鉴】

【范文1】(工作报告)

关于赴上海、北京开展会展推介活动的工作报告

××市政府：

为了贯彻落实国务院《关于进一步促进展览业改革发展的若干意见》以及××市人民政府《关于促进会议展览业加快发展的政策意见》精神，进一步宣传××市会展发展环境、发展政策，推介我市重点会展企业和会展项目，推动我市会展业持续、稳定、健康发展，在市会展办与市会展行业协会组织下，我市部分会展企业，以组团推介的形式，分别参加了在上海和北京举办的会展行业会议活动，并开展了××会展业发展推介。现将参加两次会议及组织推介活动的有关情况报告如下。

一、基本情况

××会展推介团队7月3日—5日在上海参加了“第十三届中国会展财富论坛暨中国主办者大会”，8月3—4日在北京参加了“2015第五届中外会展项目合作洽谈会”。上海的“第十三届中国会展财富论坛暨中国主办者大会”由中国会展财富组委会和中国主办者大会组委会共同主办，上海达沃斯文化传播有限公司承办；会议重点就展览业发展中的“展会资本整合”“互联网＋会展”“城市自办展创新”“产业展览会创新发展”“创意创新创造的会展创意设计”等行业深度问题、难度问题、热点问题展开了不同形式的讨论与对话。北京的“2015第五届中外会展项目合作洽谈会” 由《中外会展》杂志社和机械汽车展览联合会联合主办，国家会议中心协办。洽谈会为业界同仁提供了一个很好的交流平台，以会带展，注重实效。这两项会议在行业内均有较大影响力，是开展宣传推介的较好平台。借助这两个平台，我们分别组织了推介活动。

在上海推介活动中，我们组织了会展协会、××国际博览中心、××市广电国际会展中心和××市节庆会展策划有限公司等单位组成××会展推介团队，专门制作了1部会展宣传片、6块展板展示××会展风采。在北京推介会上，××会展团队扩大到8家企业，现场搭建了36平方米的××展区，进行了统一布展，是现场展览面积最大、装修最具特色、参展企业最多的展台。

在上海的中国主办者大会上，××会展多年来首次出现在会展行业的视线中，引起各方面注目；在北京中外会展项目合作洽谈会上，××参展团揽获了“金五星优秀会展城市奖”“全国优秀会展人物”“优秀会展场馆奖”“全国优秀组展单位”“优秀会展服务供应商”“优秀会展行业协会奖”等多项大奖。富有特色的推介会、优越的办展条件、有力的推进政策以及多项大奖的获得，引起了行业内对××会展的高度关注。两次会展推介活动，共吸引了知名的会展专家、展会主办方、组展商、会展服务商3百多人参会。两次活动我市参展企业共接待来宾和客商近800人次，其中有合作意向的客户近50家。参加××市推介团队的各家企业既做了推广宣传、扩大了影响力，也与不少组展单位、客户建立了关系，收获颇丰。

二、主要做法

(一) 领导高度重视，亲力亲为参与推广

自3月份市政府出台《关于促进会议展览业加快发展的政策意见》以来，局领导高度重视，对如何做好政策宣传推广、如何发挥好政策效果进行过多次讨论研究，并作出了初步的年度工作计划，形成了“会展办指导、协会组织、企业参与、组团推介”工作思路。上海的推介活动作为××会展业对外推介的首场活动，取得了初步成功。在参加北京会议前，市会展办管主任亲自召集行业协会、重点企业进行研究部署，汲取上海活动经验，形成北京推介活动的具体方案，并对会展宣传片的制作、宣传资料的准备亲自指导，确保质量。在两次活动期间，市会展办管主任还分别在全体大会、城市推介、论坛交流会议上做了演讲和发言，重点介绍了××市会展业发展的总体情况以及××市会展发展促进政策。市会展

行业协会会长、××市文化博览中心总裁代表协会和会展企业做了“约会××• 大展宏图”的专题演讲，从××城市文化底蕴、区位交通、产业基础、硬件设施、配套服务、旅游资源等方面全方位展示了××市优良的会展环境。

（二）发挥协会力量，群策群力创新推广

为高效有序做好会展推介的各项工作，我们充分发挥了会展行业协会的专业力量，在会前、会中始终通过行业协会与会议主办方、参会企业进行联系，协会的沟通、协调作用得到很好发挥，也调动了企业参与的积极性。在会前，行业协会出面与会议主办方协调，充分表达我们的推介活动需求，确保了推介活动在推介时间、展位设置、参会客商数量等资源的到位。在开展对外联系协调的同时，行业协会联系企业，落实各项推介准备工作，宣传片的制作、宣传资料的印制、人员组织等方面全部由协会组织推进。在会展办的指导、协会的协调下，推介会的多项工作都由参加推介会的企业承担，如会展宣传片的制作由××传媒承担、宣讲资料准备由××中心承担、展场搭建由××展览公司承担，各公司各展所长，分工合作，在较短的时间内高质量、高水平地完成了相关工作。

（三）借力行业平台，彰显××特色推广

两场推介活动取得较好的效果还与两个重要因素有关。一是借助全国性平台做推广。每年会展行业内有很多活动，作为多年未在行业发声的××会展业，我们首场选择了邻近的上海，在中国主办者大会这个在全行业有一定影响力的平台上进行了推广活动的首场试水，取得了较好的效果和一定的经验。在北京举办的中外会展项目合作洽谈会是一个覆盖面更广、层次相对更高、具有一定国际性的平台，在推介会的筹划过程中，汲取了上海的经验进行了改进提高，推介效果也得到了大幅提升。这两个平台的选择是两场推广均取得预期效果的基础保证。二是在推广中彰显××特色。从宣传片的制作、宣传推广演讲材料的准备以及展位搭建等方面，一直注重体现××特色。会展宣传片的制作采用了创新写意的手法，在众多宣传推广片中独树一帜，特色鲜明；宣传推广材料处处彰显××元素，展位搭建更是采用××建筑园林风格，在宣传推介会上我们还邀请了××昆曲演员到场展示××文化风采，一段《牡丹厅• 寻梦》的昆曲表演，使现场嘉宾有一种置身××园林的融入感，近距离感受到文化××的独特魅力，进一步强化了宣传推广的效果。

三、下一步会展推广的几点思考

从两次推介活动情况看，参会推介的主要有大连、南京、厦门、海口、××、无锡等城市，俄罗斯也有一个城市展馆在北京活动期间进行了专门推介，并与国内公司签订合作意向。在国内其他会展行业活动中，韩国等也在进行会展推广活动，由此可见，会展业发展的竞争非常激烈，而积极的推广作为一种必要的措施也正在被更多的城市采用。因此，在我市会展业发展中，宣传推广的力度还要进一步加大。

（一）继续借助国内一些重要行业平台，开展宣传推介活动，扩大××会展在国内的知名度和美誉度。在国内众多行业活动中，筛选一些影响力大、质量高的行业活动，继续组织我市企业开展推介活动，把宣传推广作为对外宣传××的重要途径，把推广活动作为××会展行业、企业对外交流的平台。

（二）建设××会展网，开展经常性不间断的对外宣传。××会展业需要一个统一的对外宣传推广门户网站，可以常年不间断地向外推广××市会展场馆、组展企业以及一些重点项目、重点资源。

（三）把会展与会奖旅游紧密结合，走出去参加一些影响力较大的国际性行业展会。目前一些大型国际会展公司已进入我国北上广等一些城市，而××作为一个拥有较好会展资源的城市，应主动走出去推介自己，主动与国际对接，引进一些国际会展、会议项目。

特此报告，请审阅。

××市商务局（盖章）

20××年×月×日

（联系人：×××；电话：×××××××××××）

【范文 2】(情况报告)

××××公司关于电缆漏电触人事故的情况报告

×××总公司:

20××年×月×日下午 13:15 分左右，我公司××冶炼厂工人庞××吃过中午饭后，准备施工，当他的手触到振动器联接电缆纬时，被电当场击倒。此时工地上的施工人员立即将电源开关断开，庞××倒在地上已经昏迷，工人们立即将庞××抬到室外，对他进行人工呼吸，同时又组织车辆将庞××送往医院进行抢救治疗。两个小时后，庞××清醒。在医院治疗 6 天后，庞××出院回家休养。

据调查，公司虽对施工队员工进行过进场的安全生产教育，但缺乏有效的操作规程和安全检查，加之庞××的自我保护意识淡薄，是造成本次事故的主要原因。但公司在安全管理上也存在缺陷，没有对施工现场配备专人和专职电工技术人员加强对施工现场安全生产操作监督和管理，对施工队人员没有很好地进行安全知识宣传教育，也是造成安全事故的原因。

此次事故发生后，我公司高度重视，立即开会自检，加强各职能部门安全知识意识的教育和培训，加强对施工现场的巡查力度，勒令 4 名各项目负责人必须始终在工作现场认真履行监护职责，增设专责监护人，并对第一责任人杨××罚款 1000 元、第二责任人刘××罚款 500 元；整个项目部施工现场监管不到位，罚款 2000 元。此事处理的结果已在公司报上公布。

特此报告，请审阅。

(盖章)
×××公司
20××年×月×日

(联系人：×××，电话×××××××××××)

【病例评析】

【病例】

××镇政府关于当前植树造林工作的报告

××县政府:

我镇根据镇政府今春造林计划提出的要求，开展了造林工作。截至 4 月 5 日，已种下杉树 158 亩，松树 70 亩，油茶 30 亩，油桐 40 亩，毛竹 60 亩，共 358 亩，超额完成计划 5%，经过检查，生长情况良好。现将我乡植树造林工作的具体情况汇报如下:

一、认真学习有关植树造林的文件和各项政策，使大家深刻认识到植树造林对社会主义建设的重要作用。在提高认识的基础上，大家积极性很高，许多有经验的老农踊跃参加造林工作，起到很好的推动作用。

二、充分做好准备工作。由于造林季节性强，需要抢时间，争速度。我们在去年秋收后就已布置各村，选好林地，进行整理，全面检修了工具，合理组织劳工，乡苗圃场按计划提供了各种树苗，做到苗木随起、随运、随栽，保证了这项工作的顺利进行。

三、及时进行技术指导和质量检查。造林期间，林业干部和老农对树苗做了严格选择，分片把关。李村还组织了五名技术员到各造林点去指导、检查、验收，保证栽一株，活一株；造一片，活一片。

目前，群众的造林积极性仍很高，估计还可以多种 40 亩，但我乡苗圃场已无树苗，林业站也没有，急需镇政府帮我们解决，调拨三万株杉树苗给我们，以便更好地完成这次造林任务。

以上报告，如无不当，请批示。

(印章)
××镇政府
20××年×月×日

【评析】

该“报告”存在的主要问题有：①把“报告”和“请示”两种文体杂糅在一起：从开头至“造一片，活一片”，是该乡植树造林情况的工作汇报，属于报告；从“目前”至结尾的内容，行文又是请示。“报告”中不能有“请示”事项，要写，只能另外行文，将调拨杉苗之事写成“请示”。②结尾用语不当，报告一般用“专此报告”“特此报告”等，“请示”一般用“当否，请批示”“请批复”等，而绝不能用“以上报告……请批示”。

【微课资料】

报告的一般写法

【项目 2】请示的写作

【能力目标】

1. 能够根据具体情况确定是否用请示行文。
2. 能够写出格式规范、理由充分、事项明确的请示。

【知识目标】

1. 懂得在什么情况下用请示行文。
2. 掌握请示的格式和一般写法。

【工作情景】

天津××药业××分公司为进一步发挥滨海新区地理优势，转变企业经营机制，充分享用市、区政府支持滨海地区发展的各项优惠政策，扩大××药业在××地区医药市场占有份额，全面提升企业经济效益，拟改制设立有限责任公司，此事必须经××药业集团股份有限公司批准。公司已经与××区人民政府充分友好磋商，拟由天津××药业集团股份有限公司与××区人民政府共同发起设立××有限责任公司（暂定名）。

讨论：请替天津××药业××分公司拟写这份请示。（在老师指导下，学生试着写这份请示。）

【必需知识】

一、什么情况下用请示行文?

请示是下级机关单位希望上级机关单位或业务主管机关对某项工作或某个问题给予指示、答复时使用的公文。一般下面几种情况必须用请示行文：

（1）下级机关请示上级机关审核批准某事项或开展某项工作。此时的请示属于请求批准性的请示。这类请示多用于机构设置、审定编制、人事任免、重要决定、重大决策、大型项目安排等事项，因为这些事项按规定本级机关无权决定，必须请示上级机关批准。

（2）下级机关在工作中遇到人力、物力、财力等方面难以解决的事项时，必须用请示请求上级机关给予帮助、支持。

（3）下级机关往往在工作中碰到某一方针、政策等不明确、不理解的问题，或者碰到新问题、新情况，想要弄清楚和解决这些问题时，可用请示行文，请求上级给予明确的解释和指示。

二、请示与报告的区别

（1）行文性质不同。请示是向上级机关请示指示和批准的公文，具有请求的性质；而报告是向上级机关汇报工作、反映情况、答复上级机关的询问或要求的公文，具有陈述性质。

（2）行文目的不同。请示的目的是请求上级批准，解决具体问题，要求作出明确答复；而报告的目的则在于使上级掌握某方面或阶段的情况，不要求批复。所以，两者正文的结束语也不同。

（3）行文时间不同。请示必须在事前行文，等上级机关有了答复之后才能付诸实施；报告则可在事后行文，也可在工作进行过程中行文。

（4）行文内容多少不同。请示要求一文一事；报告可以一文一事，也可以一文数事。

（5）结束语不同。报告结束语多是“以上报告，请审阅”；请示结束语则多是“以上请示，请批复”。

三、请示的结构和一般写法

请示作为请求性公文，与报告的写法有所不同。

（一）标题

请示标题一般要写明发文机关、事由和文种，发文机关有时可以省略，如《关于征地扩大学院面积的请示》。写标题要注意，不能将“请示”写成“报告”或“请示报告”，缘由中也尽量不要重复出现“申请”“请求”之类的词语。

（二）正文

请示的正文包括请示缘由、事项、结束语三部分。

（1）请示缘由。请示缘由指请示事项和要求的理由及依据，要写在正文的开头，先把原因讲清楚，然后再写请示的事项和要求，这样才能顺理成章，有说服力。请示的缘由很重要，写得好不好，直接关系请示事项能否成立，是否可行，关系上级机关审批请示的态度。因此，缘由部分要详写：一是要写得有理有据、实事求是、具体明白；二是写出请示事项的必要性和紧迫性，让人看了觉得此事的请求合理合情，又确实必要和紧迫。

（2）事项。事项指请示上级机关批准、帮助、解答的具体事项，一般包括方针、政策、办法、措施、主张、看法等。请示的事项，一是要符合国家法律、法规，符合实际，具有可行性和可操作性；二是要写得具体明白，不能模棱两可。如果请示的事项比较复杂，要分清主次，一条一条地写，条理要清楚，重点要突出。

请示的事项应该避免不明确、不具体和把缘由、事项混在一起写。否则，上级会不得要领，不知要解决什么问题。

（3）结束语。请示的结束语一般有“以上请示，请批复（请审批）”“以上意见当否，请指示”等。虽然只是简短的一句话，但却是请示中必不可少的一项内容。

（三）联系人姓名和电话

请示应当在附注处注明联系人姓名和电话等，如【范文】。

四、写请示要注意的问题

（1）一文一请示。“请示应当一文一事”，这是《条例》的规定，也是实际的需要。因为“一文多事”牵涉的单位多，涉及的政策规定也多，任何一个上级机关都难以答复，几个单位同时答复更不可能，很可能导致受文机关无法批复。如果性质相同的几件事确需写在一份请示中，则必须是同一机关有权批复，又可以批复的。

（2）单头请示。一份请示，只送一个上级领导机关或上级主管部门，不能同时主送两个或两个以上机关。如有需要，有关的单位可用抄送的形式。受双重领导的机关需向上级机关请示工作时，要根据请示内容的性质，主送一个上级领导机关，抄送另一领导机关。

（3）不越级请示。请示与其他公文一样，一般不越级行文，如果因特殊情况或紧急事项必须越级请示时，要同时抄送越过的机关。请示一般不直接送领导者个人，除上级机关负责人直接交办的事项外。如果把应由秘书部门统一办理的请示直接送领导者个人，容易误事，甚至会造成领导者之间的不协调。

（4）不得抄送下级机关。请示是上行公文，行文时不得同时发送下级机关，更不能要求下级机关执行上级机关未批准和批复的事项。

【范文借鉴】

【范文】

××公司关于增拨技术改造资金的请示

××××局：

正当我公司技术改造处于关键阶段，资金告罄。前次所拨资金原本缺口较大，加之改造过程中出现了新的技术难题，需增新设备，以致资金使用超过预算。由于该项技术是我局所属大部分企业所用的核心技术，如改造不能按期完成，势必拖延全部技术更新的进程，进而影响各单位实现全年预定生产指标和利润。目前我公司全体技术人员充分认识到市场经济的机遇和挑战，正齐心合力、刻苦攻关。缺口资金如能及时到位，本公司保证该项技术改造按期完成。

现请求增拨技术改造资金500万元。

特此请示，请批复。

××公司（印章）

××××年×月×日

（联系人：×××，电话：×××-××××××××）

【病例评析】

【病例】

××研究所
关于增加办公室编制、经费和解决办公用车的请示

××××：

我所办公室自2014年3月成立以来，在有关部门的大力支持下，工作开展顺利，但目前仍存在一些较为实际而又急需解决的困难。

第一，我所办公室编制甚少，现编制4人，除两名正、副主任外，只有两名工作人员。又因本部门工作需经常外出调查，故工作不能很好地开展。

第二，经济严重不足。由于我所辖地目前有5个肿瘤高发区现场，需要我们组织人才、物力调查发病原因及有关数字，但包干的经费远远不够所需开支的资金。有些工作，由于经费不足，已陷入瘫痪状态。

第三，出车难问题。由于交通工具不便，人少经费紧，我们需要批给一辆卧车和司机。

以上请示报告，请批复。

××研究所（印章）

2020年×月×日

【评析】

该文有以下几个主要问题：①违反请示要“一文一事”的原则。本文“一文三事”，即编制、经费、

车辆。②要求不具体、欠明确：要增加几人，作何用？需增加多少经费？用在哪里？“批给一辆卧车”是要上级批指标还是钱？③请示理由有矛盾，如前面说“开展顺利”，后面却说“已陷入瘫痪状态”；用车请示中的司机应列入编制之内。④用语不够谦和、准确，如“需要批给”宜改为“请求批给”；“经济不足”应是“经费不足”。⑤成文日期应大写。

【项目3】批复的写作

【能力目标】

1. 能够根据具体情况确定是否用批复行文。
2. 能够写出格式规范、语言规范、态度明确、要求具体的批复。

【知识目标】

1. 懂得在什么情况下用批复行文。
2. 掌握批复的格式和一般写法。

【工作情景】

鸿达集团公司利鸿分公司向集团提出申请购置网络设备，并递交了请示。集团公司经过研究之后，同意利鸿分公司购买网络设备，其所需要资金从集团公司设备经费中支出。集团公司总经理叫秘书小张写一份批复发给利鸿分公司。

讨论：应该如何写这份批复呢？（在老师指导下，学生试着写这份批复。）

【必需知识】

一、什么情况下用批复？

批复是上级机关用来答复下级机关的请示事项的公文。它依赖请示而存在，请示什么问题，就批复什么问题，或同意、赞成，或不同意、不批准，都要给予批复。有请示就有批复，不管同不同意都得批复。

二、批复的结构和一般写法

（一）标题

批复的标题一般要求写明事由和文种，格式是“关于××××请示的批复”或者“关于××××问题的批复”；也有些重要的批复，标题要写明批复单位名称，格式是“××××关于××××请示的批复”，标题的事由要把请示事项概括出来。

（二）正文

批复的正文一般包括收文情况、批复事项和结束语三部分。

（1）收文情况。一般在开头用一句话说明所收到请示的日期、标题及发文字号。一般这样写：“你局（队、司）×月×日《关于……的请示》（×××〔20××〕×号）收悉。经研究，现批复如下：……”。

（2）批复事项。批复事项包括批复态度和批复意见。要求写得态度鲜明，意见具体。或完全同意，或部分同意，或不同意。同意的还可以提出具体的处理意见、要求和希望；不同意的要说明原因和依据，让人口服心服。总之，批复不能含糊其辞，或回避不复。

（3）结束语。批复的结束语很简单，常在正文末尾写上“此复”二字即可，有的也可以不写，如【范文】。

三、写批复要注意的问题

（1）全面掌握请示的内容。批复是针对请示来写的，要求写作人员认真研究请示的事项，是否符合近期的工作需要，以及党的方针政策，国家的法律法令等；还要研究请示事项的可行性，是否符合客观实际。

（2）态度鲜明，批复清楚。批复的内容要简单明了，对请示的事项哪些同意、哪些不同意，有什么具体要求，都要在批复中讲清楚，不能含糊不清，也不能避而不答；如果是不同意的，要简单地讲清理由。

（3）语言精练准确，篇幅短小。批复的语言要精练准确，简明扼要，语气坚决、肯定，使请示单位一看就明白。批复一般表明态度，提出具体要求，无须长篇叙述和说理，篇幅不宜过长。

【范文借鉴】

【范文】

冠联总公司关于同意拨款修建地下停车场的批复

冠联食品公司：

你公司 6 月 20 日《关于提请拨款建设地下停车场的请示》（冠食字〔2019〕12 号）已收悉，经总公司办公会议研究，答复如下：

同意你公司修建地下停车场，有关手续请尽快办理。

拨款 15 万元作为你公司修建地下停车场专项包干用款，要求专款专用，不得挪作他用。不足部分请自筹解决。

此复。

冠联总公司（印章）
2019 年 7 月 15 日

【病例评析】

【病例】

××局关于××公司迁建××仓库综合楼问题的批复

×××公司：

××〔20××〕××号文收悉。你公司××仓库，由于储货业务发展和原“小三线”人员并入，人员大量增加，业务有发展，现有生活及办公用房严重不足。为提高储存能力，沟通东西货场，要求拆除现有旧生活办公用房 1270m^2，移地翻建，扩大建筑面积 1230m^2。经讨论审核，确系实际问题，同意要求。总建筑面积 2500m^2，其中综合楼 2000m^2，机修车间 500m^2，所需投资 50 万元，由你公司自筹解决。此复。

××局（印章）
20××年×月×日

【评析】

这份批复存在的问题主要有：①正文不简明，重复来文内容。来文内容，对方已清楚，不必重述。②正文直接写明批复的意见即可，不必讲同意的道理，本文批复态度写着“经讨论审核，确系实际问题，同意要求”，不符合批复的写作要求。

【技能实训题库】

一、分析题

分析下面的公文，指出其错误之处。

关于申请验收普及九年义务教育报告的批复

各市、县人民政府及有关厅（局）:

在《中共中央关于教育体制改革的决定》精神鼓舞下，在各级党政部门的正确领导和广大教育工作者的积极努力下，我省20××年九年义务教育的普及工作取得了很大的成绩，至目前为止，累计已有86%的市、县、企业办学单位基本实现了九年义务教育的普及。

各地根据××〔20××〕×号文件要求对普及九年义务教育情况进行了自检，对达到要求并呈请检查验收的市县，省普及九年义务教育检查验收领导小组按照国家的规定标准和省的具体要求组织了抽样复查。经验收检查，省政府批准××市、××县、××矿务局等47个市、县、企业办学单位为20××年普及九年义务教育的合格单位。

希望实现了普及九年义务教育的单位，再接再厉，采取措施，巩固成果，加速规范化学校的建设。尚未普及九年义务教育的单位要加强领导，创造条件，努力提高教学质量，为九年义务教育的普及打下坚实的基础。

××省教育厅（公章）
20××年×月×日

二、修改题

（一）根据各文件的写作要求修改以下公文文稿。

关于今年招生等问题的报告

市人民政府、市教委:

我校今年扩招，成绩颇佳。原计划招收高中生300人，职中生600人。现在实际招收高中生330人，职中生690人，分别比计划增加10%和15%，比去年增加20%和25%。但这样一来，已有的学生宿舍就无法容纳了，现在好些住校生是两人一铺，严重影响学生的身心健康。为解决这一困难，我校需建一栋学生宿舍。另外，我校图书馆也尚未达到省“两基”标准，望上级部门给予适当支持。

特此报告，请批复。

××县实验中学
2019年10月2日

（二）根据各文件的写作要求修改以下公文文稿。

××市万胜食品公司
关于××食品店请求给予张××行政记过处分的批复

××食品店:

你店报来关于给予××行政记过的请求已收悉。

张××，女，22岁，2010年参加工作，现任××食品店营业员。张××于2018年6月9日晚，乘售货之机将顾客给的一张100元人民币装入自己口袋内，当场被售货组组长抓住。

关于张××再次贪污货款问题，经公司办公会议讨论决定；同意你店意见，再次给其改正机会，给予行政记过处分，免奖半年，以观后效。

2018年6月22日

三、写作题

1．××中学的大门面对街市，学校为利用这一有利条件搞经营创收，决定把这里改建为一个电器维修部，将学校大门移至旁边的胡同内。此事要得到区教育局的同意，还需得到主管规划建设的区城建办的同意，然后才能进行其他一系列的工作，付诸实施。请代校方、代教育局拟写相应的公文。

2．××省外资局拟于2019年12月10日派组（局长×××等5人）到美国纽约市××设备公司检验引进设备。该局曾与对方签订过引进设备的合同，最近对方又来电邀请前去考察。在美国的考察时间需 20 天，所需费用由该局自行解决。各项费用预算，列有详表。此事需向省政府请示。请代拟一份请示。

【样板文库】

模块三样板文库

样板一（情况报告）

××市环保局文件

人常办〔2020〕26 号　　　　　　　　　　　　　签发人：×××

关于环境状况和环境保护目标完成情况的报告

市环委办：

根据《州人大常委会办公室关于开展全州 2019 年度环境状况和环境保护目标完成情况的调研通知》（人常办〔2020〕26 号）的文件要求，我局高度重视，结合自身职能职责，对各年度环保督查整改工作进行全面“回头看”和大排查，发现了一些问题，并进行整改。现将开展工作汇报如下：

一、环保督察存在的问题

目前，我局通过“回头看”和大排查，发现以下问题：

（1）城市污水处理厂进水浓度低和驷马桥水厂取水口上移两项工作还未全面完成问题整改。

（2）城市生活垃圾没有得到无害化处置，农村生活垃圾未无害化处置、临时堆场不规范。

二、解决办法

（一）“市城市污水处理厂进水浓度低”问题解决方案

2017 年以来，我局严格按照省、州、市环保督察组文件精神对市城市污水处理厂存在的各项环保整改问题进行了全面整改，通过对城市污水处理厂的问题进行排查，建立“一厂一策”整改方案，进一步完善污水处理厂中控系统和在线监控设备运行，增加污泥达标处置整改措施，建立污水处理厂正常运行管理及监督机制等措施，目前已全面完成城市污水处理厂各项环保整改任务。

（二）“驷马桥水厂取水口上移事项”问题解决方案

2018 年，我局在相关部门协同配合下，已完成驷马桥水厂原取水口周边常年乱倒建筑垃圾等环保整改问题。同时由市投公司通过实施灾后重建项目，对驷马桥水厂取水口进行上移，目前取水口已上移至苗圃电站出水口处，取用苗圃电站尾水。按照《关于推进市榆林河驷马桥（关门石）水源地环境问题政治的函》（污防攻坚办〔2020〕5 号）文件要求，为进一步推进市榆林河驷马桥（关门石）水源地环境问题整治，市委、市政府按照“拆、治、建、管”四位一体统筹推进方式，制定了《关于推进市榆林河驷马桥（关门石）水源地环境保护问题整治实施方案》，并成立以 XX 市长为组长、相关部门共同参与的整治工作领导小组，全面启动问题整改。

（三）关于“城市生活垃圾没有得到无害化处置，农村生活垃圾未无害化处置、临时堆场不规范”问题解决方案

根据制定的《州生活垃圾收集设施标准化建设和转运设备规范

配备实施方案》，我市开展了农村生活垃圾、临时堆场等未无害化处置排查，建立了问题清单，制定了农村生活垃圾、临时堆场等未无害化处置治理方案。2018 年 6 月底前，完成了对城生活垃圾填埋场渗滤液处理方式效果后评估。根据评估结果，我市根据渗滤液处理方式后评估完成了渗滤液处置建设方案。

但是还是存在城乡镇生活的垃圾处理率低的问题，农村垃圾收转运体系不完善，村镇垃圾车、垃圾桶、收集池较少、垃圾分类不健全等突出问题。在乡镇上新修 2 个桥垃圾处理场，但垃圾处理厂的覆盖范围较小，村上垃圾运距太长，运费成本太高。新都桥的垃圾处理场也存在覆盖较小，只覆盖新都桥、呷巴、塔公、瓦泽、甲根坝等几个乡镇，在沙德、普沙绒没有垃圾转运站，运距较远。

下一步的打算就是争取在“十四五”期间，力争在每个村建设垃圾转运体系，在每个集镇建设垃圾中转站，加大垃圾的处理和运输，减少垃圾焚烧对空气的污染。

以上报告，请审阅。

××市环保局

2020 年×月×日

（联系人：×××，电话：×××××××××××）

××市环保局	20××年×月×日印发

样板二

××建工集团第×建筑工程有限公司文件

××〔2019〕× 号　　　　签发人：×××

关于对外承包劳务经营权资格的请示

××建工集团：

我公司是经国家建设部核定的工业与民用建筑工程施工一级资质企业，成立于 2017 年×月。公司注册资本××××万元，现有职工××××多人，其中高级职称××人，中级职称×××人，机械设备 1000 多台，总功率 2.2 万千瓦。公司在区内外设有土建、设计、装饰、机械施工、设备水电安装、房地产、建筑工程监理、电脑软件开发等 10 多个分公司。在几内亚、冈比亚等国家设有经理部和全合资企业。20 世纪 90 年代以来，公司生产经营实现跨越式发展，主要经济技术指标位居省同行业前列，被评为我省最大经营规模建筑企业十强第一名，入选中国 500 家最大规模和最佳经济效益施工企业，连续 9 年被评为“省重合同守信用企业”，获得“全国先进建筑施工企业”“全国施工技术进步先进企业”“全国工程质量管理先进单位”“全国建设系统精神文明建设先进单位”等光荣称号，两次荣获中国建筑工程质量最高奖“鲁班奖”。公司现年施工能力可完成工作量××亿元，竣工面积××多万平方米。

2018 年，我公司通过了 ISO 9002 国际质量体系认证，取得了走向国内外市场质量保证的通行证，企业管理与国际接轨。为拓展经营渠道，搞活国有企业，提高国有资产增值率，我公司现申请对外承包劳务经营权资格，申请对外经营范围为：

1. 承包境外工业与民用建筑工程及境内国际招标工程。

2. 建筑材料（产品）、设备出口。

3. 对外派遣实施境外工程需要的劳务人员。

特此申请，请批复。

（公章）

××建工集团第×建筑工程有限公司

2019 年 10 月 25 日

（联系人：××× 电 话：××××××××）

抄送：×××××××××，×××××××××××××。

第×建筑工程有限公司行政部 2019 年 10 月 25 日印发

样板三

××市人民政府文件

××〔20××〕×号

关于同意组建××医药集团公司问题的批复

市医药总公司：

《关于正式批准组建××医药集团公司的请示》（×药发〔20××〕×号）收悉。经研究，现批复如下：

一、同意组建××医药集团公司，并授权××医药集团公司经营管理现市医药总公司属下企、事业单位的国有资产。授权后，××医药集团公司要明确经营责任，注意搞好集权和分权管理，发挥好两个积极性。

二、要认真抓好我市医药行业协会的组建工作。抓紧时机，积极与有关部门衔接，争取各方面的支持，早日把我市医药行业协会组建起来。

三、关于××医药集团公司章程问题。鉴于我国《公司法》已经出台，请你们根据《公司法》的规定，并参照市×××国有资产经营有限责任公司（国有独资）章程，对原方案作进一步的修改、补充和完善，再报市政府审定。

望抓紧时间，大胆试验，加快组建工作，积极、稳妥地推进改革，为探索建立适应社会主义市场经济的国有资产管理体制，促进企业经营机制的转换提供有益的经验。

此复。

（印章）

××市人民政府

20××年×月×日

抄送：×××××××××，××××××××××××。

××市人民政府办公厅　　　　20××年×月×日印发

模块四　函、纪要

【项目 1】函和复函的写作

【能力目标】

1. 能够根据具体情况确定是否用函行文。
2. 能够写出格式规范、内容完整、表述清楚的函和复函。

【知识目标】

1. 懂得在什么情况下用函行文。
2. 掌握函和复函的格式和一般写法。

【工作情景】

××职业技术学院为了全面提高学院教师素质，培养一批“双师型”教师，根据××省教育厅《关于开展 2018 年高等职业院校教师培训工作的通知》（×教〔2018〕××号）文件精神，学院拟定从现有教师中抽调 2 名骨干，到×××公司进行实践锻炼，时间为 2018 年 3 月至 7 月。

×××公司收到××职业技术学院 2018 年 1 月 12 日发出的函后，公司领导经过研究，同意××职业技术学院派 2 名教学骨干教师到公司锻炼。要求两位老师在锻炼期间必须遵守公司关于借调员工管理的规定。

讨论：请你替××职业技术学院给×××公司拟写一份函，替×××公司拟写一份复函。（老师指导。）

【必需知识】

一、什么情况下用函？

函是平级或不相隶属单位之间相互商洽工作、询问或答复问题、向有关主管部门请求批准的公文。函也叫信函，作为公文的函是指机关使用的公函，不是个人信函。

二、函的特点

（1）适用范围广泛，既可用于相互洽谈工作，询问答复问题，又可以用于向主管部门请示批准事项。

（2）短小精悍，简便灵活。有些函是很短小的，内容简单，语言简洁，有的便函只有三言两语，因此，函有公文“轻骑兵”之称。

三、函与请示、批复的区别

1. 函与请示的区别

请批函和请示都有“请求批准”的用途，因此有人常常把函和请示混淆，该用函时用请示。例如，某县文化局向本县财政局行文申请拨款，用请示行文，这就错用文种，应该用函行文，因为行文单位之间是平级单位。

函和请示的区别在于，函主要用于平级单位之间、不相隶属单位之间以及有业务上的主管和被主管关系的单位之间，发文机关用函向主管单位请求批准有关事项，主管单位用函答复批准请求事项；请示则用于有隶属关系的上下级机关，下级机关用请示向上级机关行文请求批准重要事项。因此，在使用请示和函时，要弄清发文机关和受文机关的关系，然后确定用什么文种。

2. 函与批复的区别

函有发函与复函之分，复函用于回复来函单位商洽的事项，常用于平级单位、不相隶属单位之间。批复则用于批准答复下级机关的请示，批复的事项一般比较重要。从使用范围来看，复函比批复更广泛，使用更灵活。

四、函的类型

从行文目的及内容看，函可以分为商洽函、问答函和请批函三种。

1. 商洽函

商洽函就是相互商洽工作的函，平级或不相隶属单位之间有事项需要联系商洽，用其他公文联系不合适的，都可用函来联系。【范文 1】就是一份商洽函。

2. 问答函

问答函就是机关单位之间用来相互询问和答复的函，如【范文 2】。

3. 请批函

请批函是向有关主管部门请求批准的函。这种函多是向业务主管部门或归口管理部门请求批准事项，如【样板一】。

五、函的结构和一般写法

公函的结构与其他行政公文一样，由标题、正文、落款等部分组成。下文主要讲标题与正文。

（一）标题

函的标题有多种写法，一种是写上发文机关、事由、回复函对象、文种，如《国务院办公厅关于悬挂国徽等问题给湖北省人民政府办公厅的复函》，这是较重要复函常用的标题；另一种是只写事由、文种，省略发文机关，如《关于商请参加第五届广州国际环保展览的函》（发函标题）、《关于城镇污水处理厂招待标准的复函》（复函标题）。有这样一种函，如《××省高级人民法院函》，这是司法公文，不属于行政公文范畴。

（二）正文

函的正文包括缘由、事项、结语三部分。

（1）缘由，指发出本函的原因。例如【范文 1】简明扼要地写调动的原因；而复函一般这样写：“你单位×年×月×日《关于……的函》收悉，经研究，现函复如下：……”，如【范文 2】。

（2）事项，指函的主要内容。把要商洽或请求批准或询问答复的事项写清楚。这一部分字数不在于多少，关键是要具体、明确，态度鲜明，干脆利落，切忌长篇大论。

（3）结语。一般写函的公文术语有“特此函告”“特此函达”“专此函达，请复”等；复函的公文术语有“此复”“特此函复”等。

六、写函或复函要注意的问题

（1）开门见山，直叙其事。这是函的最基本要求。因为函是一种比较简便的行政公文，讲究快捷，所以，函一般写得较为简短、言简意赅，切忌空话套话，或含糊其辞，不知所云。

（2）措辞得体，平等待人。函是一种多向行文的公文，可以在任何单位之间行文，因此，语言表达非常讲究，要表现出诚恳合作、平等待人的态度，对上要尊重、谦敬，但不恭维逢迎；对下要严肃，但不自傲训人；对同级单位、不相隶属单位，要以礼待人，用商量口气，不盛气凌人。总之，语言表达要得体。

（3）要用“信函式”格式。不管是函还是复函，都必须用“信函式”格式来写。

【范文借鉴】

【范文1】（函）

××市星星皮具有限公司关于商调祖大明同志的函

大发服装厂：

我公司宣传干事祖大明与贵厂女工孙晓华是一对夫妻，两人经常分居两地，生活很不方便。为解决二人的实际问题，我公司同意祖大明调往贵厂工作。现特函询贵厂意见，如同意，请协助办理调动手续。

特此函达，请复。

××市星星皮具有限公司（盖章）
2019年4月5日

（联系人：×××；电话：×××××××××××）

【范文2】（复函）

××市大发服装厂关于祖大明同志调动事宜的复函

××市星星皮具有限公司：

贵公司4月5日《关于商调祖大明同志的函》（××函〔2019〕18号）收悉。请将贵公司祖大明同志的档案、近期表现及婚育状况证明转来，待研究后函告。

特此函复。

××市大发服装厂
2019年4月7号

（联系人：×××；电话：×××××××××××）

【病例评析】

【病例1】

××县食品公司关于催交欠货的函

国营新光农场：

在多年的业务交往中，由于双方恪守信约，生意越做越大，互得其利，值得珍惜。

我公司曾于今年初与贵场签订了一份数额可观的购销合同，其中规定：从4月1日起至12月30日止，由你场为我公司提供花生12000千克、花生油7000千克、香蕉11000千克、猪肉14000千克、肉鸡13000千克、鸡蛋8500千克。令人遗憾的是：你们一反常态，不守信用，至今年12月初，交货不足一半。我们曾先后两次去信催货，你们却置之不理。现在春节临近，市场需量大增。为了做好春节市场食品供应，满足城乡人民的需要，你们务必在本月底将所欠余货如数交足，否则按合同罚款，后果自负。

特此函告。

××县食品公司（印章）
2019年12月15日

【病例 2】

国营新光农场关于欠货问题的复函

××县食品公司：

12 月 15 日来函收悉。以往关系，令人满意，值得双方珍惜。按合同我场向贵公司提供的食品，有的已过半，有的达七八成，只有部分“不足一半”。造成欠货的主要原因是我场下半年遭到台风的袭击和鸡瘟的危害，种养业产量大为下降。至于你们两次来信，我们并未收到，不是置之不理。

老实相告：要在 12 月底如数交足欠货，我们困难极大，如果你们一定要“按合同罚款”，我们只好上经济法庭。请注意，原合同上有一句：“如无天灾瘟疫等意外情况，甲方（新光农场）必须在今年 12 月底交足所订货额，否则按合同罚款。”我们的种养业既遭天灾又遇瘟疫……还是珍惜以往的关系，双方代表坐在一起协商解决为好。

特此函复。

国营新光农场（印章）
2019 年 12 月 20 日

【评析】

这两份函，一份是去函，一份是复函。从总体来看有点各执一词、“剑拔弩张”之势，其问题如下：①函件开头部分，双方努力克制，写得比较得体，没将对方各项欠货和所欠货额的具体数字一一列出，只笼统地说“交货不足一半”，结果复函的一方理所当然给予反驳：“有的已过半，有的……”“两次去信催货”具体在何月何日，是平信还是挂号信，都不具体。结果对方又给予反驳：“我们并未收到。”②语言欠谦和、得体。平行或不相隶属单位之间的函件，用词造句要特别注意谦和、委婉，有分寸，切忌带命令、指示等语气，而去函的“一反常态”“不守信用”“置之不理”“务必”“否则按合同罚款”“后果自负”等语言，充满指责甚至威胁的口气，不符合函的写作要求。③复函先辩驳，后推卸责任，最后说“我们只好上经济法庭……”，以牙还牙，毫不谦让。双方这样的语言，不利于解决问题。

【项目 2】纪要

【能力目标】

1. 能够根据具体情况确定是否用纪要行文。
2. 能够写出格式规范、重点突出、语言规范、能准确传达会议精神的纪要。

【知识目标】

1. 懂得在什么情况下要写纪要。
2. 掌握纪要的特殊格式和一般写法。

【工作情景】

××××矿区行政办公会议记录

时间：20××年××月×日

地点：矿区办公楼会议室

主持人：程××主任

参加人：矿区副主任刘××、劳资科科长赵××、财务科科长王××、安全科科长熊××、人事科科长范××、办公室主任张××

记录人：钱××

会议议题：

1. 二季度奖金发放办法。

2. 自然减员招工方案。

3. 有关人员的调动问题。

4. 对违反劳动纪律人员的处理。

会议决定事项：

1. 矿区二季度奖金按照总公司制订的《奖金发放办法》（试行草案）第六条、第七条办理。

2. 这次自然减员招工，招收20××年以前参加工作的职工子女，并实行文化统考、择优录取的办法（详细规定由劳资科负责制定）。

3. 同意李×同志因父母身边无人照顾调往××容器厂工作。

4. 同意陈×同志与硫铁矿区吴×对调，解决陈×同志夫妻长期两地分居问题。

5. 对矿工盛×无故旷工三天的行为，责成劳资科在全矿区给予通报批评，并扣发旷工日工资及当月奖金。

主持人：
记录人：
20××年×月×日

讨论：上面是一篇会议记录，请将之改写成纪要。（在老师指导下，学生试着改写成纪要。）

【必需知识】

一、什么情况下用纪要行文？

纪要是记载和传达会议情况和议定事项的公文。它根据会议记录、会议文件和其他会议资料分析归纳而成，既可上呈，又可下达，也可被批转或转发有关单位遵照执行。它的主要作用是沟通情况，交流经验，统一认识，指导工作。并非所有会议都要写纪要，有必要把会议精神传达给相关单位或部门时才写。

纪要是根据会议内容和议定事项整理而成的，使用广泛，机关单位及企事业单位都可以使用。纪要反映的内容比较多样，可以是会议情况、议定事项，也可以是议而未决的事项，能起一定的参考作用。

二、纪要的特点

1. 提要性

纪要不是简单地将所讲内容加以记录，而是要对会议繁杂的情况和内容进行综合整理，概括主要精神，归纳主要事项。

2. 决议性

纪要在对会议议定事项进行概括归纳后，一经下发便产生指示作用和约束力，必须贯彻执行，实际上起决议的作用。

3. 存查备用性

某些纪要主要是为了通报情况，或将会议情况摘录下来，在必要时查阅。这类纪要主要具有存查、备用的作用。其他如决议性的纪要也有存查备用的特点。

4. 独特的发布方式

纪要与别的公文的发布方式有所不同，一般可以直接发给上级机关、平级机关或下级机关，也可以直接发给有关领导者个人，如市委书记、市长等，主送机关往往较多。正因如此，习惯上把主送机关或个人名称写在文尾部分。也有一些较重要的纪要，用报告的形式发给上级，以突出严肃性；用批示性通知的形式发给下级，以突出重要性。但实际操作中大多采用“直接行文法”，也就是不用转发的形式，直接用会议纪要上报和下达。

三、纪要与会议记录的联系与区别

纪要与会议记录既有联系又有区别。纪要是以会议记录为基础和依据，摘取其中的重要内容整理而成的，而会议记录则是如实记录；另外，会议记录只作为机关单位内部存查使用的文书，不对外公布，而纪要则在一定范围内公布传达，作为正式公文使用。

四、纪要的特殊格式

纪要的格式主要是针对国家行政机关的办公会议纪要而言的。因为国家行政机关的办公会议是本机关决策的最高机构，会议议定的事项都是本机关的决策事项，并以固定形式的纪要印发，因此，《标准》对此类纪要格式做了统一规定：

（1）纪要标志由“×××××纪要”组成，居中排布，上边缘至版心上边缘为 35mm，推荐使用红色小标宋体字。

（2）标注出席人员名单，一般用 3 号黑体字，在正文或附件说明下空一行左空两字编排“出席”二字，后标全角冒号，冒号后用 3 号仿宋体字标注出席人单位、姓名，回行时与冒号后的首字对齐。

（3）标注请假和列席人员名单，除依次另起一行并将“出席”二字改为“请假”或“列席”外，编排方法同出席人员名单。

纪要格式可以根据实际制定。

具体式样见本模块后面【样板三】，简便企业纪要不用此格式。

五、党政公文纪要的一般写法

党政公文纪要的正文内容一般写以下几方面：

（1）会议基本情况。这是正文的开头部分，是对会议概貌的介绍。一般包括会议召开的时间、参加的范围、单位、主要领导人，会议召开的根据、目的、基本议程和主要活动，会议的结果和评价。这部分的介绍要简明扼要，让人们对会议有一个大致的了解。例如，在【范文 1】中，第一自然段用两句话交代了会议的时间、地点、主持会议的领导、会议的名称及参加会议的主要人员。

（2）会议的主要精神。这是纪要的主体部分，要详写。一般包括会议所讨论的问题及意义，对过去工作的基本评价；会议研究的问题，讨论中的主要意见；对今后工作的指导思想、要求和措施等。这部分要根据会议的记录和有关材料，按照会议的指导思想，把会议的精神和成果如实地概括和反映出来。

（3）会议的希望。这是结尾部分，有的提出希望、号召或要求，如【范文 1】，有的则不单独写这一部分。

六、简便企业纪要的一般写法

（一）前言

（1）首先概括交代企业会议进行的时间、地点、名称、届次、组织者、与会人员（出席和列席人员）名单、主持人、会议议程和进行情况以及对会议的总体评价等。

（2）写明企业会议的主持人、基本议程、会议形式及会议主要的成果等。

（3）用“现将这次会议研究的几个问题纪要如下”或“现将会议主要精神纪要如下”等语句转入下文。

这部分主要简述会议基本情况，所以文字必须十分简练。

（二）主体

主体是企业纪要的核心内容，主要记载以下内容：

（1）企业会议的基本情况。

（2）会议议定的事项和会议结果。

（3）会议的主要精神。

（4）讨论意见和议决事项等。

写作时要注意紧紧围绕中心议题，把企业会议的基本精神特别是会议形成的决定、决议，准确地表达清楚。对于会议上有争议的问题和不同意见，必须如实予以反映。

不同的企业会议，其内容和议定事项是不同的。办公会、日常工作例会的纪要，一般包括会议内容、议定事项，有的还可概述议定事项的意义。工作会议、专业会议和座谈会的纪要，往往还要写出经验、做法、今后工作的意见、措施和要求等。

在具体写法上，不同类型的纪要写法也有不同。决议型会议纪要，主要根据会议的中心议题，把会议形成的决定、决议的具体内容一一表述清楚；综合性纪要的主题内容则侧重于突出会议的指导思想，全面介绍会议情况等。企业纪要如【范文 2】。

七、写纪要需注意的问题

不管是党政公文纪要还是企业纪要，写作时都要注意以下问题：

（1）“纪”和“要”。“纪”是综合、整理；“要”是要点。因此，要根据会议的材料，综合、整理出主要精神与问题，不要面面俱到，不要记“流水账”。

（2）要条理化，即注意结构的逻辑性和合理性。一般有综合概述法、归纳分项法、发言提要法三种。综合概述法多用于讨论的问题比较单一、意见比较统一的小型会议。综合概述法是用概括叙述的方法，对会议情况和议定事项进行整体的阐述与说明。归纳分项法是指对会议的主要内容分门别类进行整理，归纳成几个大的方面或问题，加上标号或小标题分成几项来写。大型会议多采用此种方法，如【范文 1】。发言提要法是把会上具有典型性、代表性的言论加以整理、提炼，分类阐述说明。这种写法能如实反映会议讨论情况和与会人员意见，适用于座谈会、研讨会等纪要。

（3）语言要准确、简洁。会议纪要常以“会议”“代表”等为第一人称。例如“会议听取了”“会议认为”“与会者代表一致认为”“部分代表认为”“会议强调”等。注意用语要规范、确切。

（4）正文的后面不用落款，也不用加盖公章。

【范文借鉴】

【范文 1】（党政公文纪要）

关于协调解决沙面大街 56 号首层房屋使用权问题的会议纪要

20××年 2 月 2 日上午，市政府办公厅×××主任主持召开会议，协调解决沙面大街 56 号首层房屋使用权问题。参加会议的有省政府办公厅交际处、广东胜利宾馆、市商委、市国土房管局、二商局、市外轮供应公司等有关部门的负责同志。

会议认为，沙面大街 56 号首层房屋使用权的问题，是在过去计划经济和行政决定下形成的历史遗留问题。早几年曾多次协调，虽有进展，但未有结果。最近，按照省、市领导同志“向前看”“了却这笔历史旧账”的批示精神，在办公厅的协调下，双方本着尊重历史、面对现实、互谅互让的原则，合情合理地提出解决这宗矛盾的方案。

经过协商、讨论，双方达成了一致的认识。会议决定如下事项：

一、市外轮供应公司应将沙面大街 56 号房屋的使用权交给胜利宾馆。

二、考虑到市外轮供应公司在 56 号经营了 30 多年，已投入不少资金，退出后，办公地方暂时难以解决，决定给予其商品损耗费、固定资产投资和搬迁费等一次性补偿费用共 95 万元。其中省政府办公厅和广东胜利宾馆负责 80 万元；考虑到省政府领导曾多次过问此事和省、市关系，另 15 万元由广州市政府支持补助。

三、省政府办公厅和胜利宾馆的补偿款于20××年2月7日前划拨给市外轮供应公司。市政府的补助款于3月5日左右划拨，市外轮供应公司应于2月15日开始搬迁，2月20日前搬迁完毕并移交钥匙。

四、市外轮供应公司原搭建的楼阁按房管部门规定不能拆迁。空调器和电话等2月20日前搬迁不了的，由胜利宾馆协助做好善后工作。

会议希望，双方在房屋使用权移交过程中要各自做好本单位干部群众的工作，团结协作，增进友谊，保证移交工作顺利进行。

【范文2】（企业纪要）

会议纪要

时间：20××年×月×日

地点：公司办公楼二楼会议室

主持人：×××

参加人员：改制小组成员

记录人：×××

会议内容：

本次会议是公司领导班子调整后召开的第一次改制工作会议。会议对公司改制调研情况进行通报，对下一步工作进行安排。

一、会议首先通报原企业公司直属单位——××设计院改制情况

会议认为，××设计院从20××年开始进行改制，历时2年，于20××年×月正式挂牌，其中与我们公司有很多共性。目前，退休退养人员待遇问题是公司改制的最大制约因素，我们要借鉴××设计院对这类人员的安置办法，积极争取集团公司支持和建设公司政策优惠，妥善解决这一问题。

二、会议决定加强公司内部管理

以改制为契机，进行自身锤炼，不断提高企业市场生存能力，有理有据进行处理。会议就有关事项对相关部室提出了具体要求。

1．会议责成财务部完成以下工作：

（1）本着“先易后难，先近后远”的原则，尽快清理应收账款和呆坏死账。由××负责协调各部室之间的清理工作。

（2）提取坏账准备金。

（3）完善临建基础资料。

（4）清理长期投资，完善相关手续。

2．会议责成人力资源部完成以下工作：

（1）进行待分配人员情况摸底。

（2）进行退休、退养人员年龄和在本企工作年限等情况采集。

3．会议责成资产管理部完成以下工作：

（1）进一步加大设备清理力度。对有清查难度的设备实行“一事一报告”制度，做到一事一议，加快账外设备及遗留问题的清理速度。

（2）进一步进行房产清理。

4．会议责成经营计划部完成以下工作：

（1）加速分包结算工作。要求逐个项目进行清理，如被清理项目出现问题，马上转入下一个项目继续清理。

（2）清理应收款项。

5．会议责成综合办公室完成以下工作：

（1）清理办公设备、办公用品。

（2）7月5日之前，清空西区车库。

三、会议决定清理外埠项目银行账户

外埠项目银行账户须与项目部的撤销同步进行销户。项目部所有人员全部撤离视为撤销该项目部。对暂不能撤销的外埠银行账户，原则上留有少量余额（100元以下）即可。会议责成财务部拟定《外埠项目银行账户清理通知》。

四、会议决定

1．会议决定尽快召开各类各层次人员座谈会，就改制工作征求广大职工的建议和意见。

2．会议决定进一步加大资产清理力度。要在以前清产核资的基础上，进行深层次的细化清理，列出明细。对于处理较困难的要取得合法依据。

【病例评析】

【病例】

关于审批××街道商业服务网点现场办公会议纪要

20××年×月×日，区委常委副书记×××，区政府常务第一副区长××，在××街召开了审批商务、服务业网点现场办公会。区长×××、副区长××等区政府领导同志参加了会议。区委、区政府有关委、办，区人大城市工作调研室，区经济改革办公室等有关领导和有关人员参加了会议。

会上，听取了××街道党委书记××同志“关于××街道×年第三产业发展规划”的汇报。然后，区委、区政府的领导同志赴现场查看了商业服务网点建设用地情况。

会议经过讨论决定事项如下：

一、同意××至××街地段建设商业街，×××地段现在即可施工，×××街地段因有移树问题，待春季再动工。

二、同意将×××街至×××街地段西侧建成商业街。有关事宜要与邻近单位协商好，建设网点临时设施要让开地下管道，保护路旁树木。同时，对×××商业街摊车也要整顿。（略）

会上，×××同志指出，××街道党委在发展第三产业工作上，思想比较解放，规划比较现实。（略）

×××同志肯定了××街道党委发展第三产业的指导思想。（略）

【评析】

这篇会议纪要存在的问题主要有：①本文开头部分随意列出一大串与会名单，却未指明会议的主持人和组织者，在表述上显得层次不清。因此，应在“召开”前加上“主持”一词。②本文后半部分领导同志的大段讲话不像“纪”，也达不到“要”。③这份会议纪要给人还没写完之感。会议纪要虽然可以不写结尾部分，但一般在第二部分已阐述完整的内容，觉得没有必要加结尾时方可省略；否则就必须写上结束语，如重申重要性或提出希望等。该文结尾一段写了××同志的意见后便突然收尾，不完整，应再加上结尾。

【微课资料】

会议记录和会议纪要的联系和区别

【技能实训题库】

一、分析题

分析下面的公文，指出其不足之处。

关于学生实习的函

××国营林果场：

兹有我校林果专业学生毕业实习即将开始。经研究分配2019届二班学生到贵场实习，望能妥善安排。可否，请迅速回音。

××市××农业学校

2019年3月21日

二、修改题

请按不同文种的写作要求，修改下列公文文稿。

复函

××汽车检测中心：

你们好！来函收到。知悉贵中心想对我公司生产的××A8型汽车的各项技术性能指标进行测试，我们感到很高兴。我们将于下周四把A8型车送到你处，供贵中心检测。真金不怕火炼，好产品是经得起检测的。我们希望车到三天后，能得到检测结果。

另，贵中心如欲购车，我们愿以出厂优惠价提供。

此致

敬礼！

（公章）

××汽车集团公司

20××年×月×日

关于查询两笔电汇款的请函

××银行××分行：

我公司上月底经你行电汇北京××路××号我公司驻北京办事处两笔款项，对方至今尚未收到。这两笔款项分别是：(1)我公司在京参加培训学习的学员×××等人的培训费及生活费13200元；(2)我公司发给驻京办事处全体同志2004年全年奖金56000元整。收款人均为我驻京办事处处长黄××女士。

想必贵行在收到本函后将深感震惊，因为贵行从来不曾出过此类业务事故。为此，我公司只请求贵行迅即查清此两笔款项的下落，并能给我公司以一个比较明确的答复。

即颂

钧安

××贸易有限公司

三、写作题

（一）根据下列函件，请代新华电影院拟写一份复函（同意租借观众厅，但须加10%的服务费）。

关于向新华电影院租借观众厅的函

新华电影院：

为了表彰先进，弘扬雷锋精神，我公司定于7月16日下午召开先进集体、先进个人表彰大会。现拟向贵院租借该日下午观众厅，租金按有关规定计算。

请大力支持为盼。

（印章）
粉末冶金公司经理办公室
2020年7月10日

（二）平山供销社于2019年12月29日向康农贸易公司订购尿素120吨（合同号831019），规定2020年2月15日前交货，但至2020年3月7日对方仍不履行合同，经电话及派人多次联系，仍未解决。现春耕已到，急需化肥供应农民。请代拟一份公文催货。

（三）根据下面会议记录写一份纪要。

××市政府第16次常务会议会议记录

时间：20××年1月8日上午
地点：××市政府第一会议室
主持人：市长×××
参加人：××市政府常务委员
记录人：×××

会议议程：

1．市政府研究室主任×××对起草《政府工作报告》（讨论稿）所作的说明。

2．市长×××讲话。

会议决定事项：

1．要求市政府研究室根据会议意见对《政府工作报告》（讨论稿）进行修改，于1月15日前修改完毕，待市委常委会讨论通过后，正式提请市第十届人民代表大会第二次会议审议。

2．强调《政府工作报告》要突出进一步解放思想，更新观念，真抓实干的决心；要实事求是、简朴、有力，文字要精简；机构改革、国有资产管理、城市管理体制等大的改革动作，要有意向性意见，文字表达要明确；要反映“菜篮子”工程的建设与平抑物价的措施；要专门强调地铁建设工程的重要性。

3．希望各部门、各单位、各区以及全社会都要支持和协助地铁建设的运迁等有关工作，保证地铁工程建设顺利进行。

主持人：×××
记录人：×××
20××年×月×日

【样板文库】

模块四样板文库

【样板一】（函）

××市农工商联合总公司

加急　　　　　　　　　　　　××〔20××〕×号

关于20××年各级管理费列支办法的函

××市财政局：

根据××市财政局《关于印发××市国有企业上交主管部门管理费税前扣除审批管理办法的通知》（×财税〔20××〕171号）文件精神，根据我总公司的管理情况，我们拟订了《关于20××年各级管理费列支办法》，请求按此办法对所属公司在其销售收入的2%的范围内收取管理费，并在上缴企业所得税前扣除。

妥否？请函复为盼。

附件：××市农工商联合总公司关于20××年各级管理费列支办法

（印章）

××市农工商联合总公司

20××年×月×日

公开方式：主动公开

【样板二】（复函）

××市财政局

加急　　　　　　　　　　　　　　　　　　　　　　××〔20××〕×号

关于××市农工商联合总公司 20××年度收取管理费问题的复函

××市农工商联合总公司：

你公司《关于 20××年各级管理费列支办法的函》（×农管〔20××〕1 号）收悉。经研究，现就你公司收取管理费有关问题答复如下：

鉴于你公司因历史遗留问题，包袱沉重，资金来源不能满足经费开支，根据××市财政局、××市地税局《关于印发税前扣除××市国有企业上交主管部门管理费的审批管理办法的通知》（×财税〔20××〕171 号）和《关于税前扣除企业上交主管部门管理费的审批办法的补充通知》（×财税〔20××〕886 号）文件精神，同意你公司 20××年度在不超过所属单位销售（营业）收入 2%的范围内，向所属单位收取管理费，用于你公司的经费开支。各单位 20××年度按上述比例上交的管理费，允许你公司在上缴企业所得税前扣除。

特此函复。

（印章）

××市财政局

20××年×月×日

公开方式：主动公开

【样板三】

××公司
办公会议纪要

××公司行政部　　　　　　　　　　　20××年×月×日

××公司第一次总经理办公会议纪要

20××年×月×日下午，由张××总经理主持的公司第一次总经理办公会议在公司第二会议室召开，会议主要研究讨论公司经济合同管理、资金管理办法、公司20××年3—5月份岗位工资发放等事宜。参加会议的有公司领导、总经办、党群办及相关处室负责人。现将会议决定事项纪要如下：

一、关于公司经济合同管理办法

会议讨论了总经办提交的公司经济合同管理办法，认为实施船舶修理、物料配件和办公用品采购对外经济合同管理，有利于加强和规范企业管理。会议原则通过。会议要求，总经办根据会议决定进一步修改完善，发文执行。

二、关于职工因私借款规定

会议认为，职工因私借款是传统计划经济产物，不能作为文件规定。

但是，从关心员工考虑，在职工遇到突发性困难时，公司可以酌情借10000元以内的应急款。计财处要制定内部操作程序，严格把关。人力资源处配合。借款者本人要作出还款计划。

三、关于公司资金管理办法

会议认为，计财处提交的公司资金管理办法有利于加强公司资金管理，提高资金使用效率，保障安全生产需要。会议原则通过，计财处修改完善后发文执行。

四、关于职工工资由银行代发事宜

会议听取了计财处提交的关于职工岗位工资和船员伙食费由银行代发的汇报，会议认为银行代发工资是社会发展的必然趋势，既方便船舶和船员领取，又有利于规避存放大额现金的风险。但需要2个月左右的宣传过渡期，让职工充分了解接受。会议要求计财处认真做好实施前的准备工作，人力资源处配合，计划下半年实施。

五、关于公司11月份效益工资发放问题

会议听取了人力资源处关于公司机关11月份岗位工资发放标准的建议。会议决定公司员工3—5月份岗位工资发放，对已经下文明确的员工执行新的岗位工资标准，没有下文明确的员工暂维持不变。待三个月考核明确岗位后，一律按新岗位标准发放。

会议最后强调，公司要加强与运行船舶的沟通，建立公司领导每周上岗接船制度，完善机关管理员工随船工作制度，增强工作的针对性和有效性。

出席：公司领导张××　总经办主任贾××　党群办主任杨××

××处处长林××　××处处长肖××　××处处长陈××

请假：×××　　×××

列席：×××

抄送：×××××××××，××××××××××××。

××公司行政部　　　　　　　　　　20××年×月×日印发

上篇综合测试题（一）

（总分 100 分，测试时间 120 分钟）

一、单项选择题（每题 1 分，共 15 分）

1．公文的特点有：以反映和治理社会、管理国家的公务信息为内容，有规范的格式，有法定的作者、特定的读者和（　　）四个特点。

A．间接的作用性　　B．直接的针对性

C．有法定的作者、特定的读者　　D．有法定的权威和约束力

2．下列文稿中具有正式公文效用的是（　　）。

A．讨论稿　　B．送审稿　　C．征求意见稿　　D．定稿

3．为了维护正常的领导、指导、直接统属的关系，一般应采用的方式是（　　）。

A．多级行文　　B．逐级行文　　C．直接行文　　D．越级行文

4．公文的收发要履行的处理程序包括登记、分办、拟办和（　　）。

A．批办　　B．承办　　C．受办　　D．催办

5．下面不属于发文字号部分的是（　　）。

A．发文机关代字　　B．发文年号　　C．发文顺序号　　D．文件注释号

6．公文标题不包括（　　）。

A．发文机关名称　　B．主送单位名称　　C．事由　　D．文种

7．公文的成文日期应写为（　　）。

A．20 年 4 月 15 日　　B．2020 年 4 月 15 日

C．二零二零年四月十五日　　D．二〇二〇年四月十五日

8．汇报工作，反映情况，提出建议，供领导机关制定决策或指导工作时参考，不要求批复，可用（　　）。

A．报告　　B．请示　　C．意见　　D．汇报

9．下列事例中，不能用通报为文种来处理的是（　　）。

A．××县工会拟表彰奋不顾身抢救落水儿童的青年工人事迹

B．××厂拟向市工业局汇报该厂遭受火灾的情况

C．××市安全办公室拟向各有关单位知照全市安全大检查的情况

D．××县拟公布加强机关廉政建设的几条规定

10．人事部答复《国家发展计划委员会关于录用××等 5 位同志为国家公务员的请示》应当用（　　）。

A．批复　　B．通知　　C．答复　　D．函

11．行政机关公文中，不用加盖公章的是（　　）。

A．函　　B．通报　　C．纪要　　D．批复

12．在主送上级机关的同时不得抄送给自己的下级机关的是（　　）。

A．报告　　B．请示　　C．函　　D．通知

13．处置办毕公文的最正确方法是（　　）。

A．暂存　　B．立卷归档　　C．清退　　D．销毁

14．不属于发文处理环节的是（　　）。

A．草拟　　B．审核　　C．签发　　D．承办

15．某市人民政府将绿化城市的有关政策、要求直接公开告知全市人民，需要用（　　）。

A．公告　　B．公报　　C．通告　　D．通报

二、判断题（每小题 1 分，共 10 分）

1．主题词的作用在于配合标题进一步简要而精当地揭示公文的内容。（　）
2．任免和聘用干部所用的公文文种是通告。（　）
3．某县工业局为申请购置防暑降温设备的经费特向县财政局发出请示。（　）
4．××市（直辖市）人民政府与下属某局为兴办合资企业一事向国务院发出请示。（　）
5．公文标题中一律不得使用标点符号。（　）
6．转发文件时，下级转发上级来文为转发，上级转发下级来文为批转。（　）
7．纪要和会议记录是一回事。（　）
8．公告和通告在行文时，都要写上主送机关。（　）
9．报告可以同时上报几个机关。（　）
10．不经签发人同意，任何人均不得对公文定稿的内容作任何改动。（　）

三、修改题（共 30 分）

（一）修改公文标题（每小题 2 分，共 10 分）
1．××××关于固定资产折旧出售的请示报告
2．沈阳市××局关于违反财经纪律的通报
3．关于申请办理专项控制商品准购证的报告
4．某市某局关于批复某问题的函
5．某市某局关于全市上半年技术改造情况的反映
（二）修改公文中的文句（每小题 2 分，共 10 分）
1．我们建议能否把××故居加以修葺，辟为一个新的旅游景区。
2．结论只有一个：非坚决按照县政府指示办。
3．局领导积极采取措施，提高和培养干部的政策水平。
4．我们应当避免少犯错误。
5．加强全面质量管理是目前我们能否搞好企业管理的一个最首要的问题。
（三）修改公文文稿（每小题 5 分，共 10 分）
同意你校设立行政发展研究所等请示
××大学：
你校×发［2018］009 号文《关于设立行政发展研究中心的请示》以及×发［2018］015 号《关于修建知识产权大厦的请示》都收到了并且清楚地了解了，经和有关方面研究，批复如下意见：
1．不同意在你校设立行政发展研究中心，其理由恕不详述。
2．目前可在你校先行设立行政发展研究所。
3．拟原则同意在你校修建知识产权大厦，有关具体事宜待专门批复。专此函复。
此致
敬礼
××省教育委员会
2018 年 2 月 30 日

××税务分局关于讨论总局×字×号文件的报告
市税务总局：
总局×字×号文件《关于税务部门管理城镇集体所有制企业财务的意见》下达后，我们进行了讨论。现将对于如何管理城镇集体所有制企业的几点建议汇报总局，供修改上述文件时参考。

附件：××税务分局关于城镇集体所有制企业的几点建议（略）
××税务分局
2019 年 10 月 6 日

四、拟写题（共 45 分）

（一）根据材料拟写公文标题（每小题 5 分，共 15 分）

1．某省人民政府批示转发省教育厅制定的《某省教育发展十年规划》，要求省内各级人民政府认真贯彻执行。

2．国务院同意北京市人民政府在请示中提出的撤销房山县、设立燕山区的请求，并对该区的领导关系、行政区域予以明确。

3．国务院为防止劫持、破坏民航飞机和破坏民用航空设施事件的发生，保障民用航空安全，将民航班机旅客必须接受安全检查、严禁携带各种危害民航安全的危险品乘机、加强机场安全措施等事项，告知中外旅客。

（二）根据材料拟写公文文稿（每小题 15 分，共 30 分）

1．全国市场营销协会决定于 2019 年 7 月 10 日至 16 日在广西壮族自治区南宁市召开一年一度的营销协会年会，于 6 月 10 日发出会议通知。会议内容是研究和探讨当前营销学的有关学术问题和热点问题，全国市场营销协会的会员均可参加。会期为 7 天，7 月 10 日报到。报到和开会地点是南宁军区空军招待所。要求每位与会者于会前半个月交来相关学术论文一篇。会务费自理。请代全国市场营销协会拟写一份公文。

2．××县利用本地水资源发展小水电，每年丰水期可输入国家电网的电达 3000 万度，而枯水期却严重缺电，以每度 5 角钱的价格购进 1500 万度电，却仍不能保证城镇居民用电，而××水泥厂和××糖厂也因电价太高而停产。请代××县拟一份给该市供电局的函，请求在枯水期内（每年 11 月 10 日至次年 2 月 25 日），每天配给基数电 10 万度。

上篇综合测试题（二）

（总分 100 分，测试时间 120 分钟）

一、单项选择题（每题 1 分，共 15 分）

1．用于向国内外宣布重要事项或法定事项时所使用的文种是（　　）。

A．布告　　B．通告　　C．公告　　D．通知

2．公文保密等级中最高等级是（　　）。

A．绝密　　B．机密　　C．秘密　　D．特密

3．公文在写作上的特殊要求，除了要符合政策法规外，还包括（　　）。

A．形象生动，讲求实效　　B．主题突出，条分缕析

C．用语得体，格式规范　　D．结构完整，表达通顺

4．选择文种的重要依据之一是（　　）。

A．公文的内容　　B．公文的主题

C．公文的执行效用依据　　D．工作关系依据

5．公文多使用专用词语作结尾。下面的词语有一个不属此类词语，这句是（　　）。

A．上述要求，请予批准　　B．本令自颁布之日起生效

C．沿着……胜利前进　　D．上述报告，如无不妥，请批转

6．下列事例不能用通知行文的有（　　）。

A．某公司聘用一名经理

B．某银行向各储蓄所下达季度储蓄任务

C．某人事厅贯彻财政厅有关职工福利发放标准的文件

D．两单位之间商洽某具体事项

7．通知与其他指令性文件相比（　　）。

A．比其他指令性文件政策性更强

B．对于作者没有其他指令性文件那么多限定

C．受文机关可根据实际情况对通知内容不予执行

D．以上三项都正确

8．函是机关公文的一种，它的适用范围之一是（　　）。

A．上下级机关之间商洽工作

B．平级或不相隶属机关之间询问和答复问题

C．向上级机关请求批准

D．向下级机关就有关问题提出解决的办法，以供参考

9．报告是下级单位向所属上级单位汇报工作、反映情况、提出建议时使用的一种上行公文，它具有（　　）。

A．询问性　　B．告知性　　C．答复性　　D．陈述性

10．批转的对象是（　　）。

A．上级机关公文　　B．下级机关公文

C．平级机关公文　　D．不相隶属机关公文

11．省财政厅答复省教育厅提出的请求批准的事项用（　　）。

A．批复　　B．通知　　C．指示　　D．函

12．转发通知的作者是被转发公文的作者的（　）。

A．上级机关　　B．下级机关

C．平级机关　　D．非同一系统的任何级别的机关

13．清退文件时应分别将其按期退还（　）。

A．发文机关　　B．发文机关指定的单位

C．上一级机关　　D．机要部门

14．会议纪要的人称一般用（　）。

A．我们　　B．他们　　C．会议　　D．你们

15．正常的发文处理过程中，签发与核稿的正确次序是（　）。

A．先签后核　　B．先核后签　　C．先核后签再核　　D．先签后核再签

二、分析题（共22分）

（一）分析下列事例有无错误，请说明原因（每小题4分，共16分）

1．×市×区区属图书馆为办好图书事业，满足该区群众读书的要求，特向区政府请示增加经费，并将该请示抄送该区人事局、劳动局、物价局、财政局。

2．某县人事局向该县直属各单位下发年终考核工作通知，抄报于该县政府办公室。

3．×市纪检委员会将2019年纪检情况通报于市各直属机关和各局。

4．某机关办公室文书小李，每次都将来文按照文书业务性质分送给各个部门。为了不出差错，她亲自分送，小心翼翼，所以文书往往在办公室压六天左右。

（二）分析下列事例并回答问题（每小题3分，共6分）

1．某单位书记兼该单位行政负责一把手，组卷时，能否将他的《整党工作的总结》与《工作总结》组在一起？为什么？

2．某单位文书小胡，年底组卷时，将本机关发文的正本和草稿全部都组成了案卷。小李看见之后，认为草稿不必组卷。两人发生了争论。他们谁的做法正确？为什么？

三、修改题（共27分）

（一）修改公文标题（每小题2分，共12分）

1．关于我地区副厅级领导干部今年下半年出访日本的报告

2．××市税务局关于×××厂申请要求免征房产税问题的批复

3．国务院转发国家医药管理局关于进一步治理整顿医药市场意见的通知

4．××单位关于申请批准购置××设备的请示报告

5．对刘××旷工三天的处分决定

6．××食品厂关于提高产品质量，造福人类，加强成品检验工作的通知

（二）修改公文文稿（每小题5分，共15分）

北京市××区人民政府

致中央、市属有关单位的函中央、市属有关单位：

目前你们在我区新建、扩建了许多职工宿舍，但不考虑商业网点、学校、托幼和医疗设施。这样不仅给你们的生活带来困难，也给我们带来许多麻烦。要知道，我区与居民有关的生活服务设施异常紧张，其中商业网点、学校、托幼和医疗等设施的紧张程度更为突出，实在没有能力再承受新的负担。希望你们在新建、扩建职工宿舍时务必把生活设施规划进去，否则后果自负。

此致

敬礼

二〇一九年×月×日

××省关于《成人高校教师技术职称评定条例》的决定

××省人大常委会第二次会议审议了××省教育委员会关于《成人高等学校教师技术职称评定条例》，现发给你们，请按照执行。

二〇二〇年七月四日

请示

××教委：

在改革大潮面前，在以经济为中心的形势面前，我们不甘落后。我们要做时代的弄潮儿。所以我们决定筹建印刷厂。

我们有技术力量，不是吗？我们有3名老师家属是印刷厂退休工人，这还不够吗？我们有36个班，将近2000名学生，而且还有周围四五所兄弟学校愿做我们未来的“上帝”，这不是产品的好销路吗？

我们学校去年建立了一所教学楼，学生搬出平房喜迁高楼，这不是工厂场地吗？如果上级不答复我们的请求，那学校的经费紧张，教委就不得不多拨给一点，我们的教师子弟没活干，由此造成的教师队伍不稳定，我们也不负责。

××中学

2019年1月19日

四、拟写题（每小题18分，共36分）

1．××厂因地处城乡结合区，治安情况较差，为保障国家和全厂职工的财产及职工的生命安全，××厂欲加强厂内警卫力量，成立一支护厂队，负责厂内及厂外所属地段的治安。护厂队队员由厂内保卫处招收的保安人员组成。××厂不知此举是否合法，因此向××市公安局发了一份公文，请求公安局给予政策上的答复。请代拟一份公文。

2．×市×区煤气厂发生煤气爆炸事故，事故原因为煤气管发生漏气，而检修工擅离职守，未能及时处理。此次爆炸事故致使4人受伤，直接经济损失为500万元。为此，该区政府作出决定：×市×区煤气厂降级处理，罚款××××元；撤销事故部门主管职务，罚款××××元；辞退该检修工，并向本区各单位发出通报，要求以此为鉴，做好安全生产工作。请代拟一份公文。

下篇　常用事务文书的写作

模块五　筹划总结类文书

【项目1】计划的写作

【能力目标】

1. 能熟练掌握计划的写作技巧。
2. 能够根据具体情况写出格式规范、结构完整、内容完备、表述正确、语言简练的计划。

【知识目标】

1. 了解计划的作用、种类和结构要求。
2. 掌握计划的格式和一般写法。

【工作情景】

××厂决定在今年春季开展植树造林、美化厂区活动，拟做好以下几项工作。

1. 全厂今年春季在厂区内植树×××株，铺草坪×××平方米，种植各种花草×××棵。要求平均每人植树×棵，铺草坪×平方米，种花×棵。要做到栽种后有管理，保证成活，并在植树节前完成上述任务。

2. 这项活动以厂办为领导，以各车间、科室为单位，以园林管理科为指导来进行，具体要求如下：

（1）各车间、科室的领导要带头，并指定专人负责此项工作。

（2）要因地制宜，针对厂区环境的不同条件，种植各种不同的花草树木。

（3）园林管理科要及时做好花草树苗的筹运等工作。

（4）在植树节前，要把这项活动基本完成。

3. 措施：

（1）于2月下旬召开一次植树造林美化厂区的工作会议，参加人员是各车间、科室负责人，重点研究植树造林美化厂区的各项准备工作，采取必要的措施予以落实。

（2）加强各部门对植树造林、美化厂区的领导工作，认真解决各部门存在的问题。

（3）从园林管理科抽调几名同志到各科室、车间的植树造林现场进行指导。

（4）充分发动群众，认真组织好力量，采取分片包干的办法。

（5）加强对每一阶段工作的检查，二月中旬做一次全面检查。

讨论：请你为××厂办公室拟写这份计划。（在老师指导下，学生试写这份计划。）

【必需知识】

一、什么是计划？为什么要写计划？

计划是各级机关、企事业单位、社会团体和个人对未来一定时期内的活动拟定出实现的目标、内容、步骤、措施和完成期限的一种事务性文书。

计划是一个统称，除了一般所说的“××计划”之外，常见的“安排”“打算”“方案”“设想”“纲要”“规划”“要点”等都属于计划的范畴。它们的区别主要体现在涉及范围的大小、时限的长短和内容的详略上。

计划是一种常用的事务性文书，它最根本的作用是使工作有条不紊地开展，避免盲目和杂乱。

二、计划的类型

（1）按工作范围可将计划分为综合性计划和专题性计划两种。综合性计划指工作安排较全面的计划，如某省政府制定某年工作计划，它包括当年该省政府工作的许多主要方面；专题性计划是针对某一专门工作的计划，如政府的某工程计划、某公司生产计划等。

（2）按完成时限的长短和具体的作用可将计划分三大类：时间较长，主要起导向作用的是规划类；时间较短，具体设计各项工作的是计划类；时间更短，确定如何具体操作的是安排类。

三、计划的格式和一般写法

计划的格式大致有两种：一是文章式（也叫文件式），即把计划按照指导思想、目标和任务、措施和步骤等分条列项地编写成文，这种格式有较强的说明性和概括性，经常用于全局性的工作计划；二是表格式，即整个计划以表格的形式表述，经常用于时间较短、内容单一或量化指标较多的工作计划。

在实际应用中，也有将文章式和表格式结合在一起的格式，即在分条列项编写中插入一些表格加以说明，使计划详尽而清楚。下面介绍文章式计划的格式和写法。文章式计划的格式包括标题、正文、尾部。

（一）标题

文章式计划的标题有如下几种写法：

（1）“单位名称+时间+事由+文种”，如《××公司 2019 年工作计划》。

（2）“时间+事由+文种”。一般单位内部计划的标题常这样写，如《2018 年工会工作要点》。

（3）“单位名称+事由+文种”，如《××公司员工培训计划》。

（4）“事由+文种”。一般专题计划和个人计划标题常这样写，如《业务考核计划》。

如果尚未定稿，应在标题之后加括号注上“草稿”“征求意见稿”“讨论稿”等字样，如《××省“十三五”扶贫攻坚计划（初稿）》。

（二）正文

正文一般包括前言、主体和结尾。

1. 前言

前言是计划的开头部分，简明扼要地概述制订计划的指导思想、依据、意义、本单位情况及总目标等，即回答“为什么”的问题。

有些比较重要或长远的计划，篇幅较长，所以在前言部分还对前一段工作的情况（成效和问题）、今后工作的总目标、总任务、指导思想进行概括。

2. 主体

主体是用来表述计划的具体内容，是计划写作的重点。主体部分应写清计划的目标、措施、步骤三要素。一是明确地写出要达到的目标、指标和在数量上、质量上的要求，即回答“做什么”的问题；二是说明完成任务的具体措施和行动步骤，时间分配，人力、物力、财力安排等，即回答“怎么做”“何时完成”的问题；三是其他事项及应注意的问题。

3. 结尾

结尾可以提出执行的希望和要求，也可以展望计划实施的前景。有的计划主体内容表述完毕即结束全文，因此，写不写结尾，要根据内容表述的需要确定。

（三）尾部

尾部包括落款和成文日期。落款写明制订计划的单位名称，标题中已标明单位名称的，这里可以不写；成文日期写计划通过或批准的日期。有附件的计划，附件名称应标注于正文之后、落款之前，位置在正文下一行左空两字写起，如【范文2】。

四、写计划必须注意的问题

（1）注意深入领会党和国家的有关方针、政策和法律、法规精神，以此作为制订计划的指导思想。制订计划前要了解党和国家的有关政策和上级的指示精神，制订计划时要处理好国家长远利益与集体或个人的短期利益的关系；处理好整体和局部的关系。

（2）注意从本部门的实际情况出发，不把任务指标定得过高或过低，计划的目的、任务、指标、措施、步骤要制定得具体明确，切实可行，以便于落实和监督检查。

（3）详略得当，语言简明，条理清楚。

【范文借鉴】

【范文1】

××公司2019年度工作计划

为使公司能有计划地开展各项工作，做到有条不紊，特制定本年度工作计划。

一、任务与要求

1．加强公司内部管理，完善各项规章制度。

2．搭架子、建班子、明确职责。

3．加强员工队伍建设，提高全体员工的思想业务素质。

4．择优选送员工外出参观学习、培训。

5．加强公共照明、用水和消防用水的管理以及设备设施的维修维护管理，节能降耗。

6．加强低值易耗品和办公用品、业务费用的管理，勤俭节约，反对浪费。

7．做好税费申报、证照年检、折旧费测算等工作。

8．做好园林绿化的养护，并将小区绿化园林从单一的绿化逐渐改造成四季常绿且花果飘香的综合性园林，给业主打造一个“世外桃源”。

9．把书香苑打造成物业小区真正的亮点，改善1～5栋业主的居住环境。

二、方法与措施

针对以上任务，公司制定下列方法与措施：

1．完善公司的劳动管理、财务管理、维修资金使用管理、档案管理制度。

2．用制度管好人，用好人，做到在制度面前人人平等，提倡“任人唯贤”，反对“任人唯亲”。

3．1月份搭好公司、管理部、财务部、安防部、项目部、管理处、客服中心的机构架子。

4．选定各部、处、中心的主要负责人，形成自上而下的管理链。

5．明确从董事长到客服中心主任各自的工作职责，做到分工合作，职责分明。

6．新招员工必须按招聘条件择优录用。

7．新招员工实行一星期的岗前培训，岗前培训合格转入试用期，试用合格正式录用，签订劳动合同。

8．坚持“以诚待人、取信于人、时时想人、处处为人”的服务理念，一切以业主的利益为重。

9．每月对员工进行一次专业技能培训；每季度进行一次法律、法规、消防知识的培训；每年度进行一次综合性培训。

10．坚持“以人为本”的做事理念，关心、爱护公司的每一位员工，不断提高和改善员工的工资、福利待遇，激发全体员工的工作热情，增强公司的凝聚力。

2014年，公司员工总数增加到24人（保安10人、保洁8人、维修电工1人、管理人员5人）；工资福利人均每月2500元。

11．做好电梯、门禁、化粪池、排污管道、墙体渗漏、监控等设备、设施的维护、维修和改造工作。

12．改造好书香苑配电室旁边的排污管，防止污水造成小区内的严重污染。

13．对5栋后面、5栋到2栋间的边缘空地及4栋到1栋间的边缘空地进行有计划地绿化，扩展小区业主的停车空间和活动空间，并起到净化环境、防盗作用。

14．着力办好小区宣传栏，每季度出刊一次；同时开展小区内的文体活动，活跃业主的文化生活，增强业主的身体素质。

三、具体时间安排（略）

××物业管理公司
2019年×月×日

【范文2】

××公司2020年度销售计划

为提高本公司产品的销售额，使本公司能向高效率、高收益、高分配（高薪资）的方向发展，特制定如下计划。

一、目标和任务

本公司2020年度销售目标如下：

（一）销售额目标

(1) 部门全体××××元以上。

(2) 每一员工每月×××元以上。

(3) 每一营业部人员每月××××元以上。

（二）利益目标（含税）

××××元以上。

（三）新产品的销售目标

××××元以上。

二、方法与措施

为实现下期目标，本公司制定下列办法与措施，并付诸实行：

（一）本公司的业务机构，一般不做改变，所有人员必须精通其业务、有危机意识、有效地活动。

（二）贯彻少数精锐主义，不论精神或体力都须全力投入工作，使工作朝高效率、高收益、高分配（高薪资）的方向发展。

（三）为加强机能的敏捷性、迅速化，本公司将大幅度委让权限，使人员果断迅速决定事情，提高效益。

（四）为达到责任的目的及确立责任体制，本公司将贯彻重赏重罚政策。

（五）为使规定及规则完备，本公司将出台各种规章制度，加强各种业务管理。

（六）MS股份有限公司与本公司在交易上订有书面协定，彼此遵守责任与义务。基于此立场，本公司将致力达成预算目标。

（七）设立销售方式体制，将原有购买者的市场转移为销售者的市场，使本公司能握有主导代理店、零售店的权利。

（八）将出击目标放在零售店上，并致力培养、指导其促销方式，借此进一步刺激需求。

（九）策略的目标包括全国较有实力的50多家店，以“经销方式体制”推动其进行。

（十）设立定期联谊会，进一步加强与零售商的联系。

三、时间安排（见附件：时间安排表）

希望本公司员工明确自己的岗位职责和工作任务，遵守公司各项规章制度，为实现本年度的产品销售目标而努力工作。

附件：时间安排表（略）

2020 年×月×日

【病例评析】

【病例】

××公司第四季度工作计划

今年的工作十分繁忙，尤其是第四季度的工作，如何把本季度工作搞好，作下列计划：

1. 抽出时间认真学习十九大的有关经济改革的文件。
2. 深入单位了解完成工作量的情况和资金支用情况。
3. 了解有关单位明年的计划安排和完成情况，以便做好明年的工作计划。
4. 认真地与有关单位核实账目，避免超计划开支。

2019 年 12 月

【评析】

这是一篇不符合写作基本要求的计划。就计划的正文来说，存在的问题有：①前言部分：前一段的工作泛泛而谈；本季度的计划目的和指导思想又不明确；“作下列计划”应改为“特制定如下计划”。②主体部分：一是当前工作任务不明确；二是没有写出完成计划的具体方法、措施和步骤。③整份计划泛泛而谈，过于简单。这样的计划是难以实施、无法指导具体工作的。

【微课资料】

计划的一般写法

【项目 2】总结的写作

【能力目标】

1. 能熟练掌握总结的写作技巧。
2. 能够根据具体情况写出格式规范、结构完整、内容完备、表述正确、语言简练的总结。

【知识目标】

1. 了解总结的种类和结构要求。
2. 掌握总结的格式和一般写法。

【工作情景】

许俊超进入智慧企业管理咨询有限公司工作已经快两个月，试用期快到了，公司规定新员工试用期满之时要上交一份个人工作总结，请依照下面材料替许俊超拟写这份总结。

许俊超在试用期内做了这些事情：

1. 参加新员工培训，充分了解公司的基本状况。他结合自己工作岗位，通过公司内部网、互联网以及领导、同事的介绍，学习相关行业知识、公司成功案例等。

2. 在部门领导的指导下，参与编写《浅议市场营销与管理咨询》，并作为项目组成员参与编写《××公司企业文化建设项目建议书》《××公司企业文化建设项目调研方案及调研提纲》《××公司企业文化建设项目调研报告提纲》等相关文件。

3. 他总结出一些经验教训：一是体会到做一位优秀的管理咨询顾问，不仅要掌握各行各业丰富的理论知识和实战经验，还必须能从中提炼出其精华，同时结合客户的实际状况，提供整体解决方案。从自身角度考虑，一要改变思想，本着“空杯理论”的工作态度，不断提高；二要转换角色，尽快进入工作状态；三要严于律己，不仅要遵守各种规章制度，也要把公司的企业精神、工作作风融入日常工作，并严格执行。二是作为管理咨询顾问，对于客户企业，不是代替他们去做，而是引导其思路，塑造其行为规范，并形成管理制度甚至员工习惯、企业精神。

4. 他深深感受到公司全体员工的工作精神，对公司领导的领导方式和管理方法表示赞赏，觉得自己工作上虽有不足，但在公司领导及同事的关怀与帮助下，他一定会不断提高、成长。他对于接下来的工作也有充分的信心。

讨论：请替许俊超拟写这份工作总结。（在老师指导下，学生试写这份总结。）

【必需知识】

一、什么是总结?

总结是各级机关、企事业单位、社会团体和个人通过对过去一段工作的回顾、分析和研究，从中找出经验、教训，得出一些规律性的认识，用以指导今后工作的事务性文书。从总结的概念可以看出，总结是在某一工作结束或者告一段落之后所进行的活动，要对已经做过的工作进行全面的回顾。做过什么工作，是否达到了预定的目标，达到目标后可以借鉴的经验是什么，如果没有实现预期的目标又是什么原因造成的，有什么教训，这些都是总结所分析的内容。事先做计划，事后做总结，已经成为常规。人们的各项工作，就是通过“计划—实践—总结—再计划—再实践—再总结”的多次反复而不断提高和发展的。

总结类文书最常用的名称是总结，有时还称为“小结”“回顾”“体会”“经验”“做法”等。

二、总结的类型

总结按内容分，有学习总结、工作总结等；按范围分，有单位总结、个人总结等；按时间分，有年度总结、季度总结等；按性质和作用分，有综合性总结、专题性总结等。以下介绍综合性总结和专题性总结两种类型。

1. 综合性总结

综合性总结也叫全面工作总结，是一个单位或一个部门对某一时期各方面工作进行的全面性的总结，如阶段工作总结、年终工作总结等，如【范文 1】。

2. 专题性总结

专题性总结也叫单项工作总结，是一个单位或一个部门对某项工作所作的专门性的工作总结。通常用来总结先进经验，如销售工作总结、财务管理经验介绍、学习总结等。

三、总结的格式和一般写法

总结和计划一样，也由标题、正文和尾部三部分构成。各部分的写法如下：

（一）标题

总结的标题主要有下面两种：

（1）公文式标题。公文式标题即“单位名称+时间+事由+文种”，如《××市政府 2016 年度工作总结》《××厂 2015 年销售工作总结》等。综合性总结常用这种标题。

（2）非公文式标题。此类标题比较灵活，有的以总结的主要观点为题，如《科技兴厂是扭亏增盈的头等大事》；有的以设问方式作标题，如《我厂是怎样进行优化组合的》；有的还可以加副标题，正标题突出主要思想观点，副标题补充说明总结的内容和范围，如《加强安全教育，健全安全制度——××厂开展安全生产教育活动的总结》。专题性总结常用这种标题。

以机关单位名义写的总结如果使用了公文式标题，文后不另署名，只写日期，也可把日期写在标题下；非公文式标题署名和日期放于文后；以领导名义写的总结，常在标题下署名，在文后写上日期。

（二）正文

总结正文的结构包括前言、主体和结尾。

（1）前言。前言概括介绍基本情况，交代背景，点明主旨或说明成绩。可以是概述式，概述工作的基本情况或基本成效；可以是结论式，将工作经验的结论先写明；也可以是提示式，对总结的内容先加以提示，点明总结的范围。

（2）主体。主体主要写四方面的内容：一是做了哪些工作，取得了什么成绩或成果（详写）；二是有何经验或方法措施（详写）；三是存在哪些问题或教训（概括即可）；四是今后的努力方向是什么（略写）。详写的部分必须用实例和相关数字说明，不能只是观点。

（3）结尾。结尾可以总括全文，重申主旨；可以提出改进设想或展望未来。不是每个总结正文都必须具备结尾，有的总结没有结尾，写完主体便结束。

（三）尾部

尾部包括落款和成文日期。落款写明总结的单位名称或个人名称，标题中已标明单位名称的，这里可以不写，只写成文日期，如【范文 1】。

四、写总结必须注意的问题

（1）正确反映实际工作情况，检验是否按计划行事。

（2）实事求是，找出规律。内容要真实可信，数字要准确可靠。要善于从掌握的事实与材料中总结规律，这样的总结才有意义。所谓规律，即反映事物本质与发展必然性的认识，是经常起作用的认识。因此，写总结时要把已知的材料分门别类地进行分析、比较、鉴别，把零散的感性事实和材料上升到理性的高度，引出让人看得见、用得上的规律。

（3）点面结合，重点突出。写总结应认真总结各个时期的工作特点，以阶段工作中突出而富有典型意义的事件来反映一般情况，抓住主要矛盾，写出这一阶段工作的特色，这样的总结才会有指导意义。

（4）叙议结合，结构严谨，详略得当，语言简明，条理清楚。

【范文借鉴】

【范文 1】（综合性总结）

××市水利局 20××年工作总结

20××年，在各级党委、政府的领导下，我局更新观念，及时调整治水思路，把我市水利定位为城市水利，并以城市水利建设为龙头，全面掀起我市水利建设的新高潮。这一年来，我们主要做了以下几方面的工作：

一、突出重点抓好三防工作，努力为我市社会经济发展和人民生命财产安全提供保障。

去年我市气候异常，防汛形势严峻。首先是台风多，影响我市的台风有 10 个，其中“××”台风令我市市区出现历史最高潮位 263m，给存在安全隐患的堤围、水闸带来很大的防洪压力；其次是降雨多，20××年累计降雨量达 2200mm，较多年平均同期雨量 1700mm 多出 500mm，而且降雨较集中在 6 月，造成了局部洪水。在各级党委、政府的领导下，我市水利部门通过贯彻“安全第一，常备不懈，以防为主，全力抢险”的方针，采取上下游兼顾、调蓄洪峰、科学调度等有力措施，战胜了台风“××”和多场暴雨洪水，有效地减轻了灾害损失，使得 20××年安全度汛、风雨无忧，保障了全市工农业生产、人民生活的正常秩序。主要措施有：

（一）重视抓好工程的除险加固。抓住冬季修水利黄金时期，加大投入，重点解决影响安全度汛的工程隐患。全市冬修水利累计投入资金383亿元，重点加固存在安全隐患的堤围、水库和水闸，疏浚河道，改造机电排灌站，整修农田水利工程，为20××年防汛抗洪的胜利奠定了坚实基础。

（二）做好汛前安全检查，及时处理工程隐患。20××年3月初，在各区、县级市对全市的水利工程进行认真细致检查的基础上，市局抽调了20多名干部，分5个小组，分别由局领导带队，对全市379项重点工程进行“地毯式”的检查，并对发现的重点险工险段，及时拨出380万元专款进行除险加固和物料准备，确保了工程的安全度汛。

（三）抗洪抢险，措施得力。20××年6月2日到13日，我市出现不稳定强对流天气，全市多次出现短历时、高强度降雨。尤其是6月11日早晨，××市××镇从6时至11时降雨达247毫米，造成山洪暴发，致使13条村受浸，灾情十分危急。张××副市长及三防指挥部领导亲临抗洪抢险第一线，早上8时半就组织了抗洪抢险队伍奔赴现场，及时转移了1500多名受灾群众，没有造成任何人员伤亡，使灾害损失降到最低限度。灾后，及时组织卫生、民政、交通、电力等部门进行防疫、赈灾、复产工作，下拨粮食、棉被等救灾物资价值48万元，使灾区人民迅速恢复了生产。

（四）科学调度，保证工程安全运行。一是在汛期前认真做好水利工程年度运行调度计划的审批把关，加强督促工程运行管理规章制度的落实；二是在汛期及时做好洪水的安全调度工作，化解了连场暴雨带来的江河、水库的防洪威胁，全市水利工程均正常运行，保证了广大人民的生命财产安全。

二、全力以赴，努力完成上级交给的治水任务。

三、以实现水利现代化为目标，全力抓好现代化建设规划和信息化工作。

四、坚持依法行政、促进依法治水（略）

五、加强水资源管理和保护工作（略）

六、加强农田标准化建设，推进农业现代化进程（略）

过去一年，我市水利工作虽然取得了一定的成绩，但我们也应清醒地看到存在的困难和问题。例如水安全隐患还不能完全消除；城市水环境还未得到根本性改善；水法规还不够完善，法制观念淡薄；重建轻管现象仍较普遍；前期工作滞后影响了工程的建设等，这些问题我们必须努力地加以解决。

20××年××月××日

【范文2】（个人工作总结）

2018年个人工作总结

一年来，在办公室各位主任的领导下，在各位同事的帮助下，我较好地完成了自己的本职工作和领导交办的工作。现简要总结如下。

一、加强政治理论学习，提高思想政治素质

为了适应新形势下政府工作需要，一年来，我始终把学习放在重要位置，努力在提高自身综合素质上下功夫。我重点学习了十九大精神和习近平总书记关于新时代中国特色社会主义理论的重要思想，不忘初心，牢记使命，在一定程度上提高了自身的理论水平和思想政治素质，进一步增强了党性，提高了政治洞察力，并在实际工作中勤思考、多动脑，结合实际多想办法，把上级的各项政策指令贯彻到各项工作中去。

二、推进办公室工作的全面进步

一年来，在办公室的日常管理、人事管理、公文档案管理等工作方面都取得明显进步。主要表现在以下几个方面。

1．不断提高政策落实水平和写作能力。作为办公室文员，写文章是我的日常工作之一。为提高写作能力，我不定期地参加市、区有关部门组织的专业培训课程，时刻关注中央、省、市委、厅、处等各级领导机关的重大决策，结合我办实际，做好宣传和落实工作。尤其是在重要文件的起草、工作总结、报告的撰写方面，能紧密结合上级要求和号召，努力做到适应形势、符合实际，文章逻辑性强、文字简洁、格式规范。通过不断学习，自身的政策落实和文字水平在逐渐提高。

2．日常管理更加规范。一是对办公室的物品进行了登记造册，专人管理。从业务机械设备、各类药物出入仓到办公室日杂物品等，都进行了规范管理，达到整洁有序、齐全完善的要求。二是加强对办公设施的管理。重点做好节能降耗工作，采取措施节约纸张，减少不必要的浪费。整合办公资源，调整了人事办公电脑，购买了新打印机，对旧电脑进行了更新升级，提高了工作效率。

3．人事管理工作成效明显。我认真做好公务员管理登记，使用积分培训管理系统，使人事管理工作更加规范，人事信息做到掌握准确、更新及时。今年机关事业单位进行工资改革，我认真学习和把握好政策，详细核对每个员工的资料，在工资套改过程中未出现差错。

三、团结同事，努力工作

在工作中，我注意团结同事，宽以待人，不计较个人得失，任劳任怨，努力做好自己的工作。同时严于律己，不把小事当无事，不把小错当无错，时时处处以大局为重，讲团结，讲正气，讲原则。

办公室工作纷繁琐碎，很容易出现错误和失误。在日常工作中，同事出现了失误，我总是给予他们安慰和鼓励。与自己有关的工作出现了错误，我总是主动承担责任，不把责任推给他人。

办公室工作无小事，任何一件领导交办或同事托付办理的事情，我都会千方百计地去做好。对于要印发的文件，我每次都进行认真核稿和校对，并请其他同事帮助校稿，最后送给办公室主任把关，减少了出错的概率，保证文件准确及时发送。

四、存在的不足及下一步工作打算

总结一年来的工作，深感仍存在很多不足之处，如理论学习不够系统和深入，工作上尚有急躁情绪，工作开展不够全面，有些情况了解得不够细、不够多，以致工作被动等。我会在今后的工作中努力克服缺点。此外，我还要努力做到以下两点：

1．自觉加强理论和业务学习，进一步提高自己的理论水平和业务能力。

2．提高工作的主动性，不怕多做事，不怕做小事，力求把工作做得更好。

办公室文员：××

2018 年 12 月 28 日

【病例评析】

【病例】

××邮电局 2018 年邮政营销工作总结

（摘要）

2018 年，我局全面落实市局关于邮政营销方面的指标分解计划，全体员工通过征订报刊、吸纳存款、广揽商包（函）和特快专递等渠道全面提高了邮政服务质量，创造了××××万元的营销利润，取得了社会效益和经济效益双丰收的良好业绩。现将全年邮政营销情况总结如下：

一、报刊发行方面

为更广泛地拓展发行渠道，我局组织有关人员到区内各企事业单位调查订阅意向，摸清征订情况，对订阅种类及数量较多的单位，派专人上门办理订阅手续，妥收款项，尽最大可能为用户提供便利。截至 2018 年年底，已收订报刊××××种，合计订费××××万元。此项收入较去年增加 25%以上。

（具体事例略）

二、吸储存款方面

2018 年度，我局柜台营业人员和业务科室人员，在保证正常营业时间和效率的前提下，尽可能多地抽出人力，下到企事业单位和街道，广泛宣传邮政储蓄的便利和快捷的特点，力争让储蓄户在家中即能享受到邮政服务。对零散的老弱病残用户，在保证安全和维护权益的前提下，代填有关单据；对大额储户，经其同意，局里派专车接送至就近支局（所），并为他们优先办理存款手续。

（具体事例略）

三、开展商包（函）和特快专递业务方面

随着现代通信手段的日益普及，信函业务大幅萎缩，但商包（函），特别是商业广告信函数量明显增加，而且发展潜力极大。我们充分利用驻区企业、商家众多的有利条件，广泛深入地宣传邮政商业包裹、信函和特快专递业务，定期上门揽收，当场办理手续，对大宗邮件，免费代为运送至处理中心。

（具体事例略）

2018 年 1 月 5 日

【评析】

本文只写做法及取得的经济效益，没有上升到理论的高度，总结出经验，明显缺乏理论性，因而不像总结，而像一篇工作报告。文中未对成绩的取得和事故、问题出现的原因进行深层次的分析归纳，是一份不符合要求的总结。

【微课资料】

总结的一般写法

【技能实训题库】

一、分析题

分析下面这份年度计划的提纲，指出其有哪些不足之处。

《××公司 2019 年工作计划》提纲

1. 产品质量是我公司生存的必要保证。
2. 学习“三个代表”活动要像万马奔腾般热火朝天地开展起来。
3. 在工会工作方面要下大力气去抓。
4. 销售渠道的畅通是产品打入市场的关键。
5. 企业文化的建设也是要注意的问题。

二、修改题

（一）修改以下这份计划的“前言”。

近几年来，我们公司的青年职工越来越多，其中不少是接班顶岗的，理论水平低，业务底子薄，科学知识贫乏。不爱学习，只爱下象棋、打扑克、搓麻将，劳动效率低下，一些基本要求都达不到。根据上级指示，提高职工素质、普及中等文化水平是“科技兴交通”的关键。为此，我公司决定对高中文化以下的青年职工进行培训和文化补习。岗位培训半年，文化补习半年。为了搞好培训和补习，为振兴交通作贡献，特作以下计划:

（二）指出下文存在的问题，并予以修改。

个人工作总结

我是负责人事工作兼任工会副主席的，工作中我要求自己既谨慎又大胆，既细致又快速，遇上工作多的时候，保持冷静的头脑，先急后缓，使每件工作都能如期地完成。我根据人事工作与工会工作在某方面的共同性，把工作扭在一起，因此收到了比较好的效果。我还注意团结同志，有事互相商量，做到既有分工又有合作，你忙我帮，共同把工作做好。

三、写作题

（一）××班定于 2018 年 11 月 1 日组织全班同学到肇庆七星岩、鼎湖山游玩，请代拟一份活动计划。

（二）请你为自己所在的班级拟一份学期班级工作总结。

（三）选择班级或学校近期开展或组织的某一项活动，从活动组织者的角度，进行回顾总结。

（四）请你为自己某项工作或实习（训）写一篇总结，找出经验和不足。

模块六　报告类文书

【项目 1】调查报告的写作

【能力目标】

1. 能熟练掌握调查的方法和技巧。
2. 能够根据调查的资料写出格式规范、结构完整、内容完备、表述准确的调查报告。

【知识目标】

1. 了解调查报告的特点、种类和结构要求。
2. 掌握调查报告的格式和一般写法。

【工作情景】

上海某汽车有限公司在 2018 年为了扩大私家车在××市的销售量，于 2018 年 8 月在××市举行私家车销售的调查，全面调查某私家车的销售情况，制定新的产品和价格策略，以挽回 2018 年上半年的销售颓势。

2017 年的资料表明，上海某汽车有限公司在××市的市场占有率从 22%下滑至 17%，市场领导者地位正受到其他品牌的威胁，如广州××市场占有率由 2%上升至 5%、东风××市场占有率由 2%上升至 4%。

据有关专家分析，2018 年下半年汽车销售将会回升，原因是多方面的。首先，从中国人口变化分析，人均收入增加，生活水平不断提高，不论对私家车还是客运与货运的汽车都有一定的推动。

其次，汽车进入普通家庭的市场潜力巨大。中国目前大约平均每 120 人拥有 1 辆汽车，而美国是 1.3 人 1 辆，西欧是 1.6 人 1 辆，日本是 2 人 1 辆，全世界平均是 8 人 1 辆。中国如果达到世界平均水平，仅按静态计算，市场需求即高达 1.6 亿辆，相当于目前汽车产量的 80 多倍。

再看家庭收入状况。资料显示，在全国大约 3 亿家庭中，年收入 10 万元以上的家庭占 1%，3 万～10 万元的富裕家庭占 6%，1 万～3 万元的小康型家庭占 55%。从国际汽车市场的规律看，一个家庭两年的收入之和相当于一辆轿车的售价时，这个家庭便要购买轿车。按此标准测算，全国富豪型家庭约 300 万个，如有 1/2 购车，便可消化价位在 20 万以上的轿车 150 万辆；富裕型家庭约 1800 万个，如有 1/5 购车，便可消化价位在 6 万～20 万元的车 360 万辆；小康型家庭约 1.65 亿个，顾及其中年收入 3 万元的家庭不下 10%，即 1650 万个，这部分家庭如有 1/5 购车，便可消化价位在 6 万元的轿车 330 万辆。三个消费层面共可吸纳 6 万～20 万元价位的轿车 840 万辆，相当于全国轿车产量的 8.4 倍。

另外，全国城乡居民银行储蓄存款 4.3 亿万元中，如有 5%转化为购车消费，即可消化售价在 20 万元的轿车 107 万辆，或 10 万元的轿车 215 万辆，或 5 万元的轿车 353 万辆。

但是××市人均收入的增长情况如何，多少人拥有汽车，年收入 3 万～15 万元的家庭要购什么品牌、配置、价格的汽车呢？

讨论：应该如何把上面资料写成规范的调查报告呢？（在老师指导下，学生写出这份调查报告的思路和观点。）

【必需知识】

一、什么是调查报告?

调查报告是对某一问题或某一事件进行调查、研究后，将所得的信息资料加以整理，得出结论，提出合理建议的书面报告。

二、调查报告的特点

（1）针对性。调查报告是决策机关决策的重要依据之一，必须有的放矢。
（2）真实性。调查报告必须从实际出发，通过对真实材料的客观分析，得出正确结论。
（3）时效性。调查报告要及时、迅速和准确地反映、回答现实中出现的具有代表性的新情况、新问题。

三、调查报告的种类

根据不同的标准，调查报告可以有不同的分类。

1. 按调查报告的目的、作用、内容分类

按调查报告的目的、作用、内容，分为情况调查报告、新生事物调查报告、经验调查报告、问题调查报告。

（1）情况调查报告。这类调查报告比较系统、深入地反映某一方面的基本情况，使人对调查对象各个方面的情况、变化发展的过程和应注意的倾向有一个较全面的了解。其内容比较全面，篇幅也比较长，常常用来对上汇报，或作为领导机关制定方针政策和事业发展规划的依据，如《当今大学生就业情况调查》。

（2）新生事物调查报告。这类调查报告既要求比较具体而完整地反映新生事物产生的时代背景及自身发生、发展过程与所遇到的各种问题，还要求阐明新生事物在整个现实生活中的意义和作用，揭示它的成长规律和发展方向，以促进新生事物的成长和推广，如《××市家私购买情况调查》。

（3）经验调查报告。这类调查报告以实际工作中成绩突出的地区、部门、单位或个人为对象，把他们所取得的典型经验作为报告的内容，着重介绍他们的具体做法和体会，并将其上升到理论的高度加以概括、提炼。在写作中，应概括叙述调查对象的基本情况、主要经验、现实意义、具体措施、今后设想等。这类调查报告要起到示范引领的作用，如《一个具有特色的企业管理模式——××厂推行“全员有序管理法”的调查》。

（4）问题调查报告。这类调查报告是针对工作和生活中暴露出来的问题，进行全面、深入、细致的调查分析，弄清问题发生的原因，分析问题的实质、危害，并提出今后如何避免同类问题发生的建议。它既可以作为公正严肃处理问题的依据，又能起到用典型教育他人的作用，如《“皇帝女儿”也“愁嫁”——为什么舟山鱼“游”不动》。

2. 按调查报告的范围分类

按调查报告的范围，分为综合调查报告、专题调查报告。

（1）综合调查报告。综合调查报告即围绕一个中心问题，从多方面进行普遍调查，对取得的材料进行分析研究、综合整理而写出的关于这一问题的总体情况的调查报告，如《国内彩电市场形势分析》。

（2）专题调查报告。专题调查报告即对某项工作、某个典型事件、某项业务或某个问题进行系统调查和分析研究后写出的调查报告。这种报告内容单一，范围较小，如《关于×××违法乱纪问题的调查报告》。

四、调查报告的格式和一般写法

（一）撰写调查报告前的调查研究工作

调查报告是在调查研究的基础上形成的文字材料。不调查就不能有报告，调查报告必须与调查研究的全过程联系在一起。调研的工作步骤如下：

（1）明确调查的目的。明确调查的目的，有助于确定调查的方向，准确、有效地开展工作。否则会使调查工作盲目无序，难以掌握取舍材料的尺度，影响调查的深度和质量，造成人力、物力的浪费。

（2）学习有关的政策和知识。调查报告的内容几乎可以涉及社会、工作、生活等所有领域，调查之前，要了解、学习调查项目的专业知识及相关政策，不然很难写出高质量的报告来。

（3）拟定调查提纲。为确保调查活动有条不紊地进行，应事先拟定调查提纲，对调查的项目、调查方式、日程、地点、人员安排及需解决的问题等事先做好安排，科学地设计调查方案。

（4）收集、分析、研究。根据调查的目的和特点使用恰当的调查方法，如采用普遍调查、典型调查、重点调查、抽样调查、追踪调查等方式，采用搜集档案文献资料、问卷、访谈、观察等灵活多样的方法，多层次、多侧面、多渠道地把有关材料都搜集到。面对调查获取的大量原始材料，必须进行去粗取精、去伪存真、由此及彼、由表及里的分析研究，才能发现事物内在的规律，得出正确的观点。

（5）写出调查研究报告。这是调查研究的最后一个步骤。要求在综合分析的基础上，遵循实事求是、科学公正的原则，写出高质量、高水准的调查报告。

（二）调查报告的格式和一般写法

调查报告的基本格式一般由标题、前言、正文、尾部组成。

1. 标题

调查报告的标题有单行标题和正副标题两种形式。

（1）单行标题。单行标题有：一是类似公文的标题，如《关于××市2010年人口普查情况的报告》；二是文章式标题，如《盖章一百二，三程遥无期》；三是提问式标题，如《×××厂为什么能迅速扭亏为盈》。

（2）正副标题。正副标题中，正标题揭示主题，副标题标明调查的事项和范围，如《农民思想道德教育的成功实践——××省××镇精神文明建设调查》。

2. 前言

前言部分可以简明扼要地交代调查目的、对象、范围、简要的经过（时间、地点、过程）和方法；也可以说明基本情况，概括全文的主要内容和观点等。常见的写法很多，有提问式、论断式、叙述式等。前言部分因文而异，没有固定的形式，但一定要紧扣主旨，为主体部分展开做准备。文字要简短扼要，如：

为贯彻落实《中共中央、国务院关于做好20××年农业和农村工作的意见》（中发〔20××〕2号）精神，切实减轻农民负担，根据国务院领导同志的指示精神，我委于三四月份组织了6个调查组，分赴安徽、黑龙江、山西、河南、河北、浙江、云南等省，采取不打招呼、直接进村入户的方式，明察暗访，走访了30多个乡镇、50多个行政村、18所中小学、百余户农家，对当地涉农价格收费和农民负担情况进行了认真调查，掌握了大量第一手材料。现将情况报告如下：

3. 正文

正文是调查报告的核心部分。一般包含以下三个方面的内容：

（1）情况部分，即“摆现状”，介绍现实情况，必要时也可以简要介绍历史情况，写作时常以数字、图表加以说明，【范文1】第一、第二个小标题就是“摆现状”，摆出当前中学生对职业的选择。

（2）分析部分，即“析原因”，针对现状分析其原因，并分析其特点和存在问题。

（3）建议部分，即“提建议”。这是调查报告的落脚点，从分析中提出解决问题的措施和方法，建议和措施要写得有针对性，并注意可行性。这一部分是一份调查报告是否有社会价值和社会意义的关键。这部分在写作时必须注意：在内容上，一是要有鲜明的基本观点，二是要有充足的事实或数据作为材料，三是要有分析和评论，找出经验或教训、实质或规律；在篇章结构上，可根据调查内容的实际情况，选择纵式、横式或纵横交叉的结构形式安排材料，把材料和观点有机地统一起来，做到叙述和议论结合，论点和论据结合。

4. 尾部

调查报告常见的尾部有：

（1）总结式结尾。在文后进行归纳说明，总结主要观点，深化主题。

（2）启示性结尾。提出问题，引人思考。

（3）号召性结尾。提出要求，展示前景。

（4）建议性结尾。提出意见、建议、办法等，以利于问题的解决和今后的工作。

（5）补充式结尾。补充交代正文中没有涉及而又值得重视的情况或问题。

也有正文写完就自然结束的，没有单独的尾部。

5. 落款

在正文右下方写上撰写调查报告的单位名称或个人姓名、成文日期。如标题已有单位名称，这里可以省略。这项内容也可以写在标题下面。

五、写调查报告必须注意的问题

（1）要有针对性。调查报告所调查的都是有一定代表性、普遍性的问题，要回答的是现实生活中人们最关心和迫切需要解决的问题。它是根据领导决策和指导工作的需要而调查撰写的，因此写作调查报告要有明确的针对性。针对性越强、越及时，就越有指导意义。

（2）要靠事实说话。调查报告必须以充分、确凿的事实为依据，用科学的态度和求实的精神，客观地反映有关情况。对于材料的真实性和可靠性，要认真核实，不弄虚作假，不主观臆断。

（3）揭示事物的本质和规律。调查报告不仅是事实的叙述，更重要的是通过分析、概括，揭示事物的本质，阐明规律，得出结论。一份调查报告能否揭示反映事物发展的必然规律和最本质的东西，是衡量调查报告优劣的基本标准。

（4）以叙述为主，兼有分析和议论。调查报告的表达方式以叙述为主，兼有分析和议论。撰写者必须正确把握其文体性质和表达方法，才能按体行文。

【范文借鉴】

【范文1】（情况调查报告）

将来我要做什么？

——20××年中学生理想调查

每年6月，参加高考的学生“搏杀”考场，施展自己的“十八般武艺”，不仅为自己的学业做了一个阶段总结，而且对每位考生来说，其意义更在于对人生未来的选择。经过高考的大“筛选”，有的人朝自己的理想迈进了一大步，而有的人却只能将自己的理想默默埋藏于记忆之中，权当美丽的梦来回味了。

每个学生的心中都有一份自己未来的蓝图，他们的蓝图在某种程度上染上了一个社会或一个时代的烙印。那么现在的中学生对未来会如何选择？他们的理想是什么呢？

近日，明略市场策划（上海）有限公司就中学生自己对未来和理想的想法进行了一次抽样调查。本次调查对本市的11所中学的初中、高中学生以随机抽样的方式进行问卷调查，样本量为372名，数据置信度为95%。

一、学生特点

（一）专业性强、形象良好的职业最受中学生青睐

中学生所希望从事的职业，或多或少可以反映出他们的人生价值取向。

调查显示，64.3%的中学生希望自己将来是专业技术人员（教师、医生、律师等），17.9%的学生想做企事业单位管理人员，15.9%的学生想自己开公司做老板，10.7%的中学生选择当科学家。此外，选择

当明星和一般职员的分别有 7.1%和 6.5%，选择当警官和作家的分别有 3.6%和 3.1%。

在很多中学生的眼中，教师、医生、律师等是令人尊敬的高尚职业。教师诲人不倦、医生救死扶伤、律师伸张正义，这些职业在孩子的心目中都有着崇高的地位。这些职业的专业性都较强，需要较高的专业知识为后盾，社会各界对他们往往敬佩有加，他们所做的贡献也得到了更多的肯定和赞美。学生们通过直接和间接的了解，受到潜移默化的影响，对他们的敬佩之情也渐渐演化为对这些职业的向往。

高级白领人士——公司的管理人员，往往通过自己的才识和能力协调好公司内外部的运作和管理，将自己的价值体现在公司的价值之中。社会对他们的评价也充满了褒扬和羡慕，这一角色自然也就成了不少中学生追求的人生目标。

叱咤商海的成功人士，乘名车，入豪宅，虽然机会和风险双生双栖，盈亏都由自己承担，但是，中学生则更容易被繁华的表象所吸引，因此有许多学生有志成为商界的一名“冲浪儿”。

在知识爆炸的今天，科技发展到应接不暇的地步，诸如基因和克隆等生物技术在为人类带来福音的同时也加深了某种社会的或伦理的隐患，科学家就像造物主一样把握着整个人类的未来，显得特别“伟大”，因此这一角色也使很多中学生羡慕不已。

古今对照，娱乐圈的明星真可谓身价百倍，地位不能同日而语，所到之处，闪光灯、狂热的目光无不聚焦在他们身上，知名明星日进斗金的赚钱之能事更是非常人所能想象。这表象辉煌的一切无不深深吸引着那些涉世未深的孩子，在“追星族”学生眼里，处于金字塔尖的明星几乎成了他们人生的终极目标。

（二）才、权、貌、财成为中学生四大追求

调查显示，92.9%的中学生希望成为有才华的人，有 64.3%和 78.6%的学生分别选择了有钱和有权，选择有貌和英俊的也分别有 71.4%和 39.3%。

才华是人生内在价值的综合体现，它意味着知识、创造、灵感等。才华是宝贵的精神财富，同样也可以转化为物质财富。在任何一个领域里，有才华的人总能体现出他最大的价值。纵观古今，那些才华横溢的人在学子们的心中都是崇拜和羡慕的对象。

“金钱不是万能的，但没钱是万万不能的。”对金钱和权力的向往已成为很多人的共识，在大多数人的心目中，拥有财富和权力就意味着拥有了一切。事实上，正是拜金主义使财富和权力的拥有者不正常地获得了高于社会各阶层的地位。社会的熏陶，父母的言传身教，使很多幼小的心灵受到潜移默化的影响。但是，毕竟财富和权力是表象化和物质化的东西，它们本身包含很多消极的元素，有时它们就像慢性毒药一样，渐渐地腐化人的思想，影响社会道德和风气。

本次调查表明，中学生对外在美异常重视，这可能与青少年的狂热追星行为、与社会上存在以貌取人的隐性选择标准不无关系。社会上存在的以貌取人现象给中学生带来了除知识、能力外的另一种心理压力。

时代的变迁在这一代青少年身上留下了痕迹，这些思想观念有些继承自父辈，但更多的是不同于父辈的，其中有值得提倡的，有些却需要长辈和老师敲敲警钟。

二、关于学生的建议

根据本次调查结果，我们有以下建议。

（一）人生理想和现实选择要合理统一

人生的理想的确美好，但理想和现实永远存在距离。选择一份适合自己的职业关系自己的将来，只有从事适合自己的职业，才能在岗位上尽己所能，为社会和国家做出应有的贡献。只有正确地选择职业，才是对自我、对社会真正负责。美好的理想应该有，但不能好高骛远；家长的意见应该尊重，但不能脱离自己的特长和兴趣。

（二）树立正确的就业观念

在此次调查中发现，几乎没有多少中学生甘于从事普通职员或服务员之类的基层工作，而更多的是集中在一些社会地位较高、收入较丰厚的职业上。但是，不可能人人都当科学家、教师、医生。希望老师和家长能够正确引导孩子，让他们理解社会需要分工，需要人们从事不同的工作，无论在什么岗位工作上，只要勤奋工作、做出成绩，就是对社会、对国家做出了贡献。如何引导学生树立正确的就业观念，是家长和老师的一项重要任务。

（三）思想观念里摆正两个关系：物质和精神，表象和内在

某些华丽和诱人的事物仅仅限于表面，它们通常逃不开“金玉其外，败絮其中”的价值定论。中学生对事物的认识和判断能力有限，往往热衷追求一些表面美好的事物，也易被一些表象的、物质的事物所迷惑，狂热追星、金钱万能都是受迷惑的产物。家长和老师应该让孩子正确理解物质和精神、表象和内在的关系，不能听任孩子对物质和表象事物的追求。

青少年都有自己美好的理想，这些理想来自他们的人生价值观，来自他们对社会事物、是非善恶的判断。有时一个人的理想就如人生航途中的导航灯，直接引导着他的人生方向。树立正确的价值观，明确具有意义的人生理想，对青少年本身和社会的发展都有很大的影响。

当然除此之外，更需要的还是教育青少年为他们的理想付出艰辛的努力。

明略市场策划公司研究人员

20××年 10 月

【范文 2】（问题调查报告）

关于××市体育用品厂
重大火灾的调查报告

20××年 6 月 24 日凌晨 2 时左右，××市体育用品厂综合仓库发生一起重大火灾，烧毁库房 932 平方米，烧毁跳垫、乒乓球桌、沙发床、电键鞍马和鞋帮等大量体育用品，损失折价 81600 余元。

××市消防大队于凌晨 3 时 12 分接到报案后,先后出动了 13 辆消防车和 2 辆消防指挥车赶赴现场。消防指战员英勇奋战，及时转移了储存在仓库内的汽油、甲苯等易燃易爆物品，阻止了火势蔓延，大大减少了火灾损失。

火灾发生后，根据区委领导同志的指示，当即成立了由××区经济计划委员会、市消防大队防火科、××区分公安局消防科、××区工业公司、××派出所和××市体育用品厂等 6 个单位共 12 名同志组成的火灾调查组，赶赴现场进行现场勘查。经调查，现将情况报告如下：

一、起火时间和起火点

1. 起火时间。在调查访问中，我们获悉，与体育用品厂相邻的华昌塑料厂四车间上夜班的职工，在 24 日凌晨 2 时左右曾闻到火烧的焦味。据塑料厂四车间班长陈××说：“我 23 日晚上在厂里上班，是负责每隔半小时记一次温度的，在凌晨 2 时，我正要记温度时，突然闻到一股烧焦的气味，其他工人也同时闻到了这种焦臭味，但当时还是轻微的。后来，焦臭味越来越浓，操作工人提出要我检查一下，我当即在车间各个部位检查了一遍，没有发现任何燃烧迹象。”

我们还找到了同陈××一起上夜班的冯××，她也提供了同样的情况。我们认为，她们讲的时间应该是准确的，所以，起火时间应该在凌晨左右。

2. 起火点。在火场勘查中，我们发现，起火仓库靠北面从东数起的第五、六个窗户烧得最严重，堆放在窗户底下的跳垫等物几乎全部烧毁，窗户顶部的钢筋水泥被火烧后断裂走形。在清理现场时，勘查人员还发现该部位有 2 平方米烧得更为严重，连地板都烧掉了，其燃烧面是从下向上慢慢扩大的，但其他部位的地板则未见烧痕，甚至连垫地板的纸箱板都未燃烧。通过对燃烧程度的分析研究，我们一致认为，这个烧得最为严重的部位就是起火点。

二、火灾原因

我们根据内查外调掌握的情况和在火灾现场勘查中获取的大量证据，经过认真细致的分析研究，一

致认为坏人放火、电气起火、烟头起火和不慎失火的诸种可能都可以排除，而自燃起火的理由充足，其根据是：

1．在调查中发现，起火点堆放的都是用草包绑的芒丝（沙发草）跳垫，据了解，跳垫堆得很高，而且自1982年并仓后，至今没有翻动过一次。

2．据仓库保管员黄××说，今年入夏以来，仓库内温度一直很高，而且还散发着很浓的霉味。供销股长甘×说，他也闻到过仓库散发的霉味。

3．起火点在一楼，虽堆放跳垫的地面垫了地板，但不规则，裂缝严重，遇梅雨天气，地面潮气会渗上来，致使草包和芒丝跳垫受潮、变质、霉烂。

4．火是自下而上烧起来的，而跳垫内的芒丝和包扎的稻草均属植物，根据植物自燃必须经过生物、物理和化学三个阶段才可以自行燃烧的规律，我们一致认为，这起火灾是因稻草和跳垫内的芒丝长期积压受潮，遇梅雨和高温天气的交叉影响，最后产生霉变，在热量不断增加、积压不散的条件下产生自燃而酿成的。

三、应吸取的教训

这起重大火灾的发生，教训是深刻的，主要是厂领导防火安全观念淡薄，思想麻痹大意，掉以轻心，忽视抓防火安全，导致发生了火灾，给国家造成了不应有的损失。这起火灾的教训，具体表现在如下三个方面。

1．防火观念淡薄，宣传教育不够。厂领导没有真正把防火安全工作列入议事日程，平时单纯追求经济效益，很少向职工宣传消防法规。职工多数不懂消防知识，以致发生火灾后不能及时报警，无法及时抢救。

2．制度不健全，措施不落实。自1982年5月3日厂房搬迁后，门卫制度一直不健全，夜间干部值班制度被取消，厂里义务消防组织没有成立；防火安全领导小组名存实亡，根本没有活动过，甚至连有哪些成员都不知道；防火制度仅有两条，但流于形式，很少开展消防安全检查，对容易发生火灾的重要部位没有采取防范措施，致使火灾隐患发现不了，掌握不了，消除不了。

3．有了苗头不处理，发生火警事故不报告。平时厂里多次出现过火灾苗头，而厂领导对职工提出的消防问题置之不理，无动于衷，对已经发生的火警事故，既不报告公安消防部门，也不迅速查明原因吸取教训，致使问题成堆，积重难返；对门卫值班员没有专门进行防火安全知识教育，值长夜班的任务叫一个年老多病的退休职工担当，在他当值期间发生过火警事故，也不对他进行教育或者换人，布置值班任务时只讲防盗，不讲防火，致使这位老值班员在发现起火后束手无策，酿成火灾。

四、处理意见

1．这次火灾的发生，厂领导应负主要责任，但鉴于该厂领导在火灾后认错态度较好，并能认真做好火灾的善后工作，故建议区工业公司对该厂主要领导和负责安全生产的领导分别给予必要的行政处分，并通报全公司，同时建议区经济计划委员会将处理决定通报下属单位。

2．负责值班巡逻的黄××是第一个发现起火的，但为时已晚，又没有及时向消防队报警，贻误了时机；可是他在这起火灾的扑救中也起了一定作用，如果没有他的发现，火会烧得更大，灾情将会更加严重，考虑黄××年老体弱和所起的作用，建议公安部门给予他治安罚款100元处理，同时建议体育用品厂另选人员代替他的值班工作。

建议体育用品厂对在这次灭火战斗中表现突出的人员给予必要的表扬和适当的奖励，以体现奖罚分明的政策，增强广大职工的防火自觉性。

××市体育用品厂火灾联合调查组

20××年×月××日

【病例评析】

【病例】

大学生网络素质现状调查

（20××年4月19日）

近年来，网络剧烈地影响和改变着我们的生活，和“水能载舟，亦能覆舟”一样，利用好网络，我们的生活受益无穷；错用了它，也会让我们掉入无底的深渊。在众多网民中，大学生占很大一部分比例，这一高素质的群体有多少人在利用网络、如何利用网络成为各界关心的问题。就这个问题，本人在班里进行了调查，现报告如下。

1．七成学生用网络娱乐

据调查结果显示，100%的同学都接触过网络，这是因为这学期开设了网络课程，大部分同学懂得用QQ、微信聊天，10%的同学不懂得发电子邮件，20%的同学不懂得下载有用程序。

2．因友而亡

在上网的学生中，100%以上的同学有一个QQ号码，100%的同学有微信号；40%以上的学生沉迷于聊天、看电影电视剧、玩游戏、刷朋友圈等。在网络犯罪的案例中，由QQ引发的事件不少。例如与网友见面被骗东西，被伤害甚至被杀害。

3．因坛而坠

论坛，也称BBS，在里面“灌水”也是不少学生网民的喜爱之事。班里85%的同学上过论坛，70%以上的学生在论坛上乱发帖子，10%以上的学生在论坛上有过不文明行为。

4．因戏而废

网络游戏是不少学生的爱好。调查表明，90%的学生玩过网络游戏，其中85%是男生，5%是女生；30%的学生沉迷于玩CS之类的网络游戏。班上的同学没有因为网络游戏而旷课，但在其他一些地方，也有学生因为玩网络游戏旷课太多导致多门功课不及格、面临退学的危险。

5．因网影响健康

60%以上的同学有过通宵上网的情况，40%是经常在周末通宵上网，20%是偶尔通宵上网。通宵上网有时是为了看电影，占45%；有55%的同学是玩游戏积分。通宵上网会缺乏睡眠，导致食欲下降，身体免疫力下降，情感冷漠，心理活动异常，感知、记忆、思维、言语等各种反应能力显著下降等。

以上调查表明，大学生对网络认识有偏差，主要是因为大学生上网多在课余时间，放下了繁重的课程，上网时便希望能放松，而不是继续学习。在没有人正确引导的情况下，聊天、玩游戏等易学、大众化的消遣性娱乐自然成了大学生的最爱。

在调查中了解到，40%的学生认为上网是因为学校的课外活动过于单调，一些娱乐只能通过网络实现。此外，多所大学的网上教程一个月都难得更新一次，因而谈不上让学生利用校园网进行学习。

其实网络可以用得很精彩，不少世界顶尖的高手都来自在校大学生。利用网络可以帮助自己查找各种学习资料，提高学习效率和学习的深度、广度；可以找到各种实践、兼职、打工、招聘的信息，为自己前途找到好的信息、渠道；通过网络可以认识更多志同道合、积极向上的朋友；利用网络写稿不仅能养活自己，结交优秀编辑，积累社会关系，开阔视野，还可以培养综合能力。网络的好处无处不在。

互联网功过皆有，但作为知识含量高、素质好的大学生群体，更应该在网络中学会“取其精华，去其糟粕”，将网络中有用的部分变为自己的财富。大学生运用网络可以很精彩。

【评析】

这是学生写的一篇习作。选题较有现实意义，能结合调查数据，从网络对学生几方面的影响来谈网络的负面效应，并能用词语进行归纳（但表述欠妥），结尾观点鲜明。但还有一些不足之处：①标题与内容不贴切。何为“网络素质”没有进行界定，文中大部分谈的是学生使用网络的利弊，宜改为“大学生使用网络利弊的调查”。②原因分析过于简单。网络对学生的负面影响与哪些因素有关，这个问题的分析不够全面。③在材料的使用上，不属于本次调查范围的、道听途说的材料不宜引入。另外，本篇文字的表达不够准确，语句有不通顺的地方。

【微课资料】

调查报告的一般写法

【项目 2】市场预测报告的写作

【能力目标】

1. 能熟练掌握市场预测的方法和市场预测报告的写作技能。
2. 能够写出格式规范、结构完整、数据确凿、分析到位、表述严谨的市场预测报告。

【知识目标】

1. 了解市场预测报告的适用范围。
2. 了解市场预测报告的特点、种类和结构要求。
3. 掌握市场预测报告的格式和一般写法。

【工作情景】

据国家信息中心提供的消息，国内有关人士认为，20××年下半年至第二年，钢材市场供给将保持相对平稳、价格小幅攀升的态势。但由于各地经济发展的不平衡以及运输等因素的影响，少数钢材品种在局部地区有可能发生较为明显的波动。

20××年上半年，在西方工业国家经济复苏带动下，出现了世界范围的钢铁热，各国对钢铁需求增长，出口锐减；当今世界最大的钢材出口国——日本，因地震重建任务繁重，钢材出口量大幅下降，进口量迅速上升；世界上许多钢厂都在寻找钢坯，提高产品附加值。按这种趋势可以预计，20××年下半年乃至第二年，国际钢材市场形势看好，这将对国内钢材出口和价格产生很大的影响。

据预测，20××年全年钢材消费总量将超过 1 亿吨，与上一年相比，增幅不大。明年经济增长率可能控制在 8%～10%，对钢材的需求增长不会太大，供求会达到大体平衡。由于国家将对出口产品最低价格加以限制，估计国内各钢铁企业将增加高附加值产品的生产和出口，而钢坯、生铁等初级产品出口量将减少。

20××年上半年，全国各钢铁企业都在贯彻“限平、停滞、增畅”和“限产压库”的举措，估计下半年供求形势转向平衡，各钢厂都会增加“高质量、多品种”的产品，占领市场，力争出口。明年仍然是这种趋势。明年钢材的供求总体将逐渐平衡，但线材等品种有过剩的可能。因为今年年底前国内新投产的线材生产能力将有 200 多万吨，这样可能会导致某些地区普碳材供大于求，从而在品种、质量、价格上展开激烈的竞争，加大钢铁企业销售难度。而在短时间内“三板一片”的产量难以大幅度提高，供不应求的局面难以改观，价格仍将居高不下。

虽然 20××年资源供给少于需求，但由于有上半年结转的大量库存，因而能实现供求平稳。明年钢材的资源量增幅不会大，但由于需求也不会太旺，可以达到供求平衡，有的地区还会比较宽松。

市场价格小幅上升。20××年下半年钢材价格总体平稳，20××年可能会出现小幅上升的波动。这种波动往往局限在一个地区，货紧时价格上扬，货到时又会下跌，但总的趋势是价格会在成本上升、出口价格上升的推动下，小幅上升，一般不会再次出现“暴涨”。

讨论：应该如何把上面资料写成规范的市场预测报告呢？（在老师指导下，学生试写出这份市场预测报告。）

【必需知识】

一、什么是市场预测报告?

市场预测报告是指根据市场变化及市场调查的资料，运用科学方法对未来一定时期内市场的变化趋势进行预测、分析和推理后写成的一种经济调研文书。

二、市场调查报告与市场预测报告的区别

市场调查的目的是预测，市场预测的前提是调查。不做预测的市场调查固然也有，但实际上预测的内容已暗含在对调查情况的分析中，作者只不过把预测留给读者自己去做而已。通常市场调查报告以写现状为主，而市场预测报告则以写未来为主，二者侧重点不同。

三、市场预测报告的种类

（1）按对象划分，可分为产品生产市场预测报告和产品消费市场预测报告。

（2）按范围划分，可分为微观市场预测报告和宏观市场预测报告。

四、市场预测报告的资料

市场预测是对市场的历史、现状的分析和推导，而分析推导必须有完备的市场资料。市场资料残缺或选择不恰当，分析推导就不可能准确。市场资料是市场预测的基础。市场预测的对象和目标（即预测某种或某几种商品的销售量或生产量）一旦确定，首先要做的事情就是搜集和整理完备的市场资料。

（一）资料的范围

1. 消费的需求及变化的信息

消费的需求及变化的信息包括企业经营商品在市场上的历史销售总量，每年、每月的销售量，销售的方式、渠道，市场的变化，有否新市场，顾客的消费习惯、消费心理、购买能力、购买方式，顾客对商品的品种、质量、价格、服务等的要求，国家的经济政策和整个市场的形势，等等。总之，要掌握市场消费的需求情况。

2. 商品的生产条件

商品的生产条件包括企业的商品生产情况、生产能力、生产技术，设备状况，运输条件，原材料、动力的供给情况，国家的经济政策、措施对企业生产的影响，增产或转产的能力，开发新产品的情况，等等。总之，要掌握企业适应经济形势和市场需要的主观能力。

3. 市场的行情

市场的行情包括市场上的竞争情况，企业商品在市场上的占有率，顾客的变化，与别企业同类产品相比，在品种、质量、价格、服务、信誉上的领先或差距情况，市场上产品的饱和或急需情况，可能出现的新产品，产品在市场上所处的阶段（试销、畅销、滞销或被淘汰），等等。总之，要掌握企业产品在市场上面临的形势。

（二）资料的来源

1. 企业内部的资料

企业内部现有的各种统计资料，国家和上级部门等发往本企业的文件、材料，向企业内部人员调查的有关情况，如向销售人员调查的销售情况、顾客心理、要求等，向工程技术人员、工人调查的生产能力、新产品开发情况，等等。

2. 企业外部的资料

使用适当的方式方法向顾客调查，如访问面谈、发调查问卷、开展销售实验、在销售点观察等。利用国家、上级部门、商业部门、银行、科研机关的有关资料，查阅图书、报刊、电台、电视台的有关资料。

（三）资料的整理

没有经过整理的资料是杂乱无章、没有价值的。调查得来的市场资料必须根据预测要求进行系统的整理。

1. 分类

分类是资料具有科学性的基础。分类要根据要求，注意类别间有明显的差异性，要尽量详细、有层次。

2. 编校

对资料要校核，消除错误和含糊不清的部分。重要的资料要反复校核，提高准确性。有的数据要换算，以具有可比性。

市场资料即情报或信息，它通过预测和决策可以转变成企业的效益和财富。这是市场资料与一般写作资料不同的地方，要特别地引起我们的注意。

五、市场预测的方法

选用适当的预测方法对预测的准确性影响颇大。预测方法很多，其中使用比较广泛的也有二三十种。这些方法归纳起来有两大类。

（一）经验判断法

经验判断法也称定性预测法、调查预测法、判断分析法等，是指一些熟悉业务知识、具有丰富经验和综合分析能力的人员，根据已掌握的材料，凭自己的经验知识做出预测的方法。这种方法适用于数据还不充足和发展还不稳定的对象。它能综合各种经验、各种因素，考虑到复杂的变化情况，做到不简单机械化。但是它主要是凭主观的判断，不免受到主观的局限，如业务知识、经验、能力，乃至心理因素，有时还会受到领导倾向、专家权威的意见影响。

经验判断法有集合业务人员意见法、专家会议法、专家意见法、联测法、类比法等。专家预测法是一种常用的预测方法，企业在估计未来市场需求时，常求助于外面的专家。目前专家意见法多采用德尔菲法。德尔菲法是美国兰德公司在 20 世纪 40 年代首创的，20 世纪 50 年代在西方盛行起来，据统计，在众多的预测方法中，国外德尔菲法的使用已占了四分之一。使用德尔菲法预测，一般向 20 位左右的专家发预测调查表，征求他们的意见，然后将他们的意见综合归纳，再分发给专家，请他们在此基础上修正或发展自己的意见，再汇总，再分散。经过多次的征询与反馈，专家的意见渐趋一致，得出一个比较统一的预测结果。在征询过程中，专家们始终是背对背，互不知名，互不联系的，征询在保密中进行。

（二）统计分析法

统计分析法也称定量预测法、数学预测法等，是对市场需求的未来发展做出量的预测的方法。统计分析法必须根据比较完备的市场资料，运用一定的数学方法，进行科学的加工处理和计算。它的优点是比较客观，不受预测者主观倾向的影响；不足之处是社会对市场的诸多影响，如政治因素、自然变化、地区差异等常常不是已知数据所能涵容的。所以，统计分析法常常与经验判断法结合运用，以便取得较好的效果。

这类预测方法所包括的具体方法更多，如时间序列法（历史引申法）就有移动平均法、加权平均法、时序模型法、指数平滑法、最小二乘法等；因果分析法（相关分析法）也有回归分析法、经济计量法、矩阵法等。运用平均数法，在市场没有变动的情况下，1—6 月的销售量的平均数也就是 7 月的销售量。再如因果模式法，利用商品销售中的因果关系，已知甲城市人口的增加量，便可推知甲城市粮食需求的增加量。

六、市场预测报告的结构

市场预测报告的结构形式一般是“标题+正文+具名”。

（一）标题

常见的最简单的预测标题是预测对象，如“化妆品”“毛巾被”；有的预测对象后面加上文种，如“化妆品销售预测”“平板玻璃销售预测分析”；有的在标题里标出预测结果，如“复印机在市场上的需求持续上升”“普通羊毛衫滞销”；有的标题用提问式，如“2000 年我国需要多少钢？”；等等。由此看来，市场预测的标题是围绕着预测对象来拟就的，反映的或是论题，或是论点。

（二）正文

正文由概述、预测和建议三部分组成。

概述大致是预测对象的历史和现实的产销情况，与预测有关的因素和数据，它是预测展开的依据部分。概述要求写得全面准确充分而又重点突出。

预测是具体展开分析的过程。从历史现状的分析中推导出对未来的判断。分析推导总是在一定的理论指导下运用一定的科学方法来进行的。这个部分就要把怎样分析推导和为什么这样分析推导叙述出来，做到既详尽又简明，严密而有逻辑性，令人信服。预测结果要一目了然。

建议即意见，是对未来情况发展的措施。通过预测看到市场的行情，这只是第一步。怎么办，是决策者更为关心的，要有明确的观点，又要实事求是。

（三）具名

市场预测报告应该具名，个人、集体或单位，以示负责。

七、写市场预测报告必须注意的问题

市场预测报告是专业性很强的实用文书，它要求作者有丰富的专业知识和实践的经验，认真细致的调查研究作风，较高的写作能力。为了使市场预测报告在企业经营决策中发挥更好的指导作用，再强调三点注意事项。

（一）要及时

市场预测报告是为企业决策服务的，它应在决策之前完成。如果错过了时机，就失去了价值或造成不可弥补的损失。20 世纪 80 年代初，我国自行车、工业缝纫机畅销，有的企业纷纷投产，有的省市拟新建生产企业。当时有人提出市场预测报告，1985 年我国自行车包括出口在内的需求量仅为 2500 万～2800 万辆，国家计划 3300 万辆已超过需求量 500 万～800 万辆；工业缝纫机需求量已近饱和，很快要转入滞销，及时地制止了一些企业拟新建和转产的决策。有的企业只看当前市场，常常“一短就上”，造成“一上就长”的困境。

（二）要准确

准确是市场预测报告的价值所在，而市场在不断变化，预测要完全准确是不可能的，但相对准确是可以也是应该做到的。例如，我国 1982 年城乡人民的存款年末余额为 447 亿元，预测 1983 年年末存款余额为 584 亿元。1983 年的实际余额是 580 亿元，准确度达到 99.3%。当然，要准确必须要认真对待每一个预测程序，讲究科学的态度和科学的方法。

（三）要经常

影响市场的因素在不断变化，原来是准确的预测也可能由于影响因素的变化而变得不符合实际，所以市场预测报告要根据新的情况、新的信息经常进行更新。经常预测也是使预测准确的方法。

【范文借鉴】

【范文】

2019 年我国西药制剂外贸形势分析

2019 年，对于世界而言，既是变乱交织、挑战上升的一年，也是潜藏机遇、求新求变的一年。这一年，全球贸易保护主义仍在升级，国际贸易、制造生产、消费投资信心等都降至近年来的低点。我国医药市场的巨大变革吸引着全球医药企业的目光，国内产业集中度提升和创新步伐加快也让中国医药的国际地位得以彰显。

2019 年，在全体医药人的共同努力下，我国医药企业创新和国际化步伐持续加快，推动我国整体医药外贸实现了回稳向好态势，医药进出口额稳定增长，医药外贸结构持续优化，国内医药产品需求日益强劲。而西药制剂作为医药外贸中附加值较高的产品，也实现了较为快速的增长。2019 年，我国西药制剂进出口额约为 240 亿美元，同比增长 40.2%；其中出口额约为 41 亿美元，同比增长 0.23%；进口额约为 199 亿美元，同比增长 52.8%；贸易逆差进一步拉大。

一、进口和出口延续回稳向好态势

从月度数据看，我国西药制剂进出口增速均呈现稳步回升的态势，进口增速回升尤为明显。从出口规模看，2019 年上半年，我国西药制剂增幅较小，且比 2018 年同期有所下降，尤其是 6 月份，当月出口额同比下降了 29%。这可能与全球经济在年中进入低谷有关：美国挑起经贸争端，以德国为代表的欧洲经济增速降至 0.4%，新兴市场经济增速放缓，贸易壁垒增加及相关不确定性上升，给全球商业信心和经济活动带来压力。但自 2019 年 6 月以来，我国西药制剂出口呈现逐步回升态势，并在 10 月达到全年单月出口额最大值，同比增长 43.6%。从进口规模来看，2019 年，我国西药制剂全年基本保持稳定快速增长态势。在 2019 年 11 月举行的中国国际进口博览会上，有众多企业现场签单。

我国西药制剂外贸实现较快增长的原因，从外部看，一是未来 5 年欧盟、美国和日本三大规范市场将有约 300 个独家品种专利到期，全球药品专利到期为仿制药行业增长带来机遇；二是美联储、欧洲央行及多个新兴市场的中央银行纷纷下调利率，避免经济下滑，增强支付能力；三是区域经贸谈判取得阶段性进展，多边合作成果为对外贸易注入信心；四是发达医药市场逐步饱和，全球药企对华关注度提高，对进口形成拉动作用。从内部看，一是国内成熟企业通过广泛的产品组合布局国际市场的步伐加快；二是国内政策环境变化迫使更多企业加快转型升级步伐，拓展国际市场意愿增强；三是我国医药监管制度日趋国际化，诸多政策措施效果逐步显现；四是中外医药资源整合趋势日益明显。

二、进料加工贸易出口和保税区仓储转口进口增速明显加快

2019 年，我国西药制剂一般贸易进出口额为 118.6 亿美元，占西药制剂贸易总额的一半，是我国西药制剂进出口最重要的贸易方式，总体表现稳定。2019 年，进料加工贸易出口明显加快，同比增长 11%，高于整体西药制剂出口增幅 11 个百分点，占我国西药制剂出口总额的 20.3%。进料加工贸易出口以美国、英国、菲律宾等市场为主，且以本土企业居多，南通联亚、人福等企业都有不少进料加工业务，外资则主要集中于诺和诺德、赛诺菲等几家企业。

保税区仓储转口贸易日益成为我国西药制剂进口的主要方式。2019 年，通过仓储转口贸易进口的西药制剂达到 88.5 亿美元，同比增长 103%，占我国西药制剂进口总额的 44.5%，已经基本接近一般贸易进口额。保税区由于便利的通关政策，目前已成为众多跨国企业药品进入中国的主要模式。以北京天竺保税区为例，北京市药监局在区内设立分局和专门的药品通关窗口，允许同时办理通关备案和检验，使企业可将药品一次性进口通关、存放至保税仓库，分多次出库报关，分批上缴关税，满足企业资金回流快、税款占压少的资金周转需求；为抗癌药、罕见病药等临床急需境外药品实施快速通关等一系列举措和便利措施，吸引诸多跨国企业通过保税区仓储转口贸易进入国内。2018 年，医药产品通关量已经占北京天竺保税区各类产品通关总量的 57%以上，疫苗、罕见病药和抗癌药等群众需求大的药品多以此种方式进入中国市场。

三、部分大宗药品出口额增长较快

2019 年，我国共有 83 种西药制剂对外出口，激素类、青霉素类、头孢菌素类等传统大宗药品依旧占较大比重，且均实现较大幅度增长。2019 年，以上三大类产品出口额同比分别增长 39.55%、20.14% 和 9.18%，合计占我国西药制剂出口总额的 24%。胰岛素类药品、地塞米松、宫缩素、催产素等产品是拉动激素类药品出口增长的主要动力。青霉素类药品主要出口到非洲、东南亚、中东等地区，量升价减，低价竞争现象依旧较为明显。头孢类药品出口主要目标市场为非洲、拉丁美洲和东南亚地区，但一些治疗真菌感染、泌尿系统感染，以及磺胺类药品和重度感染的抗感染类药品则主要出口到一些发达市场，如美国、意大利、荷兰、日本等地。除此之外，一些附加值较高的抗凝血药、抗高血压药、抗癌类药品和研究用药品出口也有较大幅度增长。

四、中美同步申报步伐加快，对美国出口实现稳步增长

美国是全球最大的医药市场，商业保险十分发达，使医保支付能力更强，仿制药（ANDA）使用比例高，一直是有实力的中国企业开拓国际市场的首选目的地。仿制药在美国处方中占90%以上，安全、有效、高质量的仿制药在美国医疗体系中起着至关重要的作用。通过批准更多的仿制药进入市场，来解决药物的高成本问题，降低医保负担，也成为美国食品药品监督管理局（FDA）的重要任务。2019年，美国FDA共批准了1014种仿制药，包括110种复杂的仿制药、107种首仿药，以及用于治疗或预防肺动脉高压、乳腺癌、癫痫、抑郁症和各种感染等严重疾病的仿制药。

在2019年美国FDA批准的仿制药中，我国企业占了86个，包括13个暂时性批准的仿制药，占比为15%。这说明我国制药企业进军国际市场的水平进一步提高。这些获批的产品，有些来自齐鲁、联亚、复星、人福、海正等以国际化见长的企业，也有一些来自新的面孔，如北京泰德、博瑞医药、浙江巨泰、华东医药、永太科技等企业。

2019年，我国对美国西药制剂出口额为4.21亿美元，同比增长8.78%，占我国西药制剂出口总额的10.24%，本土企业已经成为对美国出口的主力。我国对美国西药制剂出口额在百万美元以上的本土企业达到29家；在对美国出口额前20名的企业中，我国企业占18家，且前12名均为我国本土企业，南通联亚、人福、石药、齐鲁等企业出口增幅均在30%以上。南京健友、上海宣泰、常州制药、安士制药、以岭等企业在美国市场的商业化取得突破性进展，出口额实现3位数增长。此外，海南华益泰康、青岛百洋等企业的高端缓释制剂也首次实现了对美国出口。

五、出口下滑，进口大幅增加，中欧贸易逆差进一步拉大

2019年，我国与欧盟西药制剂双边贸易额达154.1亿美元，同比增长42%。其中，我国对欧盟西药制剂出口额为10.1亿美元，同比下降16.4%，占我国西药制剂出口总额的24.6%；从欧盟进口额为144亿美元，同比增长49.4%，占我国西药制剂进口总额的72.4%。

从市场来看，2019年，我国对欧盟出口前十大市场分别为丹麦、法国、波兰、英国、德国、比利时、意大利、西班牙、荷兰和希腊，占我国西药制剂对欧盟出口总额的94.6%。波兰首次挤进我国西药制剂对欧盟出口前五强，出口增幅高达45%；我国西药制剂对丹麦和法国出口额实现了22%以上的增长，对英国出口增长3.6%，诺和诺德和本土企业贡献了大部分份额；我国西药制剂对德国、比利时、荷兰和希腊4个市场的出口额同比下降25%，成为拉低我国西药制剂对欧盟增长的主要因素，其中对德国、荷兰和希腊出口下降主要为几家本土企业出口业务下滑所致，对比利时出口减少则主要因为阿斯利康在华来料加工业务减少。

虽然诺和诺德、阿斯利康等跨国企业对我国西药制剂出口欧盟贡献了较大份额，但我国本土企业对欧盟的制剂出口也进入了快速增长期，已可以与跨国企业平分秋色。2019年，我国西药制剂对欧盟出口前25家企业中，本土企业占23家，出口额超过500万美元的本土企业为20家，比两年前增加了9家。其中，深圳天道、上海荣恒、桂林南药、瑞阳、山东新华、深圳致君、华益药业等企业对欧盟出口都实现了较大幅度的增长。

德国、法国、瑞典、意大利和英国是我国西药制剂最主要的进口来源地。2019年，这5个国家占我国西药制剂进口总额的60%，且我国自这几个市场的进口额均实现了30%以上的大幅增长。而受国内药品审评加快及医保谈判的快速推进，无论是跨国企业还是位于保税区的进口代理商，业务均实现了较大幅度增长。一些主要进口代理商，如国药控股、上海怡世翔、上海外高桥、国药空港、综保区（北京）国际医药分拨中心等，进口额更是实现了3位数增长。

六、对新兴市场出口增势显著

新兴医药市场已经成为拉动全球药品市场增长的主要动力。诸多新兴国家在推动医疗保险改革，鼓励仿制药使用，进入壁垒相对较低，对我国药品需求旺盛，是我国西药制剂企业重点开拓和关注的市场。2019年，我国药品对欧盟、美国、日本和澳大利亚之外的新兴市场出口额约为23亿美元，占我国西药制剂出口总额的近60%。目前，我国约400多个药品在新兴市场注册，瑞阳、复星、石药、华药、三生、国药国际、中国医药、宁波诺柏等企业以新兴市场为目标，深耕“一带一路”沿线国家和非洲、拉丁美洲地区，这几年出口业务实现较大幅度增长，赢得了客户和当地市场的信赖。

就具体市场而言，非洲依旧是我国西药制剂出口的主要市场。2019年，我国西药制剂对非洲出口额为 5.5 亿美元，同比增长 5.7%。尼日利亚、民主刚果、喀麦隆、埃塞俄比亚和马里是我国西药制剂对非洲出口的前五大市场，占我国西药制剂对非洲出口总额的 45%，同比增幅均在 16%以上。西非地区依旧是重点，但由于政治经济不稳定，该地区市场相对混乱，低价竞争和恶性竞争现象较为严重。以肯尼亚、坦桑尼亚为代表的东非地区公立市场占比在 70%以上，但我国企业参与当地招标能力不强，只有少数几个药厂的产品进入了公共招标和国际采购渠道，增长潜力巨大。2019 年，我国西药制剂对东非 7 个国家的出口额达 9730 万美元。值得一提的是，埃及、阿尔及利亚、突尼斯等北非地区人口较多，医疗水平和人均消费相对比较高，特别是阿尔及利亚 45%的进口药为仿制药、埃及可以接受其他地区批准的生物仿制药、突尼斯的独特地理优势等，为我国药品进军这些市场创造了条件，也日益受到我国企业的关注。2019 年，我国西药制剂对埃及、阿尔及利亚和突尼斯出口额分别同比增长了 11%、36%和 37%。

“一带一路”沿线国家人口基数大，卫生支出增长快，药品自给率低，进口依赖度大，越来越受到我国医药企业的关注。2019 年，我国西药制剂对东南亚、中东欧、中东等几个主要地区出口均实现了较大幅度增长。其中，我国西药制剂对东盟出口额达到 3.75 亿美元，同比增长 6.67%；对中东欧地区（不含希腊）出口额为 1.55 亿美元，同比增长 35.95%；对中东地区出口额为 9911.71 万美元，同比增长 11.72%。波兰、菲律宾、马来西亚、巴基斯坦、泰国、印度尼西亚、缅甸等是我国西药制剂出口的主要国家，年出口额均在 3000 万美元以上。此外，我国西药制剂对俄罗斯、乌兹别克斯坦、乌克兰等独联体国家的出口也实现了较大幅度增长。

以巴西和哥伦比亚为代表的拉丁美洲地区一直是我国企业希望重点拓展的目标市场，但该地区法规要求高，加上语言障碍，开拓难度较大。2019 年，我国西药制剂对拉丁美洲地区出口额为 3.04 亿美元，同比增长 18.32%，主要集中于巴西、委内瑞拉、哥伦比亚、秘鲁和墨西哥五大市场，占我国西药制剂对拉丁美洲地区出口总额的 70%。

七、创新布局，我国制剂企业的国际化路径日益多元化

近年来，我国制剂国际化迎来了高速增长，在制剂国际化领域布局的我国本土企业已有 400 多家，且多数集中于新兴市场。但随着国内仿制药带量采购的推进，创新和国际化已经成为企业摆脱国内招标降价影响的利器，越来越多的企业将目光投向欧盟、美国和日本等法规较为严格的市场，开始开展中美、中欧双报布局。截至 2019 年年底，我国制药企业获得美国 ANDA 文号已有 300 多个，实现商业化销售的产品约 100 个；我国已有 300 多个制剂场地通过欧盟 GMP 认证，近三年就有 86 个。众多企业不断获得美国 ANDA 和欧盟认证，不仅为未来海外收入增长奠定了基础，同时也有利于仿制药转报国内，提升国内竞争力。

2019 年，东阳光的芬戈利莫德胶囊（0.5mg）、宣泰药业的泊沙康唑肠溶片（100mg）和复星旗下 Gland pharma 的甲磺酸齐拉西酮注射液（20mg/L）在美国首仿获批，且都为复杂制剂，说明我国制药企业的研发和国际化实力进一步增强，有效提升了我国医药企业制剂国际化的信心。除了首仿药，我国制剂企业在美国申报的高端制剂也越来越多，如治疗前列腺癌的药物醋酸阿比特龙，抗肿瘤药达卡巴嗪、盐酸多柔比星，治疗神经痛的药物普瑞巴林胶囊，抗凝血药阿哌沙班，治疗急性冠状动脉综合征药普拉格雷、依替巴肽、替格瑞洛等，其中不乏重磅产品。值得一提的是，除了华海、恒瑞、齐鲁、人福、联亚、石药等国际化领先企业，一些民营企业也着手国际化战略布局，定位复杂制剂和规范市场的成果已然显现，国际注册与商业化布局同时着手，不少产品已可以在获批后半年内实现出口。

这几年，我国医药行业砥砺前行，于蛮荒之中开拓出了一条创新的道路。在制剂国际化的探索中，不少企业也找到了新的发展模式：三生制药通过学术推广模式实现产品在多个新兴市场上市；复宏汉霖通过授权模式将产品推广到东南亚地区；绿叶制药通过收购思瑞康获得多个国家的销售渠道；复星通过收购法国 Tridem 获得西非地区的销售渠道。此外，我国首款本土抗癌药物泽布替尼已在美国获批。我国医药行业通过创新和国际化布局，正在携手共进，为全球病患带来更多可负担的好药和新药。

作者：××医药保健品进出口商会×××

20××年×月×日

【病例评析】

【病例】

20××年重型汽车市场预测报告

一季度重型汽车销售量同比增长 85.7%，全年保持较大的增长应没有多大问题。从一汽、东风、中国重汽等重型汽车主要生产企业二季度计划安排情况来看，大家都在大好的市场形势下抓紧生产抢占市场，力争在上半年多产多销，完成年度计划的 60%。这方面最突出的是东风汽车公司和一汽青岛汽车厂。

大家对二季度重型汽车市场也比较乐观，从市场需求情况看，热销将延续到 5 月份。5 月后，市场进入季节性低谷，市场需求将大幅下降。

在今年重型汽车市场发展形势中存在一个很大的变量因素。一汽和东风等企业主要依靠经销商和改装厂销售汽车，市场需求信息在中间环节传递时会出现变化。通常，市场处于热销过程中，需求信息将被放大。今年市场热得早，3 月份出现抢购，一汽、东风、中国重汽、重庆重汽等主要厂家的产品供不应求，但是，这些产品是不是都到了最终用户手里？在中间环节滞留多少？如果从生产企业销出去的重型车基本都到了最终用户手里，在经销商和改装厂家只保留合理的周转量，则对今后的市场走势尽可放心；如果不是这种情况，在经销商和改装厂家的周转量超过合理储备，甚至大大超过的话，则市场后期走势令人不安。

当前尚不清楚这种情况的程度，只是感到这是影响今后市场走势的重要变化因素。对此，各家只有密切关注市场的变化，与经销商和改装厂以及国内主要重型汽车厂家保持密切联系，及时把握来自市场的信号，掌握应对市场变化的主动权。

今年重型汽车市场行情启动早，1 月份开门就出现热销，这是以往市场所未曾有过的现象。一季度销量增幅达到 85.7%，预计二季度增幅将有所回落。若按以往市场运行情况，下半年销量高于上半年，今年市场需求是惊人的。经与几个主要重型汽车生产厂家市场分析人员交换意见，大家都对下半年的市场走势抱谨慎的看法，认为今年重型汽车市场需求增长幅度上半年将高于下半年，全年很可能走出前高后低的势头来。

根据上述分析，今年重型汽车市场仍将保持快速增长，预计下半年增幅有所回落，重型汽车市场全年增长幅度可能在 50%左右。

【评析】

（1）材料不充分，分析不严密、缺乏科学性。从全文内容看，是要预测 20××年重型汽车的产销趋势，那么就要摆出充足的材料和数据，说明 20××年以前重型汽车的产销情况，但病文在缺乏充足材料的情况下进行预测，其结论难以令人信服，如“今年重型汽车市场仍将保持快速增长，预计下半年增幅有所回落，重型汽车市场全年增长幅度可能在 50%左右”。这个数字的根据不充分。再有，前面分析“今年重型汽车市场发展形势中存在一个很大的变量因素”，而且这个因素还不清楚，后面却很肯定地说“今年重型汽车市场仍将保持快速增长，预计下半年增幅有所回落，重型汽车市场全年增长幅度可能在 50%左右”，难以让人信服。

（2）条理不清，结构混乱。第一、第二自然段概述后，主体部分应是从历史和现状的分析中推导对未来的判断，可是本文第三、第四自然段写的是下半年走势令人不安的原因和建议，第五自然段又写重型汽车的市场行情。宜将“1 月份热销”“3 月份抢购”“热销将延续到 5 月份”等材料放在一起，作为对市场现状的分析；市场预测报告最后一般写建议，所以必须把最后一个自然段放到概述部分。

（3）内容前后矛盾。前面说“5 月后，市场进入季节性低谷，市场需求将大幅下降”，而后面说“若按以往市场运行情况，下半年销量高于上半年，今年市场需求是惊人的”，让人不知所云。

（4）语言有失当之处。“应没有多大问题”“只是感到”“惊人的”等用语不科学、不客观。

【项目3】经济活动分析报告的写作

【能力目标】

1. 能熟练掌握经济活动分析报告的分析方法和写作技能。
2. 能够写出格式规范、结构完整、数据确凿、分析到位、表述严谨的经济活动分析报告。

【知识目标】

1. 了解经济活动分析报告的适用范围。
2. 了解经济活动分析报告的特点、种类和结构要求。
3. 掌握经济活动分析报告的格式和一般写法。

【工作情景】

××印刷厂20××年提出实现年利润25万元的奋斗目标，截至3月底，该厂已经完成利润10.3万元，完成了年计划的41.24%。计划完成得虽好，但生产成本却逐月上升，2月份每千印成本为45.23元，百元产值成本为59元；3月份每千印成本为65元，百元产值成本为70元；3月份千印成本比2月份增加19.77元，百元产值成本增加11元；3月成本增高的主要原因是纸张价格上涨，2月份787凸版纸每张单价为0.147元，3月份则涨到0.148元，月纸张费用增加221.66元。每千印成本增加0.128元，百元产值成本增加0.14元。再有，千印油墨费增高。3月份共完成1 725.25千印，消耗油墨352.5千克，共计3 066.20元，平均一千印多耗量0.15千克，每千印成本增加16.50元，百元产值成本增加10.50元。另外，辅助生产费用和企业管理费偏高。3月份辅助生产费比2月份增加983.09元，企业管理费3月份比2月份增加494.13元。辅助生产费增加的主要原因是领用大型工具多，设备备件多。企业管理费偏高的主要原因是购买办公用品和招待费多。鉴于以上情况，专家建议：①制定千印油墨消耗定额，把千印油墨消耗控制在0.1千克/千印左右；②建立健全设备的维修、保养制度和工具出库保管制度；③企业管理费的支出要严格控制、合理使用。

讨论：请你把上面资料整理成格式和写法规范的经济活动分析报告。（学生在老师指导下完成。）

【必需知识】

一、什么是经济活动分析报告？

经济活动分析报告是以科学的经济理论为指导，以国家有关方针、政策为依据，根据计划指标、会计核算、统计报表和调查研究掌握的情况与资料，对本部门或有关单位一定时期内的经济活动状况进行科学的分析研究，做出正确的评估，找出成绩和问题，探讨问题产生的原因，寻找改进方法，指导经营管理的书面报告。它具有时效性、真实性、指导性和灵活性的特点。

二、经济活动分析报告与市场调查报告的异同

经济活动分析报告与市场调查报告都属非公文类报告的范畴，但两者各有特点。从时间上看，经济活动分析报告除部分专题分析报告外，多数带有定期性的特点，即在季度末、年中或年终都要进行定期分析，而市场调查报告则不受时间限制；从内容上看，经济活动分析报告主要分析企业生产或商品流通过程中各项经济指标的完成情况，而市场调查报告的内容则远不止这些，范围很广；从形式上看，经济活动分析报告以经济活动的数据为分析的基础，用文字说明数据，两者相辅相成，构成分析报告的基本形式，而市场调查报告的形式不拘一格，虽有数据说明，但以具体事实为主；从人称使用看，经济活动分析报告可以使用第三人

称，也可使用第一人称，市场调查报告一般只能用第三人称。

三、经济活动分析报告的种类

经济活动分析报告应用非常广泛，凡是有经济活动的单位和部门，都需要撰写经济活动分析报告。它的种类繁多，由于分类的标准和角度不同，分类的方法也不一样。例如按各个经济部门的经济活动特点，可分为生产分析报告、成本分析报告、财务分析报告、市场分析报告等；按所分析经济活动时间的长短分，有年度经济活动分析报告，季度经济活动分析报告，月、旬、日的经济活动分析报告等；按分析对象的活动过程及其先后顺序来分，有事前的分析报告、事中的分析报告、事后的分析报告；按分析的不同单位来分，有企业内分析报告、企业间分析报告等；按报告内容的广度和特点分，可分为全面分析报告、简要分析报告和专题分析报告等。在此介绍几种常用的经济活动分析报告。

1. 全面分析报告

全面分析报告又称综合分析报告、系统分析报告。它是对一个单位或一个部门在一定时期的经济活动，根据各项主要经济指标的完成情况，进行全面系统的分析研究后写成的书面报告。这类分析报告多在年度、季度末结合报表编写而成，特点是涉及面广，内容全面，分析深刻。

2. 简要分析报告

简要分析报告又称部分分析报告。它是指对经济活动中几个主要指标或某些重点问题进行扼要的分析，以观察企业经济活动的基本趋势，而不是做全面系统分析的报告。这类报告多在年、季、月末结合报表编写。特点是内容精练，篇幅短小，时效性强。它和综合分析报告统称定期经济分析报告。

3. 专题分析报告

专题分析报告又称专项分析报告。它是针对经济活动中比较突出的重点问题，进行专门调查分析后所写的一种报告。如对某产品耗用的原材料情况进行分析，或对库存质量的分析等。此类报告的特点是内容单一、集中，反映问题及时，不受时间限制，是一种不定期的分析报告。

四、经济活动分析报告的格式和一般写法

经济活动分析报告的格式，通常由标题、正文和落款三部分组成。

（一）标题

经济活动分析报告的标题一般由被分析单位（或分析对象）名称、分析时限、分析事由和文种四项组成，如《××市商业系统1998年第一季度财务分析报告》；有的标题可根据情况灵活变通，省略分析单位名称、时间甚至文种，如《家用电器库存结构分析》；有时也可以用分析报告的建议或意见作为标题，如《关于增收节支、扭亏为盈的几点意见》；此外，还可采用一般文章的标题形式，如《不能忽视小商品的经营》。

（二）正文

经济活动分析报告的正文，一般由三个部分组成，即前言、主体、结尾。

（1）前言。前言也称导语、引言。这部分的内容主要是概括介绍分析对象的基本情况，阐明分析的主旨。有时还在前言中交代分析报告的背景材料和此项经济活动的客观条件，以及企业在特定时限中所做的主要工作、存在的主要问题和针对问题采取的对策。有的还举出所涉及的主要经济指标完成的数字材料。这一部分文字要简短，重点突出。有的也可不写引言部分，而把其内容放到主体部分一起写。

（2）主体。主体是经济活动分析报告的重点，是全文的主干。它集中反映经济活动的分析过程及结果，是分析报告的关键所在。这一部分要对前言中提出的问题或经济指标完成的情况运用各种相关的资料和数据加以具体的分析，阐明经济活动的成功经验或应当注意的问题，分析其深层的原因，找出解决问题的办法等。主体部分包括基本情况、原因分析、评价、意见或建议四项内容。在主体部分，往往采用比较分析法、因素分析法等进行分析，并通过分析得出结论，如【范文】。

（3）结尾。多数经济活动分析报告没有单独的结尾，一般在写完建议或意见后自然作结；也有的对上文的分析、建议进行归纳，概括出一个总的认识作为结尾；还有的以问题作结。少数的分析报告另

起一行，写几句总结式或展望式的话，作为结尾。

（三）落款

落款处应写明经济活动分析报告的写作单位及写作日期。如果写作单位已在标题中标明，或是在标题下标出，落款处即可省略，只标明写作分析报告的年、月、日即可。

五、写经济活动分析报告必须注意的问题

（1）政策性。撰写经济活动分析报告一定要以国家的有关经济政策为指导，用政策作为准则、尺度来检验有关的经济活动。

（2）真实性。撰写经济活动分析报告，一定要全面客观，不能主观片面。收集、整理材料时，要实事求是，避免主观片面性。

（3）精确性。经济活动分析报告离不开具体数据的罗列和分析。基础数据的精确性直接影响分析结果和评价结论的正确程度。

（4）深刻性。分析资料和数据时不能只停留于现象上，而要透过纷繁复杂的表象数据，抓住表象所反映的特点和实质，并揭示其意义和规律。

（5）透明性。透明性体现在两个方面：一是材料数据必须真实，不能弄虚作假；二是报告的结论和建议应十分明确，能够执行。

【范文借鉴】

【范文】

××省人民医院2018年上半年医疗统计分析

一、门（急）诊工作情况分析

2018年上半年，我院门（急）诊工作总量为××××××人次，与去年同期相比增加××××××人次，增长率为28.15%，其中急诊工作量为×××××人次，比去年同期增加×××××人次，增长率为26.02%。门（急）诊人次在不断地创造着我院工作量的新纪录，去年我院门（急）诊人次比同期增长了12.59%，今年又在去年的基础上增长了28.15%。门（急）诊工作量不断增加，主要原因是新的农村合作医疗制度和城镇居民医保政策为我院带来了更多的患者。为迎接更多的患者来我院就诊，在有限的条件下，我们要注意随时增加门诊医生，充分利用午间门诊和假日门诊，以便使每位患者都能在我院得到及时有效的治疗。

二、住院部工作情况分析

1．工作量指标情况

本期我院住院部平均开放床位1870张，与去年同期相比增加了32张床位。本期出院入数为×××××人，与去年同期相比增加了4871人，增长率为14.24%；床位使用率为119.5%，比去年同期增长了13.89个百分点；床位周转次数为23.43次，比去年同期增加2.81次。住院部各项工作也在创造着我院的新纪录，今年的各项指标都在去年同期增长的基础上又增加了10%以上，有的甚至增加20%以上。在床位数略有增加的情况下，床位使用率仍高达119.5%，从各月情况看，除2月份过春节是92.3%，1月份是116.5%，其他几个月都在120%以上，今年4月份床位使用率更是达到了129.2%。这些数字说明需要住院治疗的人越来越多，而医院床位的增加数远远落后于病人的增加数，医院床位严重不足。

2．工作质量指标情况

本期我院病人治愈率77.62%，与去年同期相比下降0.39个百分点；急危重病人抢救成功率为95.44%，比去年同期低0.1个百分点。从总体来看，反映医疗工作质量的指标比去年同期略有下降。需要说明的是，本期的急危重病人数是×××××人次，比去年同期增加了12.07%。急危重病人的增长幅度与出院人数的增长幅度几乎一致，说明来我院就诊、住院的病人中，急危重患者占的比例较大。因

此，提高技术水平、重视医疗质量和医疗安全是我们工作的努力方向。

三、小结

从几项主要医疗指标看，2018 年上半年我院工作量指标不断刷新纪录，随着新农合和推进城镇居民医保政策的逐步完善，到我院就诊、住院的病人会越来越多，这给我院提供了新的发展机遇。面对这一机遇，我们只有不断提高技术水平，狠抓医疗质量和医疗安全，同时加强医院硬件建设，才能促进医院全面发展。

××省人民医院病案室

2018 年×月×日

【病例评析】

【病例】

××××绸布呢绒商店 2018 年度经济分析报告

一、基本情况

我店以经营绸布呢绒买卖为主要业务。近年来，由于人民生活水平的不断提高，绸布呢绒类商品市场需求变化较大。过去不重视市场调查，只凭经验确定进销指标，以致一部分商品因不对路不适销而造成积压。在既要大力组织适销商品以满足消费需要，又要积极处理积压商品降低库存的原则下，2018 年度商品流转指标中的进货、销货均超额完成计划，库存商品也从上年的 80 万元，减少到 62 万元，但与计划安排的要求尚有相当大的差距。主要是积压多年的商品，处理上存在一定的困难。而且由于削价出售这些商品，销售额超额完成 62%，利润反而比计划降低了 124%。但与上年各项指标相比，经济效益有显著提高，发展趋势基本上是较好的。

二、各项经济指标的完成情况

（一）商品流转指标的执行情况

（表略）

2018 年的计划中，进货目标是在保持上年已实现的销货额（成交额）的基础上，同时扩大计划年度的销售来减少库存商品 30 万元，压缩流动资金。但实际执行的结果是只减少了 18 万元，未能达到预计目标。不过从 2018 年起，我店加强了市场预测，实行以销定进，因此在进货超计划 9%的情况下，没有产生新的积压，整个商品流转计划的执行基本上是正常的。

（二）销售利润及费用指标的完成情况

（表略）

销售收入比计划增长 62%，比上年增长 109%，在扩大商品流通、满足市场供应方面，取得了一定的成绩。主要问题是：

1. 销售额增加 120 万元，利润额反而减少 5 万元，没有达到计划指标。这主要是由削价处理积压商品造成的。虽然商品积压也是本店经营管理上存在的问题，但不是 2018 年度的责任。

2. 费用比计划增加 9 万元，这是指除水电、文具、印刷等办公费节约 1 万余元后的净超支。除其中因扩大商品销售而增加包装、运输、保险、仓储保管、利息支出以及处理积压而支出整理等费用 7 万余元属于正常范围外，其他如修理费、家具用具摊销、差旅费、会议费、广告样品费等，均发生了不同程度的超支，总数为 2 万元左右，这是管理上存在的主要问题。

（三）流动资金定额的遵守情况

（表略）

定额流动资金全年平均余额比计划增加 8 万元，主要是历年的积压商品没有全部处理完毕。但由于商品销售扩大，资金周转天数接近计划。特别是非商品定额资金比计划比上年均有所压缩，主要是缩短了包装物和物料用品的采购周期、减少储存量的结果。这是全面落实责任制所取得的成绩。

财务科经济分析小组
2018年××月××日

【评析】

这是一篇年度综合经济活动分析报告，主要分析了绸布呢绒商店商品流转指标的执行情况、销售利润及费用指标的完成情况、流动资金定额的遵守情况，数据翔实，分析中肯，肯定了成绩，指出了不足及原因。但也有不足，主要是缺少最后一部分——改善经营管理的意见。关于文中多次指出的商品积压的问题，以及费用超支的问题，作为财务部门，在进行分析的同时，应提出改善的意见。

【项目4】可行性研究报告的写作

【能力目标】

1. 能熟练掌握可行性研究报告的分析方法和写作技能。
2. 能够写出格式规范、结构完整、数据确凿、分析到位、表述严谨的可行性研究报告。

【知识目标】

1. 了解可行性研究报告的适用范围。
2. 了解可行性研究报告的特点、种类和结构要求。
3. 掌握可行性研究报告的格式和一般写法。

【工作情景】

××公司准备筹建××产品加工厂，如果请你进行可行性研究，写出可行性研究报告供公司领导决策参考，你准备从哪些方面入手进行调查研究，然后写出可行性研究报告。

讨论：应该如何写这份报告呢？（在老师指导下试写出这份报告的提纲）

【必需知识】

一、什么是可行性研究报告？

可行性研究报告是企业在拟办重大建设项目之前，组织有关专家、学者，在进行深入细致的调查研究、科学预测和技术经济论证的基础上，对建设项目的技术先进性、经济合理性和建设可能性进行研究后写出的书面报告。它具有全面性、系统性、前瞻性、可操作性的特点。

二、可行性研究报告的类型

可行性研究报告按照不同的划分标准，可以分为不同类型。按性质分，有综合性可行性研究报告和专题性可行性研究报告；按内容分，有经济建设项目可行性研究报告和经济事业建设项目可行性研究报告。

三、可行性研究报告的内容

（一）工业新建产品开发性项目可行性报告的主要内容

由于建设项目的种类和规模不同，其构成因素和研究重点也不一致，新建与改扩建、国内与涉外、产品开发与引进技术、工交与财贸等，无疑都应各有特色。但是，投资前准备阶段的一切考察研究工作，总的目的是共同的，即弄清项目建设必需的条件以及它是否具备，项目前景如何。因而大多数可行性研究报告具有相同或相似的方面，初步可行性研究报告与最终可行性研究报告也只是详略、深浅之别。

联合国工业发展组织的《工业可行性研究编制手册》把研究内容列为以下 10 项（即 10 章）：

（1）实施纲要（指对各种方案进行比较后得出的结论）。

（2）项目的背景和历史。

（3）市场和工厂生产能力。

（4）材料投入物。

（5）建厂地区和厂址。

（6）工程设计。

（7）工厂组织和管理费用。

（8）人工（指工人、职员）。

（9）项目建设（指建设进度安排）。

（10）财务和经济估价。

我国建设主管部门在《关于建设项目进行可行性研究的试行管理办法》中，对工业项目可行性研究的基本内容，结合我国国情和实际需要，规定如下：

（1）总论。

1）项目提出的背景（改扩建项目要说明企业现有概况），投资的必要性和经济意义。

2）研究工作的依据和范围。

（2）需求预测和拟建规模。

1）国内、外需求情况的预测。

2）国内现有工厂生产能力的估计。

3）销售预测、价格分析、产品竞争能力，进入国际市场的前景。

4）拟建项目的规模、产品方案和发展方向的技术经济比较和分析。

（3）资源、原材料、燃料及公用设施情况。

1）经过储量委员会正式批准的资源储量、品位、成分以及开采、利用条件的评述。

2）原料、辅助材料、燃料的种类、数量、来源和供应可能。

3）所需公用设施的数量、供应方式和供应条件。

（4）建厂条件和厂址方案。

1）建厂的地理位置、气象、水文、地质、地形条件和社会经济现状。

2）交通、运输及水、电、气的现状和发展趋势。

3）厂址比较与选择意见。

（5）设计方案。

1）项目的构成范围（指包括的主要单项工程）、技术来源和生产方法、主要技术工艺和设备选型方案的比较，引进技术、设备的来源国别，设备的国内外分交或与外商合作制造的设想。改扩建项目要说明对原有固定资产的利用情况。

2）全厂布置方案的初步选择和土建工程量计算。

3）公用辅助设施和厂内外交通运输方式的比较和初步选择。

（6）环境保护。调查环境现状，预测项目对环境的影响，提出环境保护和三废治理的初步方案。

（7）企业组织、劳动定员和人员培训（估算数）。

（8）实施进度的建议。

（9）投资估算和资金筹措。

1）主体工程和协作配套工程所需的投资。

2）生产流动资金的估算。

3）资金来源、筹措方式及贷款的偿付方式。

（10）社会及经济效果评价。

社会效果主要是从国家角度看，项目建设会给国家带来什么直接效益、给社会带来什么间接效益。经济效果主要是从项目本身出发的，考察建成后的获利能力、清偿能力及外汇效果等。

如果在“总论”里未做总的报告内容概述和结论，那么结尾处要写出研究者的评价结论，包括项目建设是否可行、选择哪种方案最好、还存在什么问题、作者的建议等，为下一步评估决策工作提供参考。

以上两种规范大体相同，主要适用于工业新建产品开发性项目。

（二）引进技术的微观可行性研究报告的主要内容

引进技术的微观可行性研究报告应包括以下内容：

（1）引进项目的技术水平（多少年代，设备的新旧情况）。

（2）合作方式（独资、合资）。

（3）使用货币种类、支付方式与时间。

（4）双方投资比例（固定资产及流动资产）。

（5）现有企业的规模（厂房、面积、工地、劳力）。

（6）生产品种与数量、利润、产品市场情况等。

（7）需要扩建或新建项目（厂房、设备等）。

（8）该产品的国内外潜在市场估计、补偿方式、补偿产品的选择。

（9）交通条件、能源预算。

（10）工人技术水平、管理人员分析。

（11）生产成本（水电费、人工费、厂房与设备折旧费）分析。

（12）各种税收、企业净利、外汇平衡问题，投资偿还年限。

（13）合同年限，办理公证等法律手续。

在做可行性研究时，还要做好厂商调研，包括技术成熟性、商业价格、是否属于专利、专利拥有者及专利有效期、技术所有国政府对转让该技术是否有限制等。通过外贸部门或咨询机构，弄清拟引进的国家厂商及前来合作厂商资信情况，以往与我国有无贸易往来及信用情况。在技术引进中，我们提倡“货比三家”。

上述引进项目的可行性研究内容，一方面与国内自建项目有所差异，另一方面又有不少相同的地方，因为它们都属于生产性建设项目。至于非生产性建设项目，如创建一个非生产物质产品的机构、企业进行体制改革、科学研究开发新课题、建立某种新的社会保障制度、学校试图改变学制或课程或教材等，都有做可行性研究的必要，且这些项目的可行性研究内容应当有别于生产性建设项目的可行性研究。总之，可行性研究报告的内容，应该根据项目的性质特点，有的放矢，既要全面完整，又要选准和突出重点。

四、可行性研究报告的格式和一般写法

通常可行性研究报告都是单独成册上报的。它的一般格式包括封面、摘要、目录、图表目录、术语表、前言、主体、结论和建议、参考文献、附件。这里主要介绍以下几项。

（一）封面

封面包括以下内容：项目的名称、编制单位名称、成文时间。

有的可行性研究报告还设有扉页（内封），扉页除上述内容外，还具体列出编制单位有关负责人和参加编制工作人员的职务（或分工）、姓名。

大中型项目因内容较多，其可行性研究报告还设目录页，提示报告的全部内容；篇幅小的报告就省去封面、扉页和目录，以标题开头，紧接正文。

有的可行性研究报告则在标题下正文前列出编制单位有关负责人和参加编制工作人员的职务、姓名。

（二）前言

可行性研究报告的前言，主要是为了使读者了解本报告的来龙去脉和主要内容，因此一般包括项目

的由来、目的、范围以及本项目的承担者和报告人，可行性研究的简况等，如【范文】第一段。

（三）主体

可行性研究报告的主体就是基本内容。它是结论和建议赖以产生的基础，要求以全面、系统的分析为主要方法，经济效益为核心，围绕影响项目的各种因素，运用大量的数据资料论证拟建项目是否可行，如【范文】的标题一至标题四，对选址情况、建设规模、经营范围及经营资金到经济效益等进行了可行性研究。

（四）结论和建议

当项目的可行性研究完成了所有系统的分析之后，应对整个可行性研究提出综合分析评价，指出优缺点和建议。

（五）附件

附件部分实质上是正文的论据材料，主要由有关文件、调查材料、图表等构成。按其作用大体可分为三类。

第一，证明项目合法性的材料。例如项目建议书的审批文件、主管机关对有关问题的审核意见等。

第二，证明研究工作“到位”的材料。例如厂址选择报告、资源储量报告、市场需求调查、设备询价情况等。

第三，证明推荐方案合理的材料。例如区域平面图、工艺流程图、初期投资费用表、资金筹措表等。

五、写可行性研究报告必须注意的问题

（1）严格的论证性。可行性研究报告是在工程建设前，从经济、技术、财务、市场销售等方面，对工程进行综合分析论证，并就法律、政策、环保以及对整个社会的影响，做出科学的论证与评价的书面表达形式。

（2）全面、系统的分析方法。围绕影响建设项目的各种因素进行全面、系统的分析，既要进行宏观的分析，又要进行微观的分析。有些工程，从局部看是有利的，从全局看是不合算的；反之，有些工程，从局部看不合算，从全局看是有利的；还有些项目经济效益好而社会效益差，也有些项目经济效益差而社会效益好，等等。所有这些，都必须做出全面系统的分析，要结合我国国情，对多种方案进行比较，选出最优方案。

（3）缜密的科学性。可行性研究报告不仅要阐明拟建项目在技术和经济上所依据的理论、原理，说明它的科学性，还要运用大量的数字、资料来论证拟建项目在技术上、经济上是否可行。在论证的过程中，须用介绍、分类、比较、图表、数字等说明方法。

【范文借鉴】

【范文】

关于筹建××加油站的可行性研究报告

××总公司领导：

遵照总公司指示精神，为了尽快在××市及其周边地区再新建一批比较现代化的加油站，以利发挥××公司石油经营的整体优势，进一步扩大成品油自销量，实现批零销售网点的良性循环，我公司特抽出精干力量组成专门班子，经过两个月时间的调研与考察，已初步选定××县××区××镇××村为新建加油站站址，筹建××加油站，为此做了如下可行性研究和效益论证，现报告如下：

一、选址情况

该站地处 A 地至 B 地的国道旁，是××省及××省通往××省运输的必经之路，汽车从 A 地开往 B 地，进入××市第一站是收费站，而收费站一过就是该站，往前走××米就是××加油站（现代化的大型加油站），再往前还有四五个大型加油站（如××加油站等）。据初步考察，途经这条国道的汽车流

量每天都在两万多辆（次）以上，如有 1%汽车在该站加油，每天就有两百多辆汽车需要加油，平均每辆车每天需要加油××升，那么一年要加油×万多升。

在××村建站还有其他一些有利条件：

1．经协商已达成购买一家个体户开办的旧加油站的协议，该加油站占地×亩，作价×万元（分期付款，直至新站建成开业止付清），价格合适。

2．合作方××村村委很有诚意合作，经双方协商一致，同意新征土地××亩，办理征地手续由该村协作并提供一切方便条件。

3．我公司与××村签订土地租用合同，每亩地年租金为×万元，承租期十五年，每五年按第一年的租用费递增 8%。从租金价格看，我方是比较合算的。××村还负责供电，我方只需每月据实交付电费。

4．××加油站距本公司××千米，运输成本低，我公司既可保证供应成品油，又能确保油罐车运输等。

二、建设规模构想

纵观近年来加油站经营状况，尽管××加油站所处地理位置优越，但市场竞争日趋激烈，实践证明中小型加油站是缺乏生命力的。要能同现代的大型加油站抗衡，我们必须要建造样式新颖、加油大厅宽敞明亮、电脑计量、车辆进出方便、经营品种齐全、配套服务周全的现代化的大型加油站，才能在激烈的市场竞争中站稳脚跟并处于不败之地。我们初步构想在×亩土地上建造一座加油楼（地上两层，地下一层），拥有××台加油站的加油大厅，附有汽车小修、副食品店、快餐店、洗手间、休息室、保管室等。这座楼长××米，宽××米，框架式建造结构，坚固而美观的篷布做屋顶。在加油大楼后面建造一座宽××米、长××米的办公楼，也为三层（地上两层，地下一层），润滑油经营部设在地上一楼。除办公室外，还设有保管室、休息室。预计投资总额为×××万元，初步预算如下：

1．收购旧加油站一个，价值××万元。

2．办理新征用土地××亩的手续费用×万元。

3．两栋三层楼房土建费用×××万元。

4．消防设施、防爆设施、油罐、加油机、水电安装等共计××万元。

投资的资金来源为向总公司申请拨款。

三、经营范围及经营资金运算

××站经营范围：经营汽油、柴油及××牌润滑油的销售，冲洗汽车，经营副食等；浴室、餐厅也可以附随着开设营业。以成品油销售为主营业务。

轻油计划设×个油罐（品种有 70#柴油、90#汽油，0#柴油等），计划储存量为×××吨。润滑油为听装销售。

预计经营成品油需要的流动资金××万元，由上级企业借用。油站每月按银行贷款利率计付贷款利息。

四、经济效益测算

（一）经济效益测算的依据

1．加油站按比较现实的预计，日平均销油量为 15 吨。

2．人工工资及福利费按××人计算。

3．固定资产按×××万元计算，使用期平均×年。

4．使用土地租金每年暂按×万元计算。

5．综合毛利率按××%计算。

6．销售税金及附加参照经济效益较好的××站的实绩计算。

7．经营费用、管理费用参照加油站的平均水平计算。

8．财务费用应计利息，按年息××%计算。

（二）效益测算表

1．商品销售收入××××万元（含税价）。

2．商品的销售成本××××万元（含税价）。

3．销售毛利××万元。

4．毛利率××%。

5．销售税金及附加××万元。

6．经营费用××万元。

（1）运杂费××万元。

（2）员工工资×××万元。

（3）福利费××万元。

（4）仓储保管费××万元。

（5）商品损耗××万元。

（6）其他费用××万元。

7．管理费用××万元。

（1）折旧费××万元。

（2）修理费××万元。

（3）土地租用费××万元。

（4）业务招待费××万元。

（5）水电费××万元。

（6）低值易耗品摊销××万元。

（7）其他费用××万元。

8．财务费用××万元。

9．本年计划利润××万元。

（三）投资回报率为××%

（四）投资回收期×年

如果××站每天平均销油量达到××吨，即如果较计划多销×吨，一年则可多销××吨，按每吨毛利××元计算，可增加利润××万元（假定费用不变，则净增利润××万元），那么，投资回收期只需×年。如果××站日平均销油量达到××吨，则两年半就可收回全部投资。

（五）即便投资回收期为×年，我们认为效益仍是显著的，因为：

1．该加油站可为本公司分流富余人员××人，这本是效益；

2．多开辟一个零售渠道，为总公司一年多销××吨油，如果××站日平均销量能达到××吨，一年就可销油××吨，相当于××年前总公司销油量的总和。

（六）在效益测算中，有的费用打得偏紧（如员工工资及福利费、修理费、业务招待费、其他费用等），但有些收入可予以弥补，如全年销售润滑油收入预算××万元左右（以每日销××××升，一年××吨，每吨赢利××元计算）。此外，油站办的附属经营的业务，如汽车小修、餐厅、浴室、便民商店收入，可以达到以副养副的目的。

以上报告，供领导决策时参考。

××分公司（盖章）

20××年×月××日

【病例评析】

【病例】

金盛商厦可行性研究报告

金盛商厦位于××国道旁××市商业黄金地段，地处××市人民南路人民桥东100米，东临我省最大的批发市场正门（本市场为全国较大的50个市场之一，每天进出正门的商家和购物者有百万人以上，其正门临街商铺售价已高达12000元/平方米）；西临我省最大的电器市场正门（每天进出其正门的商家与购物者有 50 万人以上）；南靠南新市场与旺发市场；北对中山东路街面。“金盛商厦”东西 500 米街面是××市也是我省贸易交易量最大、成交额最高的黄金地段。

由于此地段东临批发市场，西临电器市场正门，故购物者与经营者众多。但相关的配套设施却极不完善，比如说餐饮，首先这里只有几家规模不大的饮食店，满足不了更多人的口味，许多人到了那里想吃饭时，却因没有合适的选择而饿着肚子。因此，开发麦当劳、金鼎牛肉面等不同档次的快餐、排档等服务可以适合不同群体；同时，这里娱乐休闲设施几乎为零，如开发娱乐休闲于一体的综合超市、文化超市（图书超市、集邮超市、通信超市、娱乐场所、品牌超市、高科技硅谷城）等。此方案随着××市开发的重点投入及批发市场规模的不断扩展，将会给投资者带来巨大的经济效益和社会影响。

【评析】

这篇可行性研究报告应该是一篇投资项目的研究报告，但只有地理位置、社会需求的分析，还缺乏大部分的内容（参见本节“四、可行性研究报告的格式和一般写法”部分）。投资项目中许多因素（例如成本、利润、风险分析）都要经过科学的研究，绝不是想当然的。这篇文章更像是一篇招商启事，而非可行性研究报告。

【项目 5】审计报告的写作

【能力目标】

1. 能熟练掌握审计报告的分析方法和写作技能。
2. 能够写出格式规范、结构完整、数据确凿、分析到位、表述严谨的审计报告。

【知识目标】

1. 了解审计报告的适用范围。
2. 了解审计报告的特点、种类和结构要求。
3. 掌握审计报告的格式和一般写法。

【工作情景】

审计资料

（一）标题：审计报告。

（二）被审计单位：莱芜钢铁股份有限公司全体股东。

（三）审计范围：

1. 2018 年 12 月 31 日的资产负债表和合资资产负债表。
2. 2018 年度利润表与合并利润表。
3. 2018 年度利润分配表与合并利润分配表。
4. 2018 年度现金流量表与合并现金流量表。

（四）会计责任与审计责任：对会计报表发表审计意见。

（五）审计依据：依据《中国注册会计师独立审计准则》。

（六）已实施的主要审计程序：实施了包括抽查会计记录等认为必要的审计程序。

（七）审计意见：

1. 会计报表符合企业会计准则和《股份有限公司会计制度》的有关规定。

2. 会计报表在所有重大方面公允地反映了莱芜钢铁股份有限公司 2018 年 12 月 31 日资产负债表的财务状况及 2018 年度的经营成果和 2018 年度的现金流量情况。

3. 会计处理方法的选用符合一贯性原则。

审计单位：山东乾聚有限责任会计师事务所（盖章）。

地点：中国·烟台。

审计人员：中国注册会计师刘××；中国注册会计师张××。

审计时间：2019 年 1 月 16 日。

讨论：参考本项目【范文 2】的写法，把上面材料整理成一份格式和写法规范的财务收支审计报告。（学生在老师指导下完成。）

【必需知识】

一、审计报告的概念

审计报告是审计人员根据审计任务的完成情况和审计结果，向授权者和委托者提出的书面报告。

二、审计报告的特点

（1）真实性。审计报告应如实反映审计的范围、审计的依据、实施的审计程序和应发表的审计意见。

（2）合法性。审计报告的编写必须符合《中华人民共和国审计法》《中华人民共和国注册会计师法》，以及审计准则的有关规定。

三、审计报告的作用

（1）公正地对被审计单位的会计报告或其他经济资料进行审核后写成报告来证实其真实、合法，以取信于授权者和社会。

（2）为审计机关作出决定提供依据。审计机关必须根据审计报告所反映的问题对被审计单位作出最后结论。

（3）全面总结审计过程和审计结果。

（4）对被审计单位起促进作用。

四、制定审计报告的法律依据

（1）《中华人民共和国审计法》。审计报告必须依照《中华人民共和国审计法》的规定，用规范形式表现出来。

（2）《审计署关于在全国实行统一审计文书格式的通知》。该通知对审计报告基本格式和基本用语进行了规定。

（3）《独立审计具体准则第 7 号——审计报告》。该报告对审计报告的内容和审计意见类型进行了规定。

五、审计报告的种类

（1）按内容分有：经济效益审计报告，如【范文 1】；财经法纪审计报告，如【范文 3】；财务收支审计报告，如【范文 2】。

（2）按审计报告的编写主体分有：内部审计报告，如【范文 2】；外部审计报告，如【范文 1】和【范文 3】。

（3）按审计报告的详略程度分有：简式审计报告，如【范文 2】；详式审计报告，如【范文 1】和【范文 3】。

六、审计报告的写作步骤

1. 整理和分析工作底稿

整理和分析工作底稿，一是要抓住关键的部分，舍去无关要紧的资料；二是要选择具有代表性的材料。

2. 核实有关资料

对选取的资料进行核实查对，需要核实的资料有引用的事实、数字、法规、引文、专用名词等。

3. 拟写提纲

拟写审计报告的提纲时要注意：根据内容多少来安排条目，细一点为好；观点与材料要一致；把主要问题放在显眼的位置，或用小标题标出，或放在段首第一句话。

4. 起草审计报告初稿

初稿写成后，须经审计组讨论修改；修改后还要经过审计组所在机构负责人审查。

5. 征求被审计单位意见

一是口头征求被审计单位意见，对于对方提出的意见，凡属正确、合理的部分，应该接受，并在审计报告中修改；二是书面征求被审计单位意见。

七、审计报告的格式与一般写法

（一）审计报告的格式

审计报告的结构通常由标题、称呼、导言、正文和落款五部分组成。

（二）审计报告的写法

1. 标题的写法

（1）审计单位名称＋关于＋被审计单位名称＋事由＋文种，如《××市审计局关于××化学品厂财务状况的审计报告》。

（2）关于＋被审计单位名称＋事由＋文种，如《关于对××县罐头厂全面审计的报告》。

（3）审计单位名称＋文种，如《××审计局审计报告》。

（4）只写“审计报告”，如【范文 2】。

2. 称呼的写法

（1）写明递交对象的单位名称：有时是被审计单位名称，有时是被审计单位董事会，有时是审计单位股东，有时是审计局。

（2）标题下一行顶格写起，后跟冒号，跟书信的称呼位置一样。

3. 导言的写法

导言应写明三项内容（必须高度概括）：一是审计的时间、依据、对象、范围、目的等；二是被审计单位的基本情况，包括规模、经营的主要业务、财产资金情况、主要经济指标等；三是审计结果，包括发现哪些主要问题、金额多少、主要评价等。

4. 正文的写法

正文部分包括下面三项内容：一是发现的主要问题；二是评价；三是处理意见或建议。

（1）发现的主要问题包括正反两方面的问题，正面的指成绩、经验，反面的指错误、弊端。注意，要实实在在，不能有水分，材料要充分，证据要确凿。

（2）评价。评价是对被审计单位的财务、经济活动作出结论性评语。评语的写法有以下两种：

1）肯定性评语：认定被审计单位工作符合要求；经营管理较健全；经济效益较好；没有违反国家的政策和有关规章制度。

2）否定性评语：经营管理不善；经济效益很差；违反国家政策；违反有关规章制度。

注意，不管是肯定性评语还是否定性评语，都必须以事实和数据为依据；评价的字数不多，但分量很重，所以必须严肃认真；评价部分的表述方法主要是议论。

（3）处理意见和建议。处理意见是根据问题的性质、情节和原因等得出的，应具体问题具体分析；既要坚持原则，又要灵活掌握。对明知故犯的问题应严肃处理，对经验不足而出现的问题应帮助其总结经验教训，二者必须区别对待。建议是针对存在问题来写的。或建议其推广取得的经验，或建议改进工作方法以防止错误再次出现；写建议要有针对性，并注意其可行性。

5. 落款的写法

落款处应写明：

（1）审计单位名称和简要地址，如“××市审计局（中国·武汉）”“××会计事务有限公司（中国上海　××路××号）”等。

（2）审计人员名称，如“中国注册会计师　×××”。

（3）审计时间（年月日俱全）。

（4）审计单位名称和地址写在正文下一行左边，审计人员签名在正文下一行右边，审计时间在审计人员姓名下面。

八、写审计报告必须注意的问题

（1）既要庄重严肃，又要平和委婉。词句要庄重严肃，态度要平和委婉，评价要恰如其分。

（2）言简意赅。一要通俗易懂；二要简明扼要；三要确切明白，不能模棱两可。

（3）立场公正，评价客观。一是要保持冷静客观的态度；二是要以事实为依据，以法律、制度为准绳；三是要一分为二看问题。

（4）提供的资料要真实准确。不能道听途说，不能主观想象，妄自猜测。

（5）写建议时要注意针对性，不能空洞说教。

（6）用语规范准确。判断词要慎用；数量词要准确；避免使用“他”“他们”这类人称代词，一般使用具体人名或具体单位名称。

【范文借鉴】

【范文 1】

××市审计局
关于对海光卷烟厂经济效益审计的报告

局领导：

根据市审字〔20××〕2 号文件《关于对本市长期亏损国有企业开展经济效益审计的通知》精神，我们组成了审计小组，于 20××年 4 月 10 日至 4 月 30 日对海光卷烟厂长期亏损进行了经济效益审计。通过对该厂 8 年亏损 286 万元的分析，审查了该厂 8 年有关会计资料及近几年有关的经营活动，找出了亏损的主要原因，现将审查结果报告如下：

一、基本情况

海光卷烟厂于 20××年建成投产，当时全厂职工 352 人，固定资产原值 458 万元，年生产能力 5 万箱。投产第四年，本市海光造纸厂停产下马，有 386 名职工并入该厂。该厂从投产至此，每年盈利。从第六年起，连续三年亏损，亏损额分别为 78 万元、153 万元、286 万元。2004 年末，全厂职工人数 845 人、固定资产原值 692 万元、年产量 18 590 箱，人均劳动生产率仅 22 箱，比同年全国平均水平低 104 箱。

二、亏损的主要原因

（一）产品质量差，在市场上缺乏竞争力

1. 设备落后

该厂 25 台卷烟机，有 15 台属淘汰设备，卷出的烟粗细不匀，刀口不齐。接嘴机经常出现故障，废品率高，损耗大。包装机质量差，包出的烟常常开包、短支或互相粘连。这些都使顾客不愿购买，商店不愿经销。

2．职工素质差，责任心不强

该厂有半数以上职工系从造纸厂或靠其他关系转来，技术不熟练。一些职工责任心也不强，加料不均匀，造成产品质量差，废品率高，产品滞销。

（二）管理混乱，损失严重

1．仓库管理混乱

材料收发凭经验计量，也不实行定期盘点。20××年烟叶盘亏460担，价值95800元。烟叶保管不善，不按先进先出的原则发料。20××年有850担烟叶因霉变而报损，价值177000元。

2．无岗位责任制

不考核消耗定额，超耗不罚，节约不奖，材料浪费严重。20××年每箱烟叶消耗达65千克，比全国先进水平每箱多耗10千克之多。

（三）不顾生产条件，盲目经营

1．不顾设备、技术条件，盲目生产甲级烟；用一级烟叶只能生产出乙级产品，不仅每箱售价要低288元，而且每箱成本比计划高32元，这两项共造成损失约32万元。

2．20××年，采购人员不顾本厂生产状况，一下子从云南购入烟叶5 800担，价值104万元。由于生产任务不足，产品积压，始终无力偿还贷款，每年仅支付利息11余万元。

（四）人员过多，费用大，效益差

该厂现有职工845人，每年职工工资和福利支出约600万元。如按现有生产能力8万箱，全国平均水平126箱/人年计算，只需635人，可减少210人，这样每年可减少工资和福利支出约150万元。

人员多也难以管理，窝工、互相掣肘的现象经常发生，影响了效益的提高。

（五）企业领导班子变动频繁，指挥不力

从20××年至20××年的五年间，企业领导班子变动频繁，主要领导人就已换了七次，这样就使企业的经营方针不能得到统一，良好的经营决策不能得到贯彻执行，客观上导致了人心涣散。

三、建议和措施

从以上分析可以看出，海光卷烟厂存在的问题是严重的。为此，我们提出以下建议：

第一，改造和更新落后的技术设备，提高产品合格率。

第二，加强职工技能培训，抽出一部分职工定期轮训，提高技术水平。同时，加强政治思想教育，树立主人翁意识。

第三，改进产品包装，力求新颖别致。

第四，加强企业管理，特别要加强材料管理。材料收发要认真计量，定期盘点，严格执行材料消耗考核制度，降低原材料消耗水平。

第五，把立足点从生产型转到生产经营型上来，根据企业的实际情况从事生产经营活动。

第六，广开门路，采取多种形式，如组织劳动服务队，成立加工组、修配组，退休、调出等，充分利用或减裁多余人员。同时，要建立一个相对稳定的、有胆有识的领导班子。

我们认为，如果该企业在本年度仍不能扭转亏损局面，建议有关部门考虑关闭该卷烟厂。

附：海光卷烟厂8年主要经济指标对比表（略）

××市审计局工交处（盖章）

20××年×月×日

【范文2】

审计报告

山东潍坊海龙股份有限公司全体股东：

我们接受委托，审计了山东潍坊海龙股份有限公司2017年12月31日的资产负债表、2017年1月至12月的利润表、利润分配表，2017年度的现金流量表。这些报表由贵公司负责，我们的责任是对这些会计报表发表审计意见。我们的审计是依据中国注册会计师独立审计准则进行的。在审计过程中，我们结合贵公司实际情况，实施了包括抽查会计记录等我们认为必要的审计程序。

我们认为，上述会计报表符合企业会计准则和股份有限公司会计制度的有关规定，在所有重大方面公允地反映了贵公司2017年12月31日的财务状况及2017年1月至12月的经营成果和2017年度的现金流量情况，会计处理方法的选用遵循了一贯性原则。

湖北大信会计师事务有限公司　　　　中国注册会计师：胡咏华

中国·武汉　　　　中国注册会计师：韦仕荡

2018年2月2日

【范文3】

关于对宁波杉杉股份有限公司前次募集资金使用情况的专项报告

宁波杉杉股份有限公司董事会：

我们接受委托，对贵公司前次募集资金截至2017年12月31日的使用情况进行了专项审核。贵公司董事会的责任是提供真实、合法和完整的原始书面材料以及其他证据。我们的责任是对这些材料和证据发表审核意见。我们的审核是根据中国注册会计师独立审计准则和中国证券监督管理委员会《关于上市公司配股工作有关问题的通知》的要求进行的。在审核过程中，我们结合贵公司的具体情况实施了包括调查、取证等我们认为必要的审核程序。

一、前次募集资金的数额和资金到位时间

……

二、前次募集资金的实际使用情况

（一）配股说明书承诺的募集资金计划使用情况

……

三、前次募集资金的实际使用情况

……

综上，截至2017年12月31日，前次募集资金人民币13312.74万元已全部投入使用，超支部分由贵公司自有资金解决。

四、审计结论

经审核，贵公司前次募集资金的实际投入使用额为人民币13312.74万元，与此次申报材料中贵公司董事会《关于前次募集资金使用情况的说明》及贵公司2017年4月18日公报披露相符。

本报告仅供贵公司为本次配股之目的使用，不得用作任何其他目的。本公司同意将本专项报告作为贵公司申请配股所必备的文件，随其他申报材料一起上报，并对本专项报告依法承担相应的责任。

大华会计师事务所有限公司　　　　中国注册会计师　徐逸星　朱鸣里

中国　上海　昆山路146号　　　　2018年2月2日

【病例评析】

【病例】

××市审计局关于××油泵油嘴厂的审计报告

根据上级部署，我们××市审计局组成六人审计小组，于2019年11月8日至11月30日对××油泵油嘴厂2018年度及2019年1月至10月的情况进行了就地审计，现将情况汇报如下：

一、企业概况

（略）

二、查处问题

经审计共查处有问题的资金 526035.68 元，其中 2019 年有问题资金为 32400.13 元。由两大项组成：

1．漏缴奖金税 11794.30 元。

该厂全年发放奖金总额为 262649.39 元，全厂月标准工资为 62400 元，适应 4 月至 5 月的档次，按奖金税计算公式得 262649.39×33%-1.2×62400=11794.30（元）。

2．多摊费用 20605.83 元。

（1）保险公司给予企业的优待费 1807.83 元，该厂列入了“奖金基金”。

（2）奖金列入成本 18798 元。该厂发奖金时，以加班费的名义列入成本 18798 元。

2018 年有问题资金为 493635.55 元，由四项组成：

（1）多摊成本及费用 92428 元。

（2）应作收入或冲减费用的 7357.18 元。

（3）多提职工福利基金 2397.43 元。

（4）待处理财产盘盈 391452.94 元。

三、几点建议

1．今后要加强成本的管理，使之账账相符、账实相符。每年要清理核对一次往来账，以免造成悬案。

2．要按照会计制度要求，搞好月、季、年结，要正确使用“发出商品科目”。

财务科要在厂领导的支持下发挥职能作用，监督和控制其他经济部门。

（盖章）

2019 年 12 月 27 日

【评析】

（1）主旨不够明确。该文审计的主要问题是什么？不清楚。在前言部分指出审计的范围是财物收支，但在主体部分中只谈资金费用方面的问题，而没有涉及物（产品、成品）的问题。

（2）罗列数据，缺乏分析。例如审计出 2018 年有问题资金为 49 万余元，分为四种情况，对每种情况产生的原因、违反的规定，本应作简要的分析，但该文只是罗列，没有分析、揭示原因。

（3）没有处理意见。在查出了财务收支的问题后，应根据规定，提出处理意见。

【技能实训题库】

一、分析题

（一）分析下面的调查报告，说明其所属的调查报告类型和主体部分采用的结构形式。

缺乏金融知识花钱大手大脚

——沪上逾九成青少年不会理财

一家调查公司近日进行的一项“中国沿海地区中学生社会文化特征研究”调查显示：每个中学生每年得到的零用钱约为 887. 86 元人民币，零食和文化用品（包括文具、课外书报、参考书、磁带和 VCD）是他们的主要消费方向，37. 1%的中学生在零食上花钱最多，但很少考虑参与储蓄和家庭投资。

孩子们是怎么花这笔钱的？我们对此进行调查时，发现上海 92. 8%的青少年存在乱消费、高消费、理财能力差的问题，具体表现为花钱大手大脚、盲目攀比，消费呈成人化趋势；93%的学生缺乏现代城市生活经常触及的基本经济、金融常识，不清楚自动取款机、银行信用卡的服务功能。另外，虽然不少孩子在银行有独立的户头，但大多由父母直接管理，孩子们对存钱取钱、银行利息计算等没有感性认识。

据了解，上海的中小学生已经开始注意到青少年理财教育的重要性。现在小学思想品德课和社会性课程的教材中已设置了“不乱花钱”“商店购物”“储蓄和保险”等内容；中学高二年级则集中对学生进行有关社会主义市场经济常识的教育，其内容涉及“生活消费与消费文明”“国民财富和纳税意识”等，另外还介绍了一些银行、债券、股票的知识。但是，根据学生年龄特点设置的系统的中小学理财教育还没有形成，受传统的“不言商”思想影响，大多数学校和家庭对青少年理财教育还很陌生。

建议：从小学三年级起开设理财知识课程，普及一些基本的消费知识以及证券、保险等金融知识；还可以建立中小学理财教育基地，组织学生到银行、证券机构参观；另外，应该组织专家学者编写深入浅出的教材。

上海团市委学校部
2018 年 9 月 12 日

（二）下面是一例国家审计（审计机关所进行的审计）报告。读例文后请根据内容在括号内填入被删去的小标题，使之层次清楚。

关于××市钢管厂 2018 年度财务收支的审计报告

××市审计局：

根据省审计局《关于对大中型企业实行经常性审计的通知》精神和我局今年的审计计划，我们从 2019 年 1 月 10 日至 25 日对××市钢管厂 2018 年度财务收支的真实性、合规性、合法性，并结合 2018 年度承包经营合同规定的几项主要经济指标的完成情况，进行了就地审计。现将审计情况报告如下：

一、(　　　　　　　　　　)

该厂隶属市机械工业局，是以生产各种规格的焊管和镀锌管为主的中型企业，现有职工 1283 人。该厂下设 4 个车间和一个经济独立核算的综合厂。……

二、(　　　　　　　　　　)

（一）2018 年 10 月，企业将流动资金贷款逾期罚息 15 万元，随同正常贷款利息一起进入企业管理费，违反了相关成本管理规定的精神，确属挤占成本。根据《×××关于违反财政法规处罚的暂行规定》（20××年 6 月 16 日发布）第六条规定，应处以违纪额 15 万元 20%的罚款，罚款金额为 3 万元，需如期上缴地方财政。

（二）略

（三）略

三、(　　　　　　　　　　)

通过对该厂 2018 年度财务收支的审计，总的认为该厂的改革在深入，形势比较好。2018 年该厂实行了全员风险抵押基金制度，使企业兴衰与职工利益紧密联系在一起，并推行了全员承包责任制，调动了全厂干部和职工的积极性，克服了市场疲软、原材料涨价的种种困难，超额完成了 2018 年度承包经营合同规定的各项经济指标。反映了该厂领导、职工改革意识强，经营管理基础较好。但企业经营思想还不够端正，存在“留后手”的思想，对有的财政法规执行得还不够认真，存在乱挤成本的问题，导致企业当年利润不够真实。

四、(　　　　　　　　　　)

（一）企业领导应进一步端正经营思想，克服“短期行为”，正确处理好国家、企业和职工三者利益之间的关系。

（二）该厂财务人员业务素质较高，5 名财会人员都具有大专以上学历其中高级会计师 1 名、会计师 2 名。但是，从该厂查出的违纪问题看，不是因为财会人员业务素质差或由于政策、法规不清所造成的，而是财会人员的明知故犯。因此，建议厂领导要加强对财会人员的教育和管理，提高他们认真执行财政法规的自觉性，如今后再发生类似地违纪问题，将严肃处理。

附录：证明材料（略）

审计组组长：×××（签字）
审计组员：××× ×××（签字）
2019 年 1 月 30 日

二、修改题

（一）修改下面这份调查报告的前言。

南边水泥厂是如何起飞的

我们学院暑期布置学生进行社会调查，并写成调查报告。我认为这很有意义，它可以使学生走出校门，接触社会，了解社会，增长知识，增长才干，获得课本上学不到的知识，可以锻炼写作能力，真是一举多得！于是我利用假期休息时间，到颇有名气的××县南边水泥厂进行社会调查。这是一间建厂只有三年多的乡镇企业。那天，骄阳似火，烈日当空，远远就听到隆隆的机器声。到了水泥厂，首先映入眼帘的是烟囱高耸，浓烟直上云霄，地面岩石一堆堆，煤炭像上岗，车来人往，尘土满天飞扬，河岸上人们肩扛一袋袋水泥，快步疾走，往船上装运，他们汗流浃背，正干得热火朝天。目睹此情此景，我不禁要大声赞美那些忘我劳动的工人们！

（二）修改下面的病文，将之改成内容完整、写法规范的经济活动分析报告。

××超级市场 2019 年第三季度经济活动情况分析 金额单位：万元

项目	计划数	完成数	上季度完成数	增减数	增减百分比
销售总额	205.00	214.00	199.00	+15.00	+7.5%
税金	61.50	68.48	55.72	—	—
成本	120.40	120.00	122.00	-2.00	-1.64%
利润	23.10	25.52	22.28	+3.24	+14.54%
银行存款		204.10	189.40	+14.70	+7.70%

1．销售状况分析

本季度制订了 205 万元的销售总额。由于本季度正值盛夏，一些夏令用品特别畅销，因此销售总额直线上升，已经超额完成销售总额计划。全季度共完成 214.00 万元的销售总额，比上季度增加 15.00 万元，增长率达到 7.5%。另外本季度我店进行了广泛的市场调查，摸准销售行情，并开展有奖销售及各种促销活动，使销售额直线上升。

2．成本分析

本季度由于我店采购人员的多方努力，争取各种货源，并从原地进货，所以适当降低了销售成本。本季度，我们开展"节约为商店"的活动，减少商品的损坏，节约水煤等，所以本季度成本比计划数降低 0.40 元，比上季度降低 2.00 万元。

3．利润分析

由于本季度提高了销售额、降低了销售成本，因此利润大大提高，本季度共实现利润 25.52 万元，比计划提高 2.42 万元，比上季度提高 3.24 万元，增长 14.54%。

4．银行存款

由于利润增加，银行存款也相应增加，到本季度末，共有银行存款 204.10 万元，比上季度又增加了 14.70 万元。

总的来说，本季度的经济形势是好的， 有利于今后更好地开展销售活动。

三、写作题

（一）请根据大学生的业余生活情况，或就业情况，或消费情况等，拟订一份调查报告提纲。

（二）根据市场预测报告的要求，修改【病例分析】的病文，写出一份正确规范的预测报告。

（三）选一种你喜欢的产品，试着进行市场调查、预测，然后写一份产品销售市场预测报告。

（四）通过上网查询和实地调查等方法，掌握当地旅游资源开发与利用情况，然后就当地旅游业开展状况拟写一份经济活动分析报告。

（五）根据你的所知所闻所看，想想在什么地方可以创业，如开店（水果店、书吧等）、贸易、生产等，然后进行市场调研，试着写一份可行性研究报告。

模块七　信息类文书

【项目 1】广告文案的写作

【能力目标】

1. 能熟练掌握广告文案的写作技能。
2. 能够根据具体情况写出内容符合实际、文字简短清楚的广告文案。

【知识目标】

1. 了解广告的概念、特点、种类。
2. 掌握广告文案的概念和写作要求。
3. 掌握广告文案的结构和一般写法。

【工作情景】

××汽车博览中心位于具有“小香港”之称的东莞市樟木头镇，是东莞市樟木头镇的重点工程之一，是集汽车销售、汽车展览以及其附属行业于一体的现代化汽车交易市场。该汽车博览中心交通便利，地理位置十分优越。

讨论：请你为该汽车博览中心写一份广告文案。（学生在老师指导下试写这份广告文案。）

【必需知识】

一、什么是广告？

广告，是利用传播媒介向大众或特定人群传播信息情报的一种活动。

广义的广告包括经济广告和非经济广告。经济广告又称商业广告，它是把由广告客户付出一定代价的商业信息（商品、劳务或观念信息），运用一定的广告策略，通过各种媒介进行传播，使消费者产生兴趣和购买动机，从而有所行动，以促进销售、达到盈利目的的一种有偿的经济活动。非经济广告也称非商业广告，例如声明、启事、海报、消息、布告、通告及公益广告等，非经济广告可以由政府、团体、个人发布，包含的范围相当广泛。

狭义的广告单指经济广告，即商业广告，它是由工农商等经济部门的集团、厂家或个人所做的广告，旨在促进商品或劳务销售。我们这里讲的是狭义的广告。

商业广告具有信息性、艺术性、说服性、指导性、投资性的特点。

二、广告的种类

广告的种类很多，根据广告所依赖的媒介的传播方式，可分为印刷品广告和电子广告。根据媒介的受众数量，广告可分为大众媒介广告和小众媒介广告。大众传播媒介，主要是指报纸、杂志、广播、电视四种传统媒介，现在还应该加上网络广告，在现代广告活动中，它们的运用最为广泛，影响最为深远，受众的欢迎程度也最高，是目前最主要的广告媒介。小众传播媒介，是指传播范围较小、受众较少的媒介，如户外广告、直接邮寄广告、销售现场广告、交通广告等，是对大众传播媒介的配合和补充。广告按文体，可分为说明体广告和文艺体广告等。

三、广告文案

广告文案也称“广告文”，现代普遍称“广告文案”，是指已经完成的广告作品中全部的语言文字部分，有的广告十分简单，如个别户外广告和交通广告，是不需要文案的。需要广告文案的，有印刷广告、影视广告和广播广告等。广告类型不一样，广告文案的写法不同，写作要求也不一样。

四、广告文案的格式和一般写法

广告文案因广告媒介和宣传内容的需要而不同，没有固定统一的结构形式，也没有固定的写作方法。印刷媒介的文案最能体现广告文案结构的完整性，包括标语、标题、正文、随文四部分。在电视与广播广告文案中标题常常省略，标语、正文与画面或音响配合，随文则常以字幕或语言形式出现；单纯用广告标语，或标题、标语与正文合一的多见于灯箱、标牌、交通广告。

（一）标语

标语是为了改变或强化消费者观念和行为而反复、长期使用的口号性语句，又称广告语、口号等，其实质就是广告的主题。准确地说，标语是主题的艺术化、口语化。

标语的提炼在广告文案的写作中最为重要，它作为主导思想贯穿全文，指导全文。只有一两句话，却是广告的心脏。在文案的写作中，标语的位置应把握好，它可以出现在标题中，也可以在开头、中间或结尾的位置，甚至可以独立成行。

标语的一般写法有：口语法，如“味道好极了”；排比法，如“省优，部优，葛优”；夸张法，如“今年 20，明年 18”；对偶法，如“苦苦的追求，甜甜的享受”；顶针法，如“车到山前必有路，有路就有丰田车”；谐音法，如“咳（刻）不容缓”；仿词法，如“一唱‘喔喔’天下白”；比喻法，如“像妈妈的手一样温暖”；双关法，如“头等生意，顶上生涯”；提问法，如“谁让我心动”；回环法，如“万家乐，乐万家”；演化法，如“欲穷千里目，常饮‘视力健’”；重叠法，如“潇潇洒洒特丽雅，漂漂亮亮伴一生”；押韵法，如“汽车要加油，我要喝红牛”。

标语的写作要求有：一是短促有力。按照记忆规律，“7+2”字最理想，好念，好记，有鼓动力，有积极建议。二是有艺术性。运用各种修辞手法，有诗味和音乐性。三是通俗亲切，口语化。

（二）标题

标题就是广告文案的题目，它是文案的“眼睛”。有的反映广告的主题内容，本身就是标语；有的反映主题的商品名称或语句。常用的广告标题有以下两种：

（1）直接标题。直接诉求，表明主题和广告内容的好处，如“中华牌牙膏”“九月份新片预告”等分类广告。

（2）间接标题。广告不直接点明广告主旨，而用耐人寻味的词句来诱人转读正文或看广告图片，如“自 12 月 23 日起，大西洋将缩短 20%”（国外某航空公司）。

标题的写作要求：突出主题、简明精练、醒目诱人、新颖独创。

广告标题与标语的区别：一是广告标题只是广告文案的题目，用以引起注意，便于制作广告；而标语则建立一种观念，强调印象，指导消费行为。二是广告标题可以是一句话，也可以是一个词或词组；而标语必须是一句话。三是广告标题都在文案中出现，随着商品名称的不同，它还可以变化；而标语在同一商品系列广告中长期、反复使用，力求固定不变。四是广告标题重在吸引人的注意；而标语重在鼓动性、号召性，往往落实到长期的印象和行为的劝导影响上。五是广告标题在文案的前面；而标语的位置十分灵活，甚至可以单独使用。

（三）正文

正文是广告文案的中心部分，即除标语、标题、随文以外的说明文字。它是广告的主旨和主要内容，一般包括三方面内容：

（1）交代广告主办单位和商品或劳务的名称，场地、商标、规格、型号、性能、特点、功用、售价、使用和保养方法以及经营范围和经营项目等。

（2）交代收购和出售的方式、时间、地点、接洽方式等。

（3）交代对用户所负的责任，如实行“三包”、售后服务等。

正文的写法，常用的有陈述式、证明式、问答式、目录式、幽默式、描绘式等。陈述式就是用平直的语言，简明扼要地介绍产品的名称、用途、规格、价格等，这种写法最常用。证明式就是借助政府或有关技术鉴定部门对本产品的鉴定评价，来宣传本产品的优点，使消费者产生“信得过”的心理，如“山西杏花村汾酒连续被评为全国名酒之一，曾获得国家金质奖，畅销 40 多个国家”等。问答式就是运用设问的形式，一问一答，激发顾客的好奇心和求知欲，有较强的吸引力，如“味道怎么样？味道好极了”（咖啡广告）。目录式就是用罗列篇目的形式进行介绍，一般用于对期刊的征订宣传、电视节目预告等，其优点是条理清楚、一目了然。幽默式就是利用相声、故事、诗歌等形式，用风趣幽默的语言来做广告，达到引人入胜、加强读者或听众记忆的效果。描绘式就是用形象生动的语言描绘产品的主要特征，让人一看就有画面感，如果加上可视画面，更能加强顾客的印象。

（四）随文

随文是文案的最后部分，其主要作用是说明联系或者购买的方式。随文一般要说明品牌、商标、单位名称、地址、电话、厂长姓名、联系人、售后服务等，起购买指南的作用，要求准确、易记，如【范文 1】。

五、广告文案的写作要求

广告文案的文体是说明文，但它往往采用艺术手法来说明，常常运用各种修辞法，而且多用口语，带有浓郁的感情色彩。广告文案的写作要求与广告一样，要遵循合法性、真实性、简明性、针对性、艺术性相结合的原则。

（1）合法性原则。广告写作首先要符合法律法规的要求，我国的《中华人民共和国广告法》《广告管理条例》等，都对广告有一定的约束和规范作用，在广告制作时要严格遵守。

（2）真实性原则。广告的真实性，主要是指它所传递的商品或劳务的信息是真实的，它的文稿内容要求不伪造、不欺骗，但允许一定限度的艺术渲染和艺术夸张。广告的真实性，是广告的生命力所在，是广告的最重要原则。

（3）简明性原则。一般广告文案都在 500 字以下。一是广告文案由于受到传播媒介的限制，必须从众多的宣传信息中选取最能突出表现商品、劳务特殊个性的核心内容来作为重点，这就是广告的诉求重点。二是广告语言必须简明、通俗、易于阅读。

（4）针对性原则。针对性原则就是要抓准顾客的消费心理需求。消费者的兴趣、需要、动机、情感、态度等心理因素，对消费者的选择有很大影响。要善于根据不同地区、不同消费对象、不同消费文化的特点，制作广告文案，做到有的放矢。

（5）艺术性原则。广告的语言文字除简明外，还要有感染力，具有艺术性。在广告制作时，人们采用各种艺术手法，使广告富于生活化、口语化、情感化，这样才能在最短的时间内引起消费者的注意，对消费者产生暗示作用。

【范文借鉴】

【范文 1】（文章式广告词）

现代化的学习工具、高考竞争者的得力助手
全国第一家研制生产
GZ-A 型多功能记忆学习器

河北省献县冀中电子仪器厂研制生产的“多功能记忆学习器”，经中华人民共和国电子工业部产品质量监督检验中心鉴定，产品质量合格，该机性能技术指标符合国家标准，定为国内首创产品。

该厂生产的“多功能记忆学习器”，是将电学与大脑生理学原理相结合，通过“视觉—读者—刺激大脑的知觉神经—记忆中枢”这个原理研制而成的，与其他类似产品的原理截然不同。该产品投放市场后，得到了全国各地广大用户的一致好评。调查反馈表明，该产品适合在学习各种科目时使用，尤其是适用于学习外语、记忆数学公式和物理化学原理。该产品能够有效增强记忆，提高使用者的学习成绩。

该厂备有现货，欢迎个人或经销单位购买，欲购者可到当地邮局汇款购买，批量购货也可银行汇款，按收款先后次序发货，每套售价 87.50 元，购买 50 套以上按出厂价，每套售价 78 元。该厂免费包装邮寄，不另收费，附有使用说明书。

汇款及联系地址：河北省献县冀中电子仪器厂供销科

联系人：黄××，电话：××××××××××××

开户银行：献县支行城关营业所

账号：×××××××××××××××××××

【范文 2】（诗歌式广告词）

汾阳杏花酒

杏花汾酒远驰名，冽润甘芳品格清。
应起太白来一醉，好诗千首唤人醒。

青岛啤酒

青翠纷披景物芳，岛环万倾海天长。
啤花泉水成佳酿，酒自清清味自香。

小霸王学习机

你拍一，我拍一，小霸王出了学习机。
你拍二，我拍二，学习游戏在一块儿。
你拍三，我拍三，学习起来很简单。
你拍四，我拍四，包你三天会打字。
你拍五，我拍五，为了将来打基础。
你拍六，我拍六，小霸王出了 486。
你拍七，我拍七，新一代的学习机。
你拍八，我拍八，电脑入门顶呱呱。

【病例评析】

【病例】

某酒店新开设银河座的广告文

我酒店最近新开设银河座，于××月××日正式开业。银河座专为满足前来观光旅游的中外游客的旅游生活而增设。银河座内设施齐全、高级装修，美观雅洁，装有空调器，设有冰淇淋机、雪柜等。服务项目有西餐、中餐、冷饮及迪斯科舞厅、小酒吧。经营色酒、咖啡、牛奶和各式美点饮料等，保证服务一流。

【评析】

这篇例文的主要毛病是没有突出重点、内容重复、层次杂乱、文字啰唆。另外，“银河座专为满足……中外游客……而增设”一句，表达欠周密，易令非旅游者望而却步。

【项目 2】启事的写作

【能力目标】

1. 能熟练掌握启事的写作技能。
2. 能够根据具体情况写出准确、简短、易记、文字通俗、用语恳切的启事。

【知识目标】

1. 了解启事的概念、特点、种类和使用范围。
2. 掌握启事的格式和一般写法。

【工作情景】

××宾馆系中外合资企业，为了扩展业务，拟招聘服务员 5 名。要求：应聘者为户口在本市的待业青年，男女皆可，年龄在 18～22 岁，高中毕业以上文化程度，五官端正，身体健康，能用英语解决服务工作的一般事宜。报名时持户口本和本人简历及近期免冠照片 2 张；录取后即为正式工作人员，月工资 4500 元，包吃包住。报名地点和时间为 2019 年 10 月 20 日，××宾馆二楼接待处。需要考试，考试时间、科目、要求张贴在报名处。

讨论：请你替××宾馆拟写这份招聘启事。（学生在老师指导下完成。）

【必需知识】

一、什么是启事？

启事是十分常见的告知性应用文，使用十分广泛。凡是机关团体、企事业单位和个人有具体的事情要公开声明，或者希望公众协助办理某件事时，就可以把它写成简短的文字张贴出来或登在报纸、杂志上，或让电台、电视台播出。这种公开发表的文字，就是启事。

二、启事的特点

（1）公开性。启事是通过各种传媒向社会广泛发布的，任何人都是读者，没有秘密可言。
（2）单一性。启事事项具体而单一，一事一文，不掺杂其他内容。
（3）简明性。启事篇幅短小，简单明了，把事情说明白即可。
（4）告知性。启事的目的在于告知读者，比较客观。它对读者没有强制约束力。

三、启事的种类

启事的种类繁多，根据事情内容的不同来分，常见的有三大类：一是征召类，如征稿、征婚、征友、征订，招聘、招生、招商、招标、招租等；二是寻找类，如寻人、寻物、招领等；三是告知类，如开业、迁址、结婚、贺喜、致歉、鸣谢、更名等。

四、启事的格式和一般写法

启事的格式一般由标题、正文、署名三部分组成。

（一）标题

标题要用大字醒目地写在首行的正中，一般标明启事的内容，如“招聘启事”“寻物启事”等；也可以略写，只写“招聘”“征稿”，或只写文种“启事”。比较正规或重要的启事，可以加上单位名称，如“××公司招商启事”。

（二）正文

标题下一行左空两字开始写正文。正文的内容包括因由、事项等。这部分要根据启事的目的选择重点，如写招聘要求，应重在工作能力；征婚要求则重在自我介绍和对征婚对象的条件要求。一般要写得具体、明白、详细，不能含糊。但“招领启事”只需交代大致情况即可，以防被人冒领。

（三）署名

落款处的署名要署全称，如果是单位，最好加盖公章。署名的下一行，注明日期并附上详细准确的联系地址和方式。在媒体上公开发表的启事一般不写这一部分，只写联系方式。

【范文 1】就是一份较规范的招聘启事。

五、写启事必须注意的问题

（1）启事的标题要简短、醒目。启事标题应力求简短、醒目，主旨鲜明突出，高度概括，能抓住公众的阅读心理。尤其是广告性、宣传性的启事，标题更要注意艺术性。

（2）启事的内容要严密、完整。不遗漏应启之事，且表述清楚。要求内容单一，最好一事一启，便于公众迅速理解和记忆。

（3）用语要热情、恳切、文明。启事的文字要通俗、浅显、简洁、集中，态度庄重、平易，而热情、恳切、文明礼貌，达到预期的效果。

【范文借鉴】

【范文 1】

广州××广告有限公司招聘启事

一、公司资料

所属行业：广告、公关、设计

企业性质：私营企业

成立日期：2015 年

注册资金：500 万元人民币

公司简介：公司涉及所有平面类广告、电视广告与宣传品的策划、设计与制作，大型展览的设计与现场施工等。长期客户包括英国领事馆、广东省交通厅等。

二、招聘职位

招聘日期：2019 年 05 月 08 日至 2019 年 05 月 30 日

职位类别：广告（装潢、包装类）设计类

招聘部门：展示设计

工作地点：广州

工作经验：两年以上

学历要求：大专以上

具体要求：有较强的空间理解与造型能力，能用电脑制作 3D 的效果图，并能结合实际施工条件进行设计，独立完成项目的全过程。如在平面设计方面有较强能力将被重点考虑。性别、年龄不限，在广州工作或生活的，可随时到本公司参加面试，待遇面谈。

三、联系方式

联系人：李先生

电子邮箱：(略)

联系电话：136××××××××

传真：××××××××

联系地址：广州市××路××号××大厦4楼401

邮政编码：510000

广州××广告有限公司（章）

2019年5月7日

【范文2】

××商城招商启事

由国家技术监督局中国技术监督情报协会与××工贸公司联办的××商城，位于××繁华的商业黄金地段——西四东大街43号。

××商城，是全国唯一经国家工商行政管理部门批准以“××商城”注册命名，并在整个经营管理过程中贯穿“××进货、××销售、××服务”三位一体的新型商业企业。首批招商将挑选30余家生产金银珠宝、化妆品、真皮制品、羊绒制品、羊毛制品、真丝制品及烟酒食品、家用电器的企业，欢迎联络。

××市××商城（章）

2018年2月10日

地址：×市×××街××号　　　　邮编：100800

联络电话：×××××××××××　　　　联络人：胡××

【范文3】

迁址启事

××新中港华通汽车有限公司于10月15日由原××省博物馆2楼迁往新落成的新中港华通大厦及通工汽车城。

新迁地址：××市一环路南4段18号（西南民族学院大门西侧）

联系电话：×××××××

欢迎各界朋友光临。

××新中港华通汽车有限公司（章）

2020年10月10日

【病例评析】

【病例】

××制药股份有限公司招聘启事

××制药股份有限公司，是新型的药品生产、经营高新技术企业，公司以弘扬、提高和发展中医药传统，并以提高和发展人类健康为己任，以新产品开发为核心，求实创新，开拓进取，旨在发展中国的民族制药工业。

××制药股份有限公司始建于2005年5月，属民营股份有限公司。实行董事会领导下的总经理负责制，设有生产部、销售部、质保部、人力资源部、财务部、办公室、广告部、企划部、GMP督导等。现有员工831人，其中大专文化以上460人。众多的技术人员，为企业的发展奠定了坚实的技术基础。公司生产基地位于××市郊，占地面积12600平方米，建有符合国家药品生产质量管理要求的生产厂房3200平方米，厂区绿化面积达5600平方米。

××人将用99%的努力，抢抓1%的机遇，为社会创造百分之百的价值。

招聘职位：电脑美工设计、门店管理员、医药代表、OTC代表、门店管理部经理。

20××年×月×日

【评析】

该启事有以下不足：①详略不当。作为招聘启事，应该重点说明招聘单位、招聘职位、招聘人数、招聘要求、工作地点、招聘时间、联系方式、应聘注意事项等，该启事把大量的笔墨用在对企业的介绍上，该详细说明的，如招聘职位，却仅仅列出项目，没有具体要求，求职者无法从启事中获取应有的信息。②内容欠缺。缺乏招聘时间、地点和联络方式等。即使有人想去应聘，也不知怎样与该公司取得联系。这样的招聘启事必定如石沉大海，得不到反馈信息。

【项目3】海报的写作

【能力目标】

1. 能熟练掌握海报的写作技能。
2. 能够根据具体情况写出准确、简短、易记、文字通俗、用语恳切的启事。

【知识目标】

1. 了解启事的概念、特点、种类和使用范围。
2. 掌握启事的格式和一般写法。

【工作情景】

××公司为了庆祝五四青年节，活跃职工业余生活，决定于2019年5月4日在公司礼堂举行职工舞会，希望公司员工踊跃参加。时间是2019年5月4日，主办单位是公司团委。请你为公司团委拟写一则能激起职工激情的海报张贴出去，让更多的职工前来参加。

讨论：要如何拟写这则海报呢？（学生在老师指导下完成。）

【必需知识】

一、什么是海报?

海报是向公众报道文化娱乐活动和体育消息如文学、教育、科学方面的报告会，演讲比赛，辩论会，展览会，放映电影或戏剧、歌舞演出，各种体育项目的比赛活动等的一种大型招贴，希望公众广为传播，积极参与。

海报一般用大型张纸，采用张贴悬挂的形式，除了文字内容以外，还常常进行美术加工，如配美术字、图案或图画等，具有一定的艺术特色，容易激起读者的热情。海报一般是由文体单位或组织用来做宣传工作的，个人较少使用。

二、海报的特点

海报具有吸引力强、传递信息迅速、制作简易、更换方便等特点。

三、海报的结构与一般写法

海报的板式可以横排，也可以竖排。海报的结构，一般包括标题、正文、结尾三部分。

（一）标题

海报的标题要大而醒目，要能把人的一瞥之间的兴趣和注意力紧紧抓住，使人们“一见钟情”，激起要踊跃参加的热情。一般是在海报的上方正中简明地写出“海报”二字，也可以写明内容，如“舞会”“球讯”“影讯”“报告会”等。标题的字一定要大而醒目，占一张纸的大半都可以。

（二）正文

正文是海报的实质内容所在，是写作的重点，要写明演出、比赛、展览会或报告会等的内容、时间、地点、举办单位、票价等，让读者读后能清楚活动的性质，了解基本的情况。时间、地点一定要明确而具体。为了增强效果，引起读者兴趣，可以适当地运用形象性的语言进行介绍，增强海报的鼓动性，并可以配以有特色的图案或象征性的图画，但要注意分寸，不能引起读者的反感，否则，宣传效果就会适得其反。

不同内容的海报正文的写法差别很大，但不管是哪一种海报，一般要写以下三方面内容：

（1）活动性质。是演出、赛事，还是会议、商品销售，要明确告诉大家。

（2）情况介绍。活动的具体情况要有简明介绍，如果是球赛，是什么球队，水平如何；如果是新电影，演员是谁，基本剧情怎样；如果是报告会，报告的内容、报告人的情况等要有说明；如果是商品销售，货物、价格、质量等情况要让人们明白，这样才能更好地吸引群众。

（3）时间、地点、收费等。举行活动的时间，一定要写得明确而具体，如“本月 1 日（星期三）下午 2 点 30 分”等，切不可笼统地写成“1 日下午”。地点也要明确，如“学院图书馆三楼报告厅”“本市×区×路××号商场×楼”，必要时，写明乘车路线。如果收费，票价也要明确写出。

（三）结尾

在正文之后，另起一行，可用稍大的字书写“莫失良机”“欢迎参加”等语作结。结语后另起一行右下方写落款，即举办单位的名称，名称下一行注明书写海报的日期。有些海报主办单位写在举办的时间地点之后，落款可省略举办单位的名称，只写海报的书写时间即可。

四、写海报必须注意的问题

（1）真实性。在内容的介绍上，必须是真实的。不要说是虚假的，就是夸张也是不允许的。如只是稍有名气的歌唱演员，不要说成是“×××大师”“著名大歌星”；明明只是稍有成就的学者，不要吹嘘什么“闻名世界”“享誉海内外”等。在海报中欺骗了群众，受骗群众事后会恼怒，以后再不相信你了；甚至看了夸张的海报后起了逆反心理，根本不来参加了。

（2）文字精练、简洁。看海报的人都想一眼就知道内容，啰唆一大堆，谁都没有兴趣看下去。因此，“海报”要求制作者的用语高度精练、言简意赅。

（3）鼓动性。海报要吸引群众参加活动，可以在不违反真实性的前提下使用一些形象性、鼓动性的语言。在图面设计上，也可以使用一些鼓舞人的鲜明、生动、活泼的图画或漫画，如【范文 1】；有些讲座型的海报可以不用太多渲染，直接讲明白即可，如【范文 2】。

【范文借鉴】

【范文 1】

“中国联通杯”中澳篮球奥运热身对抗赛

巅峰对决激情上演

中国国家篮球队 VS 澳大利亚职业明星队

比赛时间：20××年 5 月 20 日

比赛地点：佛山市体育馆

主办机构：国家体育总局篮球运动管理中心

承办单位：佛山市体育局

推广机构：中体经纪管理有限公司
协办单位：佛山市体育馆
　　　　　中国联通佛山分公司
支持媒体：佛山电视台
　　　　　佛山日报
　　　　　珠江时报
　　　　　佛山电台
指定接待宾馆：佛山宾馆
全程整合策划推广：和创广告策略有限公司

【范文 2】

经济讲座

题目：高成长企业与金融市场
主讲人：吴敬琏
（当代著名经济学家，曾任美国 ISI 公司驻中国首席代表；现任国务院发展研究中心研究员；中国社科院研究生院教授；中国人民政治协商会议全国委员会常务委员、经济委员会副主任；上海中欧国际工商学院教授；中国国际金融有限公司（CICC）首席经济学家；中国石油股份有限公司独立董事等。）
时间：5 月 20 日上午 8 点 30 分
地点：北京科学博览会主会场
主办单位：《中国企业家》杂志社

20××年 5 月 15 日

【病例评析】

【病例】

2019 毕业设计展览

时间：2019 年 5 月 10 日—30 日
地点：××学院文科楼二楼展厅
主办单位：××学院××系
【评析】
（1）这则海报正文虽简明扼要，但缺乏鼓动性。宜在前面加一些鼓动性、形象性的语言，吸引学院师生参加，因为学生毕业设计作品展览是有必要让更多的师生观看的。
（2）标题“2019 毕业设计展览”表意不明。是“2019 年”还是“2019 届”？是展示 2019 届学生的作品还是以前毕业生的作品也有？不明确。

【项目 4】新闻稿的写作

【能力目标】

1. 能熟练掌握新闻稿的写作技能。
2. 能够根据具体情况写出要素齐备、及时客观、材料精当、主旨集中的新闻稿。

【知识目标】

1. 了解新闻的概念、特点和种类。
2. 了解新闻稿的写作要求。
3. 掌握新闻稿的格式和一般写法。

【工作情景】

为了向社会提供更优质的服务，提升广东邮政物流的核心竞争力，打造邮政物流品牌，从2月1日起，广东邮政向社会推出“珠江三角洲EMS限时专递——次晨达”服务，在广州、深圳、东莞、佛山、江门、珠海、中山等7个城市之间提供一种限时专递服务，即用户在收寄截止时间前交寄邮件，邮政保证在次日上午11:00前指定的时间内投交给收件人。此次业务活动的承诺是：限时未到，原银奉还。据了解，与邮政快件不同，“次晨达”有专用的业务标识，收费跟省内特快专递相同。

讨论：请你写一篇消息报道这个新闻事件。（学生在老师的指导下完成。）

【必需知识】

一、新闻的概念

新闻有广义和狭义之分。广义的新闻除消息之外，还包括通讯、特写、调查报告等。狭义的新闻也叫“消息”，是以简明扼要的文字，对新近发生的有一定社会意义的事件及时报道。本书介绍的是狭义的新闻。

二、新闻的特点

新闻是一种最讲时效的文种，它的特点可以概括为四个字——“新、准、快、短”。“新”是内容新和思想新；“准”是报道的事实要准确、真实，包括细节的真实；“快”是报道要及时，注重时效性；“短”就是报道的篇幅要短小，这样才能在有限的时间内加大信息量，提高办事效率。

三、新闻的分类

新闻可分为动态新闻、综合新闻、经验新闻、述评新闻等。随着生活节奏的不断加快，“简讯”“一句话新闻”“标题新闻”，甚至“图片新闻”也日渐成为新闻媒体上常见的种类。

（1）动态新闻。这是新闻中最常见的一种，它迅速及时地报道国内外的最新事件、信息等，一事一报道，篇幅最短，见报量最多，时效性最强，内容最新鲜多彩，如【范文1】。

（2）综合新闻。这是围绕同一个主题，就某一方面的新情况、新成就、新经验、新问题进行集中报道的新闻。叙述时既有面上情况的概括反映，又有点上情况的具体事例，并对报道的多方面事实做出本质的分析和综合，点面结合，反映全局。【范文2】就是一篇综合新闻。

（3）经验新闻。这是反映某一方面的经验、做法或教训的新闻，它为人们解决实际问题提供借鉴和帮助。

（4）述评新闻。这是针对国内外重大事件、事态或问题进行报道和评述的消息，介于新闻和评论之间，既要报道事实，又要进行必要的分析和解释。一般采用夹叙夹议或先叙后议的方式，述事论理，分析评论，对社会认识起指导的作用。【范文3】就是一则评述新闻。

四、新闻稿的格式和一般写法

新闻一般由标题、导语、主体和结尾组成，此外，还可对背景材料作灵活的介绍。

（一）标题

标题是消息的主旨或内容的提要，用以吸引读者，帮助读者阅读。标题是消息最关键的部分，读者往往通过浏览标题来选定阅读对象。消息的标题既要高度概括新闻事实，使读者一目了然，又要新颖、生动、醒目，最大限度地吸引读者的注意力。它与一般的文章标题相比，显得更重要，形式更多样。

新闻的标题主要有多行标题、双行标题、单行标题三种形式。多行标题是指三行以上的标题，其中最常见的是三行标题，包括引题、正题、副题。引题往往用来交代形势，说明背景，烘托气氛，揭示意义，引出正题；正题是对消息的中心内容的概括或主要事实的说明，一般用比较醒目的方式排版；副题常用以补充交代事实，或说明事件的结果，有时也用来说明正题的来由或依据。双行标题由引题与正题或正题与副题构成，单行标题就只有正题。例如：

①三行标题：　两天内五人中毒！　（引题）

这个季节吃蘑菇务必小心　（正题）

不要私自采摘食用野生蘑菇　（副题）

②双行标题：　《广州市人民政府关于禁止黑烟车上路行驶的通告》审议通过（引题）

广州将全天禁止黑烟车通行　（正题）

③双行标题：　用镜头记录深圳40年变迁　（正题）

75岁老人自学成才　数万张照片成重要史料　（副题）

④单行标题：　试验六号02星成功发射　（正题）

新闻标题的拟写，一要虚实结合，既有揭示新闻事实的实质性内容，又有非实质性内容，如介绍背景、渲染气氛或点明意义等。单行标题都是实题；双行标题或多行标题，一般一虚一实，虚实相配。二要准确简洁，鲜明生动。在恰当概括消息基本内容的同时，注意采用多种修辞技巧，以吸引读者的注意。

（二）导语

导语是新闻的开头部分，可以是一句话，也可以是一个自然段。最常见的写法是简明扼要地叙述最新鲜、最主要的事实，或概括介绍全文的基本内容，使读者有一个概貌。也有的把主要的事实用提问的方式写出来；或者对主要事实或某一有意义的侧面进行简要的描述；或者把结论放在开头。采用哪种方式，要根据主题和内容来定。比如，【范文1】的导语，就是叙述式。

（三）主体

主体是新闻的主干，它要对报道的事实做具体的叙述和进一步的说明，要用充分的、有说服力的事实材料表现消息的主旨。对材料的安排，或按时间顺序，或按空间顺序，或依据事物的逻辑联系来安排层次。

主体是对导语的展开。主体中的材料，要同导语部分密切联系，导语里采用的事实，主体部分要加以说明和补充，但要避免重复；导语里提出的问题，主体部分要运用材料回答、解决。

（四）结尾

结尾是消息的最后一句话或最后一段文字，一般比较简短，或指出事物发展的趋势，或对报道内容进行概括式小结，或提出希望。也有的自然收束，没有明显的结尾。

（五）关于背景材料的运用

背景材料是对新闻事件发生的历史条件、现实环境和原因的说明。一般来说，消息写作中往往用背景材料来烘托、深化主旨，帮助读者认识所报道事实的性质和意义。背景材料包括对比性材料、说明性材料和注释性材料。

背景材料在文中没有固定位置，多放在主体部分，也可以放在导语或结尾。可以独立成段，也可以分散穿插，但要注意与新闻事实的自然衔接，不可相互脱节，彼此游离；还要注意适度，不能喧宾夺主。

五、写新闻稿要注意的问题

（1）要具备一些要素。消息要把报道的事情交代清楚，让读者明白什么时间，在什么地方，与谁有关，发生了什么事情，事件产生的原因是什么，等。这就是消息的五要素，习惯上叫作“5W”（When、Where、Who、What、Why）。

（2）要用事实说话。消息以记叙为主，它是通过事实来说明问题、阐述主张、影响读者的。即使是述评消息，从文字上看，也只是客观地、朴素地叙述新闻事实，而作者的观点却往往隐藏在对事实的叙述之中。

（3）材料要精当，主旨要集中。精当的新闻材料，是指最能体现事物本质的特征和新闻个性的材料。只有这样，消息的篇幅才能短下来。消息是一事一报道，主旨必须集中，使人一目了然。

【范文借鉴】

【范文 1】（动态新闻）

求知探索，燃放激情——第六届校园学术科技节系列活动之“何氏杯”科技展

本报讯（记者×××报道） 盛夏五月，由校团委主办、校学生科协承办的第六届校园学术科技节系列活动之“何氏杯”科技展于27日上午在沈阳工业大学教学楼C座楼前盛大开幕。

此次科技展秉承着“弘扬创新精神，科技编织梦想”的主旨，普及科学知识，提升大学生的科技创新潜力。新颖、独特的科技展品一一陈列在教学楼外的展台上，使同学们大饱眼福。展台上有在中间有挡板的阻隔状况下仍能看到对面人的“透视墙”；有戴上之后感觉什么都是斜斜的的“斜棱镜滚球”；还有展示平面镜反射、透射以及反射光的合成演示效果的“爸爸的鼻子”。一系列展品吸引了许多同学的驻足，都在展台前饶有兴致地研究着。

展览期间每个展台前都有科协的专业人员为大家做讲解。经过耐心细致的讲解后，同学们纷纷上前亲自动手操作一番，并不时地询问讲解人员这其中的原理，对展品有极大的兴趣。一件件展品参观实践下来，同学们的好奇心都得到了极大满足。

纵观整场科技展，展台前参观的同学络绎不绝。足以看出科技展是普及科学知识的一种有效方式，能够使同学们发挥动手动脑的潜力，激发同学们对小科技、小发明的浓厚热情，活跃了校园学术科技节的氛围，充分到达了校团委举办此次科技展的目的。

【范文 2】（综合新闻）

广州 2020 年高考顺利结束

大洋网讯 广州市2020年普通高考于昨日下午顺利结束。考试过程组织规范有序，考场秩序井然，道路交通顺畅，无失密泄密事故，无大规模舞弊现象，未发生考生安全事故，圆满实现了“健康高考”“平安高考”“公平高考”“诚信高考”“暖心高考”的既定目标。

为做好疫情防控常态化下高考组织工作，广州市严格按照国家和省的有关防疫要求，以最高标准部署考场防疫工作。一是所有考点均按照10：1设置备用考场，设置专用防疫特殊通道。二是所有考点均设置核酸采集点，对考试期间启用备用隔离考场的考生进行及时核酸检测，为考生提供人性化服务。三是分别在天河中学考点和荔湾区外语职业高级中学备用隔离考点进行考前应急演练，并邀请省教育考试院和省卫健委领导现场观摩点评。四是对所有考生进行考前14天健康监测，及时掌握考生健康状况和行动轨迹，确保精准掌握所有考生的健康动态。截至考试结束，广州高考考生没有新冠肺炎确诊病例，没有无症状感染者，没有疑似感染考生，没有新冠肺炎核酸检测阳性考生。

为维护公平高考，严防冒名顶替等违纪舞弊行为，广州建立了严格的工作机制。

公安、教育局学籍部门对全市高考报名数据进行地毯式筛查，有力规范人籍分离、学籍空挂等不良

现象。公安、市场监管等部门对全市重点通信电子产品市场开展全面摸查，全面收集社会面、互联网上各类涉及高考等考试安全的情报信息。同时开展净化涉考舆论环境专项整治行动，对高考辅导的培训机构进行全面摸查，对无资质办学、违规开展培训机构依法进行处理。工信部门在考试期间派出无线电监测车在各考点周边进行巡查和监测，做好防范利用各类通信工具进行考试舞弊的工作。市教育局派出考风考纪及疫情防控巡视组赴各区各考点巡视。全市56个高考考点建有高清视频监控系统。

“暖心高考”是广州率先实践的服务品牌。今年，相关部门提前做好考点供电检修，提前对考场空调进行维护和清洁消毒，为考生创造“凉爽”的考试环境。考试期间为肺结核、水痘等考生启用备用考场，为27名残疾考生提供合理便利。公安部门启动社会面防控，部署1.2万名防控力量，加强对各考点及周边的巡逻守护。

高考结束后，市招考办将通过网络、媒体等途径提供线上高考志愿填报指导服务，考生可通过广州招考网、广州招考微信公众号了解相关工作安排。

【范文3】（述评新闻）

以非常之策保“非常”高考

疫情未完，高考已至。对于这场“非常”高考，考生、家长乃至全社会的关注点很多。7月5日上午，广东省人民政府新闻办公室举行新闻发布会，由省卫生健康委、省公安厅、省教育厅一一回应广东高考防疫、安全、服务等各方面热点。

2020年广东普通高考报名人数78.8万人，比去年增加2万人，其中参加夏季高考考生67.4万人。全省设考点479个、考场23452个，安排监考及考务人员约10万人次。高考这场“年度大考”在疫情之下尤显特别，较之往年准备工作更加复杂：几十万人一起入考场，会不会有疫情风险？考生发烧或咳嗽，该怎么办？遇上高温、暴雨、雷电如何应对？

思则有备，有备无患。虽说目前全省所有县市区均为低风险地区，高考期间发生本地疫情风险低，但全省境外输入和疫情反弹的风险仍然存在。针对担忧，有关部门积极回应关切，出台了诸多措施确保高考的顺利开展：教育部门发布12项工作指引；卫生健康部门向每个考点派出2名卫生防疫人员；公安部门出台护航高考28条措施；工信部门启动188个固定监测站，派出102台无线电监控车……一个个数字、一项项措施背后，是各部门齐心协力护航高考的付出，更是全方位做好高考准备工作的决心。

注重大局，落细落小。要做好“非常高考”时期的防控工作，确保每一位考生的健康安全，要把握好每一个疫情防控细节。为确保不放过任何防疫风险，各地级以上市将设置一个隔离考点，每10个普通考场设1个备用隔离考场。所有考生进入考点、考场必须接受体温测量。考试当天有发热、咳嗽等呼吸道症状者，须安排在备用隔离考场考试。细枝末节，繁杂却关键。只有确保对每个环节、每处细节的重视和处理到位，才能最大限度地保障大局安全。

保障公平，诚信相待。高考对于很多人而言是人生中一次重要机遇，也是一个可以展现自我的舞台。为了不给任何一个学子留下遗憾，为了让每一个学子都能够通过考试，顺利实现自己的梦想，即便此次高考非比寻常，也依然要将公平放在第一位。为此，省教育厅通过抓实抓细试卷印刷、流转各个关键环节工作，实行试卷运送车辆全程视频监控追踪等手段，确保试卷安全保密。相应的，高考既是对学子们学习成果的检验，也是对其个人品质的考察。为确保诚信高考，除了各部门要为此做出努力，考生的付出也必不可少。特别是在健康状况监测等方面，考生应如实申报个人信息，积极配合相关查验。唯有如此，才能让此次“非常高考”顺利开展。

【病例评析】

【病例】

这种办法好

——××师院中文系举办普通话抽签演讲比赛

本报讯 ××师院中文系为了让同学们更好地掌握普通话和锻炼口头表达能力，于12月7日举行了普通话抽签演讲比赛，取得良好效果。

12月7日下午，20多名演讲赛手在307教室当场抽签，准备了10分钟左右，进行演讲。演讲的内容丰富多彩，从不同的侧面反映了同学们的思想。比赛开始后，各系选手展开了激烈的角逐，他们从不同的侧面来论述自己的观点，条理清楚，内容充实。台上的同学虽然比较紧张，但都能提出各自的观点进行论述。特别是干部进修班的几位同学，普通话讲得流利，表达也很清楚，受到同学们的赞扬。比赛以后，同学们都说："举办这样的活动，既促进了普通话的学习，又锻炼了口头表达能力。这种办法好。"据中文系的老师说，今后将继续举行这样的活动，以提高同学们的口头表达能力，为将来走上讲台打下基础。

【评析】

该新闻存在的主要问题有：①标题未能正确反映内容。此新闻题为"这种办法好"，似重在介绍"办法"，但内容着重介绍的是比赛的"过程"。②主体部分对要素交代不清楚。尽管文中有演讲者"都能提出各自的观点"，并"从不同的侧面来论述"，但始终未能说明演讲的中心内容。③新闻要吸引读者，标题及报道的角度都要新。本文仅从"普通话""抽签"的角度着墨，不够新，也不够深。

【微课资料】

新闻稿的一般写法

【技能实训题库】

一、分析题

（一）试分析下面这则广告文案的优缺点。

新型广告媒体

具有世界先进水平的我国第一套高亮度户外大屏幕新闻发布系统在北京建成并试播成功。

该系统由电子计算机控制，其屏幕面积为41.6平方米，能同时显示文字和图像，并有伴音、配乐。

大屏幕设在北京火车站广场东侧，在整个广场任何位置均可得到满意的视觉效果。北京站是北京的主要门户，每天客流量达30万人之多，因此大屏幕收视率较高。

该大屏幕每天播放新华社新闻并转播中央电视台新闻联播节目，同时还播放经济信息和广告。

该大屏幕的经济信息和广告节目由中国环球广告公司独家承办。每条广告可分为15秒、30秒、60秒三个规格，文字、图片和录像均可。收费标准为每分钟35元，长期播映有优惠。欲刊登经济信息与广告者，请与该公司联系。中国环球广告公司地址：北京宣武门外大街甲1号（中国图片社院内南楼）；屏幕广告部电话：8668521-3550；电报挂号：1631。

（二）下面是《羊城晚报》20××年7月29日的一篇文章，请你挑出你认为精彩的广告标语2～3则，分析其成功的原因。

评选“冲击”

日前，美国《广告时代》杂志对20世纪广告做了一次回顾性的评选，其标准是影响力，持久力、认知率和文化上的冲击力。下面是最佳策划前20名：

1．小即是好（德国大众）
2．享受清新一刻（可口可乐）
3．万宝路的男人（万宝路香烟）
4．要做就做（耐克）
5．你理应休息一天（麦当劳）
6．钻石恒久远，一颗永留传（戴比尔斯公司）
7．GE带来美好生活（通用电气）
8．美妙口味不可言传（米勒牌啤酒）
9．她用了？她没有？（克莱罗染发水）
10．我们正在努力（艾维斯）
11．快腿勤务员（美国联邦快递公司）
12．百事，正对口味（百事可乐）
13．滴滴香浓，意犹未尽（麦氏咖啡）
14．百分之百的纯粹（象牙香皂）
15．你知道我吗？（美国捷运公司）
16．成为一个全才（美国征兵署）
17．快、快、快速见效（Anacin去痛片）
18．感觉是真实的（滚石乐队）

（三）分析下面一篇海报，你认为写得如何？如果不妥，应该如何修改？

校园百书展

展出时间：6月15日—6月30日
展出地点：图书馆一楼阅览室

校学生会学习部
图书馆读者协会
2019年6月14日

（四）请对下面这篇新闻进行评析。

首届中国特殊奥运会开幕

本报深圳27日专电　首届中国特殊奥运会今天在这里开始举行。

在隆重的开幕式后进行的田径比赛，今天已经产生了37个冠军。北京代表团获10项冠军、10项第三名。获得冠军的运动员和项目是：×××获男子少年二组的50米和垒球投掷冠军，××获男子少年一组50米和垒球投掷冠军，××获女子少年二组铅球和垒球投掷冠军，××获少年二组铅球冠军，××获少年一组200米冠军，×××获男子成年1500米冠军，×××获男子成年组400米冠军。

二、修改题

根据启事的写作要求，修改下面的文稿。

征稿启事

深秋，浓浓的凉意。我，一颗倔强的种子，怀着勃勃的雄心，盼望长成参天巨木。你，和煦的阳光，温暖的南风，是否可以重新带给我破芽的消息?

《新芽》第十期的诞生期待你的顾盼青睐，现向全校文学爱好者征稿。

要求:

1. 内容广泛、健康，能反映当代青年的精神面貌和生活气息。
2. 体裁不限，作品字数限2500字以内，诗歌为15行以内。
3. 来稿请用原稿纸誊写，请自留底稿。

截稿日期：10月20日，来稿请投学生会门前《新芽》投稿箱。

学生会《新芽》编辑部

2019年9月10日

三、写作题

（一）学生张三等人在校内合资开设了一间书店，主要经营学习类书籍：教材、学习辅导书（含配套录音带、VCD等），以及学生颇感兴趣的社会学类、文学类等课外书，兼营报纸、文具。张三等人希望书店不仅卖书，还将会是书友俱乐部，所以书店取名为“书友吧”。请为该书店设计一则新颖的广告和一份热烈的开业启事。

（二）为了迎新生、庆中秋国庆双节，经济管理系团总支定于2019年9月30日在学生宿舍B2楼下举办师生文艺晚会，请你替系团总支拟写一则海报张贴出去，热情邀请老师、同学们观看。

（三）“书友吧”开业当天热闹非凡，同学们喜欢这种校园里的“书吧”，不仅仅为了来买书，还可以和志趣相投的书友天南地北地交流。请以校刊记者的身份写一则消息报道此事。要求：结构完整，要素齐备、主旨集中，文字简练。

模块八　规章制度类文书

【项目 1】规定、办法的写作

【能力目标】

1. 能熟练掌握规定、办法的写作技能。
2. 能够根据具体情况写出格式规范、结构完整、内容完备、表述准确的规定、办法。

【知识目标】

1. 了解规定、办法的特点以及它们之间的不同之处。
2. 掌握规定、办法的格式和一般写法。

【工作情景】

××大学教务处为了鼓励学校从事统考英语和计算机课程教学的广大教师、教学辅助人员和教学管理干部的工作积极性，提高学校统考课程的教学质量，特制定了奖励办法。奖励学校从事统考课程（包括高校英语应用能力，大学英语四、六级，专业英语四、八级和非计算机专业计算机统考）教学的教师、教学辅助人员和教学管理人员，学生奖励到班级。

凡是统考课程一次通过率超过当年全国同类高校平均水平，给予奖励；统考课程一次通过率超过当年广东省高校平均水平，给予奖励；班级统考一次通过率超过全国同类高校平均水平，班级一次统考通过率超过广东省高校平均水平，给予奖励。如符合多项奖励条件，只取最高奖项。

获奖部门在考试成绩公布后，由符合条件老师向教务处提出奖励申请，并附国家或省相关各考试中心发布的考试通过率的资料和具体奖励方案。具体奖励方案由各获奖部门制订并报教务处，经教务处审核，主管教学校长批准后，学校按获奖集体颁发奖金。

20××年×月×日起实行这个奖励办法，解释权在教务处。

讨论：请把上述资料写成规范的规章制度。（学生在老师指导下完成。）

【必需知识】

一、什么是规定？

规定是对特定的工作做部分限定的规章文书，机关、企事业单位都可以制定。

二、规定的特点

（1）内容具有局部性。它有时为实施某一法律文件而制定，有时为加强管理而单独制定，内容侧重于政策和管理方面，划清政策界线，明确管理原则，在内容上没有条例那么全面和系统。

（2）表达比较概括。规定的内容比条例范围窄一些，表达比较具体，但又比办法概括。这一点，实施条例的规定尤为明显。例如，《广东省地名管理规定》，是根据国务院发布的《地名管理条例》制定的，内容比条例具体，并且具有地方特色。

（3）法律约束力比较强。国务院可以制定，省市也可以制定，一经发布，就在管辖范围内有约束力，有关单位和个人都得照办，不得违反。它的法律效力仅次于条例。

三、什么是办法?

办法是对某项工作做比较具体的规定的规章文书，机关、企事业单位都可以制定。办法一般分为工作管理办法和实施文件办法两种。

四、办法的特点

（1）内容具体。办法不是对有关工作做出全面的规定，而是侧重在措施和做法方面，说明采取哪些方法，按照怎样的程序去做，为有关单位指明办事的途径。

（2）表达详尽。办法是根据条例来制定的，条例中只讲原则，办法的条文就比较详尽、具体。

（3）约束力比较小。办法的内容范围比条例和规定都小，具体做法又与政策原则界线有所不同，它可以结合实际变通贯彻。它的时间效力、空间效力和对人的效力，都比条例、规定小一些。

五、规定、办法的格式和一般写法

规定、办法虽有不同，但在格式和一般写法上相同。规定、办法的结构一般包括标题、签署和正文三部分。

（一）标题

标题一般由单位、内容和文种组成。单位与内容之间不加“关于”二字，如果认为不够成熟，可在文种前或后加上修饰语，如《高等学校命名暂行办法》。规定的标题往往加上几项、若干、补充和有关等用语，如《广东省调处行政区域边界争议的若干规定》。

（二）签署

签署一般采用括注式写在标题的下方，注明发布或颁布的时间和单位，注明发布的时间和文件，也可在文后标注。

（三）正文

正文由总则、分则、附则三部分组成。

总则写制定的目的、意义、根据、指导思想和使用范围等。

分则是全文的主体，有关规范的项目在这部分表述。

附则是补充说明有关未尽事宜的部分，包括解释权、修改权、实施日期和明令废止的事项等。

正文部分用条文表达。有关条文，依次分为章、节、条、款、项、目六级。内容单一、篇幅简短的，用条项式，逐条排到底（规定或办法多用）；内容比较复杂的，用章条统排式，章条之下，再分若干款或项、目，多级排列（条例常用）。例如【范文 1】【范文 2】。

六、写规定、办法必须注意的问题

（1）内容正确、合法、完备。规定、办法的内容要符合客观实际，体现人民的利益和愿望；要符合宪法、法律和规章的精神，制定程序要经过起草、修改、送审、审批、公布五个步骤；对于制定的目的、使用范围、主管部门、具体规范、奖惩办法、施行日期等必备内容，不要遗漏，以便贯彻执行。

（2）结构完整、严谨。不论是章条式、条项式，还是项目式，结构都要完整、严谨。一是条理要分明。一般是先主要后次要、先原则后具体、先正面后反面的顺序，前后连贯，逻辑严密。二是条款要完整单一。一条或一章表达一个相对完整的内容，集中明确。一条或一章可分若干款、项，一款或一项表达一个意思。三是纲目要清楚。

（3）语言要准确、简洁。要运用恰当的词句确切地表达内容，如基本概念的定义要周密；限定范围要恰切；分类要周全；采用法律术语等。要用较少的话传达较多的信息。常用简称、代称和文言词语等方式，如以下例文。

【范文借鉴】

【范文1】

××××学院汽车使用管理暂行规定

为了加强学院用车的规范管理，保证院领导因公和教职员工急事用车，特制定本规定。

一、车辆的适用范围及办法

1．院级领导因公外出时，由院长办公室（党委办公室）或本人直接通知车队。

2．处级干部因公外出，一般不派车。如因急事或交通不便，经主管副院长批准，由车队酌情派车。

3．一般干部、教员因公外出，在10人以下或其路程在10千米以内者，不派车；10人以上或其路程在10千米以外者，经主管院长批准，可派车。

4．我院请外单位教员临时上课，由教务处与车队联系派车接送；我院教员到外单位讲课，不派车。

5．各单位需要用车拉东西时，应事先与对方联系好，凭提货单提前要车，由车队统一安排，严禁车辆放空。

6．私人用车：

（1）院内师生员工或住在院内的教职工家属因病需到医院急诊的，凭医务室急诊证明，由车队派车。

（2）教职员工的调出调入需拉运行李时，事先由人事处与车队联系。按规定标准收费，然后再按有关规定到财务处报销。

7．外单位因公需借用我院汽车时一律凭单位介绍信，经行政处长批准，车队派车，并按规定收取费用。

8．其他公事临时用车由院长办公室（党委办公室）直接与车队联系。

9．下述几种情况不准用车：

（1）汽车司机无派车单不准出车，如司机个人需要借用汽车时，同其他职工一样办手续；

（2）汽车司机未经领导批准，不准擅自做主给人拉东西，也不准中途捎脚。

二、收费范围与标准

1．院级领导私人用车，每千米收费×元，按月结算。

2．其他人员私人用车，卡车每千米收费×元，小车每千米收费×元。

3．教职员工因全院统一调整住房，用本院汽车搬家的免费。

三、几点说明

1．一般用车应提前3天向车队提出申请，由车队统一安排，否则不予保证。

2．私人用车费用，每月结算一次，由车队开单据，由财务处发工资时扣除。

3．不论因公或私人用车，事先均应填好派车单，经有关人员批准后送交车队。

本规定自公布之日起施行。

20××年×月×日

【范文2】

公司考勤制度

一、为加强考勤管理，维护工作秩序，提高工作效率，特制定本公司考勤制度。

二、公司员工必须自觉遵守劳动纪律，按时上下班，不迟到，不早退，工作时间不得擅自离开工作岗位，外出办理业务前，须经本部门负责人同意。

三、周一至周六为工作日，周日为休息日。公司机关周日和夜间值班由办公室统一安排，市场营销部、项目技术部、投资发展部、会议中心周日值班由各部门自行安排，报分管领导批准后执行。因工作需要周日或夜间加班的，由各部门负责人填写加班审批表，报分管领导批准后执行。节日值班由公司统一安排。

四、严格请、销假制度。员工因私事请假1天以内的(含1天)，由部门负责人批准；3天以内的(含3天)，由副总经理批准；3天以上的，报总经理批准。副总经理和部门负责人请假，一律由总经理批准。请假员工事毕向批准人销假。未经批准而擅离工作岗位的按旷工处理。

五、上班时间开始后5分钟至30分钟内到班者，按迟到论处；超过30分钟以上者，按旷工半天论处。提前30分钟以内下班者，按早退论处；超过30分钟者，按旷工半天论处。

六、1个月内迟到、早退累计达3次者，扣发当月5天的基本工资；累计达3次以上5次以下者，扣发当月10天的基本工资；累计达5次以上10次以下者，扣发当月15天的基本工资；累计达10次以上者，扣发当月的基本工资。

七、旷工半天者，扣发当天的基本工资、效益工资和奖金；每月累计旷工1天者，扣发5天的基本工资、效益工资和奖金，并给予一次警告处分；每月累计旷工2天者，扣发10天的基本工资、效益工资和奖金，并给予记过1次处分；每月累计旷工3天者，扣发当月基本工资、效益工资和奖金，并给予记大过1次处分；每月累计旷工3天以上、6天以下者，扣发当月基本工资、效益工资和奖金，第二个月起留用察看，发放基本工资；每月累计旷工6天以上者（含6天），予以辞退。

八、工作时间禁止打牌、下棋、串岗聊天等与工作无关的事情。如有违反者当天按旷工1天处理；当月累计2次的，按旷工2天处理；当月累计3次的，按旷工3天处理。

九、参加公司组织的会议、培训、学习、考试或其他团队活动，如有事请假的，必须提前向组织者或带队者请假。在规定时间内未到或早退的，按照本制度第五条、第六条、第七条规定处理；未经批准擅自不参加的，视为旷工，按照本制度第七条规定处理。

十、员工按规定享受探亲假、婚假、产育假、节育手术假时，必须凭有关证明资料报总经理批准；未经批准者按旷工处理。员工病假期间只发给基本工资。

十一、经总经理或分管领导批准，决定假日加班工作或值班的每天补助100元；夜间加班或值班的，每个补助50元；节日值班每天补助100元。未经批准，值班人员不得空岗或迟到，如有空岗者，视为旷工，按照本制度第七条规定处理；如有迟到者，按本制度第五条、第六条规定处理。

十二、员工的考勤情况，由各部门负责人进行监督、检查，部门负责人对本部门的考勤要秉公办事，认真负责。如有弄虚作假、包庇袒护迟到、早退、旷工员工的，一经查实，按处罚员工的双倍予以处罚。凡是受到本制度第五条、第六条、第七条规定处理的员工，取消本年度先进个人的评比资格。

十三、本制度自公布之日起实施。

×××××公司

××××年×月×日

【病例评析】

【病例】

保安队管理条例

为了更好地搞好各分厂的保卫安全工作，健全厂的保卫制度，防止各种不良情况发生，特成立总厂保卫安全巡逻队，并制定以下管理条例。

1. 保安巡逻队人员应本着为保护厂的安全及利益而工作的原则，处处为厂的利益和声誉着想。

2. 巡逻队的巡逻时间暂定为凌晨零时30分至第二天早上5点30分（如有变动以新通知为准），在巡逻值班时间内，保安员不准留在宿舍里，违者一经发现，按旷工处罚。身体不适或有事的，必须向班长请假，经同意后方可休息，对经常请病假和事假的人员，行政科将给予辞退，并按有关条例处理。

3. 每晚巡逻各分厂的次数暂定为不少于两次，从其中一间分厂到另一间分厂的路途时间不得超过40分钟，违者给予处罚。若有突发事件出现、需要马上解决的例外。

4. 在巡逻过程中，发现坏人坏事应敢于管理，如发现门卫在值班时间内睡觉的应提醒其注意并进行登记，第二天早上上班时报厂行政科。

5. 若对坏人坏事不敢管理以及在巡逻过程中找地方睡觉的，一经发现，将严肃处理或开除出厂。

6. 不论巡逻到任何一间分厂，到达及离开该厂时，所有巡逻队员及值班门卫必须在登记簿上签名并记录时间。

7. 若违反以上条例及门卫管理制度的，除按有关规定处理外，还取消其保安员的福利待遇。

【评析】

这篇例文的毛病有：①“条例”是国务院、全国人大及其常委会使用的文种，而例文是一个企业的管理制度，使用“条例”显然是越权的，应用“制度”。②条例的内容应该是原则性的，比较概括。文中对于保安员的管理规定细致而具体，跟条例的文种不相配。③条例的语言要准确简洁，如“巡逻时间暂定为凌晨零时 30 分至第二天早上 5 点 30 分”，以括注的方式出现，可写作“在巡逻时间内（暂定为凌晨零时 30 分至第二天早上 5 点 30 分）”；又如在巡逻过程中“找地方睡觉的”，宜直接写“擅自离岗”。

【项目 2】章程的写作

【能力目标】

1. 能熟练掌握章程的写作技能。
2. 能够根据具体情况写出格式规范、结构完整、内容完备、表述准确的章程。

【知识目标】

1. 了解章程的特点、种类和使用范围。
2. 掌握章程的格式和一般写法。

【工作情景】

甲与乙、丙、丁等筹建××广告有限责任公司，专注××地区广告设计，提供品牌设计、广告设计、标志设计、LOGO 设计、VI 设计、形象设计、专业摄影、360 度全景图制作、多媒体设计、软件界面设计等广告服务，并欲将该广告公司打造成 E 时代广告品牌专家。

根据《中华人民共和国公司登记管理条例》第二十条规定，申请设立有限责任公司，应当向公司登记机关提交有关文件，其中包括公司章程。

讨论：根据上面资料，写成一篇规范的公司章程。（学生在老师指导下完成。）

【必需知识】

一、什么是章程?

章程是政治、经济、文化等组织或团体的纲领性文件，用以规定该组织或团体的性质、宗旨、任务、组织原则、行动纲领、组织成员的权利和义务等内容，对该组织或团体的成员有较强的约束力。

章程的特点是具有纲领性、约束性和条文性。章程的内容，是对组织的性质、任务、奋斗目标和办事准则做最概括的规定，是该组织的奋斗纲领、所有成员的行动准则。正式的章程，对属下的一切组织和所有成员都有约束力。违反了章程，就会受到该组织的纪律处分。

二、章程的种类和使用范围

章程大致可分为组织章程和业务章程。组织章程就是党政或社会团体，用以规定其组织的性质、任务、宗旨等，让本组织的成员共同遵守，以保证其纯洁性和战斗力的文件，如《中国共产党章程》《全国数学协会章程》等；业务章程主要是企事业单位用以规定其业务性质、活动制度和行为规范，以保证企事业单位繁荣昌盛的文书，如《××企业执行董事章程》。

章程的使用范围比较广泛，企事业单位、政党、社会团体都可以用它来规范自己的成员，约束成员的行为。

三、章程的格式和一般写法

章程的基本格式由标题、通过的会议及时间、正文等部分组成。

（一）标题

标题由章程“制定单位名称＋章程”组成，如《佛山市××地产服务有限公司章程》《上海市物流学会章程》等。

（二）通过的会议及时间

在标题下方，用括号注明章程在何时、由何会议通过，或何时由何机关批准，或何时公布。

（三）正文

章程的正文由总则、分则、附则三部分组成。

总则又称总纲，总体说明组织或企业的性质、宗旨、任务和作风。

在分则部分，组织章程分别说明成员条件和权利义务、组织机构和活动方式、经费来源和管理使用等，企业章程主要说明企业范围、领导机构、收入分配和办事手续等。

附则即附带说明生效日期、制定权、修改权等。

章程用条文表达，主要有两种写法。一种是章条式，即全文分若干章若干条，如【范文】；另一种是条项式，即全文分若干条，有些条又分若干项。章程的内容，应简明扼要地解说，既不用具体叙述，也不用展开议论，显得纲目清楚，条文分明。

四、写章程必须注意的问题

（1）内容完备。例如社团章程要包括社团名称、宗旨、任务、组织机构、会员资格、入会手续、权利义务、领导者的产生和任期、会费的交纳和经费的管理使用等。必要的项目要完备，不能漏掉某些重要项目；表达内容要明白确切，不要含糊其辞。

（2）结构严谨。全文从总则、分则到附则，要有合理的顺序。分则部分，一般是先讲成员，再讲组织，后讲经费；组织之中，先讲中央，次讲地方，后讲基层；或先讲代表大会，次讲理事会，再讲常务理事会；政策则先讲对内政策，再讲对外政策，这样环环相扣，逻辑严密。条款要完整和单一，一条表达一个意思，不要把一个意思拆分成几条，弄得零零碎碎；也不要把几个意思糅合在一条之中，交叉杂乱。

（3）语言简洁。要开门见山，单刀直入，不转弯抹角，不比喻夸张，不展开论证，干净利落。用条文表达，按内容的内在联系安排材料，加上序码，不用关联词语，句与句、段与段之间有一定的跳跃性。

（4）程序合法。章程是组织活动的规范，一定要经过合法的程序产生，才能得到下属成员的承认。通常是成立起草小组，先拟出一个草案；接着召开座谈会征求意见；最后，组织章程由代表大会（会员大会）通过，业务章程由董事会（理事会）通过，才能成为正式章程。不经上述会议通过不能算正式章程。

【范文借鉴】

【范文】

佛山市××地产服务有限公司章程

（执行董事章程范本）

第一章 总则

第一条 依据《中华人民共和国公司法》和国家有关法律、行政法规以及广东省人民政府有关政策制订本章程。

第二条 佛山地产服务有限公司在佛山市工商行政管理局登记注册，注册登记名称为佛山市××地产服务有限公司（以下简称公司），公司住所：佛山市×路×街20号首层。

第三条 公司宗旨是：繁荣社会主义市场经济。

第四条 公司是由3个股东共同出资设立，依法登记注册，具有企业法人资格。公司股东以其出资额为限对公司承担责任，公司以其全部资产对公司的债务承担责任。公司以其全部法人财产，依法自主经营，自负盈亏。

公司的一切活动遵守国家法律、法规的规定。公司应当在登记的经营范围内从事活动。

公司的合法权益受法律保护，不受侵犯。

第二章 公司的注册资本和经营范围

第五条 公司的注册资本为人民币××万元。

第六条 公司的经营范围是（除国家专营专控商品外，其他项目由企业自定）房屋租赁、买卖、代办契证、代管物业。

第三章 股东姓名（或名称）和住所

第七条 公司股东共3人，分别是：

×××，住广东省佛山市×街×号，身份证号码为：××××××××××××××××××××

×××，住广东省佛山市×村×号，身份证号码为：××××××××××××××××××××

×××，住广东省佛山市×路×号，身份证号码为：××××××××××××××××××××

第四章 股东的出资额和出资方式

第八条 公司的注册资本全部由股东自愿出资入股。

第九条 股东出资注册方式和出资额：

×××，出资××万元（货币），占出资额的33.33%。

×××，出资××万元（货币），占出资额的33.33%。

×××，出资××万元（货币），占出资额的33.33%。

第五章 股东的权利和义务

第十条 股东享有下列权利：

（一）享有选举权和被选举权。

（二）按出资比例领取红利，公司新增资本时，原股东可以有限认缴出资。

（三）按规定转让和抵押所持有的股份。

（四）对公司的业务、经营和财务管理工作进行监督，提出建议或质询。有权查阅股东会议记录和公司财务会计报告。

（五）在公司办理清算完毕时，按所出资比例分享剩余资产。

第十一条　股东履行下列义务：

（一）足额缴纳公司章程规定的各自认缴的出资额。

（二）在公司办理清算时，以缴纳的出资额对公司承担债务。

（三）公司已经工商登记注册，不得抽回出资。

（四）遵守公司章程，保守公司秘密。

（五）支持公司的经营管理，提出合理化建议，促进公司业务发展；

（六）不按认缴期限出资或者不按规定出资额认缴的，应承担违约责任。

第六章　股东转让出资的条件

第十二条　股东之间可以相互转让其全部出资或部分出资。股东向股东以外的人转让其出资时，必须经全体股东过半数同意；不同意转让的股东应购买该转让的出资，如果不购买该转让的出资，视为同意转让；经股东同意转让的出资，在同等的条件下，其他股东对该出资有优先购买权。

第十三条　受让人必须遵守公司章程和有关规定。

第七章　公司的机构及其产生办法、职权、议事规则

第十四条　公司股东会由全体股东组成，股东会是公司的最高权力机构。

第十五条　股东会行使下列职权：(略)

第十六条　股东会的议事方式和表决程序按照本章程的规定执行。

股东会对公司增加或减少注册资本、分离、合并、解散或者变更公司形式以及公司章程的修改作出决议，必须经由全体股东通过。

第十七条　股东会会议分为定期会议和临时会议，定期会议半年召开一次。

股东会的首次会议由出资最多的股东召集和主持，执行董事或者监事，可以提议召开临时会议。

第十八条　召开股东会议，应当于会议召开 15 日以前通知全体股东，股东会应当将所议事项的决定做成会议记录，出席会议的股东应当在会议记录上签名。

第十九条　公司不设立董事会，设执行董事一人。

第二十条　执行董事为公司的法定代表人，其产生程序由股东会选举产生。本公司的第一任法定代表人由×××担任。

第二十一条　执行董事对股东会负责，行使下列职权：(略)

第二十二条　执行董事任期 3 年，任期届满，可以连选连任，执行董事在任期届满前，股东会不得无故解除其职务。

第二十三条　公司设经理，由执行董事兼任。经理行使下列职权：

（一）主持公司的生产经营管理工作，组织实施股东会决议。

（二）组织实施公司的年度经营计划和投资方案。

（三）拟订公司内部管理机构设置方案。

（四）拟订公司的基本管理制度。

（五）制订公司的具体规章。

（六）提请聘任或解聘公司副经理、财务负责人。

（七）聘任或者解聘除应由股东会聘任或者解聘以外的管理人员。

第二十四条　执行董事、经理、监事行使职权时，必须遵守下列规定：(略)

第二十五条　公司设监事一人，由股东会选举产生。执行董事、经理及财务负责人不得兼任监事。

第二十六条　监事行使下列职权：(略)

第八章　公司财务、会计

第二十七条　公司应建立健全如下财务会计制度：

（一）公司应在每一会计年度终了时制作财务会计报告，并依法经审查验证，并在每年的1月1日至1月15日送交各股东审阅。

财务会计报告应当包括下列财务会计报表及附属明细表：资产负债表、损益表、财务状况变动表、财务情况说明书、利润分配表。

（二）应当按照公司章程规定的期限将财务会计报告送交各股东。

（三）公司分配当年税后利润时，应当提取利润的10%列入公司法定公积金，并提取利润的5%～10%列入公司法定公益金。公司法定公积金累计金额为公司注册资本的50%以上的，可不再提取。（略）

（四）公司的公积金用于弥补公司的亏损，扩大公司生产经营或者转为增加公司资本。

（五）公司提取的法定公益金用于本公司职工的集体福利。

（六）公司除法定的会计账册外，不得另设会计账册。

对公司资产，不得以任何个人名义开立账户存储。

第九章　公司的合并、分立

第二十八条　公司的合并或者分立，由公司股东会作出决议。

（一）公司合并可以采取吸收合并和新设合并两种形式。

（二）公司分立，其财产做相应的分割。

第二十九条　公司需要减少注册资本时，必须编制资产负债表及财产清单。

公司应自作出减少注册资本决议之日起10日内通知债权人，并于30日内在报纸上至少公告3次。

公司减少资本后的注册资本不得低于法定的最低限额。

第十章　公司解散与清算

第三十条　公司有下列情形之一的，可以解散：

（一）公司章程规定的营业期限届满。

（二）股东会议解散。

（三）因公司合并或者分立需要解散的。

（四）遇自然灾害或外界不可抗拒的原因需要解散。

第三十一条　公司解散，应在15日内由股东、有关主管机关或有关专业人员成立清算组，进行清算。逾期不成立清算组进行清算的，债权人可以申请人民法院指定有关人员组成清算组进行清算。

清算组在清算期间行使下列职权：（略）

第三十二条　公司财产能够清偿公司债务的，分别支付清算费用、职工工资和劳动保险费用、缴纳所欠税款，清偿公司债务。

第三十三条　公司清算结束后，清算组应当制作清算报告，报股东会或者有关主管机关确认，并报送公司登记机关，申请注销公司登记，公司公告终止。

附则

一、本章程于20××年12月1日订立。

自佛山市工商行政管理机关登记注册之日起生效。

二、由全体股东签名、盖章确认。

全体股东签名：×××　×××　×××

20××年×月×日

【病例评析】

【病例】

×××教育基金会章程

（20××年12月21日通过）

一、教育为立国之本，×××先生为振兴中华，资助教育事业，培育英才，决定捐赠港币1亿元，与国家教育委员会合作，成立×××教育基金会，用于发展中国的教育事业。

二、要发展教育，首先要提高师资水平。师范教育（包括学前教育）的任务是培养师资。师资水平关系幼儿教育、基础教育及高等教育的质量和民族的素质，十分重要。当前本基金会的工作重点是：奖励高等师范院校、教育学院、中等师范学校（包括幼师及教师进修学校）及师范性较强的综合性大专院校中有成就、有贡献的优秀教师，鼓励并促进优秀教师到师范院校任教。

三、基金的使用。利用1亿元的基金收取利息，或通过经营进行投资、再投资。取得的收入，用于对教师的奖励。

四、基金会理事会。

1．理事会为本基金会的决策机构。理事会设理事长1人，副理事长2人，理事若干人。每年召开理事会会议一次。如有需要，经理事长或副理事长同意，可临时召开理事会会议。

2．理事会设秘书长1人，副秘书长1人，由理事兼任，负责处理基金会的日常工作。

五、本基金会在中国香港注册。

六、本基金会设立香港办事处和北京办事处。

香港办事处通讯处为：×× ×× ××

北京办事处通讯处为：×× ×× ××

【评析】

本章程用条款式分别写明了成立×××教育基金会的目的、意义、任务、目前工作重点及组织机构等，条理清楚。但也存在一些不足：①内容不完备。分则部分缺理事会的权利和职责；附则应写明香港办事处和北京办事处各自负责的具体任务，才能有效地工作。另外，附则一般还要附带说明生效日期、制定权、修改权等。②语言不够简洁。本章程宜把第二点的议论文字删去。

【项目3】公约的写作

【能力目标】

1. 能熟练掌握公约的写作技能。
2. 能够根据具体情况写出格式规范、内容概括、语言简洁的公约。

【知识目标】

1. 了解公约的概念和使用范围。
2. 掌握公约的格式和一般写法。

【工作情景】

为了把宿舍建设成文明宿舍，请你写一份宿舍文明公约，贴在宿舍墙壁上，供大家共同遵守。

【必需知识】

一、什么是公约？

公约有两种含义：一种是指国际间的条约，一般是三个或三个以上国家缔结的关于政治、经济、技术或法律等方面专门问题的多边条约，如《日内瓦公约》《国际公约》等，这种公约具有国际法的性质，是国与国之间处理各项事务的法律依据。另一种公约是指人民群众、团体为了维护公共秩序或公共利益，经集体讨论，把约定要做到的或不应当做、应该宣传的或必须反对的事情，明确地写成条文，以便共同遵守，如《服务公约》《爱国卫生公约》等。本书所介绍的公约是指人民群众、团体制定的公约。

二、公约的格式和一般写法

公约的写作格式跟一般的规章制度相似，包括标题、正文、署名和署时三部分。

（一）标题

公约的标题是“单位名称＋内容＋文种”，如《宿舍卫生公约》。也有的省去内容，只写单位和文种，如《市民公约》。

（二）正文

公约的正文有两种形式：一种是文章式公约，开头简单写明签订公约的原因和目的；中间将约定要遵守的具体事项一一列出，一般范围比较广，涉及道德规范和行为方式等方面；结尾部分或提出希望，或安排检查事宜等，多数公约不写这一部分。文章式公约如【范文 1】。一种是诗歌式公约，没有开头和结尾部分，只用朗朗上口的诗歌式的语言，简明扼要地概括主文内容。这种形式的公约要求语言通俗、字数整齐，内容概括，现在大多用这种形式。诗歌式公约如【范文 2】。

（三）署名和署时

署名和署时是公约的结尾部分，注明制发单位和时间；如在标题已写明制发单位，则落款处只署时即可。

三、写公约必须注意的问题

公约的写作，一般要运用通俗易懂的语言，从多方面揭示约定的事项，给人们制定一个道德规范和行为准则。不管是文章式公约还是诗歌式公约，都要求语言通俗、内容全面、条理清晰、文字简洁。

【范文借鉴】

【范文 1】（文章式公约）

××公司员工行为公约

为了营造公司员工和谐的工作环境，培养公司员工的良好素质，促进公司各项任务的顺利完成，特制定本公约，以资共同遵守。

一、全员尽职尽责，严守规范，提高职业素养，对自己的工作负责，在不同的岗位上为公司贡献力量。

二、安全是头等大事，安全是一切的保障。我们的一切生产行为首先要确保安全。

三、信守承诺是我们做人做事的根本原则。诚实守信才能无愧于心。

四、相互尊重和包容。和谐的工作氛围是在互相尊重的前提下建立的，要学会换位思考，多站在对方的立场上想问题，己所不欲，勿施于人。

五、全员要团结协作。工作需要协作，成功离不开协作。我们都是的××公司的一分子，让我们在相互沟通中化解分歧，在坦诚交流中凝聚共识。

六、加强自身修养、提高自身素质是自我发展和成长的动力。我们须在工作中学习，在学习中工作；

努力学习新知识，钻研新技术，掌握新技能。

七、树立快乐工作、快乐生活的理念。积极参与全民健身运动，保持身心健康，不让个人的健康状况成为企业安全的隐患。以良好的精神状态和心理素质对待工作和生活。

八、干就干最好，争就争一流。产品就是人品，对工作要精益求精。我们要时刻意识到与世界先进水平的差距，时刻不忘艰苦奋斗的传统，奋起直追。

让我们在锐意进取中不断超越，在拼搏奉献中体现价值，共同为××公司美好的明天而努力奋斗！

20××年×月×日

【范文2】（诗歌式公约）

广州市文明公约

热爱祖国，建设羊城。从我做起，构建家园。
人与自然，生息相连。爱护环境，健康身心。
遵纪守法，维护安定。家和邻睦，平安乐园。
崇尚科学，务实求新。崇文重教，文风盛行。
文明富庶，社会和谐。绿色崛起，广州先行！

20××年×月

【病例评析】

【病例】

××学校学生文明礼貌公约

1. 待人要和气，说话不大声。
2. 衣服保持整洁，纽扣要扣好。
3. 不在墙上、桌凳上、黑板上乱涂乱写。
4. 见老、弱、病、残者，要热心帮助，助人为乐。
5. 见师长要叫“早”或“好”，分手时要讲“再见”。
6. 经常保持教室的卫生和整洁。
7. 请人帮助要讲“谢谢”，得罪了人要讲“对不起”。
8. 上课遵守纪律，认真听好课，发作业时要双手接。
9. 爱护公共财物，不随便损坏东西；爱护庄稼、树木、益虫、益鸟。
10. 进入公共场所不争先恐后，进场后不喧哗，不大声谈笑，不吃东西。
11. 客人到家要讲“请进”，并沏茶倒水；送客时要让客人先走、送出门时要讲“再见”。
12. 同学之间要讲团结、友爱，不给同学起绰号，不打人，不骂人，不讲粗野话，不随便开玩笑。
13. 常保持作业整洁，每次作业都要认真完成，不拖拉、不马虎。
14. 不乱丢纸屑、瓜皮、果壳，不随地吐痰，饭前饭后要洗手，养成良好的卫生习惯。
15. 进办公室要喊“报告”，经同意后才入内，到客人家去要先敲门，同意后才进去。
16. 上街要遵守交通规则，单车不带人，走路要走人行道，不随便横穿马路。

【评析】

这份“文明礼貌公约”存在的问题主要有：①条理不清，内容杂且交叉重复，如第12条既写了要“团结友爱”，又讲了说话要文明，宜分两条来写；第8条与第13条，同是写学习方面的要求，可归为一条来写；第1条与第12条，第3条与第6条、第14条，都可以归类概括。②语言啰唆，欠简练。

【微课资料】

公约的一般写法

【技能实训题库】

一、分析题

下面是××市人民政府的一个规章的正文材料，原条款的先后顺序已被打乱，每个条款前的序数词也已被删去，请将其进行整理，使其条理化，并补充这个规章的标题。

新建供外事用的大型建筑必须配建的停车车位指标：

（1）旅游宾馆不小于0.2个小车位/每间客房，高级宾馆、饭店不小于0.3个小车位/每间客房。

（2）外商办公楼不小于0.5个小车位/每100平方米建筑面积。

（3）高级公寓每套住户配建一个小车位。

以接待国内宾客为主的旅馆、饭店，以及以国内人士居住为主的公寓和国内企业及单位使用为主的办公楼等新建工程，同样必须配建停车场（库），其停车车位按上述指标的30%～50%设置。

本规定自20××年1月1日起执行。由城市规划建设管理局和市公安局共同负责实施。今后国家如有正式关于大型建筑配建停车场（库）的规定，则以国家颁布的文件为准。

上述工程应配建的停车场（库），应与主体工程同时设计、同时施工、同时交付使用。

为了保证城市交通的畅通，适应对外开放和城市建筑的发展，迅速扭转本市大型公共建筑的停车矛盾，特制定本规定。

已明确的停车场（库），一般不得随意变更使用性质，确需变更用途的，须经市规划部门、公安部门批准同意。

××市政府

20××年×月×日

二、修改题

（一）指出下面章程有什么不足之处，并将之修改。

××市武术协会章程

第一条　中国武术，简称武术，又称中国功夫，在很早的时候就已经出现，是祖国文化的宝贵遗产。在广大群众中广泛开展武术活动可以增强人们的爱国热情，可以强身健体，可以活跃群众的业余生活，可以增强国防观念。

第二条　为了实现以上目标，特成立本协会。

第三条　本协会的领导是市体育委员会。本组织的成员都来自五湖四海，为了弘扬祖国的宝贵文化遗产而走到了一起。

第四条　本组织的成员本着“姜太公钓鱼，愿者上钩”的原则申请加入。

第五条　本组织的成员要遵纪守法，不做对本组织不利的事。一旦违反，必将严惩不贷，绝不姑息。

第六条　本协会的领导实行“轮流坐庄”。要善于听取大家的意见，事事要带头，要吃苦在前享受在后，要维护广大会员的利益，在自己的任期内实实在在地为大家办实事。

第七条　成员之间要互相学习、互相帮助，要一切行动听指挥。武术博大精深，学习它研究它永远没有止境，所以永远也不能有骄傲自满情绪，要虚心向各位老前辈学习。

第八条　本协会将不定期举办一系列活动，例如武术观摩、讲座、表演和一些有偿的商业活动等。

本会会员无故不得缺席。具体时间和地点另行通知。

第九条　各位武术协会的成员必须秉承“习武先正身”宗旨，加强自身修养，绝不做任何有损本组织和自身形象的事。

第十条　本章程自发布之日起生效。

（二）指出下面的公约有什么不足之处，并将之修改。

××宿舍文明公约

第一章　总则

为了维护宿舍正常生活秩序，保障宿舍成员身心健康，养成良好生活习惯，创造一个文明、健康、卫生的生活环境，特制定本公约，希望各位在此公约上达到的共识能坚持执行。

第二章　基本权利和义务

第一条：各成员拥有对宿舍事务的表决权，实行少数服从多数的原则。

第二条：各成员在第一条的前提下，可以自由决定其他事情。

第三条：各成员在外面有维护本宿舍形象的义务。

第四条：各成员有遵守本公约的义务。

第三章　规定内容

第一条：为确保个人物品安全，入睡前及离开宿舍前均应及时检查并关好门窗，妥善保管好个人物品。

第二条：宿舍内禁止使用明火和违规电器；不得将易燃物品带入宿舍；不私自维修插座。

第三条：爱护公物，保持宿舍各公共设施完好，发现宿舍门窗、灯有破损或有不安全因素时，及时向宿管报告。

第四条：保持宿舍环境卫生，床铺、台面保持整齐与干净；牙刷、毛巾要统一摆放；不向窗外扔东西，保持宿舍内通风。

第五条：每星期至少三次大清洁，实行轮流值日制；节约用水用电，洗衣水用来冲厕所或拖地。

第六条：生活作息要有规律，在该休息时休息。有特殊的情况，如聊电话、上网时，音量尽量调到最小，避免影响室友休息，不要有晚归的现象。

第七条：讲文明、讲礼貌，平等待人。室友之间，互相帮助，多为他人着想，不得怂恿室友逃课。

×××宿舍

20××年×月×日

三、写作题

（一）下面是一则病例，请将之改写成符合要求的规章制度。

××市人民政府关于加强自行车交通管理的规定

为进一步贯彻《××市道路交通管理暂行规则》和《××市道路交通管理暂行处罚规则》，加强自行车交通管理，特重申并补充以下规定：

一、凡骑自行车者，必须遵守以下规定：

1．沿线靠右行驶，禁止逆行。在划有车辆分道线的道路上，不准在机动车或人行道上骑行。

2．转弯要提前减速，照顾前后左右情况，并伸手示意。在划有上下四条以上机动车道的路段上左转弯时，必须推车从人行横道内通过。不准突然猛拐、争道抢行。

3．在三环路以内，郊区城镇或公路上，不准骑车带人，不准与骑车同行者扶身并行；不准双手离把、持物或攀扶其他车辆；不准骑车拖带车辆；不准追逐竞驶或曲折竞驶。

4．行车在道路上停车、载物、停放等均应按《××市道路交通管理暂行规则》的规定执行。

二、对违反规定的，要批评教育，处罚×元至××元。

三、因骑车人违反规定造成交通事故的，由骑车人承担全部责任。

四、本规定由市公安局负责实施。

20××年×月×日

（二）根据你所在宿舍的具体情况，拟写一份宿舍文明公约。

（三）××学校成立了爱心基金会，目的是帮助家庭困难的同学完成学业，请代该基金会拟写一份章程。

模块九　合同类文书

【项目 1】意向书的写作

【能力目标】

1. 能熟练掌握意向书的写作技能。
2. 能够根据具体情况写出格式规范、思维缜密、语言准确有分寸的意向书。

【知识目标】

1. 了解意向书的概念、特点、类型和写作要求。
2. 掌握意向书的结构和一般写法。

【工作情景】

广州兴达有限公司与深圳锐发有限公司，于 2019 年 10 月 8 日上午在深圳市国贸大厦 22 层会议厅就引进开发农副产品深加工技术进行了洽谈，达成以下共识：

（1）合作范围：农副产品深加工技术咨询和引进、农副产品深加工机械设备引进、农副产品深加工专利引进、引进外国资金开发农副产品深加工基地。

（2）合作方式：根据具体项目情况，采用多种合作方式，主要包括引进农副产品深加工技术、专利、机械设备和资金。

（3）合作程序：先成立由双方代表组成的引进开发农副产品深加工技术工作组，商定适当时间，组团考察研究；根据考察调研结果，共同拟定具体的合作项目与方式；约期磋商合同条款，最后签订正式合同。

（4）双方义务：广州兴达有限公司负责提供农副产品，深加工基地的用地和厂房建设；深圳锐发有限公司负责提供农副产品深加工技术资料、机械设备、专利，组织有关技术力量和协调各方关系，协助代理产品出口；双方共同引进外国资金开发农副产品深加工基地；双方确定联系人，开展经常性的联络工作。

讨论：根据上面资料，写一份规范的意向书。（学生在老师指导下完成。）

【必需知识】

一、什么是意向书?

意向书是当事人双方或多方之间，在对某项事务正式签订合约、达成协议之前，表达初步设想的意向性文书。意向书为进一步正式签订协议奠定了基础，是协议或合同的先导，多用于经济技术的合作领域。

二、意向书的特点

意向书的特点：其一是协商性；其二是灵活性，其三是简略性。意向书不像协议、合同那样，一经签约便不能随意更改，在协商过程中，当事人各方均可按各自的意图和目的提出意见，在正式签订协议、合同前亦可随时变更或补充，最终达成协议。

三、意向书的类型

意向书的具体类别较多，但就合作各方所享有的权益和承担的义务来看，可分为两大类：一是具有

“双方契约”和“有偿合同”性质的意向书。这种意向书使签约双方或各方既享有一定的权利，也承担一定的义务。二是具有“单方契约”和“无偿合同”性质的意向书。这种意向书只有一方单独承担某种义务。

四、意向书的格式和一般写法

意向书的格式一般包括标题、正文、尾部。

（一）标题

（1）项目名称＋文种，如《兴建朝阳娱乐城意向书》。

（2）文种即《意向书》。

（二）正文

正文的构成是“导语＋主体＋结尾”。

（1）导语。写明合作各方当事人单位的全称，双方接触的简要情况，磋商后达成的意向性意见。然后用“本着××原则，兴建××项目”作为导语的结束。

（2）主体。分条款写明达成的意向性意见，可参照合同或协议的条款排列。

（3）结尾。写明“未尽事宜，在签订正式合同或协议书时再予以补充”之类的话，以便留有余地。

（三）尾部

意向书正文之后签署各方单位的名称、代表人姓名并加盖公章、私章及日期。如【范文】。

五、写意向书必须注意的问题

（1）不要表现出己方对关键问题的要求。如前所述，意向书仅仅是表明双方对某个项目的意愿和趋向，而不是对该项目的完全确认，加之各自对对方资信情况的了解也有待继续加深。因此，在编写项目意向书时，我方对项目中关键问题的要求不宜写入，以便在下一步洽谈时，能进退自如，取得主动。

（2）凡己方要上级或其他部门才能解决的问题，不能写入意向书。兴办一个项目，必然涉及很多有关部门，绝不是项目承办单位能单独解决的。因此，在拟订项目意向书时必须谨慎从事，不可将不适当的承诺写入意向书。

（3）不要写入超越己方工作范围的意向条款，也不要写入与我国现行政策和法规相抵触的内容。

（4）思考要周密，用词要准确，不要随便使用肯定性的词句，尤其是关系双方权益的问题，务必慎用肯定性词句，以便留有余地。

【范文借鉴】

【范文】

意向书

中国纺织品进出口公司（以下简称甲方）与法国××服装公司（以下简称乙方）经过友好协商，双方本着平等互利的原则，进行补偿贸易。现已达成初步意向，内容如下：

一、为了扩大中国丝绸服装贸易，乙方要求甲方提供稳定生产的服装工厂，为乙方生产中国丝绸服装，甲方同意在××县××乡新建一家服装工厂，生产乙方所需的以真丝为面料的不绣花的女装衬衫、男式睡衣、女式睡袍等。产量暂定为年产 30 万～35 万件。为了确保质量，乙方希望该厂从一开始就注意质量和生产能力的逐步提高。甲方同意乙方的意见，并同意在工厂筹建结束时作具体安排。

二、乙方向甲方提供价值约××万美元的制作丝绸服装的专用设备和附属设备。

三、甲乙双方的贸易和乙方的来料加工业务，其价格、规格、交货期等均应逐项签订合同。

四、甲方根据乙方提供之服装设计原图及施工工艺要求进行加工生产，保证质量。

五、乙方应派人员来××市××县××乡服装工厂进行技术辅导及质量监督。乙方人员来××市所需一切费用概由乙方自行负担。

六、未尽事宜，在签订正式合同或协议书时再予以补充。

甲方
中国纺织品进出口公司（公章）
代表：××（签名）
时间：20××年×月×日
甲方联系人：×××
电话：×××××××××
传真：×××××××××
邮编：××××××
联系地址：×××××××××

乙方
法国×××服装公司（公章）
代表：××（签名）
时间：20××年×月×日
乙方联系人：×××
电话：×××××××××
传真：×××××××××
邮编：××××××
联系地址：×××××××××

【病例评析】

【病例】

合同意向书

2019年3月3日至5日，中国香港××研究所（简称甲方）与西北××公司（简称乙方），就双方共同合作生产压缩机事宜，进行了洽谈。达成以下共识：

1．双方商定在××地区建立压缩机生产基地。

2．双方商定，乙方负责为该合作项目寻找厂址，甲方负责提供压缩机的最新技术。

3．合营企业为有限公司，定名为：×××公司。

4．双方投资比例为3∶7，即甲方占30%，乙方占70%。总投资140万元，其中，甲方42万元，乙方98万元。合作期限定为五年。

5．公司设董事会，人数为5人，甲方2人，乙方3人。董事长一人由乙方担任，副董事长一人由甲方担任。正、副总经理由乙、甲双方分别担任。

6．合营企业所得毛利润，按国家税法照章纳税，并扣除各项基金和职工福利等。净利润根据双方投资比例进行分配。

7．双方共同遵守我国政府制定的外汇、税收、合资经营以及劳动等相关法规。

8．双方商定，在适当时间，就有关问题进一步商洽，提出具体实施方案。

香港××研究所所长：×××（签字）
2019年×月×日

西北××公司总经理：×××（签字）
2019年×月×日

【评析】

这篇病例的主要问题是：①标题不规范。一般不写“合同意向书”，直接写上“意向书”即可。②意向书的正文一般写双方初步商洽的意图以及达到一致认识的条款，是一些原则性的意向，不宜写入项目中的关键问题。而这份意向书已经把投资金额、利润分成、合作期双方的权利与义务等都作了明确详细的规定，不符合意向书的写作要求，应该是一份“协议书”；结尾欠缺意向书的份数和持书者的说明。③语言欠妥当。例如“总投资140万元”应加上币种，是美金、港币还是人民币？一些数字应该大写，如“董事会5人，甲方2人，乙方3人”中的数字应大写，避免造成不必要的争执。④结尾写法不规范。一般应写上甲、乙方单位名称，盖章，再签上法人代表名称。

【项目 2】经济合同的写作

【能力目标】

1. 能熟练掌握经济合同的写作技能。
2. 能够根据具体情况写出格式规范、结构完整、条款完备、表述准确的经济合同。

【知识目标】

1. 了解经济合同的概念、特点、种类。
2. 掌握经济合同的格式、一般写法和主要条款。

【工作情景】

××百货公司与××服装厂协商订购梅花牌羽绒背心，型号为 95 厘米和 100 厘米的各 5000 件，每件价格均为 55 元。交货时间是 2018 年×月×日至×日；地点是供方×××仓库；××服装厂不包送货；××百货公司要求对方产品要按统一规定的服装包装标准，进行纸箱包装。包装材料及费用由××服装厂负责；产品的规格、质量和技术标准，要以部颁标准执行。××百货公司要验收，根据双方封存样品为准，提货时抽样检查；××百货公司收到货、验收合格后三天内付全部货款，如遇假日顺延。××服装厂如不能准时交货必须向××百货公司偿付违约金，违约金占货款总值 20%，××百货公司如中途退货或不准时交款，也必须偿付违约金，违约金占货款总值 20%。

讨论：根据上面资料写成格式规范、条款完备的购销合同。（学生在老师指导下完成。）

【必需知识】

一、什么是经济合同?

经济合同是契约的一种，指的是自然人、法人或其他组织之间（双方或多方），为实现各自的经济目的，按照法律规定，彼此确定一定的权利和义务的协议。

二、经济合同的种类

经济合同的种类繁多，按照不同划分标准，可以分为不同类型。按形式分，有条款式、表格式、条款与表格结合式；按期限分，有长期合同、中期合同、短期合同；按合同内容分，有买卖合同，供用电、水、气、热力合同，赠与合同，借款合同，租赁合同，融资租赁合同，承揽合同，建设工程合同，运输合同，技术合同，保管合同，仓储合同，委托合同，居住合同等。

三、经济合同的基本特征

经济合同是合同的一个特殊种类，除具有一般合同的特点外，还具备以下特征：

（1）经济合同的主体一般是法人。法人是依法设立的，并且是有必要的财产和经费，有自己的名称、组织机构和场所，能够独立享有民事权力和承担民事义务的社会组织。可见，法人是社会组织在法律上的人格化。

（2）经济合同的内容反映了当事人特定的经济目的。这种特定的经济目的，主要反映生产和流通领域的经济关系。

（3）经济合同的订立和履行要受国家计划的制约和影响。

（4）经济合同当事人之间的行为是等价有偿的。经济合同作为商品交换的法律形式，必须体现等价交换的原则，无偿的赠与行为不构成经济合同关系。

（5）经济合同应当采用书面形式。绝大多数经济合同的标的数额较大，合同当事人权利、义务的行使和履行都需要较长的期限，要保证合同的全面、正确履行，就必须采用书面形式订立合同。

四、经济合同的格式和一般写法

（一）合同的格式与写法

合同格式分为表格式和条款式两大类。我国有关部门颁发了几十种常用合同示范文本。在实际使用的合同中，也有两种格式综合使用的。《民法典》第四百七十条规定："当事人可以参照各类合同的示范文本订立合同。"

合同的基本格式包括标题、当事人、正文、落款。

1. 标题

标题位置在首行居中，通常直接使用合同名称以表明合同的性质，如"购销合同""承揽合同"等；也有的在前面写明标的，如"供用电合同""棉花购销合同"等；还有的再加上时间或者范围的限制，如"××综合商场租赁经营合同"等。

2. 当事人

标题下空一行顶格起，当事人（立合同者）要写明单位全称或个人真实姓名。通常各方当事人要以相同形式分行并列，并注明当事人在合同活动中的地位，如"买方"或"卖方"、"出租人"或"承租人"、"委托方"或"服务方"等。也可以用"甲方"或"乙方"分别代指双方，依照惯例，付款方称"甲方"，收款方称"乙方"。

3. 正文

正文的构成是"引言＋主体＋结尾"。

（1）引言。引言要简明写出双方订立合同的依据和目的，如"为扩建北京市××学校电子计算机房，甲、乙双方协商订立本合同，以资共同信守"。也可以不写引言，直接写下一部分。

（2）主体。主体用表格或者条款写明合同内容，包括标的、数量和质量、价款和酬金、履行的期限、履约的地点和方式、违约责任、解决争议的方法等，还包括经当事人商定的其他必要条款。每项都应尽可能写得具体、明确，将各方的责任和义务规定得一清二楚。

（3）结尾。结尾要写明合同的份数、效力，如"本合同一式两份，具有同等效力，双方各执一份"。有的还需注明合同的有效期限、附件的名目（如"设计图纸"）等。结尾内容也有的写在合同的最后。

合同正文的每个部分和每项内容，在条款式中都要另起一段，在表格中都要另占一格。复杂的合同（如进出口合同书）还要划分章目，并在前面列出目录。

4. 落款

落款位置大多在合同书的最后，除了写明当事人单位全称及代表人（或代理人）姓名并加盖公、私印章，注明签订日期外，通常还要注明地址、电话、电传、银行账号等。合同经过鉴证的，鉴证机关可以单独开具"合同鉴证书"，也可以在合同后签署鉴证意见并注明日期，经办人和鉴证机关要署名盖章。

（二）经济合同的主要条款

1. 标的

标的是指合同中双方权利和义务所共同指向的对象，即双方当事人所要实现的目的。合同的标的，根据合同的种类而异，既可以是货物，也可以是货币，还可以是劳务或工程项目等。没有标的的合同，或标的不明确的合同，当事人无法履行义务和享受权利，合同不能成立。

2. 数量和质量

数量和质量是衡量标的的指标，是标的的具体体现。数量指标的计量，如产品的数量、款项的金额等；质量主要是指标的规格、性质、式样、标准等。没有数量和质量，双方的权利和义务就无法确定，合同也不能生效。

3. 价款或报酬

价款或报酬是取得合同标的的一方向另一方所支付的代价和报酬，是标的的价值，以货币数量来表现。价款或报酬是经济合同中权利义务平等的具体体现。

4. 履行的期限、地点和方式

履行期限是指合同兑现的时间，合同的履行期限是双方履行义务和享有权利的时间依据，它对双方都有限制力，包括交货的期限和付款的期限。

履行的地点是指交货、提货、付款和建设的地点，即合同当事人在什么地方履行各自应承担的义务，直接关系到履行的义务和费用，是合同履行的保证。

履行的方式是指当事人采用什么方式和手段来履行合同的义务，如交货方式、结算方式、一次履行还是分批履行等。

5. 违约责任

违约责任是指协议者不能履行或不能完全履行经济合同时，必须承担的经济责任和法律责任。这是对不按合同履行义务者的制裁办法，也是避免经济损失、维护合同严肃性的重要措施。承担违约责任的主要方式是支付违约金和赔偿金。

五、写经济合同必须注意的问题

为了订立好经济合同，以保证经济合同顺利履行，实现各自预期的经济目的，获得一定的经济效益，要求遵循下列原则：

（1）审查对方主体资格的原则。合同的主体是公民，经济合同的主体是法人，不具备法人资格的当事人之间无权签订经济合同。

（2）自由、自愿的原则。这是合同法的基本原则。

（3）遵守国家法律和政策的原则。法律和国家政策是当事人从事一切民事活动，包括签订合同的基本原则。任何人不得通过签订合同进行非法活动。

（4）不损害社会公共利益和不破坏国家经济计划的原则。

（5）平等互利、等价有偿、公平合理的原则。

（6）诚实、信用的原则。诚实、信用的原则要求当事人在签订与履行经济合同的过程中，主观上没有损害他人或者国家、社会利益的意思，不给他人或者国家、社会造成损害。

（7）全面履行的原则。全面履行的原则指经济合同当事人必须按照合同约定的主要条款，全面完成各自承担的义务。全面履行的原则体现了社会主义合同制的性质。

（8）根据不可抗力可适时变更的原则。由于不可抗力或由于一方当事人虽无过失但无法防止的外因，致使经济合同无法履行的，允许变更或解除经济合同。变更或解除经济合同的方法有：增加或减少原合同约定的价款或租金；将一次性履行改为分批履行；延长履行期限；解除合同。

（9）追究过错责任，保护当事人合法权益的原则。

【范文借鉴】

【范文1】（租赁合同）

广州市房地产租赁合同

出租人（甲方）：××建仁房地产实业发展有限公司

承租人（乙方）：××市农业信息中心

根据国家、省、市有关法律、法规及房地产管理的各项规定，甲乙双方本着平等、自愿的原则，经协商一致订立本合同，并共同遵守，接受当地房地产管理机关的监督、管理。

一、甲方同意将坐落在_____区_____路_____街（巷、里）_____号_____部位的房地产出租给乙方作_____（按房屋使用性质填写）用途使用，_____（使用、建筑）面积_____平方米，其中包括_____（自搭、原有）阁楼_____（使用、建筑）面积_____平方米，分摊共用_____（使用、建筑）面积_____平方米，另有余地使用面积_____平方米。

二、甲乙双方协定的租赁期限、租金情况如下：

租赁期限	月租金额（币种：人民币）	
	小写	大写
2019年4月1日至2019年6月30日	46,470.00	肆万陆仟肆佰柒拾元整
年　月　日至　　年　月　日		

注意：

1．租赁期限不得超过二十年。

2．住宅用房的租金应执行国家和房屋所在城市人民政府制定的租赁政策。租用房屋从事生产、经营活动的，由租赁双方协商议定租金。

3．如以上表格不够填写，可另行附纸按上列格式填写。

4．如未填满，必须注明“以下空白”。

租金按_____（月、季、年）结算，由乙方在每_____（月、季、年）的第_____日前按_____付款方式缴付租金给甲方。

执行国家福利租金政策的房屋，执行的租金标准或房屋结构、装修条件变动时，租金随广州市房地产主管部门颁布的租金标准调整，乙方按新调整的租金付给甲方。

三、乙方已向甲方交纳（_____币）_____元保证金（公有住房保证金，按房改有关政策规定收取；非住宅用房及其他住宅的租赁保证金，可以收取不超过三个月月租金数额），并按照双方签订的房地产租赁合同使用房屋，甲方应在租赁期满或解除合同之日将保证金本金_____（退回乙方、抵偿租金）。

四、在租赁期内，甲方承担下列责任：

1．依合同将房屋及设备交付乙方使用。未按约定提供房屋的，每逾期一日，须按月租金额的_____%（小于3%）向乙方支付违约金。

2．负责对房屋定期安全检查，承担房屋主体结构自然损坏的维修费用；如因房屋维修乙方临时搬迁时，甲方应与乙方签订回迁协议；如因甲方维修责任而延误房屋维修造成他人人身伤亡、财产损失的，应负责赔偿。

甲方应负的其他修缮责任：____。

3．租赁期间转让该房屋时，须提前3个月（大于3个月）书面通知乙方；抵押该房屋须提前_____日书面通知乙方。

4．租赁期内，甲方如需提前解除合同，应事前征得乙方同意。

五、租赁期内，乙方负责承担下列责任：

1．按时交纳租金。逾期交付租金的，每逾期一日，乙方须按法定月租金额的_____%（小于3%）向甲方支付违约金。如果逾期_____日，甲方有权解除合同，收回房屋。

2．严格按房屋使用性质使用房屋。乙方擅自改变房屋用途，甲方可解除合同，收回房屋。

3．因使用需要对房屋进行扩、加、改建（含改变间隔）、室内装修或增加设备，必须经甲方书面同意并订立书面协议，并按规定重新议定租金，甲方有权对工程进行监督。

4．将房屋转租、分租的，适用以下第_____点：

（1）不得将房屋转租或分租。如违反则视为乙方自动放弃房屋使用权，本合同在转租或分租之日起解除，保证金不予退还，由此造成的一切损失，由乙方负责赔偿。

（2）同意将房屋转租或分租。必须签订转租合同，重新议定租金和其他合同条款并办理租赁登记手续。

5．爱护和正常使用房屋及其设备，发现房屋及其设备自然损坏，应及时通知甲方并积极配合甲方检查和维修，因乙方过错延误维修而造成他人人身伤亡、财产损失的，乙方负责赔偿；使用房屋不当或者人为造成房屋损坏的，应负责修复或赔偿。

乙方应负的其他修缮责任：____。

6．乙方在承租的房屋内需要安装或者使用超过水、电表容量的任何水电设备，应事前征得甲方同意，并由甲方负责到有关部门办理增容手续，费用由乙方负担。

7．注意防火安全，不得在房屋内非法存放易燃、易爆等危险物品。

8．租赁期内，乙方需提前解除合同的，应事前征得甲方同意。

9．租赁期届满且甲方要求收回房屋或解除合同之日，乙方应交回原承租房屋和设备给甲方；如需继续承租房屋，应提前_____个月（大于3个月）与甲方协商，双方另订合同。

六、违约责任：

1．任何一方未能履行本合同规定的条款或者违反房地产租赁管理法律、法规，另一方有权依法提前解除本合同，造成的损失由责任方承担。

2．租赁期届满，甲乙双方未续订合同且甲方要求收回房屋，乙方逾期不交出承租房屋的，甲方除限期乙方迁出和补交占用期租金外，并有权按占用期内租金总额的_____%（小于100%）收取违约金。

3．租赁期内任何一方无法定或约定的理由而单方提出解除合同的，另一方有权要求赔偿损失，并有权按租赁存续期内租金总额的_____%（小于100%）收取违约金。

七、违约金、赔偿金应在确定责任后10日内付清，每逾期一天，按应付金额_____%支付滞纳金。

八、在租赁期内，经房屋安全鉴定部门鉴定房屋不符合安全使用标准时，租赁合同自然终止，因此造成的损失由责任方负责赔偿。

九、如因不可抗力的原因，造成本合同无法履行，双方互不承担责任。

十、租赁期内因征地拆迁的，双方应共同遵守《广州市城市房屋拆迁管理条件》，否则，由此而造成的损失由责任方承担。

十一、本合同履行中发生争议，双方应协商解决，协商不成时，可采用下列第_____种方式（只能选择一种，同时选择两种无效）解决：

1．向_____（具体仲裁机构名称）申请仲裁；

2．向人民法院起诉。

在协商与诉讼期间，双方均不得采用任何方式威迫对方。

十二、上述房屋在租赁期内，需要交纳的税费，由甲乙双方按规定各自承担。

十三、本合同未尽事宜。（略）

十四、本合同经双方签章后，自房地产租赁管理机构登记之日起生效。

十五、在租赁期内，变更或解除本合同及附件，须在10日内到经管的租赁管理机构办理变更或注销登记手续。

十六、租赁期届满，若不到原办理租赁登记的管理机构办理终止登记手续的，视为甲方对乙方继续使用房屋无异议，双方延续租赁关系，租赁期为不定期。在新的租赁期间，甲乙双方仍须按规定缴纳有关税费。

十七、本合同一式_____份（正本_____份，副本_____份），甲方执正本_____份，副本_____份，乙方执正本_____份，副本_____份。合同副本一份送交房地产租赁管理机构备案；如作为拆迁周转房使用，另送合同副本一份交房地产拆迁主管机关备案。

十八、双方约定其他事项：____________________________________。

甲方（签章）：×××
法定代表：×××
______证件号码：××××
委托代理人：×××
______证件号码：××××
地址：×××××××
电话：×××××××

乙方（签章）：×××
法定代表：×××
______证件号码：×××××
委托代理人：×××
______证件号码：×××××
地址：×××××××
电话：×××××××

立约日期：2019年×月×日

【范文2】（制作合同）

霓虹灯广告制作合同

定做方（发包方、以下简称甲方）：××××××××××××××
制作方（承包方、以下简称乙方）：×××××××××××××××××××

甲乙双方根据合同法及有关规定，签订本合同，并共同遵守。

一、甲方委托乙方于20××年×月×日至20××年×月×日期间制作安装广告招牌，工期为××天。

二、工程内容：

1．规格：　m×　m。

2．霓虹灯扫描管晚间为红、绿、蓝色，间隔5cm，大字和标志颜色见效果图。

3．制作采用甲、乙双方商定的样稿，未经甲方同意，乙方不得改动广告样稿。且制作完成后的效果比例应与样稿效果比例一致。

三、广告样稿为合同附件，与本合同一并保存。

四、付款方式：此招牌按照以上制作规范合同价款为××××××元（大写）整。

合同签订后，甲方付给乙方该工程款人民币×××××元（大写）；工程进行到一半后，甲方支付乙方工程款人民币××××××元（大写）；工程完工经验收合格后，甲方再付给乙方工程款人民币××××××元（大写）；剩余［即人民币××××××元（大写）］，质保期满一周内付清。

五、工程期限：甲乙双方自合同签订后，乙方收到甲方的第一批工程预付款后的31日内保质保量地完成该工程（在甲方履行合同，拨款正常的情况下），延期一天甲方有权在该工程款内扣除人民币每天×××（大写）元整。风力超过5级或雨天，工期顺延。

六、保修期一年，即20××年×月×日至20××年×月×日，保修期内，若人为破坏因素而造成的灯管损坏，甲方需承担维修费用。

七、乙方在施工过程中造成甲方设施的人为损害由乙方负责。

八、在施工过程中乙方施工人员的安全由乙方负责。

九、乙方严格按照甲乙双方商定的样稿制作，如有偏差由乙方负责赔偿甲方的经济损失。

十、合同纠纷解决方式：友好协商解决，经济合同仲裁或法院起诉。

十一、遇不可抗力因素双方再议。

十二、其他未尽事宜，双方友好协商解决。协议一式两份，签字盖章有效。

附件：霓虹灯广告样稿（略）

甲方单位名称（章）
单位地址：×××××××××
法人代表：×××
身份证号码：××××××××

乙方单位名称（章）
单位地址：×××××××××
法人代表：×××
身份证号码：××××××××

电话：××××××××××××　　　　电话：××××××××××××

签订日期：20××年×月×日
签订地点：××××××××××××××

【病例评析】

【病例】

建筑工程承包合同

立合同人：××师范大学化学系（甲方）
××建工集团总公司生产部（乙方）
为建筑××师范大学化学系第二实验楼，经双方同意，订立本合同。
（1）甲方委托乙方在化学系办公楼旁新建第二实验楼1座，由乙方全面负责建造。
（2）全部建造费（包括材料、人工）×××万元。
（3）甲方在订立合同后先交一部分建造费，其余在实验楼建成后抓紧归还所欠部分。
（4）工期待乙方筹备就绪后立即开始，4月中旬开工，年底左右交付使用。
（5）建筑材料由乙方视具体情况全面负责筹备。
（6）本合同一式两份，双方各执一份。

乙方：
××建工集团总公司生产部（公章）
唐××（盖章）

甲方：
××师范大学化学系（公章）
系主任：钱××（盖章）

2019年3月15日

【评析】

这份建筑承包合同的内容和订立，不符合合同法的相关规定，主要问题是：①签订合同的当事人都不具备法人资格。××师范大学化学系是某一大学内部的下属组织，××建工集团总公司生产部是某一公司内部职能部门，都不具备法人资格。如果是由法人授权（有法人委托书）签订的合同，则是合法的。②条款欠完备，如正文的主要条款中缺乏工程面积、工程设计图纸、工程质量要求、违约责任等条款。③内容欠具体、明确，如“甲方在订立合同后先交一部分建造费”中的“一部分”可多可少，没有量的规定是不行的。④在措辞上欠周密，有很大的随意性。例如“抓紧归还”中的“抓紧”“年底左右交付使用”中的“左右”等都留下了很大的漏洞，可能引起纠纷。

【项目3】劳动合同的写作

【能力目标】

1. 能熟练掌握劳动合同的写作技能。
2. 能够根据具体情况写出格式规范、结构完整、条款完备、表述准确的劳动合同。

【知识目标】

1. 了解劳动合同的概念、特点、种类。
2. 掌握劳动合同的格式、一般写法和主要条款。

【工作情景】

××公司决定聘张秀丽为公司办公室秘书，张秀丽也有意应聘，公司准备与之订立一份劳动合同，请你为公司拟写一份劳动合同初稿供大家商议。

讨论：应该如何拟写这份劳动合同呢？（学生在老师指导下试拟写这份合同。）

【必需知识】

一、什么是劳动合同?

劳动合同是劳动者与用人单位之间确立劳动关系，明确双方权利和义务的协议。

二、劳动合同的特点

（1）从合同的主体方面看，劳动合同有特定的当事人。当事人的一方是公民个人，另一方是用人单位，劳动者和用人单位的关系是一种从属关系。

（2）从合同的内容方面看，劳动合同确定的是双方当事人的劳动权利和劳动义务的关系。

（3）从合同的履行方面看，劳动合同是诺成合同、双务合同和有偿合同。

（4）劳动合同必须按照国家法律的有关规定订立程序。

三、劳动合同的格式和一般写法

劳动合同的格式与其他合同相似，包括标题、当事人、正文、落款四个部分。除主要条款不同外，其他各部分的写法与其他合同相同，这里不再赘述。

劳动合同的主要条款包括：劳动合同期限和试用期限；工作内容和工作时间；劳动报酬和保险、福利待遇；生产条件或工作条件；劳动纪律和政治待遇；劳动合同的变更和解除；违约责任；当事人约定的其他事项。

四、写劳动合同必须注意的问题

（1）订立劳动合同，不得违反法律、行政法规的有关规定，其主体资格、合同内容、订立程序和订立形式必须合法，劳动合同必须以书面形式订立。

（2）订立劳动合同的双方必须平等自愿、协商一致。

【范文借鉴】

【范文】

劳动合同

用人单位（甲方）：××××

地址：×××××

职工（乙方）：×××

身份证号码：××××××××××××××××××

______（甲方）与______（乙方）双方根据《中华人民共和国劳动法》和《广州市劳动合同管理规定》等法律、法规，经平等协商，订立本合同。

一、合同期限

（一）甲、乙双方同意按以下第一种方式确定本合同期限：

1．有固定期限：从______年____月____日起至______年______月______日止。

2．无固定期限：从______年____月____日起至法定的或本合同所约定的终止条件出现时止。

3．以完成一定的工作为期限：从______年______月______日起至______工作任务完成时止；并以完成______工作任务为标志。

（二）双方同意本合同有效期的前______个月为试用期。

二、工作内容

乙方的工作岗位（地点、部门、工种或职务）：×××路××街××号××××办公室文秘人员。

三、劳动报酬

（一）甲方根据本单位依法制定的工资分配制度，确定乙方的工资不低于______元/月；乙方试用期工资为______元/月。

（二）甲方每月______日向乙方支付货币工资。

四、社会保险

甲、乙双方按照国家和省、市有关规定，参加社会保险，缴纳社会保险费，乙方依法享受相应的社会保险福利待遇。

五、劳动保护和劳动条件

（一）甲方根据乙方的工作岗位需要，确定其执行______工时制度。

（二）甲方执行国家和省、市有关工作、休息、休假和劳动保护规定，为乙方提供符合国家规定的劳动安全卫生设施和劳动条件。

六、劳动纪律

甲、乙双方应当严格遵守国家的各项法律、法规。甲方依法制定的各项规章制度和劳动纪律要告知乙方，乙方要予以遵守并服从甲方的管理。

七、劳动合同的变更、解除、终止

（一）符合《劳动法》所列的法定条件或者经甲、乙双方协商一致，可以变更本合同的相关内容或者解除本合同。

（二）变更劳动合同，双方应当签订《变更劳动合同协议书》。

（三）乙方合同期未满而依照《劳动法》第三十一条的规定解除本合同，给甲方造成经济损失的，应当赔偿甲方以下经济损失：（略）

（四）符合下列条件之一的，本合同即告终止（有固定期限的合同除外）：

1．本合同所约定的工作任务已完成。

2．____。

3．____。

八、经济补偿金、医疗补助费和生活补助费的发放

解除或者终止本合同，经济补偿金、生活补助费、医疗补助费的发放按国家、省、市有关规定执行。

九、违反本合同的责任

（一）甲方有下列情况之一的，应当承担违约责任：

1．违反法律、法规规定，单方面解除本合同的。

2．____。

3．____。

（二）乙方有下列情况之一的，应当承担违约责任：（略）

（三）双方同意以下列方式承担违约责任：

1．违约金。一方违约，应当支付违约金______元。

2．赔偿金。违约金不足以赔偿对方损失的，还需支付赔偿金。赔偿金按违约方实际造成的损失计算。赔偿的范围包括：（略）

十、因履行本合同发生争议的解决办法

双方因履行本合同发生争议，应当先协商解决；协商不成的，可自争议发生之日起三十日内向甲方劳动争议调解委员会申请调解，或者自争议发生之日起六十日内向劳动争议仲裁委员会申请仲裁。

十一、本合同的条款与国家、省、市新颁布的法律、法规、规章不符的，按新的法律、法规、规章执行。

十二、双方需要约定的其他事项（略）

本合同（含附件）一式两份，双方各持一份（鉴证时需一式三份，其中鉴证机构留存一份），具有同等法律效力。

甲方：××××（盖章）　　乙方：（签名）×××　　鉴证机构：（盖章）
法定代表人：×××　　鉴证人：×××
（委托代理人）：　　鉴证日期：　　年　　月　　日

20××年×月×日

【病例评析】

【病例】

临时劳动合同

甲方：××基层商店
乙方：×××

甲方为做好市场供应，满足顾客需要，需延长营业时间。因此组织职工待业子女临时到商店参加售货等劳动。经甲方审批同意，乙方愿到甲方劳动，特签订本协议。

一、甲方提供劳动场所，乙方要服从分配，并遵守商店的一切规章制度。

二、劳动时间和期限：

乙方到甲方临时参加劳动。每天劳动 8 小时。劳动期限从 2018 年×月×日至 2018 年×月×日止。甲方因任务已经完成或其他原因要求解除协议时，需提前三天通知乙方；乙方因招工、升学或其他原因要求解除协议时，亦需提前三天通知甲方。

三、劳动报酬：

乙方劳动一天由甲方付给劳动报酬（按天计酬，月终结算）；整月劳动，由甲方付给工资 3500 元（包吃住）；劳动不足 15 天时，由甲方付给工资 1750 元（包吃住）。甲方不提供其他福利待遇。

四、甲方有责任向乙方进行安全生产的教育。乙方应按甲方要求认真遵守操作规程。如出现工伤事故由乙方自己负责。

五、如劳动期限需要延长，甲乙双方另议。

六、本协议一式三份。甲、乙方各一份，报公司一份。

甲方：××基层商店（盖章）　　乙方：×××

2019 年×月×日

【评析】

这篇临时劳动合同主要存在以下问题：①合同没有公证人署名盖章。②标的欠明确。合同正文首段笼统地提出参加“售货等劳动”，应把其他劳动项目具体列出。③乙方每天的劳动报酬也欠具体。“整月劳动”的天数也没有作明确规定。加班报酬没有具体列出。④对甲方的某些责任和义务规定不够明确，不够完善。如第四条，对安全生产教育的内容与达到的程度，以及违约如何处理等，没有明确进行具体说明。⑤整份合同，乙方只有义务没有权利，不平等。故未能做到甲乙双方利益均等。

【项目 4】招标书的写作

【能力目标】

1. 能熟练掌握招标书的写作技能。
2. 能够根据具体情况写出格式规范、结构完整、内容完备、表述准确的招标书。

【知识目标】

1. 了解招标书的概念、特点和种类。
2. 掌握招标书的格式和一般写法。

【工作情景】

××大学经上级主管部门批准，拟修建一座图书馆楼，从 2018 年 3 月 8 日起开始建筑招标。建筑面积为××××平方米；施工地址为××市××路××号；材料中钢材、木材、水泥由招标单位供应，其余由投标人自行解决，所需材料见附表（略）；设计及要求见附件（略）；交工日期为 2020 年 2 月；招标截至 2018 年 4 月 8 日止（寄信以邮戳为准），4 月 10 日在××大学办公楼会议室，在××市公证处公证下启封开标。请你拟写一份招标公告，邀请国营、集体建筑企业前来投标，只要有主管部门和开户行认可，具有相应建筑施工能力者均可投标。

投标人请将报价单、施工能力证明书、原材料来源说明书以及上级主管部门的有关签证等密封投寄或派人直送××大学基建处招标办公室。

请愿投标的投标人用函或来人取招标文件。

讨论：要如何拟写这份招标公告。（学生在老师指导下完成。）

【必需知识】

一、招标书的概念与特点

招标书又称招标说明书，是招标人利用投标者之间的竞争从而达到优选投标人的一种告知性文书，是招标人为了征召承包者或合作者而对招标的有关事项和要求所作的解释和说明。招标书的特点是具有明确性、竞争性、具体性和规范性。

二、招标书的种类

按性质和内容分，招标书有工程建设招标书、企业租赁招标书、大宗商品交易招标书、选聘企业经营者招标书、企业承包招标书、劳务招标书、技术引进或转让招标书等。

三、招标书的格式和一般写法

招标书的格式一般由标题、正文与尾部三部分组成。

（一）标题

招标书的标题通常由招标单位名称、招标项目名称和文种三部分构成，如“××大学修建图书馆招标通告”；有的则省略招标项目，这种情况也很常见，如“中国技术进出口总公司招标书”；有的甚至只写文种，如“招标通告”。

如在标题中没写招标项目的，可在标题下注明招标项目名称和招标编号，也可在正文写明。

（二）正文

招标书的正文分前言、主体和结尾三部分。

（1）前言。前言部分一般写明招标单位的基本情况和招标目的。

（2）主体。主体包括文件编号、招标项目名称、招标范围、招标办法、招标时限、招标地点等。

（3）结尾。结尾部分写明招标单位的名称、地点、电话号码和传真联系人等。

一般来说，商品招标书正文的内容要求标明商品的名称、数量、规格、价格等。科技项目招标则要求写明招标原则、项目名称、任务由来、研究开发目标、研究开发内容、经济技术指标、研究开发的进度要求、成果要求、经费要求、承包单位的条件及要求等内容。正文的结构一般用条文式，有的也用表格式，有的两者兼用。

（三）尾部

招标书的尾部一般包括附件名称、落款、成文日期及附件原文，如【范文】。

四、写招标书必须注意的问题

（1）在起草和发布招标书之前，必须经上级有关主管部门的批准。在招标书中，一般要写清经过什么单位批准，实行公开招标。这样既增加了招标书的权威性，又使投标单位有了责任感。

（2）要求要合法，标准应科学。招标书中的具体要求应符合有关法律、政策的要求，不能违法，特别是招标书中的技术要求应科学，要符合国际标准或国家颁布的标准。公告的各项数字，一定要认真核实，做到准确无误。

（3）招标书的内容要力求写清、写全、写准，使投标者能够权衡利弊、一目了然、有章可循，避免产生误解。

（4）文字要简洁、端庄。招标书的写作要做到干净利落，层次清晰，不可拖沓冗长，用语要严肃端庄。

【范文借鉴】

【范文】

××机电设备招标中心通告

××机电设备招标公司、××市投标公司受××市地铁公司委托，对下列设备联合招标。

欢迎具有本招标项目生产供应能力和法人资格的国内外厂家参加投标，国外投标者须联合中国国内企业共同设计、制造。

标书编号：SMEYC—88021

招标设备名称：质构掘进机

主要技术参数：

机型：土压平稳式

数量：7 台

隧道衬切：

外径：6200mm

内径：5500mm

标书售价：×××美元（外国公司和中外合资公司）

××××元人民币（中国公司）

发售标书时间：2019 年 5 月 26 日—2019 年 6 月 25 日

每天上午：9:00—11:00

下午：1:30—4:30（星期日除外）

发售标书地点：××机电设备招标公司（××市山东一路 18 号 114 室）

投标地点：××机电设备招标公司（××市山东一路 18 号 114 室）

电话：×××××××

电挂：××××

电传：××××××××

联系人：×××

开户银行：××市建设银行二支行

账号：×××××××××××

投标截止日期：2019年7月25日11时

开标地点：另行通知

本招标项目要求投标者根据招标文件规定在2019年6月1日至2019年6月25日期间把概念设计交与招标人后，方可正式参加投标。

××机电设备招标中心

2019年3月20日

【病例评析】

【病例】

××洗衣机厂招标通告

我厂生产的××牌洗衣机2019年计划生产15万台，为提高质量、降低成本，决定对外购买部件，在全国公开招标。

1．招标项目：电容器、插头电源线等。

2．招标时间：2019年×月×日起至2019年×月×日止。

3．开标时间和地点：2019年×月×日在我厂会议室开标。

4．招标文件的发售与价格：全套招标文件及单项图纸于2019年×月×日至2019年×月×日在我厂招标办公室发售，每套5元。

厂址：××市×××路××号

电话：×××××××；电挂：××××

2019年×月×日

【评析】

这份招标公告存在以下缺点：①招标项目欠明确。决定购买的部件必须全部列出，不能用“等”字概括。②招标时间不详尽。因为是向全国招标，外地人可能以信函形式投标，故必须注明信函的邮寄时间，如“投标信函的邮戳为准”。③开标时间欠具体。必须具体写明上午还是下午，几点钟开标，否则投标者不知何时到达合适。④招标文件的出售方式未交代清楚。例如外地投标者是否可以汇款邮寄、不必亲自前来等，应加上“本地直接付款购买，外地汇款邮寄（带收据）”等说明。⑤结尾部分内容不完备。应加上招标单位名称（全称）、联系人等，现在一般还应写上传真号、E-mail地址等。

【项目5】投标书的写作

【能力目标】

1. 能熟练掌握投标书的写作技能。
2. 能够根据具体情况写出格式规范、结构完整、内容完备、表述准确的投标书。

【知识目标】

1. 了解投标书的概念、特点和种类。
2. 掌握投标书的格式和一般写法。

【工作情景】

×××××建筑工程公司在收到××市××区水务局水利工程建设施工招标公告后，认为自己符合条件，欲向招标方提出投标申请，并向招标方提供与此申请有关的证明资料，以供招标方核实，愿意接受招标方的查询或调查。此外，×××××建筑工程公司向招标方保证申请文件中所提交的报表和资料在各方面都是完整的、真实的和准确的，如出现不完整、不真实、不准确的资料，×××××建筑工程公司愿意承担由此引起的一切后果。（法定代表人：张大杰，投标申请时间：2019 年 3 月 5 日。）

讨论：根据上面材料，试写一份简要的投标书。（学生在老师指导下完成。）

【必需知识】

一、投标书的概念与特点

投标书也称"标函"，是投标人为了中标而按照招标人的要求，具体地向招标人出示订立合同的建议，是提供给招标人的备选方案的文本。

投标书的特点是具有针对性、求实性和合约性。

二、投标书的种类

投标书可以分为工程建设投标书，企业租赁投标书、竞争企业经营者投标书、竞争企业承揽商的投标书、大宗商品交易投标书、劳务投标书、技术引进或技术转让投标书等。比较常用的有下面两种。

1. 竞争企业经营者投标书

竞争企业经营者投标书是投标者根据招标书的要求和具体条件，针对招标书中的企业或事业单位，将经营方针、经营策略，以及为达到招标者要求的经营目标而进行的可行性分析、具体措施、方案以及违约责任而写成的投标方案。这类投标书的重点是投标者对经营方案的可行性分析要切实可行，让招标者满意。

2. 竞争企业承揽商的投标书

竞争企业承揽商的投标书是投标者根据招标书的具体要求，在规定期限内愿意接受招标任务或项目，提出应标条件或报价，顺利完成招标书中提出的任务所准备采取的措施、方法、步骤，以及完不成任务或出现意外问题所承担的责任所写成的书面投标方案。这类投标书的重点应说明自己具备完成招标书中各项要求所应有的技术条件、设备条件、管理优势以及自己报价的合理性，甚至还要简要写出投标者过去对类似承揽项目的完成情况，以优势和实力去竞标。

三、投标书的格式和一般写法

投标书的格式与招标书相同，由标题、正文和尾部三部分组成。

（一）标题

投标书的标题一般和招标书的标题相对应，只是在文种上有差异，一般由投标项目加文种组成，也有的由投标单位名称加文种构成。例如针对《中国人民银行河南省分行办公大楼施工招标书》的投标书的标题应为《中国人民银行河南省分行办公大楼施工投标书》或《×××建筑公司投标书》。有的投标书的标题直接写成"投标书"或"投标申请书"，而不涉及招标的项目和投标单位。

（二）正文

投标书的正文由送达单位、引言、主体和结尾四部分组成。

（1）送达单位。送达单位即“收信人”，在投标书的标题下一行顶格写上招标单位的名称或招标机构的名称。如果招标书中对投标书的送递有明确规定，则按规定要求写称谓即可。这一项有时也可以省略。

（2）引言。引言部分主要说明投标的依据、目的和指导思想。

（3）主体。主体部分是投标书的中心内容，是鉴定投标方案是否可取、投标人能否申标的关键部分。一般包括根据招标书提出的目标、要求，介绍投标企业的现状，明确投标期限及投标形式，拟定标的，填写标单等。例如，竞争企业经营者投标书，一般要写年龄、学历、工作经验、工作业绩、对招标对象现状的分析，包括存在的问题、不足、优势等；接着要提出经营目标，这一目标一般和招标书中要求相符；对实现经营目标进行可行性分析，同时提出具体措施。其中心内容是实现经营目标的具体措施。投标者提出的措施要切实可行，令招标者信服，切忌自吹自擂，夸大其词。竞争企业承揽商的投标书，首先要写投标单位的基本情况，如性质、级别、技术力量、过去的经营业绩；标价以及对自己提出标价的分析证明；投标者的承诺，如时间保证、技术质量、设备状况、固定资产的情况等。

投标书主体部分的内容较多，一般应按照相应的招标书的要求顺次写出。有时也可根据招标书的要求分部分来写。总之，无论怎么写都应做到数据准确，分析有理，标价适当，方法妥当，措施可行。只有如此才能令招标者信服，才有中标的可能。

（4）结尾。结尾部分写明投标单位的名称、地址、电话号码、传真、E-mail 地址、联系人等。

（三）尾部

投标书的尾部要写清附件名称、落款、成文日期和附件原文。

四、写投标书必须注意的问题

（1）要明确招标要求。在写投标书之前，要对招标书的各项内容进行深入细致的研究，对招标书所涉及的各种情况要了如指掌，切不可随便应付，因为一旦确定中标，那么投标书即是招标者、投标者双方签订合同的依据。投标书中的项目名称、规格、数量、质量、标价、时间、地点等都是合同的重要条款。因此，写作投标书要慎重严肃，要严格按照有关要求和投标者的具体情况进行写作。

（2）实事求是，不弄虚作假。投标方必须在认真研究招标书的基础上，客观估计自己的技术、经济实力和相应的赔偿能力，经过专家的充分论证后，再决定是否投标，并实事求是地填写标单和撰写投标书，切不可妄加许诺，不可徇私舞弊，弄虚作假。因为一旦中标，就要在规定期限内与招标方签订合同，按合同办事。如果不实事求是，将给国家、招标单位和本单位造成严重的经济损失，要为违约或毁约而承担法律责任。

（3）文字简洁，语气谦和。语言表达应简明准确，无论是定性还是定量说明，都应准确无误，没有歧义，尽可能使用精确语言而少用模糊语言；语气要谦和、诚恳。例如，使用“我们愿……”“我们将与贵单位共同协商……”“我们承诺……”等语句，容易与招标单位形成一种较为融洽的关系，有利于顺利投标，如【范文】。

【范文借鉴】

【范文】

建筑工程投标书

建设单位：

1．根据已收到的招标编号为的工程的招标文件，遵照《工程施工招标投标管理办法》的规定，我单位经考察现场和研究上述工程招标文件的投标须知、合同条件、技术规范、图纸、工程量清单和其他有关文件后，我方愿以×××××××人民币元的总价，按上述合同条件、技术规范、图纸、工程量清单的条件承包上述工程的施工、竣工和保修。

2．一旦我方中标，我方保证在20××年×月×日开工，20××年×月×日竣工，即×××天（日历日）内竣工并移交整个工程。

3．如果我方中标，我方将按照规定提交上述总价5%的银行保函或上述总价10%的由具有独立法人资格的经济实体企业出具的履约担保书，作为履约保证金，共同和分别承担责任。

4．我方同意所递交的投标文件在“投标须知”第11条规定的投标有效期有效，在此期间内我方的投标有可能中标，我方将受此约束。

5．除非另外达成协议并生效，你方的中标通知书和本投标文件将构成约束我们双方的合同。

6．我方金额为×××××人民币元的投标保证金与本投标书同时递交。

投标单位：××建筑公司（盖章）

单位地址：××××××××××

法定代表人：×××（签字、盖章）

邮政编码：××××××

电　　话：×××××××

传　　真：××××××××

开户银行名称：××××银行××××支行

银行账号：×××××××××××

开户行地址：×××××××××××××

电　　话：××××××××

日　　期：20××年×月×日

【病例评析】

【病例】

投标书

一、综合说明

根据××省××厅《新建××省××工业学校实验大楼招标书》以及××省建筑研究设计院设计的图纸内容，我公司完全具备承包此项工程的施工条件，决定投标，全部接受招标书中的各项条款。

我公司经历了长期建筑工程的施工实践，于20××年企业整顿验收合格，20××年××省建筑工程委员会审定为一级土建施工企业。公司现有职工4520人，有6个工程处、共30个施工队，并配有预制构件厂、机构施工工程处、滑模工程处、大型运输车队。公司具有液压滑模、全框架现浇、大跨度钢架、预应力工艺、轻钢骨架、装配式工业厂房的施工能力与经验。具备大型土厂方工程、建筑工程和水电安装工程总承包的施工能力。

此项工程如果中标，我们将以全面管理为核心，严格编制施工组织设计，发挥企业优势，挖掘企业潜力，保证缩短工期，力争将此项工程创为优良工程。

二、工程造价

预算总造价为××万元。标价在总造价的基本上降低百分之一（×万×千元，详见工程预算造价汇总表）。

三、建设工期

在合同签订后进入现场，做好开工前的一切准备工作，于20××年×月×日正式动工，约20××年×月×日竣工，总工期12个月左右，比国家规定的定额工期提前3个月左右（详见施工进度计划）。

四、工程质量

根据图纸要求，严格按新标准验收，认真做好质量检测工作，随时接受建筑单位及检验部门的监督检查，确保工程达到优良级标准。

附件：1．工程预算造价汇总表一份

2．施工进度计划一份

××省××建筑工程公司

20××年×月×日

【评析】

这份投标书存在以下缺点：①条款欠缺。一是缺工程名称；二是正文缺送达单位名称和结尾部分；三是按规范的格式投标书的尾部还要附上附件原文。②语言不周密。“约20××年×月×日竣工”的“约”字、“总工期12个月左右”的“左右”“在合同签订后进入现场”的“后”等，都是不明确的词语，投标书是不允许用模糊语言的。③内容不具体明确。例如主体部分“工程质量”一段，“严格……认真……随时……确保……”是虚泛的内容，必须具体写明质量标准，否则无法得到招标单位的信任。

【技能实训题库】

一、分析题

广州某单位向上海某公司订购货物200吨，双方合同写明在广州交货。购方接到提货单后，才得知货经海运已至黄埔港，只得将货物搬上码头，租用仓库临时存放，再用汽车转运到本单位的仓库，而广州火车站就位于三元里附近。这样一存一运，共花费15000多元。运用合同写作的有关知识分析，说明其经济损失的原因。

二、修改题

分析下面的合同，指出其不足之处，并改正。

经济合同

立合同人：××县供销社经营科（简称甲方）

××工艺社销售科（简称乙方）

甲方为发展农副业生产，保证市场供应，经与乙方商定同意以下几点，特签订本合同，以资共同遵守。

货物名称：草帽、草席。

产品规格：按双方议定规格（后附）。

订购数量：草帽500顶、草席700条。

产品单价：草帽每顶15元、草席每条25元。

产品总额：25000元。

交货日期：2014年12月5日。

交货地点：供销社仓库。

交货办法：由乙方负责将货送到甲方仓库，不计运费。

付款办法：交付之日，用转账支票一次付清。

本合同自签订之日起经双方盖章后生效，本合同一式三份，双方及签证机关各执一份。

附件：产品规格（略）

甲方：××县供销社经营科（盖章）

科长：×××（盖章）

乙方：××工艺社销售科

科长：×××（盖章）

签证机关：××工商管理局（盖章）

签证日期：2018 年 5 月 12 日

三、写作题

（一）修改本模块“意向书”病例与评析，将之写成一篇符合要求的意向书。

（二）××公司为加强服务工作，暑假准备招聘办公室文秘人员 1 名。请你根据下面材料为××公司拟写一份暑期工作协议书。

1．合同期限：从 20××年×月×日起至 20××年×月×日止。甲方因任务已经完成或其他原因要求解除协议时，需提前三天通知乙方；乙方因招工、升学或其他原因要求解除协议时，亦需提前三天通知甲方。

2．乙方的工作岗位办公室文秘人员。地点：××市××路××街××号××××办公室。工作时间为每天 9 小时，上午 8:00—12:00，下午 13:00—18:00。

3．乙方的工资每月为人民币 3500 元（包吃住）。甲方每月底向乙方支付货币工资。

4．甲方执行国家和省、市有关工作、休息、休假和劳动保护规定，为乙方提供符合国家规定的劳动安全卫生设施和劳动条件。每周日休息。如果公司业务繁忙，乙方应为公司着想加班，甲方应补给乙方加班费，按小时计算，为每小时人民币 25 元。

5．甲、乙双方应当严格遵守国家的各项法律、法规。甲方依法制定的各项规章制度和劳动纪律要告知乙方，乙方要予以遵守并服从甲方的管理。

6．乙方如违反法律、法规规定，单方面解除本合同或违反协议条款，甲方按情况轻重扣乙方工资。甲方如违反协议条款，应补偿乙方违约金为乙方月工资的一倍。

7．甲方必须向乙方进行安全生产的教育。乙方应按甲方要求认真遵守操作规程。如出现工伤事故，如是甲方的原因，甲方必须负全部责任，如是乙方问题，由甲乙双方商讨解决办法。

8．如劳动期限需要延长，甲乙双方另议。

9．甲方：××公司，总经理：×××；乙方：×××

10．签订日期：20××年×月×日

（三）根据下列材料为×××大学拟写一则招标通告，为×××建筑公司拟写一份投标书。

经上级主管部门同意，×××大学将修建一栋教学大楼。由××市城市建设委员会批准，本工程实行公开招标，择优选定承包单位。工程名称为：×××大学教学楼。施工地点：××市××路×号。建筑面积：××××平方米。设计及要求：见附件。承包方式：全部包工包料。凡有投标意向的国内有法人资格且具有一级、二级施工执照的企业，只要其主管部门和开户银行认可，均可投标。投标时间：于 2019 年 6 月 5 日之前来人或来函索取招标文书，收取成本费 30 元，逾期不予办理。投标文书及上级主管部门的有关签证等，密封投寄或派人员直送×××大学基建处，收件至 2019 年 7 月 5 日截止。开标日期定于 2019 年×月×日。地点在×××大学行政办公楼第×会议室，在××市公证处公证下启封开标。招标单位地址：××市××路×号。电报挂号：×××，电话：×××××××××，联系人：×××，邮政编码：××××××，负责招标单位：×××大学招标办公室（公章）。发出招标公告时间：2019 年 5 月 5 日。

模块十　书信类文书

【项目 1】感谢信的写作

【能力目标】

1. 能熟练掌握感谢信的写作技能。
2. 能够根据具体情况写出格式规范、真情实感、语言诚恳的感谢信。

【知识目标】

1. 了解感谢信的概念、特点、种类和写作要求。
2. 掌握感谢信的结构和一般写法。

【工作情景】

张谨同学生病，××学院经济管理系学生为她捐款 5 万元，请你替张谨同学写一份感谢信。

讨论：应该如何写一封准确规范的感谢信呢？（学生在老师指导下试写出这封感谢信。）

【必需知识】

一、什么是感谢信?

感谢信是对支援、帮助、关心过自己的党政机关、企事业单位、社会团体或个人表示感谢的专用书信。

感谢信按不同的对象，可分为单位给单位的感谢信、个人给单位的感谢信、单位给个人的感谢信、个人给个人的感谢信。从感谢信的存在形式上，可分为公开张贴的感谢信、封于信封内寄往单位或个人的感谢信。

感谢信起到表扬先进，答谢支持，激励精神的作用。它具有感情真挚，内容充实，语言简练，采用书信体格式等特点。

二、感谢信的格式和一般写法

感谢信的格式通常由标题、称谓、正文、结尾和落款五部分组成。

（一）标题

感谢信的标题在第一行正中书写，字体应大些。标题通常有以下几种写法：一是用文种名“感谢信”直接作标题；二是由受文对象和文种名称共同组成，如《致广州大学的感谢信》；三是由感谢双方和文种名称组成，如《××希望工程致中山大学的感谢信》。

（二）称谓

在标题之下第二行顶格处写明被感谢对象的单位名称或个人姓名。个人姓名后面加上“先生”“同志”或职位等相应称呼，称谓后加冒号，如“省人民医院内科全体医务人员：”“李华同志（先生）：”。

（三）正文

正文从第三行空两格起，分段写出以下几方面内容：

（1）简述事由。精练地叙述事情的前因后果，重点叙述关键时刻得到对方的关心、支持和帮助，对此表示感谢。

（2）揭示意义，表示决心。简述对方的关心支持和帮助对整个事件起到的效果及重要性，同时表示向对方学习的态度和决心，最后再次向对方致谢。

（四）结尾

结尾致敬语。于正文后写上感谢和敬意的话，如“此致—敬礼”“致以诚挚的感谢”等。前半截另起一行空两格写，后半截另起一行顶格写，以表敬意。

（五）落款

在敬祝语下一行右下方署名，签上感谢信的单位名称和个人姓名，同时写上年、月、日，如【范文1】【范文2】。

三、写感谢信必须注意的问题

（1）真实性。叙述事件的时间、地点及有关数字要准确无误，条理清楚，评价要恰如其分，不要随意拔高。

（2）感谢性。“为情而造文，而不是为文而造情”。以事表情，以情感人，表达出真诚、朴素、亲切、自然的感激之情。

（3）规范性。格式要符合一般书信的要求，语言精练、简洁，以单位名义发的感谢信要加盖公章。

【范文借鉴】

【范文1】

感谢信

尊敬的领导、老师们：

大家好！我是××职业技术学院经济管理系行政管理班的贾××，很荣幸能有这个机会跟所有帮助过我的人道一声谢谢，感谢我的母校赋予我的一切。时光飞逝，转眼间我们的大学生活就即将结束了，而我们也即将开启人生新的一页。毕业季是个弥漫着淡淡忧伤的季节，而对于我们而言，它既是一个终点，也是一个新的起点。

不知不觉中，我们已经在这片校园里度过了三个春秋。此时此刻，校园内芳香四溢，而我们将默默起程。三年前，我们从五湖四海相聚在这里。在这三年的时间里，我们不停地追逐和奋斗！学校的周到关怀，老师的谆谆教导，同学们的互敬互爱，都是我们青春记忆里永不抹灭的亮点。

回首大学三年，我们哭过、笑过、吵过、闹过。而这一切都一幕幕地在眼前浮现。感谢那些教育过我们的领导、老师，是你们让我们明白知识的重量；感谢那些帮助过我们的师长、朋友，是你们让我们明白友情的珍贵；感谢那些关心过我们的同窗、知己，是你们让我们明白岁月的珍贵。感谢授课老师们的辛勤耕耘，你们的努力使我们收获了知识的果实。感谢学院各职能部门老师的努力，你们的辛勤汗水换来的是大家美满的学习和生活环境。感谢所有学工处的老师，是你们的付出，保障了学校教学秩序的正常运转，才能有我们丰富的业余文化生活。感谢所有的辅导员，是你们的辛勤付出和耐心教导，才有了我们浓郁的学习氛围和和谐的学习环境。

还记得军训开始那晚，嘈杂的操场回响着教官嘹亮的口号；还记得第一次期末考试时的紧张；还记得球场上的你那样的英姿飒爽；还记得宿舍里的我们那么风雅谐趣，太多太多的回忆，我们用了三年去沉淀。当厚厚的书本已经变成知识储存在我们脑海，当满身的稚气已经被岁月悄悄磨光，当三载青春只剩下回忆，此刻，我们只想说，大学生活的精彩灿烂让我们不忍离别，凝望一草一木，凝望这一片曾属于我们的天空，心底充满了不舍。但是，我们不想有太多的忧伤，因为这三年不断的超越、成长，正是为了今日的扬帆起航！

亲爱的同学们，此时此刻，我们要以昂扬的姿态投身社会、服务社会。不管未来有多少坎坷，请坚信，我们会用我们自己的努力去创造和谱写属于我们自己的精彩篇章。最后，我们要告诉学弟、学妹们：请你们珍惜大学生活，不要虚度年华，要学好专业知识，也要培养自己的特长，尊敬师长，学会做人。

再一次感谢学院，感谢经济管理系，感谢经济管理系的老师们，感谢所有为我们大学成长付出过的人。谢谢你们！祝愿母校人才辈出，桃李芬芳；祝愿老师们身体健康，合家幸福；祝愿学弟学妹，快乐学习，早日成才！

经济管理系学生：贾××
2019年×月×日

【范文2】

感谢信

尊敬的各位领导、各位同事：

今天，我怀着十分感恩的心情，写下这封感谢信。我要衷心地感谢各位领导、各位同事在我母亲突患重病急需经费救治的危难时刻，奉献出一颗爱心，从并不宽裕的口袋里，掏出一张张人民币送到我的手中，使我母亲及时得到了救治，让母亲又重新回到了我们身旁。

近年来，我家家运不济，屡遭不幸。先是久病的父亲突然辞世，不但留给了我们无尽的悲伤和思念，还留下了大笔的欠款。正当我们全家苦苦挣扎、奋力赚钱以期早日偿还父债时，苦难却再一次降临我们这个已经不幸的家庭——我那凄苦的母亲因为悲伤过度，加上营养不良，竟在一次平常的行走中跌断了脊骨，敲响了死神的大门。刹那间，死亡的阴影再次笼罩在我们姐妹心头，我们抱头痛哭，悲痛欲绝，我们刚失去了父亲，不能再失去母亲，我们姐妹暗暗下定决心，一定要把母亲从死亡线上拉回来。

当我们好不容易将母亲送到医院时，高额的手术费用却让我们措手不及，正当我一筹莫展时，好心的工友提醒了我：我们有一个充满爱心的集体，有一批充满爱心的领导，有一群充满爱心的同事，也许他们能够伸出爱的手，帮我解决燃眉之急。于是，我冒昧地向厂领导作了汇报，领导当即表示同意，并带头捐出一万元，广大员工在厂领导的带动下，也纷纷伸出援助之手，在极短的时间内，为我募得五万多元，使我母亲及时得到了救治，脱离了危险。救命之恩，永世难忘！

各位领导、各位同事对我的捐助，对我的关爱，我会长留心间！不管今后我走到哪里，我都会永远记住这份浓浓的情、深深的爱。

虽然，我可能没有能力来一一报答各位领导同事对我的恩情，但我会以此激励自己，向你们学习，好好工作，好好做人，带着感恩的心去帮助需要帮助的人！

最后，请允许我向所有支助过我的恩人深深地鞠躬，并祝好人一生平安。

××厂职工：李××
2018年×月×日

【病例评析】

【病例】

××中学领导：

我的女儿在去年的一次车祸中，失去了左腿，使她成为残疾姑娘。一年多来，老师和同学们无微不至地关心她，给她补课，替她交作业。尤其是董老师给她的“身残志坚”的条幅，成了激励她奋斗的座右铭。老师和同学们关心残疾人，助人为乐的精神，是值得我们学习的。在大家的鼓励和帮助下，我的女儿战胜了伤残，如今已能拄着拐杖走路了；她加倍努力地学习，成绩在班级名列前茅。我们全家向董老师和同学们表示衷心的感谢，并请学校领导给予表扬。

此致

敬礼

学生家长：×××

【评析】

这篇感谢信存在的问题有：① 第一句有语病，应改为"去年的一次车祸中，我的女儿不幸失去了左腿，成为了残疾姑娘。"② 信中第五句"在大家……名列前茅"应放在第四句"老师和同学们……学习的"前面，这样思路才顺畅。③ 还缺少标题"感谢信"。④感谢的原因交代不完整，应补上车祸后严重影响生活和学习等。⑤"敬礼"应顶格写起。⑥ 缺少发信日期。

【项目 2】慰问信的写作

【能力目标】

1. 能熟练掌握慰问信的写作技能。
2. 能够根据具体情况写出格式规范、感情真挚、语言亲切的慰问信。

【知识目标】

1. 了解慰问信的概念、特点、种类。
2. 掌握慰问信的格式、一般写法和主要条款。

【工作情景】

一年一度的教师节又到了，请你执笔以本学院学生会的名义给全校教师写一封慰问信。

讨论：应该如何写一封格式规范、感情真挚的慰问信呢？（学生在老师指导下试写这封慰问信。）

【必需知识】

一、什么是慰问信？

慰问信是以组织或个人的名义对工作中做出巨大贡献、取得优异成绩或遭遇天灾人祸、蒙受重大损失的集体或个人表示问候、慰勉、关切和鼓励的专用书信。

根据慰问信的内容和功用，可将慰问信分为节日慰问信、灾情慰问信和贡献慰问信三大类。节日慰问信是在重要节日期间，对有贡献的个人或集体表示致意、问候的书信。灾情慰问信是慰问遭受巨大灾害或损失的人的书信，其目的是对受信者表示安慰、同情和鼓励。贡献慰问信是慰问取得巨大成就的个人或集体的书信，其目的是鼓励受信者戒骄戒躁，继续努力奋斗。

慰问信起着慰藉、问候、关切、激励的作用。它具有公开性、沟通性的特点，采用书信体格式，语言亲切热情，富有感情色彩。

二、慰问信的格式和一般写法

慰问信的格式通常由标题、称谓、正文、结尾、落款五个部分组成。

（一）标题

慰问信的标题在第一行正中书写，字体应大一些。标题通常有以下几种写法：一是单独由文种名称组成，如《慰问信》；二是由慰问对象和文种名共同组成，如《给抗洪部队的慰问信》；三是由发信单位名称、受文对象名称和文种三部分组成，如《××学院学生会致全校教师的慰问信》；也有由发信单位加文种组成的。

（二）称谓

在标题之下，第二行顶格处写明被慰问对象的单位或个人姓名，个人姓名后面加“同志”“先生”或职务等相应称呼。称谓后加冒号，如“广东武警部队全体官兵：”“杨军同志：”。

（三）正文

正文从第三行空两格起，应分别写出以下两方面的内容：

（1）发文的目的。主要写清发此慰问信的背景、原因、代表何人向何受文者表示慰问。

（2）慰问的事项。概括地叙述受信对方的先进思想、先进事迹或战胜困难、舍己为人、不怕牺牲的可贵品德和高尚风格；或对方为党为国家和人民所做出的贡献；或简要叙述对方所遭受的困难和损失，表达对对方的慰问（及表示向对方学习）的决心。

（四）结尾

结尾表示共同的愿望和决心。接着另起一行，空两格写祝愿的话，不得连写在上文末尾。

（五）落款

在正文的右下方签上写慰问信单位的名称或个人的姓名，同时写上年、月、日。署名与日期各占一行，如果是单位名称，须加盖公章，如【范文】。

三、写慰问信必须注意的问题

（1）对象要明确。写清楚对方的事迹，用事实说话，内容和慰问对象要吻合。

（2）感情要真挚。古人云：“感人心者，莫先乎情。”只有真挚的情感才能打动人心，要向对方表示出无限关怀的感情，慰勉对方，使人受到鼓舞。

（3）激励自信心。要让对方在遭遇不幸、遇到种种挫折时得到激励，增强自信心。

（4）语言要亲切。措辞要简明恰切，篇幅不宜太长。

【范文借鉴】

【范文】

慰问信

各位同事：

大家辛苦了！

春回大地，万象更新。在这辞旧迎新之际，我谨代表公司向一年以来奋战在各岗位、为公司发展辛勤付出的广大员工，致以亲切的问候和美好的祝福。向关心支持公司发展的员工家属表示诚挚的感谢和祝福：祝大家新春愉快、身体健康、合家幸福、事业有成！

在过去的一年里，公司全体员工在各岗位上，兢兢业业，无私奉献，把美好的青春年华、巨大的热情和力量都献给了前进中的公司。我在这里特别要对仍然坚守在工作岗位，不能回家与家人团聚的一线员工，表示最亲切的问候和最真诚挚的祝福，也为各位员工在工作中取得的成绩表示祝贺。

20××年里我们有过失败的沮丧，也有过胜利的欢呼，点点滴滴犹在眼前。前面的道路是何等崎岖，我们坚持过来了！接下来，我们面对的是竞争激烈的服装市场，虽然我们现在已经慢慢走向品牌专卖了，但是我们还得努力！我们坚信：只要我们对企业一如既往地忠诚和不懈努力，用每个员工的聪明才智，用更加坚强的意志，团结一致，迎接挑战，我们的明天会更好！

在新的一年里，我们要继续发扬不怕苦不怕累、勇于创新、团结合作的精神，加快企业制度建设步伐，提高业务能力，提升企业竞争力，规范管理，进一步增强公司的凝聚力、向心力，迎接20××年新的辉煌。

最后，再次祝各位同事新春愉快，身体健康，家庭幸福！

广州市×××服饰有限公司总经理：张××

20××年××月××日

【病例评析】

【病例】

慰问信

离休、退休教职工同志们：

我们代表全校的师生员工向你们表示祝贺和亲切的慰问！

多年来，同志们为学院的创立、发展和建设，为培养祖国的栋梁呕心沥血，辛勤工作，把自己美好的年华和聪明才智奉献给了党的教育事业，在全院的心中，将永远铭记着你们的业绩和功劳。

最后祝你们节日快乐！

××学院

20××年××月××日

【评析】

这篇慰问信存在的问题主要有：①称谓不够亲切，应加上“尊敬”二字。②什么节日表示慰问没有说清。③正文后半部分应概括说明当前学院的形势与任务，然后表明决心，提出希望。④缺××学院公章。

【项目3】求职信的写作

【能力目标】

1. 能熟练掌握求职信的写作技能。
2. 能够根据具体情况写出格式规范、目标明确、重点突出、语言简洁的求职信。

【知识目标】

1. 了解求职信的概念、特点、种类。
2. 掌握求职信的格式、一般写法和主要条款。

【工作情景】

根据你所学专业对应的岗位，为自己写一份求职信。

讨论：应该如何写一封目标明确、重点突出的求职信呢？（学生在老师指导下试写这份求职信。）

【必需知识】

一、什么是求职信？

求职信包括自荐信和应聘信，它们的写作要求大致相同，都是个体求职者向有关用人单位或相关领导介绍自己的主观愿望和实际才干，以便对方了解自己、相信自己，从而获得某种职位的书信文体。不同的是，自荐信属于主动型的，用以自我推荐、介绍个人长处、“投石问路式”地寻求职位；应聘信则相对属于被动型的，根据对方提出的一系列要求，个人选择其中适合的一种工作来提请对方予以考虑。

求职信从求职者的身份不同来分，有毕业生求职信，待业下岗人员求职信，在岗者换岗求职信等。从求职对象的情况分，有明确单位的求职信，即知道招聘单位要聘人的情况下去求职所写的信，常称“应聘信”；有广泛性的求职信，即未知招聘单位是否要人的情况下去求职所写的信。

求职信的特点主要是自我推销。求职者与单位或雇主之间从未谋面，互不相识，纯属“纸上的会见”，故在写作上尤为重要。求职信要突出自己的特长、优势以及个性，实事求是，客观评价。求职态度要诚恳谦虚，篇幅不宜太长，语言简洁，使自己在人才竞争格外激烈的情况下脱颖而出。

二、求职信的格式和一般写法

求职信的格式因写作的目的不同、内容不同、收信人身份不同而略有差别。但是，一般的求职信基本格式应包括标题、称呼、正文、祝语、署名和时间、附件等部分。

（一）标题

一般以“求职信”三字为标题，居于首页第一行正中。

（二）称呼

称呼在求职信的第二行顶格书写，称呼后加冒号。求职信如写给单位，则直接写明单位名称即可，如“广联公司：”；如写给单位领导人，一般称呼其职务，如“××出版社文史部张主任：”；若是没有目的的自荐信，则直接称呼“尊敬的领导：”即可。称呼要礼貌得体。

（三）正文

正文是求职信的重心，一般由开头、主体、结束语三部分组成。

（1）开头。求职信开头须写清求职缘由和目的，是毕业求职、待岗求职还是在岗者换岗求职等，都要说清楚。开头的表达要简明准确，富有吸引力。

（2）主体。主体是求职信的核心内容，要针对用人单位招聘广告或求职者所了解到的信息，介绍自己能胜任某项工作的优越条件（如学历、知识、经验等），重点（个性和特长）突出，简明清楚，从而吸引、打动对方，具体要包括以下内容：

1）简述个人的基本情况。包括姓名、性别、年龄、籍贯、政治身份、学历、专业等。

2）写明求职的缘由。如是应聘信应写明应聘信息的来源。如是自荐信，在不知对方是否招聘的情况下，应写明对该单位的印象，以表明自己愿意到该单位的决心。

3）简述自己的优点、特长、工作经历或实践经历。这部分要展示自己的“硬件”，表明自己有较强的可塑性，有与某项工作要求相符的特长、性格和能力，要多方位地展示自己，让对方感觉你能胜任该项工作，但务必真实，否则会弄巧成拙。

4）写明自己对应聘工作职位的要求。现代社会的供需关系是一种双向选择关系，为体现平等互惠的关系，求职者也可对单位提出自己的想法。

（3）结束语。一般表明求职者想得到该工作的迫切愿望，希望早日得到明确的答复，但语气要谦恭有礼，不能迫不及待。例如“企盼福音”“伫候佳音”等，不能写“请快回复”之类具有命令语气的话语。

（四）祝语

正文下面写上敬祝语（写法与其他书信相同）。

（五）署名和时间

在祝语的右下方，要写上“求职者：×××”，并注明写求职信的具体日期。为方便对方回文联系，还应写上自己的详细通信地址、邮编、电话、电子邮件等联络方式，如【范文】。

（六）附件

附件部分是附在信末用以证明或介绍自己具体情况的书面材料，选用的相关证明材料最好加盖必要的公章，内容包括所读课程及成绩表；获奖证书或等级认定证书；发表的文章；专家、单位提供的推荐信或证明材料等。

三、写求职信必须注意的问题

（1）实事求是，客观评价。自己的学历、资历、专长必须实事求是地介绍给对方，绝不能弄虚作假。

（2）推销自己，不卑不亢。过于谦卑，自贬身价，给人以碌碌无能的不良感觉；过于高傲，狂妄自大，会给人轻佻浮夸的印象，两者都不能达到求职要求。

（3）言简意明，详细清楚。一份求职信往往体现求职者的表达能力和写作水平，事关用人单位对自己的印象，故在写作时要言简意明，给人以精明练达的印象，回信地址及复印件等材料都应清楚详细。

【范文借鉴】

【范文】

求职信

尊敬的领导：

你好！很荣幸您在百忙之中翻阅我的求职信，谢谢！

我是一名即将毕业的计算机系本科生，届时将获得计算机学士学位。大学四年，奠定了我扎实的专业理论基础，良好的思维组织能力、团队协作精神和务实的工作作风。

在校期间，我努力学习，在专业考试中屡次获得单科第一，并获得院二等奖学金两次，院三等奖学金两次；获得第三届大学生科学技术创作竞赛一等奖；获学院20××届优秀毕业设计奖。此外，我曾担任院学生会成员、副班长职务，现任计算机系团总支组织部部长。多次组织系部、班级联欢会、春游活动等，受到老师、同学的一致好评。大学四年来，我严格要求自己，注重能力培养，品格优秀，思想进步，笃守诚、信、礼、智的做人原则。在校期间，光荣加入中国共产党。

在专业知识方面，我精通 Visual Basic、SQL Server、ASP。熟练使用 Linux、Windows 10/Me/NT/2000/XP 等操作系统。熟练使用 Office、WPS 办公自动化软件。自学 HTML、FrontPage、Dreamweaver、Fireworks、Flash 等网页制作相关软件。对于常用软件都能熟练使用。

除了在校学习之外，我还积极参加社会实践。曾在苏州新区的富士通公司、高达公司实习。在江苏燕舞集团、江苏电信科学技术研究院参加工程项目。这些工作，锻炼了我的社会实践能力。

手捧菲薄求职之书，心怀自信诚挚之念，期待着能成为贵公司的一员！

祝

公司业绩蒸蒸日上！

求职者：×××

20××年×月×日

【病例评析】

【病例】

应聘信

××公司：

上周，一个偶然的机会，看了×月××日的《羊城晚报》广告栏，知道贵公司属下各厂需要招聘打字员、会计员、电工等各若干名，本人现在去信应聘，现将我的情况作如下介绍：

本人现就读于××学校电子专业，今年七月毕业，在学校各方面的表现都很好。

我的性格是属于外向型的，不喜欢独来独往，人比较健谈，喜欢去人多的地方，喜欢交朋友，而且自己认为朋友越多越好，将来有什么困难可以得到更多的朋友帮助。

我的兴趣是广泛的，好像什么都喜爱，我的音质不好，不会唱歌，但喜欢听人唱歌，喜欢欣赏音乐，我也喜欢画画，也喜欢体育活动，特别喜欢打羽毛球。

在遵守纪律方面，我比较自觉，从没有违反过学校的纪律，不但没有受过处分，有时还能得到表扬。

在生活方面，我比较俭朴，不乱花钱。有人说我吝啬，我有自己的看法：我们学生是消费者，花钱不能大手大脚，不然会增加家长的负担。节约是我的优点，我不承认吝啬。

在学习方面，我也很自觉。有的人对基础科的学习不够重视，只重视专业科，我不这样，我对基础科和专业科同样重视，所以我各科的成绩都达到老师的要求。

贵公司招收电工，我是学电子专业的，完全可以胜任贵公司的电工工作。请贵公司研究并答复我的应聘请求。如蒙得到贵公司的聘用，我一定努力为公司工作。

此致

敬礼

××市××学校 2017 级电子班××

20××年×月×日

【评析】

本文的主要毛病是中心不突出，未能重点抓住招聘条件和要求来组织安排材料：①详略处理不当。应该重点介绍应聘人专业知识和专业技能的情况，其他内容一般从简。本文只笼统地提到“各科成绩都达到老师的要求”，没有具体介绍自己学习哪些与电工有关的主要学科，以及学科知识和技能掌握的情况。另外，应聘人对自己的性格、兴趣、生活等方面的叙述过多，而对自己的性别年龄等却只字未提。②语有旁溢。如应聘缘由段涉及公司属下各厂需要招聘打字员、会计员的内容，生活俭朴段有关他人的看法，学习段有关他人的态度等，都是多余的话。③在结构安排上，没有把主要的内容放在前面，次要的内容放在后面。另外，文字表达上有个别地方欠准确，如“喜欢去人多的地方”“将来有什么困难可以得到更多的朋友帮助”等。

【项目 4】辞职信的写作

【能力目标】

1. 能熟练掌握辞职信的写作技能。
2. 能够根据具体情况写出格式规范、理由充分、措辞委婉的辞职信。

【知识目标】

1. 了解辞职信的概念和种类。
2. 掌握辞职信的格式和一般写法。

【工作情景】

林博文担任学生会副主席以来，由于同时兼任宣传部部长、校文学社社长和本班班长，社会工作过多，加上自己没有安排好学习与工作的时间，故本学期已缺课累计 30 节，期中考试有一科亮红灯。林博文觉得自己已经不好意思再担任学生会干部了，得好好学习，提高学习成绩，他决定辞去学生会的所有职务。

讨论：请你替林博文给学生会写一封辞职信。（学生在老师的指导下完成。）

【必需知识】

一、什么是辞职信?

辞职信（辞职书）是为了辞退在单位中所担任的职务或工作而写的实用文书。辞职信适用于个人由于对原工作不满意，有更好的工作机会；或个人由于不满意单位领导的管理方式，或个人能力无法胜任某项工作；或由于个人（领导干部）在工作中造成了某种失误、损失、影响较坏，从而提出辞职申请，请求上级批准其辞职。

辞职信从人数上看可分为集体辞职信和个人辞职信两种；从身份角度上看可分为一般工作人员的辞职信、机关干部或部门领导提出的辞职信两种；从意愿去考虑，还可分为主动辞职和被动辞职。国家机关各级公务员提出辞职是一件非常严肃的事情，一般要经过相应的程序才能获得批准，而一般企业或一些组织内部人员的辞职申请则相对随意一些，有些单位的辞职申请可能仅仅是传达一种信息，单位领导批准与否可能并不重要。写辞职信要考虑成熟，理由充分清楚，措辞要委婉恳切。

二、辞职信的格式和一般写法

辞职信的格式与求职信大体相同，即同样有标题、称呼、正文、祝语、落款等部分，但正文的写法不同。

（一）标题

标题写在第一行正中间，字体稍大一些，也可写成“辞职书”“辞职申请书”“辞职申请”等。

（二）称呼

在标题下一行顶格处写接受辞职申请的单位组织或领导人的称呼，并在称呼后加冒号，如“深达公司：”“周总经理：”等。

（三）正文

正文是辞职申请的主要部分。正文内容一般包括三部分：①提出申请辞职的原因；②申述提出申请的具体内容，该项内容要求将有关辞职的详细情况一一列举出来，要注意内容的单一性和完整性；③表明提出辞职申请的决心和个人的具体要求，并提出希望领导能解决的问题等。

（四）祝语

结尾要求写上表示敬意的语句，如“此致—敬礼”等。

（五）落款

辞职申请的落款要求写上辞职人姓名及提出辞职申请的具体日期，如【范文】。

三、写辞职信必须注意的问题

（1）考虑成熟，勿仓促行事。辞职申请是辞掉工作的一种申请，申请人一定要事先考虑成熟以后再作决定，避免事后后悔不已，造成不必要的烦恼和麻烦。

（2）理由充分，措辞委婉。辞职信要将申请事项和理由写清楚，使对方能透彻了解你的要求和具体情况，辞职信的语气要准确，措辞要委婉恳切，用朴实的言词表明辞职的诚意。

【范文借鉴】

【范文】

辞职信

尊敬的潘总经理：

您好!

经过深思熟虑，我决定辞去目前在公司所担任的职务，因为考虑到目前行业的现状以及自身的专业水平，我需要重返学校深造，以适应今后的发展。

在此辞呈递交以后的 2～4 周内我将离职，这样您将有时间去寻找适当人选，来填补因我离职而造成的空缺，同时我也能够协助您对新人进行入职培训，使他尽快熟悉工作。另外，如果您觉得我在某个时间段内离职比较合适，不妨给我建议或尽早告知我。

我非常重视在公司工作的这段经历，也很荣幸自己曾经是公司的一员，我确信在公司里的这段经历和经验，将为我今后的发展带来非常大的帮助。再次对您和公司表示感谢！

祝

公司业绩蒸蒸日上！

张　宏

20××年×月×日

【病例评析】

【病例】

辞职书

公司：

我申请辞去现在的工作，请上级领导批准。公司的企业文化感化了我，我对公司是深有感情的，我感谢公司领导和同事在工作中对我的关心和支持。

市场部××

20××年×月×日

【评析】

这篇辞职信主要存在以下问题：①称呼不具体。称呼宜改为“公司人事部：”等。②辞职原因没有交代清楚。应在申请前加上“因为……”，写清辞职原因。③结尾没有祝语。应在最后加上“此致—敬礼”或“并祝公司……”之类的祝语。

【项目 5】求职简历的写作

【能力目标】

1. 能熟练掌握求职简历的写作技巧。
2. 能够根据具体情况写出内容完备、重点突出、格式规范、针对性强、说明客观的求职简历。

【知识目标】

1. 了解求职简历的结构和内容。
2. 掌握求职简历的格式和一般写法。

【工作情景】

王浩，男，1997 年 3 月出生，是河南省新郑市人。现就读于××职业技术学院计算机系信息管理与信息系统专业，学历大专，于 2020 年 7 月毕业。准备应聘××公司计算机中心。

主修课程有：计算机应用基础、软件基础、管理学、会计学、经济法、管理经济学、汇编语言、C 语言、国际贸易理论与实务、市场营销、运筹学、数据库系统概论、数据通信与网络、操作系统原理、信息经济学、信息系统分析与设计、信息系统开发工具与技术。

英语水平：具有初步的听、说、读、写基础技能；通过国家英语四级。

计算机水平：通过了本省计算机二级考试。

此外，在校期间，三年均获得（一等或二等）奖学金；获得2018年度、2019年度校“三好学生”称号；2018年7月至2018年8月，在秦岭航空公司进行生产实习；2019年7月至2019年8月，参加一项课题的软件编程。

王浩的个性特点是实事求是，发愤图强。（通讯地址：××职业技术学院××村 39-3-1；邮编：710072；邮箱：44××××20@qq.com；联系电话：135××××2674）

讨论：请帮王浩同学写这份求职简历。（学生在老师指导下完成。）

【必需知识】

一、什么是求职简历？

简历是对一个人经历的简要说明，包括个人资料（姓名、性别、民族、年龄、籍贯、政治面貌、文化程度、校系专业、家庭住址、任职情况）、受教育经历、工作经历、外语程度、论文著作、受奖励情况以及结合自荐目的所写的自我介绍。

二、简历的作用

简历在求职的过程中具有重要的作用，是求职路上的铺路石，是开启事业之门的钥匙。一份简历犹如一张个人广告，能够反映个人的专业特长、基本素质和潜能，使别人从中可以了解求职者适合在哪些部门从事哪些职业，使求职者从众多的求职者中脱颖而出。

三、求职简历的格式和一般写法

简历并没有固定的模式，但也应当遵循一定的规范。从内容上说，对于社会经历少的大学毕业生，简历一般包括个人基本资料、学历、学习成绩与奖励、社会实践、工作经历、勤工助学、个人特长、文章与论文、兴趣爱好和性格等项目。

1. 个人基本资料

个人基本资料主要写姓名、性别、出生年月、联系地址与电话。另外也可以加上身高、视力、政治面貌等。一般写在简历最前面。

2. 学历

对于社会经历相对较少的大学毕业生，学历这一部分成了用人单位了解应聘者的智力、专业能力，以及在竞争者中做横向比较的主要依据。为了体现专业特长，应在学校名称后加上专业名称，如果辅修课程与应聘的职位密切相关，也可附在主修课程之后。为了强调专业特长，可以将与应聘职位相关的课程集中起来，附在专业后面。

3. 学习成绩与奖励

学习成绩优秀，并获得奖学金或荣誉称号，是学习生涯中的闪光点，这类信息可以说明求职者的确出类拔萃。

4. 社会实践

很多用人单位相当重视学生的社会实践情况，从中可以判断出学生的实际工作能力和社会阅历、社会经验。这一部分的内容书写时一般包括实践单位、具体职务、业绩或收获等。

5. 工作经历

越来越多的用人单位渴望招聘到具备较强的应变能力、能够同时从事多种不同性质工作的大学毕业生。学校社团的活跃分子、学生干部、具备一定实践工作能力和管理才能的毕业生颇受用人单位，特别是外商办事处、综合性的商贸及咨询公司、国家机关等单位的青睐。在社会活动中，求职者的责任心、协调能力、社交能力、人格修养及专业能力得到了锻炼和肯定，所以有丰富的社会活动经验，对于仍在求学、尚缺少社会经历的毕业生来说，是应聘成功的又一个重要砝码。这部分书写内容包括职务、职责与业绩。

6. 勤工助学

勤工助学经历也可写入社会活动。尽管有时勤工助学的经历同专职实践相比并不十分突出，但找工作赚学费仍可给人留下吃苦耐劳、认真负责的好印象。

7. 个人特长

个人特长是指拥有的技能专长，特别是外语及计算机等方面的专长。如果通过了正式的考试、考核，不妨说明获证情况，包括专业外语、国家外语四六级、第二外语，甚至是计算机程序员、高级程序员等。此外，如果本人确有其他方面的一技之长，例如音乐、美术、体育等方面，写入简历也许会带来意料之外的收获。

8. 文章与论文

毕业论文显示了个人的专业能力及专业方向，如果论文在应聘前完成，也可写进简历。如果大学期间有已发表的文章、论文成果，应写进简历，这将是简历中一个有力的竞争项目，不要忘记注明刊物名称、出版单位及发表时间。

9. 兴趣爱好和性格

这部分内容要根据具体情况进行取舍，当以上项目足以证明自己的实力时，这部分可以省略，但是，当其他部分资料相对较少、不足以体现自己长处时，可以在简历中加上兴趣爱好与性格等内容，以展示本人的品德、修养或社交能力及与人合作能力。如果没有兴趣爱好也可不写，可直接描述性格特点。性格特点很多时候与工作性质、职位要求关系密切，所以用词要妥当，如"乐观开朗""活泼好动""成熟稳重""富有耐心""能够吃苦""诚恳真挚""精力充沛""有责任感""负责尽职""乐于助人""善于分析""思维敏捷""诚实友善""为人诚恳""善于协调""勤奋努力""有管理能力""表达能力强""善于与人沟通""能够刻苦钻研""动手能力强""处理细节精确""有良好的人际关系""能与别人愉快合作""有良好的分析能力""适应不同环境、不同需要的能力强"等。

四、写求职简历必须注意的问题

1. 诚实信用

社会需要诚信，社会呼唤诚信。人无信不立，一个失去诚信的人很难在社会上立足，没有任何一个用人单位能容忍一个没有信用的求职者。因此，要确保简历内容的真实性。一些不明智的求职者为了能在竞争中胜出，往往喜欢在个人简历中挖空心思"做文章"，如没有获奖的说自己获奖，英语四级没有通过的说自己通过了英语六级等。其实，阅历丰富的人事经理看过数以千计的个人简历，他们对简历往往有敏锐的分析能力，任何遮遮掩掩或夸大其词的行为都将被看穿，更何况求职者还有一次或多次面试的考验。即使瞒得了目前，也瞒不了以后，总有被发现的时候。而一旦被发现，就不得不重新开始找工作了。这种基础就不扎实的工作不能做，因此，要老老实实地撰写简历。

2. 短小精悍

"简历越长，求职者越无足轻重"，这句话说得十分有道理。一些大学生总认为简历写得越长，越能说明自己更有资历。其实不然，长篇累牍不等于有竞争力，短小精悍也不等于经历浅薄。大学毕业生要特别记住，简历一定要"简"。现在一些求职者为了显示自己的简历有个性，在篇幅方面做足文章，一份简历能写到六七页。这种做法不足取。如有很多值得一写的东西，那么不妨突破两页的界限。要记住，与所求职无关或意义不大的内容最好不要写。据调查，用人单位花在每份简历上的时间平均不到一分半钟，要想在这短短的 90 秒内迅速吸引招聘者的注意力，求职简历就一定要短小精悍。如果一份简历，第一页是封面，第二页是求职信，第三页是学校介绍，第四页是院系介绍，第五页开始介绍自己的个人情况，这样的简历很难吸引用人单位。

3. 重点突出

如果一份简历比较长又没有层次感，那就很难引起招聘者的注意和兴趣。因此，在写简历的时候要注意突出重点。不必写小学、中学在哪里读，受过什么培训之类的内容可考虑放在备注中，不要与教育经历混作一谈。虚话少写，如“性格好”“我工作认真努力”“本人精通办公软件”“参加了国家‘九五’攻关项目”等，这些话让人难以了解实际能力。对于自己的能力要估计适当。管理专业的毕业生尚未走出校门，就说自己“擅长管理”，这分明是言过其实，如果说“自认为在这方面有兴趣和潜力”，则比较恰当。可以用数字说明问题，如外语专业毕业生写“曾在刊物上发表过累计20万字的译文”，就说明了笔译能力。重点的内容应当通过不同的文本修饰功能去体现，如黑体字和粗体字。有重点、有层次感的简历才能有效地吸引招聘者的目光，才能使自己的简历脱颖而出。

4. 针对性强

对于不同的行业、不同的企业、不同的职位，求职者应当事先进行分析，有针对性地设计和准备简历。不能盲目地将一份标准版本大量复制，投递任何一家单位的简历都千篇一律，那样的话，效果会大打折扣。应当准备几份重点不同的简历，在应聘某一企业的时候选择最合适的一份并进行进一步的修改。单位总是关注应聘者与之相关的知识背景和实践经历，因此，要针对自己应聘的单位和职位列出自己这方面的专长，学了什么，在这方面有什么实践成果等。例如，应聘广告公司，就应该详细写明在某广告公司的兼职经历，并且最好把简历做成一件作品，这件作品就是对本人能力的最好说明。又如，应聘媒体行业应该附上在报社实习的成果，列出报道过的新闻，指出曾经起到了多么重要的作用。有的放矢，对症下药，简历一定会鹤立鸡群。

5. 说明客观

简历应该是客观的自我介绍。简历的语言应当是站在第三人的立场上，用说明性语言向用人单位进行介绍。不要在简历中进行主观性的描述，如“善于沟通”“富有团队精神”“团结他人”“能给单位带来××效益”等。简历的行文要以简明的短句为主，切忌使用文艺语体，使用文学性、抒情性的语言。个人简历没有写自我评价、个人性格等主观性内容的必要。

6. 表达准确

错别字和病句是简历的大敌，在制作简历的时候一定要注意文字和句子表述是否正确。从简历能看出一个人的语言文字修养，而招聘人员考察应聘者的文字能力、细心程度等内容就是从简历开始的，因此马虎不得。此外，要注意不要使用拗口的语句和生僻的字词，更不要故意卖弄文学水平，咬文嚼字。表述清楚、准确、规范、精练，是简历语言的基本要求。

7. 制作规范

“人靠衣装，佛靠金装。”现在许多大学毕业生意识到这一点，在求职时把简历制作得富有个性和创意，希望自己的简历与众不同，能抓住招聘者的眼光。但需要注意的是，除非是广告、美术类的专业，如果不是出于专业的需要，简历不能弄得太花哨，只要规范、简约大方就可以了，尤其是撰写应聘政府机关的简历，是万万不能花哨的。简历的规范、简约与否，决定了招聘人员产生的是直观的好感还是厌弃的心情。例如，小雷是一所医学院校的高材生，不仅形象俊美，成绩优异，而且在校期间，有从事社团组织管理工作的丰富经验，却连面试的机会也没有，而一同递去资料的小王，参加了面试并且被录用。原来，小雷为了吸引招聘人员的注意，在个人简历上插上了许多可以表现自己能力的卡通画，结果适得其反。可见，简历形式上的规范和表达上的适度也是非常重要的。

用电脑制作简历时，也要求做到规范，字体大小、间距适当，段落整齐，格式一致，使用打印件，不要使用复印件。

【范文借鉴】

【范文】

个人简历

基本资料

姓　　名：<u>李　辉</u>　　　　　　性　　别：<u>男</u>

出生年月：	1990 年 7 月	民　　族：	汉
政治面貌：	中共党员	健康状况：	良好
籍　　贯：	广东顺德	培养方式：	全日制
通讯地址：	广州市××商学院 108 信箱	最高学历：	大学本科
学　　位：	学　士	身　　高：	175cm
联系电话：	020-844999××	手　　机：	1353001××××

教育经历

2008.9—2012.6　　就读于广州××商学院企业管理

专业课程

企业管理原理、商业企业管理、工业企业管理、市场预测与决策学、市场营销、推销学原理、国际市场行情、企业战略管理、组织行为学、财政学、国际金融、商业经济学、西方经济学、价格学概论、会计学原理、商业流通会计、管理会计、商贸英语口语、经济法、QBasic、FoxBase、计算机在管理中的应用等。

学生工作

2009—2010　　担任企业管理系第十一届学生会主席

2008—2011　　担任班长

2009—2010　　担任系学生会宣传部长及学院广播台广告部长

2010—2011　　担任学院“知音乐社”学生顾问

社会实践

2008 年 7—9 月　　在广州谊园餐饮旅业参加实践活动

2009 年 10 月　　参加台湾大成食品有限公司营销工作

2010 年 12 月　　对顺德康宝、华宝、美的等企业进行市场调研

2011 年 7 月　　在韶关市政府办公室实习

2012 年 12 月　　前往广州钢铁企业集团公司参观和调查

大学获奖情况

2008—2009 年度　　荣获“系三好学生”及“优秀团员”称号

2009—2010 年度　　荣获“优秀学生干部”称号

2010—2011 年度　　荣获“优秀学生干部”称号

2008—2011 年度　　荣获三等奖学金和多项单项奖学金

计算机技能

熟练掌握 QBasic 语言和 FoxBase 数据库

熟练使用 Word、Excel 及 Office 等办公软件

熟悉 Windows、Linux 等系统操作

语言能力

熟练掌握普通话、粤语

具有较强的语言表达及组织能力

良好的英语听、说、读、写、译能力

已通过全国大学英语四级考试

特长与爱好

计算机、书画、文艺、阅读

自我评价

思想品德好，责任心强，团队意识佳；工作踏实勤奋，积极进取，富有创造力；知识全面，专业基础扎实，见识广博；自学能力强，善于独立思考，有较强的工作能力；人际关系融洽，有较强的协调沟通能力。

【病例评析】

【病例】

个人简历

目前所在:	广州	年龄:	21	（本人证件照）
户口所在:	云浮	国籍:	中国	
婚姻状况:	未婚	民族:	汉族	
身高:	165 cm	体重:	46 kg	

求职意向

人才类型:	应届毕业生		
应聘职位:	会计：会计助理/会计文员，出纳员：出纳		
工作年限:	1 年	职称:	无职称
求职类型:	全职	可到职日期:	随时
月薪要求:	3000 以上	希望工作地区:	广州

工作履历

豆浆大王云浮分店　起止年月：20××-01-01—20××-02-01	
店铺性质:	私营
担任职位:	收银员
工作描述:	主要负责买卖以及现金的收付
离职原因:	兼职

语言能力

外语:	英语	粤语水平:	精通
获得证书:	大学英语四级	国语水平:	精通

自我评价

我为人乐观耿直，做事认真、细心、谨慎，头脑灵活，性格稳重，责任心强，具有较强的团队精神。

本人在校期间担任学院系部学生会干事以及系部艺术团模特队队长，在职期间成功策划并完成了系部的活动，受到系部领导的好评。

熟练操作用友、金碟等财务软件及办公软件，能够熟练操作 Windows 平台上的各类应用软件（如 Word、Excel、PowerPoint 等）。

自我介绍

本人熟练粤语、国语；字体工整；有较强的环境适应能力、自我管理能力。熟悉国家财务制度和相关政策法规，英语四级水平，熟练掌握计算机基础知识，并能熟练运用 SQL 语言、FoxPro、PowerPoint、Office 97 等进行计算机软件应用与开发，并具有较好的计算机网络知识与技能。

于 20××—20××学年获得：会计从业资格证、初级会计电算化证、全国信息化工程师 ERP 应用资格证书、大学英语等级考试 A 级证书及通过大学英语四级考试。

【评析】

这份求职简历最大的一个毛病就是“乱”。前面用表格写求职意向、工作履历、语言能力，后面又用文章式写上自我评价、自我介绍，让人看不明白，应该是要用表格就全部用表格。第二大毛病是重点不突出。求职简历要让招聘者醒目地看到应聘者的优点和与岗位相关联的能力，本简历表格上无关痛痒地写了在“豆浆大王云浮分店”做收银员一个月，再加上外语水平，其他的都没有。比如，读过什么与职位有关的课程、在会计方面会做什么、考了什么会计方面的证书，没写，让人觉得这位应聘者没什么亮点。第三个毛病是不该写的写了，如求职意向中的工作年限、职称等，工作履历中的店铺性质、离职原因等，都可以不写，这样才能重点突出。

【项目6】申请书的写作

【能力目标】

1. 能熟练掌握申请书的写作技能。
2. 能够根据具体情况写出格式规范、理由充分、语言恳切的申请书。

【知识目标】

1. 了解申请书的概念、特点和种类。
2. 掌握申请书的格式和一般写法。

【工作情景】

你想申请加入中国共产党，试写一份入党申请书。

讨论：这样一份申请书重点必须写什么呢？（学生在老师指导下写这份申请书。）

【必需知识】

一、什么是申请书?

申请书是单位或个人因某种需要，向有关部门、组织、社会团体提出书面请求的专用文书，是人们在日常生活工作中广泛和经常使用的一种信函文书。

二、申请书的作用

申请书的适用范围非常广泛。个人对党、团组织和其他群众团体表达志愿、理想和希望时，可以使用申请书；个人在学习、工作、生活上对机关、团体、单位领导有所请求时，可以使用申请书；下级在工作、生产、学习、生活等方面对上级有所请求时，也可以使用申请书。

这样，申请书成了沟通个人与组织、个人与领导、下级与上级的一种手段。不仅可以把个人或单位的愿望、要求向组织或领导表达出来，让组织和领导加深对自己或下级的了解，争取组织和领导的帮助与批准，还可以密切个人与组织、个人与领导、下级与上级的关系，促进社会主义的物质文明和精神文明建设。

申请书是一种专用书信，与一般书信一样，是表情达意的一种工具。但是与一般书信又有区别。一般书信大部分是个人与个人之间互通情况、交流感情、交换意见、研究工作、商量事情时使用的，内容比较广泛，既可以谈公事，也可以谈私事，谈一件或几件事都可以。申请书则是个人或下级对上级或组织、机关、团体、单位有所请求时才使用，一般是一事一信、一事一书，内容比较单纯。

三、申请书的特点

1. 请求性

从写作动机看，申请书的写作带有明显的请求目的。许多申请书是按程序要求必须撰写的。例如想入党、入团、入会，又如开业、调动、分房、留学等个人在生活和工作中的具体问题，需要向组织请求批准的，都必须按程序向有关的单位递交申请书，组织依据申请书给予审批。再如，专利申请、商标注册、纳税、减税申请、出口检验、民事诉讼中的种种申请，都是按程序必须递交的书面申请书。单位、机关、社团有事要向有关主管部门或上级提出申请，有时用请示行文，有时也可用申请书行文。

从写作内容看，申请书是以阐述申请原因、申请理由和申请事项为主要内容的信函文书，具有十分明显的请求性。

2. 单一性

申请书的内容单一明确。一份申请书只表达一个愿望或只提出一个请求。一事一书，不能把不同的愿望和请求同写在一份申请书上。

四、申请书的种类

申请书的种类繁多。按申请者分，申请书有个人申请书和单位申请书；按内容分，申请书有入党申请书、入团申请书、入会申请书、开业申请书、调动申请书、专利申请书等；按形式分，申请书有文章式申请书和表格式申请书。

大多数申请书采用文章式的写法，也有不少申请书采用表格形式表述，例如，专利申请书、商标注册申请书、注册商标争议裁定申请书、纳税申报表、减税申请书、免税申请书、进口检验申请书、出口检验申请书等。表格式申请书（表），都是由审批单位按统一的标准、格式制定打印出来，发给申请人（单位）填写的。申请者一般不自制申请表。不同内容的申请表有不同的申请事项，申请表的格式可以各式各样。

五、申请书的结构与写法

本文主要介绍文章式申请书的写作结构与写法。文章式申请书有比较固定的结构，一般由标题、称呼、正文、结尾和署名署时构成。

1. 标题

第一行的正中写申请书的标题。申请书的标题有三种写法。一是只写“申请书”三个字；二是“内容+申请书”构成标题，如《入党申请书》《开业申请书》；三是“关于+内容+申请书”构成标题，如《关于参加第一期电脑培训班的申请书》。申请书的标题字体可以稍大，也可以和正文的字体一样。

2. 称呼

称呼也叫“抬头”，即在标题下空一行顶格处写出接受申请书的组织、机关、团体、单位的名称或有关负责人的姓名，如“党支部”“市工商局”“院长”“尊敬的先生、女士”等。名称后面加个冒号，表示下面有话要说。

3. 正文

正文是申请书的主要部分。正文要写清楚申请事项、申请理由、申请态度三项内容。

（1）申请事项。申请书宜开宗明义，先把申请的事项写清楚。申请事项不宜写太长，三言两语，单刀直入。例如，一般这样开头：“我是××师范学院中文系写作老师，愿意加入贵会，成为一名会员。”又如：“我是一位待业三年的高中毕业生。为了不再吃闲饭，为了减轻父母经济负担，为了给社会和人民做点贡献，我申请在××路××号开办‘自立家电维修部’。”

（2）申请理由。申请理由要陈述具体、充分、有条理，如果理由较多，可以考虑分段一个个地写，条分缕析，让人容易明白。不同的申请事项，申请理由应有所区别。申请加入团体、组织，其理由主要写对团体、组织的认识，本人想加入该团体、组织的动机，本人已具备的条件等；申请开业，其理由主要写经营业务的技术水平、营业资金、铺位空间等开业基本条件等；申请调动，其理由应着重写本人目前的困难。总之，申请理由要针对申请事项，尽量写得充分、有条理。理由虽要写得充分有力，但因为这是请求批准的信函，用语应恳切，切不可语气强硬，甚至不讲礼貌。例如：

贵会是我国高等院校从事写作教学和写作学科研究的教师的学术团体。自它成立以来，遵循以马克思主义、毛泽东思想为指导，振兴写作学科、为“四化”建设服务的宗旨，坚持四项基本原则，贯彻“双百”方针，发扬理论联系实际的学风，团结和组织写作学科的教学和研究力量，撰写出了数以千计的文章，出版了一批高质量的教材，使得写作教学初步具备了一个科学的基本理论体系和一个科学的基本功训练体系；创办了国内外颇有影响的《写作》杂志，使古老的写作学科焕发出革命的青春。

我从事写作教学多年，积累了一些经验，也有一定的理论造诣，出版了《写作能力训练教程》一书，发表有关写作理论的论文多篇。

上面是一篇申请加入中国写作学会的申请书的理论部分，写得比较充分，可以看出申请者对申请加入的社团的性质、活动、成就等信息有清楚的认识。第二段申请者陈述了本人具备的成为该会会员的条件。基于文中提到的两方面理由，申请者申请加入该社团。这里的理由不但写得充分，而且写得有条理。

（3）申请态度。申请书一般要表示自己的申请被批准后的态度和决心。这部分的内容可以写得简约一些。例如：“我愿意遵守学会章程，履行会员义务，向学会提供教学经验和科研成果，完成学会交给我的任务。”

4. 结尾

申请书可以有结尾，也可以没有。结尾一般是写“此致敬礼”之类表示敬意的话，可以在正文完后接着写“此致”，再起一行顶格写“敬礼”；也可以在正文下一行空两格写“此致”，另起一行顶格写“敬礼”；还可以写表示感谢、表示祝颂的话。此外，还有人写“敬祈核准”“请领导批准”等语。

5. 署名署时

在结尾下一行（没有结尾则在正文下一行）的后半行，写上“申请人”三字后，再签上姓名，或者申请单位名称加盖章，在署名下面写上日期。

六、写申请书必须注意的问题

第一，要把申请的事情和理由写清楚，使接受者能透彻地了解申请人或申请单位的意愿、要求和具体情况，以便研究处理。

第二，要考虑对象。申请书是要让接受申请书的组织和领导看的，所以必须从这一特定的读者对象出发来确定申请书的内容和文字。该说的说，不该说的不说，接受申请书的人已经了解的事情可以少说或者干脆不说；对方不太了解而又有必要说明的地方，就要说清楚。如果所写的不是第一次申请，再写申请时就不必重复上次的内容，可以在原有申请的基础上或强调，或补充，或修正。

第三，申请书是一种应用文体，主要使用叙述的方法，语言要准确，文字要朴实，交代要简洁明了，只要把自己的意思表达准确、清楚、明白、通畅，让人能看懂就可以了。切忌浮泛冗长、故弄玄虚、有意渲染，没有实际用处的话说多了，反而会冲淡申请书的主要内容。使用生僻、深奥的语言文字，会造成组织或领导理解上的困难，甚至误解。字迹要工整，标点符号要用得正确，否则也会造成阅读、研究、处理上的困难，还可能给人以不严肃、不懂礼貌的印象。

七、入党申请书的写法

入党申请书是要求入党的个人向所在单位党支部提交的一种书面申请。入党申请书的特点：一是自觉自愿；二是要写成书面形式。

（一）入党申请书的格式和写法

入党申请书是申请书中的一种，结构格式同其他申请书一样，一般比较固定。内容也包括标题、称呼、正文、结尾、署名署时五个部分。

（1）标题。有人只写“申请书”三字，这是不规范的。正确写法应该是“入党申请书”。也有人为了醒目和突出主题，以自己的誓言作为正标题，用申请书作为副标题，例如，“誓为共产主义奋斗不息——我的入党申请书”。

（2）称呼。称呼主要是写明接受入党申请书的基层党组织或者党组织的有关负责人，例如，“××

×党支部”或者“李书记”等。

（3）正文。正文是入党申请书的主要部分。这部分内容较多，一般包括对党的认识、入党动机、入党要求、自己的优缺点和努力的方向。

第一，要写清对党的认识。对党的认识，包括对党的纲领、任务、性质、权利、义务、组织原则、党的纪律等的认识，而主要的是认清党的性质、纲领和任务。这些认识不应该是空洞的理论，而是申请入党的人从理论、实践中体会到并付诸行动的。

第二，要写清楚入党的动机和态度。所谓入党动机，就是为什么要加入中国共产党。无论在什么时候，按照共产党员的宗旨，都要求党员不为名、不为利，凡事不畏艰险，冲锋在前，为共产主义奋斗一生直至贡献出宝贵的生命。全心全意为人民服务、充分发挥共产党员的先锋和模范作用。只有抱着这种思想和打算要求入党，其动机才是纯洁和正确的。

入党态度，就是自己对参加党组织抱什么态度。不积极，说明觉悟还不高，对党的认识还不够，入党动机还有待进一步纯正，入党的目的还要进一步明确。因为加入党组织不仅是从组织上入党，更重要的是从思想上入党。只有从组织上、思想上入党，才是真正地入党，才能终生为共产主义奋斗。相反，操之过急，条件未成熟就急于入党，这样也入不了党；即使入了党，对自己、对组织都不好。

一般地讲，入党动机正确，入党态度也会相应端正。入党申请书要写出正确的入党动机和端正的入党态度。

第三，要明确表达自己的入党要求。入党要求就是希望自己能加入党组织，这种要求一般应该写得迫切、恳切一些，但也要符合自己的思想实际。最好的办法是把入党的迫切要求与实际行动结合起来，努力学习、做好工作、严格要求自己。不灰心，不气馁，直到党组织接受了自己。这就要在申请书上写明自己的入党决心，表明自己“愿意承认党的纲领和章程，愿意参加党的一个组织并在其中积极工作、执行党的决议和按期交纳党费”，这是党章上对申请加入中国共产党的人的要求，要把这一要求写进入党申请书。

第四，要写清楚思想和工作情况、优点和缺点以及今后的努力方向。对自己的思想、工作、学习等方面的情况，要认真、负责、求实地向党交代清楚，特别是要写清楚现任职务和近期的情况。对自己的优点和缺点，要实事求是，不扩大，不缩小，特别是对自己的缺点和问题，要进行深入的分析、讲清原因、说明危害。写完优点和缺点后，要写清楚自己今后的努力方向，怎样向共产党员的条件努力，怎样发扬优点、克服缺点。这样，便于党组织对自己进行监督、考察和培养。

（4）结尾。入党申请书的结尾，一般写法是“请党组织在实践中考验我”或者“请党组织看我的实际行动吧！”还有的在结尾写上：“如果党组织接受我参加共产党，我一定继续努力，发扬成绩，克服缺点，做一个名副其实的共产党员。如果党组织不批准我，说明我现在还没有达到一个共产党员的标准，我一定虚心接受党组织的教导，努力克服缺点，严格按照共产党员的条件要求自己，争取早日成为一名光荣的共产党员。”

（5）署名署时。在结尾的右下方，写上申请人的姓名，再下一行，写上申请日期。

（二）入党申请书的写作要求

（1）在写入党申请书之前，应该认真学习党章、党纲，学习党的路线、方针、政策，掌握基本精神，以加深对党的性质、纲领、任务，党的组织原则和党的纪律，以及党员的权利和义务等党的基本知识的理解。

（2）要紧密联系自己的思想、工作实际来写，阐述对党的认识，反映自己的入党动机，表明自己的入党态度。

（3）要认真严肃，要忠诚老实，要如实地写。要真实、准确，有什么说什么，是什么就写什么，不能弄虚作假，有意隐瞒或有意夸大。

（4）写入党申请书，必须坚持自觉自愿，应该自己动笔写，并亲自向党组织提出申请，呈递申请书。

（5）文字要简洁明了。入党申请书的字数没有严格的要求，可长可短，但文字要精练，做到言简意赅，不说套话、空话、大话。

【范文借鉴】

【范文1】

开办维修部的申请书

广州市××区工商局：

我户籍广州，是××职业技术学院毕业的大学生，由于各种各样的原因，大学毕业后已经待业两年。为了不再吃闲饭，为了不再让父母抚养，为了给社会和人民做点贡献，我申请开办“诚信电脑维修部”。

我大专毕业后，根据所学专业和兴趣、爱好，一直以来都刻苦钻研计算机应用知识，到相关的公司拜师，学习电脑修理技术，并且曾在××电脑维修部当实习生一年。现在，我已经掌握了修理各种电脑的技术，考取了电脑维修上岗合格证书。本人已经租起义路93号50平方米铺位一间，筹得开业资金25万元，并已置备电脑维修工具和设备。为此，本人申请开办个体电脑维修部。请考核我的技术，检查我的准备工作，批准我的开业申请，并发给营业执照。

如果我的申请得到批准，我将守法经营，尽最大努力服务社会，服务大众。

此致

敬礼

附：上岗合格证、待业证

申请人：×××

20××年×月×日

【范文2】

入党申请书

敬爱的党组织：

我怀着十分激动的心情向党组织提出申请：我申请加入中国共产党，愿意为实现共产主义奋斗终生。

通过对党的理论知识的学习，特别是近期对党的十九大精神的学习，我对中国共产党有了更深的认识。

中国共产党是中国工人阶级的先锋队，同时是中国人民和中华民族的先锋队，是中国特色社会主义事业的领导核心。我们党以马克思列宁主义、毛泽东思想、邓小平理论、“三个代表”重要思想、科学发展观、习近平新时代中国特色社会主义思想作为自己的行动指南。

中国共产党人的初心和使命是为中国人民谋幸福，为中华民族谋复兴。中国共产党一经成立，就把实现共产主义作为党的最高理想和最终目标，义无反顾肩负起实现中华民族伟大复兴的历史使命，团结带领人民进行了艰苦卓绝的斗争，付出巨大牺牲，敢于面对曲折，勇于修正错误，攻克了一个又一个看似不可攻克的难关，创造了一个又一个彪炳史册的人间奇迹，谱写了气吞山河的壮丽史诗。

历史已经并将继续证明，我们党始终是时代先锋、民族脊梁，没有中国共产党的领导，民族复兴必然是空想。为此，我常常思考，我如何才能加入中国共产党，成为先锋队的一员；我能为党做什么，为实现党的伟大事业贡献一份微薄而坚强的力量。

党的十九大描绘了决胜全面建成小康社会、夺取新时代中国特色社会主义伟大胜利的宏伟蓝图，提出分两步走，用两个十五年时间，建设社会主义现代化强国。可以说，建设新时代中国特色社会主义强国的征程，我将直接参与并全程见证。这是使命，也是荣耀；这是责任，更是担当。我决心要在党组织的培养和帮助下，在实现中国梦的生动实践中放飞青春梦想，在为人民利益的不懈奋斗中书写人生华章！

我深知，一名合格的共产党员，不仅是一个解放思想、实事求是的先锋，更需要在不断改造客观世界的同时，努力改造自己的主观世界，树立马克思主义的科学世界观。只有树立科学的世界观、人生观和价值观，才能充满为共产主义而奋斗终生的信心和勇气，才能为新时代中国特色的社会主义事业不遗余力地奉献自己的智慧和汗水。

我要切实增强学习贯彻习近平新时代中国特色社会主义思想和党的十九大精神的思想自觉和行动自觉，牢固树立“四个意识”，坚决维护习近平总书记在党中央和全党的核心地位，在政治立场、政治方向、政治原则、政治道路上同以习近平同志为核心的党中央保持高度一致，为夺取新时代中国特色社会主义伟大胜利不懈奋斗。

在日常工作中，我踏实肯干，认真完成本职工作，任劳任怨，起到了模范带头作用。同时，在生活中，我接触到了许多优秀的党员同志，他们时刻以党员的标准严格要求自己，吃苦在前，享受在后，勤勤恳恳工作，从不叫苦叫累，我从他们的身上看到了党的优良传统和作风，进一步激发了我加入党组织的决心和信心。

今天，我虽然向党组织提出了申请，但我深知，在我身上还有许多缺点和不足，因此，希望党组织从严要求我，以使我更快进步。今后，我将用党员的标准严格要求自己，自觉地接受党员和群众的帮助与监督，努力克服自己的缺点，弥补不足，在实际工作中以十九大精神为指导，志存高远、脚踏实地，不忘初心、不懈奋斗，争取早日在思想上入党，进而在组织上入党。

请党组织在实践中考验我！

此致，

敬礼！

申请人：×××

20××年×月×日

【病例评析】

【病例】

关于申请办理经营执照的报告

××市××区工商行政管理局：

我系××街××号居民，姓名何××，男，初中文化，现年30岁，未婚。

我在本街道××号租赁了铺面一间，拟与我弟×××共同经营日杂小商品，现报告申请办理经营执照，店名为“兴隆杂货店”。经营范围：日杂小百货。经营性质为个体。法人代表是我。

商店的筹备工作我们已着手进行。待批准后，即择吉开张，请予批准。

何××

××××年××月×日

【评析】

申请目的明确，但缺少自有资金、营业面积，以及其他办店的条件的说明，在实际申请时，需要重新写清楚。

【微课资料】

申请书的写法

【技能实训题库】

一、分析题

分析下列的感谢信，说明写作这封感谢信的原因和主要内容。

感谢信

尊敬的环保局领导：

您好！首先对贵局热情的工作态度和踏实高效的工作作风，致以崇高的敬意，同时对贵局柳处长等同志表示衷心感谢，感谢你们培养出来的高素质的工作人员，更感谢柳处长等同志以百姓利益为重，把党的温暖送到下岗工人心中。

我是前不久下岗的人员，为了维持生活准备开一个小店，可是对现在的办事程序一无所知，只好东打听，西问问。在办理环保手续时，得到了贵局柳处长等同志兄长般的耐心接待，并在职权范围内尽量简化程序、节约时间，甚至亲自到现场查看结果，他们不吸我的一支烟，不喝一口水，他们的敬业精神和浓浓的爱民之心使我深受感动，也正是他们的热情和务实，扭转了我们以往对政府机关“门难进，脸难看，事难办”的印象。以往很多单位员工纷纷下岗，办事看情面，一心向“钱”看，如今却能看到这样的情景，让我感受颇深。

特以此信，以示感谢！

下岗女工：×××

20××年×月×日

二、修改题

（一）修改下面这份自荐信。

自荐信

公司领导：

本人是和平职业学校会计班毕业生，主修会计专业，学会各种专业技术，成绩中上，在校表现很好，思想正派，具有爱国精神，没有犯过任何违法事，曾受过学校表扬。本人还很乐于助人，敢于与坏人坏事作斗争，从小就立志报效祖国，将来一定会为社会作出贡献。本人身体健壮，喜欢体育活动和文艺活动。

以上是本人的一些情况。发蒙贵单位接纳，请与本人联系。

此致

敬礼！

自荐人：王志强

2018年3月4日

（二）修改下面这份辞职信。

林博文致学生会

学生会：

我担任学生会副主席以来，由于同时兼任宣传部部长、校文学社社长和本班班长，社会工作过多，本学期我已缺课累计30节，期中考试有一科亮红灯。为了保障我个人利益，我决定不再担任所有职务。一了百了，请高抬贵手，同意我的辞职，否则，我爸会亲自找校长理论。

此致

敬礼

×班林博文

2019年×月×日

三、写作题

（一）你从银行提取 5000 元准备买电脑，不慎把钱包掉在校道，幸亏×班陈琳拾获并送还，你十分感动，给她写了一封感谢信。

（二）一年一度的教师节又到了，请你执笔以××学院学生会的名义给全校教师写一封慰问信。按慰问信的写作要求，做到内容充实，感情真挚，格式正确，语句简练。

（三）你打算竞选文学社社长，为此写一封自荐信。

（四）浏览报纸的招聘专版，选择一则适合你的情况的广告，应聘其中某个岗位，请为此写一份应聘信。

（五）根据自己的情况制作一份完整式求职简历。要求：内容完备、重点突出、格式规范、针对性强、说明客观（表格式或条文式均可）。

模块十一　礼仪类文书

【项目 1】欢迎词、欢送词的写作

【能力目标】

1. 能熟练掌握欢迎词、欢送词的写作技能。
2. 能够根据具体情况写出格式规范、热情礼貌、语言诚恳的欢迎词、欢送词。

【知识目标】

1. 了解欢迎词、欢送词的概念、特点、种类和写作要求。
2. 掌握欢迎词、欢送词的结构和一般写法。

【工作情景】

1. 请你以学生会的名义写一份迎接新生的欢迎词，在新生迎新大会上发言。
2. 请你代表在校生给即将毕业的师兄师姐们写一份欢送词，在毕业典礼上发言。

讨论：应该如何写好欢迎词、欢送词呢？（学生在老师指导下试写出这两份礼仪文书。）

【必需知识】

一、什么是欢迎词和欢送词?

欢迎词是指在特定的公共场合，活动主办方对应邀前来参加活动的宾客或在新成员集会上表示欢迎的一种礼仪性讲话。欢迎性和口语化是欢迎词的突出特点。

欢送词是指在欢送集会或欢送仪式上，团体或个人送别宾客或学生毕业时发表的表示欢送、惜别和祝愿的致词。惜别性是欢送词的突出特点。

二、欢迎词、欢送词的种类

根据欢迎对象的不同，欢迎词可以分为两类：一是欢迎宾客的致词；二是欢迎单位或组织新成员的致词。

根据欢送对象的不同，欢送词可以分为两类：欢送来访宾客的致词和欢送学生、同事的致词。

三、欢迎词、欢送词的格式和一般写法

欢迎词、欢送词在内容上虽有些不同，但在格式和一般写法上相似。欢迎词、欢送词的格式一般包括标题、称呼、正文和署名四个部分。

（一）标题

欢迎词、欢送词标题的写法相同，一般有两种：欢迎（欢送）场合加文种构成，如《在校庆 75 周年纪念会上的欢迎词》《在“华语文学传媒大奖”颁奖仪式上的答谢词》；直接以文种“欢迎词（欢送词）”作标题。

（二）称呼

称呼在标题下的第二行顶格书写。欢迎词、欢送词的称呼要充分尊重客人的称谓习惯，按先外宾后

内宾、职务先高后低、先女后男、先疏后亲的顺序来称呼。人名要用全称，一般在姓名前冠以“尊敬的”或“亲爱的”等修饰语，在姓名后加上头衔或“女士”“先生”等泛称，外国元首来访时可加上“阁下”“殿下”等尊称；如果出席活动的宾客中有一个比较重要的领导或贵宾，称谓不能仅仅泛泛地以“各位领导、来宾们、朋友们”相称呼，而应在泛称全体对象之前，专门对这一个领导或贵宾作一称呼，如“尊敬的×××局长（或校长、主席等）”（不能用简称，必须用全称），以表示对他格外尊重。在书写时也应专列一行，突显规范和郑重。

（三）正文

欢迎词、欢送词在正文结构上相同，都是由开头、主体和结语组成，但内容上不同。

1. 欢迎词正文的写法

（1）开头。一般先说明宾客来访或致词的背景，并开门见山对宾客表示热烈欢迎，把自己的情感迅速、准确地传递给听众，营造出热烈、欢快、友好的气氛，为进一步的交往做好铺垫。例如“值此××大学 30 周年校庆之际，请允许我代表学院全体师生，并以我个人的名义，向远道而来的贵宾们表示热烈的欢迎！”等。

（2）主体。主体是致词的中心内容，主要根据双方的关系和场合，阐明宾客来访对增强宾主友谊及合作交流所具有的历史意义和现实意义，并说明欢迎的理由。

1）欢迎宾客的致词。可以简述双方的交往与友谊，介绍和赞颂宾客的业绩和品格；可以介绍双方交往合作的成就，表达增进交往、加强合作的信心。

2）欢迎新成员的致词。应客观评价欢迎对象的特长，并表示赞赏，然后简单介绍本单位或组织的情况与特点，就本组织的事业发展、政策走向等作扼要说明；也可以帮助新成员解难释疑，共同展望美好的未来。

（3）结语。用敬祝语表达良好的祝愿和希望。如果是欢迎宾客，应祝愿他们的来访取得圆满成功，访问期间过得愉快；如果是欢迎新成员，则应表达对新人在新环境里施展才干或发挥作用、做出成绩的殷切希望。

2. 欢送词正文的写法

（1）开头。开门见山说明欢送原因，欢送何人，并表达惜别与祝福之意。

（2）主体。主体是欢送词的重点，要充分表达致词者的惜别之意，并表现出致词者对友谊的无比珍视。欢送宾客的致辞，主要是回顾宾客来访期间友好交往的过程，阐述本次合作交流的意义，肯定宾客付出的努力与取得的成绩，对宾客来访所产生的积极作用给予高度评价，表达增进交往、加强合作的信心；欢送同事或学生的致辞，主要是肯定并评价被欢送者的工作、学习成绩和个人品格，简要回忆既往与之相处的时光，说明被欢送者即将开始的新的工作、学习的意义，表达自己的依依不舍但又欢欣鼓舞的复杂感情。

（3）结语。向被欢送者表示祝福和勉励，对宾客表达期待再次会面、合作的心愿，对远行的亲朋同事则应表达希望早日相聚的心情，如【范文 1】【范文 2】。

（四）署名

正文右下角写明落款和成文日期。落款写欢迎词或欢送词的单位名称或个人名称，落款下面写明成文日期，如【范文 1】【范文 2】。

四、写欢迎词、欢送词必须注意的问题

（1）措辞要有针对性。欢迎词、欢送词或答谢词都要根据不同的对象和场合，做出切合实际的表达。由于欢迎的理由和场合不同，欢迎词的表达随之不同，该严肃则严肃，该轻松则轻松，因此，欢迎词在写作前要做好调查工作，了解欢迎对象的基本情况、访问目的，甚至文化背景、风俗习惯等，这样才能做到有的放矢，将欢迎词说到宾客的心坎上。欢送词在致辞中对被欢送者的评价与介绍也应注意措辞，符合实际，恰如其分，不能因为对方即将要离开而夸大其词，矫揉造作，避免让听众产生“虚情假意”之感。

（2）表达诚恳委婉，热情但不失分寸。欢迎词与欢送词既要向对方表示友好，也要保持一定的原则性，不能为了仅仅要应和对方而失去自己的原则立场。因此措辞要谨慎、含蓄、把握分寸。欢送词总在适当的时候，使用一些委婉的能求同存异的语句，把自己与对方不同的观点，或不同意对方的一些做法，婉转曲折地表达出来；欢送词要以情动人，但惜别的格调不宜太过低沉，欢送词要表达亲朋好友远行时主人依依不舍的惜别之情，但作为公开场合的表达，格调不能太低沉缠绵，致辞方要以乐观的态度着眼于双方未来的发展，把握好离别时言辞的分寸。

（3）语言注重礼貌、通俗动听。欢迎词、欢送词在致词中要讲究礼节，通过亲切、谦逊、诚恳的语言达到加深感情、赢得朋友信赖的目的。欢迎词和欢送词一般是用来讲的，欢迎或欢送的对象要靠听觉接受信息，因此，语言还要注意通俗化、口语化，生动、形象且不失节奏美。

（4）篇幅简短。欢迎词和欢送词旨在营造一个好的交往气氛，都不宜长篇大论。欢迎词、欢送词不用解决任何实质性问题，所以内容应集中、概括、篇幅要简短、表达要适可而止。

【范文借鉴】

【范文 1】

欢迎词

尊敬的各位领导，各位新员工，大家上午好！

首先非常真诚地欢迎各位新员工加入×××××集团这个正在成长中的大团队。我是来自人力资源部的××，非常荣幸，今天的培训由我来主持，希望能得到大家的支持与配合！谢谢大家！

从今天起，你们已成为×××××集团的重要成员，你们是注入公司的新鲜血液，你们也是集团的未来。希望你们能与这个大家庭的每位成员互相尊重，相互理解、相互学习。在这里，集团各项培训也不断推进，无论是什么岗位，都享有平等的晋升机会。×××××集团为优秀的员工提供良好的平台及发展空间，自豪交织着这份重任，激情萦绕着这份事业，我们共同投身在本次新员工培训的学习中，让我们用空杯的心态、虚心的态度，向每一位讲师学习，为未来的工作打下坚实的基础。

我们集团要求每一个人以高度认真负责的态度，高标准、高质量、创造性地完成自身的岗位职责。要在做精、做专、做优上多下功夫，积极主动，多想办法，丢掉速成的幻想，脚踏实地从每一个细节、每一个部分入手，耐下心来，持之以恒，聚沙成塔，方成大器。

本集团永远追求客户满意，您在工作中的一言一行都代表了公司的形象，而不只是您自己！要以“积极、热情、主动、快捷、准确、安全”的行为准则去完成工作。

我们热切希望您有诚实的品质、热情的态度、坚强的意志、礼貌的言行、快捷的效率、创新的意念以及合作的团队精神，在公司的大舞台上扮演好您的角色！我们相信，公司因为您的加入而会更精彩、更美好！“×××××集团”将成为一个知名品牌，在社会上享有盛誉，与此同时，您也将会有所收获、有所提升！

让我们一起共同努力吧！

×××××集团

2020 年×月×日

【范文 2】

欢送词

亲爱的 2019 届毕业生：

在这充满深情留念和美好憧憬的日子里，你们作为新一届大学毕业生和祖国现代化建设事业的接班人，即将结束流光溢彩的大学生活，走向社会，到改革开放的大潮中去接受洗礼，迎接新的挑战，并最终将自己锻炼成全面建设小康社会、开创中国特色社会主义事业新局面的生力军。

在母校宁静温暖的怀抱里，你们曾留下奋进拼搏的足迹。为了翱翔蓝天，你们一遍又一遍地振翅高飞；为了驶入大海，你们一次又一次地抗击风浪。窗明几净的教室里出现过你们专心致志的身影，丰富多彩的文体活动中展示过你们充满青春活力的风采，夕阳晚照的林荫道上留下过你们探求知识、思索人生的足迹……

现在，你们将挥挥手，告别母校，踏上新的征程。同学们，大学毕业既是终点，也是起点。党和国家对当代大学生寄予了殷切的期望，当代大学生理应成为有远大理想的一代、艰苦创业的一代、道德高尚的一代。母校希望你们树立远大的理想，发扬艰苦创业的精神；坚定信念、淡泊名利；开拓创新，积极进取；到农村去，到基层去，到艰苦的地方去，到祖国最需要的地方去，无私奉献，建功立业。国家的振兴需要科技，科技的发展需要人才。党和国家立足国情提出并实施“科教兴国”战略，作为新世纪的大学生，应从自身实际出发，利用自己所掌握的专业知识和实践能力，积极投身于实现中华民族伟大复兴的千秋伟业中去，施展才华，建设国家。母校希望你们用丰富的专业知识、高尚的职业道德、精湛的业务水平，为祖国的建设添砖加瓦，为祖国的繁荣富强贡献智慧和力量，母校相信你们会在长期而艰苦的实践中不断体现自己的人生价值，努力实现自己的人生目标。

千里之行，始于足下。亲爱的同学们，愿你们志在千里，求真务实，忠于职守，勤奋工作，以优异的成绩报效祖国，以优异的成绩为母校争光。今天，母校师长欢送你们踏上学成报国的万里征程；明天，父老乡亲和老师同学将分享你们事业成功的无限快乐。

海阔凭鱼跃，天高任鸟飞。亲爱的同学们，祝你们一路顺风，早日实现远大的理想，拥有美好的未来。

××系党总支书记：×××

2019年×月×日

【病例评析】

【病例1】

在公司成立30周年纪念会上的欢迎词

女士们、先生们：

我是飞达公司董事长王毅，今天是我们公司成立30周年的纪念日，大家跋山涉水来到这里参加我们的庆典，辛苦了。

正如大家所知，我们公司在社会上有着良好的声誉与一定的影响。但是我们依旧不断进取，毫不懈怠，所以才能30年屹立不倒。今天，见到朋友们不顾路途遥远专程前来贺喜并洽谈贸易合作事宜，我颇感欣慰。

朋友们，为增进双方的友好关系做出努力的行动，定然有助于本公司更上一层楼。

在此，我向朋友们表示热烈欢迎，并希望能与新朋友们密切协作，发展相互间的友好合作关系，为我们的生意兴隆，干杯。

飞达公司董事长：王毅

2018年×月×日

【评析】

这篇文章存在着以下毛病：①文章没有首先表明欢迎的态度，而仅仅用了不冷不热的“辛苦了”表示慰问，最后才在结尾处表示欢迎，无法让客人产生“宾至如归”的感受。②文章的措辞毫无礼貌可言，它没有顾及听者的感受，目中无人，自吹自擂，如对公司的自我评价“我们公司在社会上有着良好的声誉……所以才能30年屹立不倒”，完全抹杀了客户和合作伙伴的支持与协助，毫无谦恭之意。对客人来访意义的说明也是从自身获利的角度出发，会让客人产生被利用的感觉。③作为公司周年庆典的欢迎词，致词者应利用这个场合对公司的发展历史及发展现状进行简单回顾，以便让来宾对本公司的情况有更多的了解，本文却在这方面几乎没有提及。

【病例2】

欢送词

各位同事：

今天，是一个让我们非常伤感的日子。我们的同事马××小姐荣升为我公司上海分公司经理，这样一位优秀的人才和亲密的同事，就要与我们分开了。

往事不堪回首：马小姐的能力与才华，对我们有多么重要。我们部门的成就，离开了她的贡献，将难以想象。马小姐的离去，是我们部门的巨大遗憾。

“苟富贵，毋相忘”，我们相信马小姐必定会如此。我们都会想念她，希望她也能记着我们大家。

希望马小姐多多保重！再见了，马小姐。

××公司经理　×××

20××年×月×日

【评析】

这篇欢送词主要存在以下问题：①这篇文章确实写出了依依不舍的惜别之情，但因为过分地强调和渲染，使文章的格调过于低迷和感伤。②文中的欢送对象马小姐离职的原因是升任上海分公司经理，马小姐虽然离开，但事业却从此攀上了一个新的高峰，这是一件可喜可贺的事情，致词应在表示送别之余对马小姐表示祝贺和鼓励，祝福她在新的工作岗位上工作一切顺利。可是此文却过多地使用了“非常伤感”“往事不堪回首”“巨大遗憾”等伤感的话语，无法达到“欢送”的真正目的。

【项目2】贺信（电）的写作

【能力目标】

1. 能熟练掌握贺信（电）的写作技能。
2. 能够根据具体情况写出格式规范、感情充沛、语言真切的贺信（电）。

【知识目标】

1. 了解贺信（电）的概念、特点、种类和写作要求。
2. 掌握贺信（电）的格式和一般写法。

【工作情景】

你的朋友要结婚了，请你在他们的婚礼上致贺词。

讨论：这封贺信应该写什么呢？（学生在老师指导下试写这一封贺信。）

【必需知识】

一、什么是贺信（电）？

贺信（电）是表示祝贺、赞颂的函电，一般用于领导机关、企事业单位或个人对取得巨大成绩、做出卓越贡献的集体或个人表示祝贺，或者对国际、国内发生的重大喜事，对一些重要会议、节日、婚礼、寿辰等表示祝贺。贺信（电）的篇幅一般比较简短，感情充沛，文字明快。

贺信（电）的第一个特点是祝贺性。贺信（电）的使用目的主要体现在“贺”字上，祝贺者通过这种形式表达对他人的祝贺和赞颂，这种由衷的祝愿可以增进了解，加深友谊、促进团结合作；贺信（电）的第二个特点是信电性。贺信（电）是通过书信的投递和电文的拍发达到祝贺的目的，庆贺者无法当面选读，而由受贺者收后阅读，这就要求既语言热烈真挚又篇幅短小。

二、贺信（电）的种类

按内容分，贺信（电）有如下四种类型：

1. 会议型贺信（电）

会议型贺信（电）主要用于对国内外重要会议或重大活动的举行表示祝贺，发文者一般是与会议（活动）有关的重要领导人或德高望重的名人。此类贺信（电）可以提高参与者对会议或活动的认可度，并能激发他们完成会议（活动）既定目标的信心。

2. 节日、纪念日贺信（电）

节日、纪念日贺信（电）主要用于对节日、纪念日表示祝贺。发文者以节日为契机，表达对受文者的关怀与重视，有利于两者增进了解，沟通感情，如中国高等教育学会给西安建筑科技大学 45 周年校庆的贺信。

3. 成就型贺信（电）

成就型贺信（电）主要用于向取得优异成绩或做出卓越贡献的集体或个人表示庆贺。此类贺信（电）往往借文章赞美成就者的某种优良品质，通过贺信的广为传达对受文者及广大群众起激励和教育作用。例如搜狐登山队成功登上珠穆朗玛峰，北京市人民政府新闻办公室发出贺信表示祝贺；中国女排在世界杯女子排球赛中获得冠军，国务院致信表示祝贺。

4. 对晋升者的贺信（电）

对晋升者的贺信（电）主要用于对友好国家或政党新的领导人任职时表示祝贺。

三、贺信（电）的格式和一般写法

贺信（电）一般由标题、称谓、正文、落款和成文日期五部分组成。下面具体介绍标题、称谓与正文的写法，落款、成文日期与其他常用事务文书相同。

（一）标题

标题有四种写法：一是只写“贺信”或“贺电”二字；二是写谁发出的贺信（电），如《××公司贺信（电）》；三是写给谁的贺信（电），如《给××公司的贺信（电）》；四是写明谁给谁的贺信（电），如《××协会给××公司的贺信（电）》。

（二）称谓

标题下一行顶格书写受文单位名称或个人姓名，必须用全称。个人姓名前应有表敬意的修饰语（如“尊敬的”），姓名后应有相应的礼仪名称如“女士”“先生”等，如果是祝贺会议，只写会议的名称。

（三）正文

贺信（电）正文的结构是“开头＋主体＋结尾”。

（1）开头。开头应简要说明要祝贺的事由、背景，并开门见山表达祝贺之情。经常用“值此……之际，谨代表……向……表示热烈祝贺”之语。

（2）主体。由于对象不同，主体的内容与措辞也应有所区别。如果是祝贺对方取得了突出成绩，在主体里就要充分肯定和热情赞扬对方所取得的成绩和意义，表示要向对方学习，提出希望或勉励等；如果是祝贺重大会议或活动，就应肯定会议或活动举行的重要意义和深远影响，表明对会议或活动的期望；如果是祝贺担任新职务的领导人，主体就要侧重于提出祝愿，祝愿对方在任期内取得新的成就，并祝愿双方的友谊进一步加强。

（3）结尾。结尾要对受祝贺者再次表示祝愿、鼓励或希望，如【范文 1】【范文 2】。

四、写贺信（电）必须注意的问题

（1）强烈的感情色彩。贺信（电）是向对方表示祝贺的，感情要充沛，行文要营造出喜庆、热烈的气氛，使被祝贺者心情畅快并深受鼓舞。

（2）真情实感、实事求是。写作前要有针对性地了解祝贺对象及祝贺事由的基本情况，明确“贺什么”和“为什么贺”两个主要问题，才能保证有真情实感；对受祝贺者成绩的评价要实事求是、恰如其分，表态要切实可行、符合实际，不可空喊口号、空发议论。

（3）语言要简洁扼要，通俗流畅，不要刻意雕琢，堆砌辞藻。

【范文借鉴】

【范文1】

致第×届中国市场总监、销售经理高峰论坛的贺信

×××会长、各位代表：

我以欣喜的心情祝贺本次论坛开幕。

市场营销是企业为满足消费者需要所进行的业务经营活动，关系企业的生存与发展。而这方面的业绩又与市场总监、销售经理的工作密切相关。我国加入WTO之后，市场规模迅速扩展，市场竞争更加激烈，作为企业市场营销服务的统帅和中坚力量——市场总监、销售经理等已被纳入国家人才管理系统，成为企业急需的稀缺性人力资源。

中国市场学会在推出“中国市场总监营销经理业务资格培训认证项目”的基础上，发起组织“中国市场总监、销售经理高峰论坛”，集中探讨新营销时代的营销管理创新和营销人才培养，这是一项非常有意义的工作。对于进一步推动我国企业顺应新营销时代的变化，提升中国企业营销管理水平，全面打造中国企业的营销竞争力，都将发挥积极的促进作用。

预祝本次论坛圆满成功！祝同志们身体健康！

×××

20××年×月××日

【范文2】

贺电

××科技公司：

欣闻贵公司在第××届巴黎科技博览会上摘取科技发明金奖，我谨代表××集团公司向你们表示热烈的祝贺并致以崇高的敬意！你们今天取得的辉煌成绩是你们多年来倡导的“求实、拼搏、进取、创新”精神的最好体现。希望你们继续发扬这种精神，在科学的道路上勇攀高峰。为我国微电子科学事业的发展做出新的贡献。

××集团公司总经理：×××

20××年×月×日

【病例评析】

【病例】

致教师节的贺信

尊敬的老师们：

你们好！

在这秋高气爽的丰收时节，我们走进了新的学年，同时也迎来了一年一度的教师节。当我们怀着渴

求知识的欲望去接受更多更新的知识时，一种对老师的敬佩之情油然而生。

我们尊重老师，因为你们默默地、无私地奉献自己的一切，不分白天黑夜、严寒酷暑地忙碌着，日复一日，根根银丝爬上了你们的双鬓，而厚重的知识却为我们指明了人生的道路。

有些同学却不懂得珍惜这一切。平时，我们做错事，受到老师的批评，有的同学不服气，竟在暗地里骂老师，在老师背后说坏话。要知道，老师批评我们、教育我们，可是在教我们做人的道理呀！可有的同学就是要跟老师顶撞。每一次，当你们看见一些不听劝告、不听道理的同学，心里该是多么伤心呀！我们现在慢慢地懂得了老师的一片苦心。以后，我们会尊敬老师，上课专心听讲，独立思考，积极举手发言，认真完成作业，支持老师的工作。这才是我们送给老师的最好的礼物。

我们衷心祝福老师们节日快乐，身体健康，家庭幸福！

××系××班全体同学

20××年×月×日

【评析】

这封贺信存在的主要问题是：①贺信一开始没有直接表达祝贺之意，无法起到增添喜庆气氛的作用。②对祝福对象的事迹概括不够明确凝练，文中仅用了“无私地奉献一切”来概括，虚而不实。无法反映出老师这个职业真正的伟大之处，这一段宜详写。③语言不够庄重流畅。例如第三段在表达自己对教师这个职位的感悟时，用了拉家常式的话语，与节日的气氛不太合拍。另外，段与段之间的衔接略显突兀，不够顺畅，降低了文章的可读性。

【项目3】请柬的写作

【能力目标】

1. 能熟练掌握请柬的写作技能。
2. 能够根据具体情况写出格式规范、内容周详、热情诚恳、表述明白准确的请柬。

【知识目标】

1. 了解请柬的概念、特点。
2. 掌握请柬的格式和一般写法。

【工作情景】

××公司拟于2019年××月××日上午××时，举办公司成立20周年庆典暨新一届董事会就职典礼，地点在××市会展中心1号馆。此次庆典活动以“为企业创造价值”为主题，回顾××公司20年风雨历程，展现其20年辉煌业绩，届时邀请市政府有关领导和合作伙伴A公司、B公司和C公司等出席庆典。

××公司成立20周年庆典将回顾××公司从小到大、从弱到强的发展历程。为表彰公司优秀员工，在庆典上还将颁发优秀员工敬业奖、企业突出贡献奖等奖项。新一届董事会成员在新董事长×××的带领下宣誓就职。

××公司成立20周年庆典结束后将举行庆典酒会，招待市政府有关领导和合作伙伴A公司、B公司和C公司等来宾。本公司全体员工参加，地点在××市会展中心宾馆丽晶宴会厅。

讨论：为该公司成立20周年庆典拟写请柬。（学生在老师指导下完成。）

【必需知识】

一、什么是请柬?

请柬也称请帖。它是单位或个人邀请有关人士出席会议、参加庆典或某项活动而专门制成的一种礼仪性文书。采用请柬方式邀请能够显示举办者或主人的郑重态度。

二、请柬的特点

（1）严谨、准确。请柬的文字很少，务求严谨、准确，一定要写清被邀请者的姓名、身份，邀请的事由及应注意的事项等内容。特别要注意核对时间、地点和人名等内容，做到清晰明了，绝对避免差错。

（2）语言达雅兼备。“达”就是通顺、明白，不至于让被邀请者产生歧义；“雅”就是讲究文字美，根据具体场合、内容、对象，采用得体客气的措辞，要力求做到优美、典雅、热情、庄重、友好，使被邀请者感到愉快和温暖，切忌使用乏味及浮华的语言。

三、请柬的结构形式和一般写法

（一）请柬的结构形式

请柬一般由标题、称呼、正文、结束语、尾部等部分组成。

（二）请柬的一般写法

1. 标题

（1）标题格式：文种。例如：请柬（文种）。一般写在封面上。

（2）标题字体与排版。标题建议用 2 号小标宋体，与公文标题字号字体相同，比较规范。标题应居中排版。

2. 称呼

敬语+姓名+身份（职务、职称）+冒号，如“尊敬的刘××董事长”。

3. 正文

正文是请柬的核心部分。请柬的正文应当包括以下两个方面的内容：一是交代举行活动的时间、地点；二是交代举行的活动事宜、应知事项。

4. 结束语

例如“此致敬礼”“恭候光临！”等语句。

5. 尾部

请柬的尾部一般应包括署名和成文日期。如果是单位署名要用全称。

四、请柬的写作要求

（1）封面。请柬的封面要写明“请柬”或“请帖”字样。不用封面的请柬，就在第一行的中间写“请柬”二字。

（2）被邀请者的名称。第一行顶格写被邀请者的单位名称或个人名称。

（3）正文。写明邀请参加的活动内容，如座谈会、展览会、婚礼和生日宴会等。交代举行活动的时间、地点及其他应知事项。正文末尾要写上“敬请参加”“敬请届时光临”“敬请光临指导”等敬辞。

（4）结尾。请柬的结尾要有“具礼”，在正文后或下一行空两格写“此致”，另起一行顶格写“敬礼”，或写其他礼貌用语。

（5）签署。在正文的右下方，写明邀请单位的名称或邀请者的姓名，下一行再写上发出请柬的时间。

【范文借鉴】

【范文1】（会议类请柬）

> 1969—2019
>
> 纪念××人民出版社建社五十周年
>
> 请　　柬

（封　　面）

> ××同志：
>
> 定于11月4日上午9时，在本社召开建社五十周年座谈会。敬请光临指导。
>
> 此致
>
> 敬礼！
>
> ××人民出版社
>
> 2019年××月××日

（背　　面）

【范文2】（活动类请柬）

> 请　　柬
>
> ××教授：
>
> 5月2日下午2时，协会假座天河广州酒家××宴会厅，举行建会十周年庆祝大会，略备茶点，恭候。
>
> 拨冗光临。
>
> ××省文学协会谨订
>
> 20××年×月××日

【范文3】（宴会类请柬）

> 请　　柬
>
> ×××、××伉俪：
>
> ×月×日为家父七旬寿庆，是日下午五时，假座长城饭店薄酌。
>
> 敬请光临。
>
> ××谨上
>
> 20××年×月××日

【病例评析】

【病例】

请柬

（封　面）

“中国山水画联展”定于 2019 年 10 月 3 日在××省美术馆举行。 敬请光临指导。 展出时间：2019 年 10 月 3 日—10 月 15 日 上午：9 时 30 分—11 时 30 分 下午：2 时 30 分—5 时 30 分 中国美术家协会××分会

（封　里）

【评析】

（1）封面格式基本正确。“请柬”两字外加小框栏是比较好看些。如果将“请柬”两字加大，将更夺目；如改成如下所示，则展览名称项目，一目了然，岂不更好？

中国山水画联展 **请 柬**

（2）毛病集中表现在封里。文字苟简，表达不准确。从上下文看，展期将近半月之长，而 10 月 3 日显然只是展出开始的第一日，很可能是主办单位原拟邀请有关人士前来参加开幕式的，请柬作者却把应该分说的意思混合在一起了，因而致误。

（3）文中的“中国山水画联展”，如果是一般文章，表示特定的称谓外加引号是对的；但作为请柬，外加书名号更好，这是临时活用，它不但不影响交际，反而能增加版面的美感，所以这里宜改为《中国山水画联展》。

【项目 4】邀请书的写作

【能力目标】

1. 能熟练掌握邀请书的写作技能。
2. 能够根据具体情况写出格式规范、内容周详、热情诚恳、表述明白准确的邀请书。

【知识目标】

1. 了解邀请书的概念、与请柬的区别。
2. 掌握邀请书的格式和一般写法。

【工作情景】

20××年×月27日，重庆市渝中区委、渝中区人民政府主办的“重庆第四届都市消费节”将拉开帷幕。消费节组委会准备给广大市民发出热情地邀请，希望更多的市民前来观光、旅游、休闲、购物。

重庆地处渝中半岛，在长江与嘉陵江交汇处，两江环抱、历史悠久、名人辈出、人民热情好客，是西部唯一直辖市——重庆市的金融、商贸、信息、文化中心和交通枢纽。这里商场鳞次栉比、商贸活跃、市场繁荣；有被誉为“中国西部第一街”的解放碑中心购物广场，有闻名全国的“八一路好吃街”，还有西部服装百货最大集散地——朝天门综合交易市场。这里有抗战文化史迹，也有著名的革命纪念地，特别是渝中的城市园林绿化景观更是独具特色。

节日期间还有各种精彩的文化活动和各类经济活动。

讨论：请你替消费节组委会拟写一份邀请书，邀请市民参加。（学生在老师指导下完成。）

【必需知识】

一、什么是邀请书？

邀请书，又称邀请函、邀请信，是团体或个人邀请有关单位、个人参加某项活动所使用的礼节性书信。它除了有邀请的作用外，还有提供信息的作用，有利于拓展人际环境，提高工作效能。

二、邀请书与请柬的区别

邀请书和请柬有相似的地方，如两种文种都是以书面形式邀请别人参加某项活动，都具有庄重性和礼仪性的特点。但仔细比较，它们存在以下区别：

（1）邀请书的使用范围比请柬广泛。邀请书涉及国家元首互访、大小会议、庆典、报告等社交生活的各个方面；而请柬多用于喜庆之事，多为个人使用。

（2）邀请书的内容比请柬复杂，信息容量更大。邀请书除了要像请柬一样写明活动的时间、地点外，还包括介绍活动举行的背景、意义，活动的具体安排等，有更详细的邀约内容，因而一般采用书信体格式。

（3）邀请书的措辞及制作比请柬更朴实。邀请书的语言较之请柬更为平实晓畅，较少使用文言词语；邀请书可以有艺术性的装饰，也可以是一张普通的礼仪信函，没有请柬制作所要求的精美性。

三、邀请书的格式和一般写法

邀请书通常由标题、称谓、正文、落款和成文日期组成。

1. 标题

邀请书的标题一般由两种方式构成：一是单独以文种名称组成，如《邀请书》《邀请信》等；二是“事由+文种”构成，如《关于出席亚太经济发展会议的邀请书》。

2. 称谓

在标题的下一行顶格书写被邀请人的姓名和称谓。个人姓名后应加职务、职称或“先生”“女士”等相应的称谓，如“××教授”“×××经理”等；有的也可只写单位名称或某种统称，如“股东代表”“××学校”等。

3. 正文

（1）开头。开头部分说明活动的名称和开展的时间，直接向对方发出邀请。

（2）主体。主体部分说明活动举办的原因及意义，介绍活动的目的、内容、具体安排、时间、地点、邀请对象以及希望邀请对象所作的工作。活动的各种具体事宜必须在邀请书中写清楚，如果内容较多，要分条列出。有时为了唤起受邀者参加活动的热情，主体部分应针对邀请对象的具体情况介绍对方感兴趣的内容。

（3）结语。结语一般再次表示真诚邀约，或写上礼节性的问候语，如“恳请光临”“致以敬意”等。

4. 落款及成文日期

落款要署上发出邀请书的单位名称或个人姓名。邀请单位须盖章，以表慎重。

四、写邀请信必须注意的问题

（1）考虑事务必须周详。在撰写邀请书之前，要对有关情况进行详尽的了解，尽可能把活动的内容、对被邀请人的要求和希望，报到的具体时间、地点、食宿办法等在邀请书上显示出来，使受邀者可以有备而来，减少不必要的麻烦。

（2）语言要恳切、热情、朴实，切忌口气生硬。邀请书的内容与通知相似，但含有商量的口吻，所以用词一定要礼貌，不能有行政命令式的态度，如【范文 1】【范文 2】。

【范文借鉴】

【范文 1】

邀请函

尊敬的××先生/女士：

过去的一年，我们用心搭建平台，您是我们关注和支持的财富主角。

新年即将来临，我们倾情实现××公司大家庭的快乐相聚。为了感谢您多年来对我公司的大力支持，兹定于 2018 年 1 月 10 日 14:00 在广州会展中心宾馆丽晶厅举行 2018 年公司成立 20 周年庆典暨新一届董事会就职典礼，并敬备酒宴，届时将有精彩的节目和丰厚的奖品等着您，期待您的光临！

让我们同叙友谊，共话未来，迎接来年更多的财富、更多的快乐！

××公司（盖章）

2018 年×月×日

【范文 2】

邀请书

尊敬的客户：

西门子公司荣幸地参加由“中国机床工具工业协会”主办的“第×届中国国际机床展览会 CIMT20××”。展览会兹定于 20××年 4 月 16 日至 22 日在北京中国国际展览中心举办。西门子公司将展出具有世界水平的各种数控系统新产品 Transline2000 汽车制造解决方案（动力总成）。

西门子公司展台号：1 号馆—B501 展台。

我公司将举办以下活动：

一、有奖征文

20××年 4 月 16 日至 11 月 30 日西门子工厂自动化有限公司将与西门子运动控制部联合举办主题为“SINUMERIK 数控改造与应用有奖征文活动”。详情在我公司网站 http://www.ad.siemens.com.cn/sfae 上公布。

二、技术交流会

地点：北京中国国际展览中心综合服务楼2层201技术交流室

时间：20××年4月17日下午13:30—16:30

西门子 Transline2000 汽车制造解决方案（动力总成）——张时飙/杨应华 先生

西门子数控机床改造——常续琴女士

西门子数控系统主动创新的服务——周向军 先生

届时敬请光临！

西门子工厂自动化工程有限公司

20××年4月

【病例评析】

【病例】

邀请书

刘飞先生：

经企业家协会理事会研究决定，拟于2019年12月12日至20日在广州市举行企业家协会2019年年会。有关事项通知如下：

一、年会的中心议题是：中国新时期广东省经济发展的趋势及对策。若有论文或发言提纲，请打印100份后送来。

二、报到时间：2019年12月11日。

三、报到地点：广州市友谊宾馆一楼大厅。

四、接此通知后，请将回执撕下，寄回大会秘书组，如五天内不见寄回，即视为不出席会议，不再安排食宿。

某省企业家协会理事会

××××年×月×日

【评析】

此文存在的主要毛病是：①语气不够尊重、礼貌。此文是邀请书，却被写成了一个通知，语气强硬，全无“邀请”的热情。②从上下文得知，会议的会期长达8天，但具体的议程如何安排却没有写出，无法给受邀者提供参考。③ 没有明确论文的题目、字数、递交方式和递交时间。④ 没有说明住宿费、餐费等经费应由谁负担，受邀者无法提前准备。⑤ 没有说明具体的联系人、联系电话，具体报到时间等。⑥第四条的态度比较生硬，要求对方寄回回执，却用了“撕下”这个粗鲁的动作和“如五天内不寄回，即视为不出席”等带有威胁性的话语，容易让人心中产生不快。

【技能实训题库】

一、修改题

下面是一封祝贺信，请分析其不当之处并修改。

贺　信

张良和李品，你们好！

惊悉你们两人考上大学，非常高兴，谨向你们致以衷心的祝贺！说来惭愧，咱们三人曾同学五年，独我落榜。不过，鄙人虽然这次高考不幸名落孙山，但绝不灰心，决意明年再考，即使又考不上也不悲观，学府外自学成才的不是大有人在吗?时至今日，学习计划已初具雏形，诸君学习成绩显著，定有经验之谈或锦囊妙计，望抛砖引玉，切莫保守，来信告我。

余不赘陈，愿我们在学习的道路上比翼双飞。

此致

敬礼

五月八日

乔林

二、写作题

（一）新学年到了，请你拟一份欢迎词，欢迎刚入学的本专业新生。

（二）修改“【项目 1】欢迎词、欢送词的写作”中的【病例 1】，将之改写成一篇符合要求的欢迎词。

（三）迪新电子科技有限公司所研制的新专品获得国家科技进步奖金奖，适逢该公司成立 30 周年，请以同行的身份写一份贺信，对迪新公司表示祝贺。

（四）××学院团委定于 2019 年 5 月 4 日上午 9 时在学院礼堂举行“五四”文艺汇演，拟请××电视台梁云台长参加，并欢迎他们派记者前来。请你为××学院团委给嘉宾制作请柬。

（五）××餐厅为听取各方面的意见，搞好餐厅的服务工作，并感谢各界对餐厅的大力支持，定于 20××年××月××日下午××时××分在××餐厅举行招待会，拟请有关人员参加。请你为××餐厅制作请柬。

（六）学校清泉文学社成立大会将于 2019 年 3 月 6 日 19 时在校内学生俱乐部礼堂举行。请你拟写一份邀请书发送给邻校的文学社。

模块十二　会务工作类文书

【项目 1】会议方案的写作

【能力目标】

1. 能熟练掌握会议方案的编写思路和技巧。
2. 能够根据具体情况写出内容完备、分工合理、主题明确、条理清晰的会议方案。

【知识目标】

1. 了解会议方案的概念、特点、种类和写作要求。
2. 掌握会议方案的结构和一般写法。

【工作情景】

××（中国）有限公司是一家美国独资的外资企业，隶属于××集团，全面负责集团办公用品、影像类产品的销售和售后服务工作。新的一年，为了激励员工，加强公司内部的团结与协作，为公司未来谋发展，××（中国）有限公司决定在广州白天鹅宾馆举办××集团 2018 年年会。此次年会以××（中国）有限公司为主办单位，邀请××集团驻中国的 5 家独资公司的领导、高层主管及办事处的主要负责人参加。年会的时间为 2019 年 1 月 25 日（周五）至 27 日（周日）。

××（中国）有限公司总裁兼首席执行官泰勒任命总经理王鉴山成为此次年会组长，财务总监李如东为副组长。为此，王总召开了一次会议把各项任务分配下去，他要求以秘书陈一兵为首的总经理办公室成员为此次年会进行筹划，拟订会议方案，其他各部门志愿配合办公室成员完成各项具体的会务工作，保证年会的顺利完成。

问题：请你替陈一兵拟写这个会议方案。（学生在老师的指导下完成。）

【必需知识】

一、什么是会议方案?

会议方案是在会议召开前，为会议顺利进行并取得预期效果而设计的筹备方案。本项目所指的会议，主要是企业会议。

二、会议方案的特点

1. 预设性

会议方案是会议召开前，对整个会议作出的筹备安排，具有预设性。

2. 具体性

会议方案要对会议的议题、内容、程序、议程和日程等作出明确具体的安排，具有可操作性。

三、会议方案的种类

根据会议规模的不同，会议方案可以分为一般会议方案和大型会议方案。

根据会议类型的不同，会议方案可以分为工作会议方案、座谈会方案和研讨会方案等。

根据会议内容的不同，会议方案可以分为职工代表大会方案、董事会会议方案、监事会会议方案等。

四、会议方案的结构和写法

（一）标题

会议方案的标题有三种写法。

1. 两要素标题

两要素标题是指会议方案标题由会议名称和文种两部分组成，如《职工代表大会方案》。

2. 三要素标题

三要素标题是指会议方案标题由召开会议的单位名称、会议内容和文种三部分组成，如《长春××有限公司第四届工会大会方案》。

3. 单一式标题

单一式标题是指只用会议方案文种作标题，如《会议方案》。

（二）正文

会议方案的正文可以由前言、主体和筹备事项等组成。

1. 开头

会议方案的开头一般包括召开会议的缘由、会议名称、与会人员、时间与会期、地点等。

2. 主体

主体部分要写明企业会议通知的基本内容，即会议的指导思想、宗旨、目的和任务、议程和日程等。

3. 筹备事项

筹备事项部分要写明会议的筹备情况，包括以下内容：

（1）会场布置要求。

（2）会议文件资料种类、内容、要求。

（3）会议设备和用品种类、要求。

（4）会议后勤安排。

（5）会议记录安排。

（6）会场服务安排。

（7）会议预算安排。

（8）议定事项催办及反馈的程序、要求、责任人。

（9）其他注意事项。

五、拟写会议方案必须注意的问题

写好会议方案主要应做好六个“确定”。

1. 确定会议的主题

无论组织什么样的会议，都有会议主题，特别是组织大型企业会议，必须明确会议要研究或解决什么问题，达到什么目的。会议主题确定时应注意：一是要有切实的依据；二是必须要结合本企业的实际；三是要有明确的目的。

2. 确定会议的时间和地点

企业会议时间包括会议实际进行时间和会议过程中的休会时间。会议地点选择的重点是会场大小适中、会场地点适中、环境适中、交通方便、会场附属设施齐全。

3. 确定会议的规模

会议的规模主要指会议出席人员（正式代表）、特邀代表、列席人员和工作人员（包括服务人员）的总体数量，会议规模由会议的组织者根据实际情况掌握，以严格控制规模为原则。

4. 确定会议议程

会议议程包括会议主持、会议典型发言（或重点发言）、会议讨论、会议讲话、会议总结。确定会议议程的方法，一是根据到会主要领导的情况，确定会议主持人；二是根据会议的主题，确定会议发言人；三是围绕会议主题，确定会议讨论题目，并根据会议规模确定讨论方式；四是根据会议拟达到的目的，安排主要领导做好会议的总结。

5. 确定会议文件和材料的准备

会议文件和材料包括大会的主报告、大会发言单位的材料、会议日程表、参加会议人员名单、住宿安排、主席台座次、分组名单、讨论题目和分组讨论地点、作息时间表、会议的参阅文件和相关资料。

6. 确定会议的组织和分工

这里所指的会议的组织，主要指企业会议组织部门和人员落实，包括与企业会议有关的每项组织工作，每一个工作环节都必须由专人负责，责任到人，并明确任务和要求。会议组织与分工包括文件的起草和准备、会务组织、会场布置、会议接待、生活服务（含娱乐活动安排）、安全保卫、交通疏导、医疗救护等，如【范文】。

【范文借鉴】

【范文】

××集团第四工程有限公司
关于召开“标准化工地暨‘一法三卡’推广现场会”的筹备方案

一、目的意义

通过召开现场会，进一步提高对建设标准化工地和推广“一法三卡”活动的认识，最终达到提高各项目部综合管理水平、提升公司市场竞争力的目的。

二、指导思想

以十九大精神为指导，以倡导“我的四公司，我的家”文化理念为主线，坚持“全面工作争第一，细节服务创效益”的先进理念，坚持“四为”方针不动摇，继续深入贯彻落实集团公司“保饭碗，干绝活，栽摇钱树”和“突出科技创新，打造差异化优势，增强企业核心竞争力”的发展战略。号召全体员工以在建项目为依托，全面落实公司标准化工地建设和积极推行“一法三卡”活动要求，为构建和谐家园、全面实现公司2018年“八项目标”而努力奋斗！

三、筹备组织

××××指挥部提供现场会的两个参观现场，承担整体现场会议的会务安排等。

四、现场会内容、时间、地点及会议议程

（一）现场会内容

1. 准东二期和铺架梁场（每个现场需要体现标准化建设和推行“一法三卡”的特点）两个。

2. 经验交流。

（1）准东二期汇报标准化工地建设及推行“一法三卡”活动的经验。

（2）××××指挥部介绍利用视频监控为安全生产护航的体会。

（3）××××指挥部关于“我的四公司，我的家”“全面工作争第一，细节服务创效益”的经验介绍。

（4）领导讲话。

（二）现场会召开的时间

1. 报到时间：2018年7月24日。

2. 报到地点：待定。

3. 会议时间：2018年7月25日上午8:00—12:00。

（三）现场会地点及路线

1. 现场会地点：准东二期指挥部。

2. 参观现场会线路图：参观路线待定。

（四）现场会会议议程

1. 上午8:00—9:30　看现场。

现场会主持人：×××。

现场介绍：待定。

2．上午 10:00—12:00　汇报交流，领导讲话。

交流会主持人：×××。

五、参加会议人员范围（55 人以内）

1．各指挥部：40 人以内，指挥部原则定 3 人，包括指挥长（或副指挥长）、项目总工程师、工程部长。指挥部包括襄渝 2 人、临策一 3 人、临策二 3 人、准东二期 3 人、准东二期铺架 3 人、巴新 3 人、色尔古 3 人、柳坪 3 人、鸭嘴河 2 人、恩利 3 人、郑西客专 2 人、郑西运架 2 人、宝兴 2 人、潭韶 2 人、向莆 3 人。

2．机关：15 人以内，包括公司主管领导（2 人）、工会主席、生产领导、工程部长、安质部长，党群部、办公室、劳人部、设备物资部各 1 人。

六、所需经费预算

来回路费由各单位自筹，现场会费用由准东二期指挥部负责。

七、乘车及就餐桌次安排

待定。

八、筹备工作任务分工

1．综合协调组：准东二期（人员、屋子的调配，车辆的安排等）。

2．文字材料组：以机关安质部、工会为主，准东二期配合（整个现场会的活动方案、会议议程、主持词、活动线路图、领导讲话、宣传材料、每个现场的简介、相关经验的发言材料等）。

3．现场筹备组：准东二期为主，机关有关部门配合（会议氛围、墙体标语、现场标识标牌、宣传栏、有关获奖荣誉证书的展览、站岗巡逻人员的着装配备及到位情况、横幅、迎宾牌、现场茶水及水果、香烟等）。

4．会务组：以准东二期指挥部为主，安质部及工会配合（整体会议程序册制定、下发会议通知、签到、桌次牌、音响设备、宣传、会议秩序、会议服务、茶水、香烟、乘车编号、就餐桌次及标准等）。

2018 年 6 月 12 日

【病例分析】

【病例】

会议议程

一、会议时间

7 月 12 日（周六）

二、会议地点

北京昆仑饭店

三、会议主持

第一财经频道主持人　崔艳

四、会议进程

1．10:00—10:03　主持人宣布仪式开始，介绍到场来宾。

2．10:03—10:18　创业学生代表宣读倡议书。

3．10:18—10:23　播放“2008 创业周”视频短片。

4．10:23—10:28　基金会顾问团代表致词。

5．10:28—10:33　指导单位领导致贺词。

6．10:33—10:40　上海市大学生科技创业基金会严隽琪会长宣布创业周启动。

【评析】

从完整的会议议程要求的角度来看，以上会议议程主要存在以下几个问题：①标题应由“会议名称+议程”构成；②会议时间和地点不具体，具体在何时何地进行活动不明确；③会议议程中第二项和第五项内容应调换；④会议议程中没有散会时间。

【项目2】开幕词的写作

【能力目标】

1. 能熟练掌握开幕词的写作技能。
2. 能够根据具体情况写出格式规范、短小精悍、主旨突出、条理清晰、文字简练、语言明快热情的开幕词。

【知识目标】

1. 了解开幕词的概念、特点和写作要求。
2. 掌握开幕词的格式和一般写法。

【工作情景】

今天是××公司成立十周年纪念日，请你替公司领导拟写一份开幕词，在公司周年庆上讲话。

讨论：应该如何写这篇开幕词呢？（学生在老师指导下试写这篇文章）

【必需知识】

一、什么是开幕词?

开幕词是会议讲话的一种，是党政机关、企事业单位、群众团体在召开郑重的会议时，由主要领导人或会议主持人开幕时所作的讲话，主要阐明会议的指导思想、宗旨、重要意义、任务要求和议程事项。

二、开幕词的特点

开幕词的特点有三个：

一是宣告性。开幕词是会议的序曲，宣布会议正式开幕，渲染庄重气氛。

二是指导性。开幕词一般要指出会议的指导思想，对会议提出任务，为会议定下基调。

三是预示性。开幕词中要简单介绍会议的主要内容、议程安排和主要精神，使与会人员了解有关事项。

三、开幕词的种类

按照载体的不同，开幕词分为口头致词和书面致词。

按照会议性质、内容的不同，开幕词可分为侧重性开幕词和一般性开幕词两类。侧重性开幕词指其重点在阐明召开会议的历史背景、指导思想及重要意义等，而忽略其他安排，一般用于召开重大会议，如中国共产党全国代表大会、全国人民代表大会等。一般性开幕词指在开幕词中对会议的目的、任务和议程等情况进行简要陈述。

四、开幕词的结构和一般写法

（一）开幕词的结构形式

开幕词的结构一般为“标题+称谓+正文+结束语”。

（二）开幕词的写作方法

1．标题

标题一般由事由和文种构成，如“洽谈会开幕词”；有的标题由致词人、事由和文种构成，其形式是“××同志在××会上的开幕词”；有的采用复式标题，主标题揭示会议的宗旨、中心内容，副标题与前两种标题的构成形式基本相同，如“团结协作，共渡难关——××董事长在××省企业联盟会上的开幕词”；也有的只写文种，如“开幕词”。有时在标题之下，用括号注明会议开幕的具体时间。

2．称谓

称谓是对与会人员的称呼，一般视会议性质、参加会议对象而定。通常用泛称，如“女士们、先生们”“来宾们”“各位代表”等，为表示对重要嘉宾的尊重，可对其单独称呼。

3．正文

正文包括开头、主体和结尾三部分。

（1）开头。宣布会议开幕，如“××大会现在开幕”，代表会议主办单位对参加会议人员表示欢迎、感谢，如“我代表××向来自国内外的各位来宾、各位代表表示热烈的欢迎！”还有对会议的规模、筹备情况和出席会议人员等作简要介绍，如“参加这次会议的代表共有××人……”这一部分一般要自成一段，与开头分开。

（2）主体。主体是开幕词的核心部分，通常包括三项内容：①阐明会议的意义，通过对以往工作情况的概括总结和对当前形势的分析，简要介绍会议的筹备过程，说明会议是在什么形势下、为解决什么问题和达到什么目的而召开的。②阐明会议的指导思想，提出大会任务，说明会议主要议程和安排。③为保证会议顺利举行，向与会者提出会议的要求，语言要富有鼓动性。

（3）结尾。结尾部分通常提出会议任务、要求和希望，并再一次表示祝贺、欢迎、感谢，表达祝愿、希望及共勉之类的话。

4．结束语

结束语通常是对会议表示美好的祝愿，一般用祈使句，要简短有力，具有鼓舞性，如“预祝大会（会议）圆满成功！”例如【范文】。

五、写开幕词必须注意的问题

（1）把握会议宗旨。开幕词的撰写人必须熟悉会议，了解与会议有关的背景情况，因此要事先学习相关材料，听取领导的指示，亲自参与会议的筹划和组织工作。

（2）条理清晰，重点突出。开幕词有引导与会人员把握会议方向的作用，因此主题要明确，层次要清楚，使听众一目了然。

（3）语言简明通俗。开幕词只是对会议进行简单的概括，因此篇幅不宜过长，不能作长篇大论，要突出实质性内容，简洁明了，起到画龙点睛的作用。同时要适于口头表述，切忌书面语言过多，影响表达效果。在比较严肃的大型会议上，不可使用幽默语言。

【范文借鉴】

【范文】

XX 广播电视大学第七届学生代表大会开幕词

赵××

（20××年×月×日）

尊敬的各位领导、各位代表：

××广播电视大学第七届学生代表大会今天在这里隆重开幕了！

首先，请允许我代表与会的全体代表向今天出席本次大会的各位领导、各位代表表示热烈的欢迎和衷心的感谢！

本次大会的主要任务是：以习近平新时代中国特色社会主义思想为指导，回顾总结我校第六届学生会工作取得的积极成果和基本经验，选举产生第七届学生会。

我们要以高度的主人翁责任感，充分发扬民主精神，努力把本次大会开成一个团结振奋、民主务实的大会。团结带领全校青年学生努力学习、积极进取，不辜负全校同学的期望。

在本次大会筹备过程中，我们得到了校党委、学生处的高度重视和亲切关怀，学生处和校团委的各位老师和同学为大会的召开做了大量辛苦的准备工作。借此机会，我仅以××广播电视大学第七届学生代表大会的名义，向一贯关心、支持、帮助我们成长的各级领导老师表示衷心感谢。

这次大会是在第六届学生会干部即将毕业，团委、学生会工作正常交接的形势下召开的。第六届学生会干部在工作中取得的成绩是有目共睹的，他们组织开展的青年志愿者活动以及丰富多彩的校园文化活动得到了全校学生的欢迎和积极参与并取得了很大成绩，在他们中间也涌现出了一批优秀团员和优秀团干部。现在他们面临毕业，这份工作的重担将由新一届学生会来承担，我们相信新一届学生会干部会在校团委领导下，在全校学生的支持和帮助下，奋发向上，锐意进取，取得更大的成绩。

各位代表，21 世纪已经到来，让我们积极发扬青年学生的光荣传统，胸怀祖国、勤奋学习、勇于实践、发愤成才，以无愧于时代的优异成绩，为开创我校学生工作的新局面贡献我们的青春、智慧和汗水。

最后，预祝本次大会圆满成功！

【病例评析】

【病例】

洽谈会开幕词

女士们、先生们：

值此××省国际经济合作和出口商品洽谈会开幕之际，我代表××省人民政府、××市人民政府、××省对外贸易总公司，向远道而来的五大洲各国来宾、港澳同胞、海外侨胞表示热烈的欢迎和真诚的问候！×年×月，在庆祝××对外贸易中心落成典礼之时，我们曾在这里举办过一次洽谈会。今年这次洽谈会，规模和内容比上一次更加广泛和丰富。这次洽谈会，将进一步扩大我省同世界各国及港澳地区的经济技术合作和贸易往来，增进相互了解和彼此的友谊。

××省是我国沿海经济比较发达的省份之一，幅员辽阔，物产丰富，人力资源充足，工农业生产和港口、交通均有一定的基础，对外经贸事业的发展有着广阔的前景。目前，我省已同世界上 140 多个国家和地区建立了贸易往来和经济技术合作关系，这种关系正在日益巩固和发展。

谢谢！

【评析】

开幕词开口即向出席嘉宾表示欢迎。主体部分首先回顾上次洽谈会的场景，但对本次洽谈会的优势及特点没有太多阐述，不能显示本次洽谈会的不平凡之处。结尾也很仓促，没有预祝大会成功，也没有对大会提出要求和希望，没有鼓动性。

【项目 3】闭幕词的写作

【能力目标】

1. 能熟练掌握闭幕词的写作技能。

2. 能够根据具体情况写出格式规范、短小精悍、综合概括、语言明快、富有号召性和鼓动性的闭幕词。

【知识目标】

1. 了解闭幕词的概念、特点和写作要求。
2. 掌握闭幕词的格式和一般写法。

【工作情景】

××公司成立十周年庆活动今天结束，请你替公司领导拟写一份闭幕词，感谢前来参加活动的朋友们。

讨论：应该如何写这篇闭幕词呢？（学生在老师指导下试写这篇文章。）

【必需知识】

一、什么是闭幕词?

闭幕词是会议讲话的一种，是党政机关、企事业单位、群众团体在召开比较郑重的会议时，由主要领导人或会议主持人在会议闭幕时所作的讲话，主要是总结会议所完成的任务，对会议做出评价，并号召与会者贯彻会议精神。

二、闭幕词的特点

闭幕词的特点有三个：

一是宣告性。闭幕词是会议的尾声，宣布会议完成使命、闭幕。

二是总结性。闭幕词一般要对会议的整个过程进行总结，对会议精神进行高度概括，为会议性质下结论。

三是评估性。闭幕词中要对会议取得的成果进行评价，如解决了哪些问题，完成了哪些任务，得到了哪些经验教训。

三、闭幕词的种类

闭幕词的种类与开幕词相同。

四、闭幕词的结构与一般写法

（一）闭幕词的结构形式

闭幕词的结构一般为“标题+称谓+正文+结束语”。

（二）闭幕词的写作方法

1. 标题、称谓

标题、称谓的写法参见“开幕词”。

2. 正文

正文由开头、主体、结束语三部分构成。

（1）开头。简要说明会议已完成各项任务、即将结束，如“本次大会已完成历史使命，即将闭幕”“大会已圆满完成各项任务，即将落下帷幕”。

（2）主体。这一部分是闭幕词的重点，一般包括：

1）简单地对会议进行总的评价，如收获、影响等。

2）按照会议议程逐条分析，讨论了哪些问题，解决了哪些问题，还有哪些问题需要以后深入探讨，等等。

3）简述会议的深远意义和重要性。

4）提出希望、号召。主体部分还可以针对会后对会议精神的传达和贯彻提出要求。

3. 结束语

结束语部分要对参加会议的人员以及会议的工作服务人员表示感谢，并宣布会议闭幕，通常为："现在，我宣布×××大会胜利闭幕！"

五、写闭幕词必须注意的问题

（1）写闭幕词要了解会议进程，掌握会议的全面情况，搜集会议的主要文字材料，写作者从会议开始就要做好写作准备，尽早构思，适时动笔，不要等到闭幕前夕再撰写，那样一般会由于仓促急切而影响撰写质量。

（2）写闭幕词要根据会议实际情况，紧密结合中心议题进行阐述，不能游离主题泛加议论，应对会议主要内容予以阐述和肯定。同时要注意与会议开幕词前后呼应，不可与开幕词脱节。

（3）写闭幕词要补充会议内容，适当深化和发挥，但必须是与会议议题有关的事情。闭幕词既是对会议的总结和评价，又可以是对会议精神的延伸和补充。对于会议虽未展开，但已认识到的重要问题，应当在闭幕词中提出，适当强调，做必要发挥。

（4）写闭幕词要高度综合概况，富有鼓动性和号召力。会议接近尾声时，不必重复进行讨论，无论是总结成果，还是提出要求，都应简洁明了，点到为止，不要拖泥带水，切忌画蛇添足。同时，行文要倾注热情，号召有力，语言昂扬，使与会者在会议结束时受到鼓舞。

【范文借鉴】

【范文】

××广播电视大学第七届学生代表大会闭幕词

郝××

（20××年×月×日）

各位尊敬的老师、同学们：

××广播电视大学第七届学生代表大会在校学生处及团委的殷切关怀和领导下，经过全体与会代表的共同努力，各项议程已圆满完成，即将胜利闭幕。

这是一次热烈而隆重的大会，是一次团结进取、振奋精神、坚定信心的大会，经过全体代表的认真讨论，一致通过了何××同学代表我校第六届学生会所作的工作报告，该报告认真回顾了一年来我校学生会在思想和组织建设上所取得的成绩。在肯定成绩的同时，又积极诚恳地指出工作当中存在的不足，并提出了今后工作的任务和奋斗目标，从而为进一步统一思想、团结一致，促进我校学生会工作的全面展开奠定了坚实的基础。本次大会经过民主选举将产生我校第七届学生会，新一届学生会成员的任务是艰巨的，希望你们牢记自己的责任，充分发挥自身优势，勇于创新，团结和带领全校广大学生以习近平新时代中国特色社会主义思想为指导，在校学生处、团委的领导下，刻苦学习，努力实践，锐意进取，把我校学生工作完成得更加出色，不辜负全校同学对你们的期望与信任，为自己的大学时代留下一段闪光的回忆！

此次大会使每一位同学深受鼓舞，相信通过我们大家的共同努力，必将把我们的大学生活点缀得更加丰富多彩，为××广播电视大学的历史书写新的篇章！

【病例评析】

【病例】

闭幕词

各位领导、各位来宾、商客朋友们、同志们：

东风吹来满眼春，同州五月捷报飞。经过全县上下的共同努力，在各位领导、各位来宾以及广大商客朋友们的大力支持和密切配合下，“陕西××首届瓜果节”已圆满完成了任务，达到了预期的目的。

在这短短的三天里，大家相互交流、增进了解、达成共识、共谋发展，使“瓜果节”的各项活动有序开展，使我县的反季节果蔬得到了较为广泛的宣传，达到了沟通信息、扩大影响、开拓市场、让外界了解××县、让××县走向全国的目的。可以说，这是我县有史以来首次规模大、范围广、层次高、成果丰的贸易盛会。

一是“瓜果节”规模空前……二是反季节农产品贸易成交量大……三是招商引资和商品贸易成效显著……四是瓜果节期间活动内容丰富多彩……

“长风破浪会有时，直挂云帆济沧海。”我们有理由相信，经过我们的共同努力，新世纪的××，将是一个发展空间广阔、投资环境优越的新××，一个产业结构合理、经济飞速发展的新××，一个社会全面稳定、人民安居乐业的新××，一个充满生机、充满活力，商机无限、希望无限的新××！

“陕西××首届瓜果节”，是团结协作的盛会，是圆满成功的盛会，是孕育希望的盛会！

【评析】

从一份完整的闭幕词的角度进行分析，该闭幕词有如下三个方面的不足：一是标题不正确，不能简单地写为“闭幕词”；二是正文部分对此次活动的意义和影响做了详细概括，但对与会者没有太多感情交流，开头和结尾都没有对与会者进行感谢或发出号召；三是结尾太突然，没有宣布“闭幕”。

【项目 4】会议记录的写作

【能力目标】

1. 能熟练掌握会议记录的速记能力和写作技能。
2. 能够根据具体会议准确、周详、格式规范地记录会议的主要内容。

【知识目标】

1. 了解会议记录的种类和特点。
2. 掌握会议记录的格式和一般写法。

【工作情景】

会议资料

××公司于 2019 年 7 月 10 日下午 3:00—5:00 在交通银行 B 座 10 楼第一会议室召开员工技能测试活动安排会议。由×××行政部长主持，××总经理作动员报告，×××副总经理安排具体测试内容和时间，各部门负责人参加会议，公司行政部秘书王××记录。首先是××总经理作动员报告。其次是×××副总经理安排具体测试内容和时间。第一，设备部技能测试，主要测试内容为：一是强电组全体员工“实做电机安装控制和发动机发电演习”，时间为 8 月 8 日上午 8:30—11:00；二是弱电组全体员工“模拟消防报警”，时间是 8 月 8 日下午 2:30—5:00。第二，业务部员工技能测试，内容为：楼层赛跑、立定跳远、列队、擒敌拳，时间为：8 月 9—10 日两天。第三，绿化部、话务部测试，时间为 8 月 11 日一天，上午话务部全体员工测试，内容为：打印一篇文章、制作一份表格、用普通话朗读散文。下午绿化部全体员工用 20 分钟锄 20 平方米的杂草。

讨论后写作：请你把这个会议资料整理成一份格式规范、内容完整、重点突出的会议记录。（学生在老师指导下试写。）

【必需知识】

一、什么是会议记录?

会议记录是在会议进行中完成的，对会议组织情况和会议内容进行记载，以供备查的会议原始记录。会议记录是如实记录，比较零乱粗糙，不能作为公文，只作为机关内部存查使用的文书，不对外公布。

会议记录的目的是：传达会议精神，使会议的决议能顺利传达贯彻，并作为检查执行情况的依据。

二、会议记录的种类

按内容详略，会议记录可分为以下两类：

（1）摘要性会议记录。摘要性会议记录只记录发言要点和议题、结论、决定、决议、表决结果等，常用于一般性会议。

（2）详细性会议记录。有言必录，不仅要记下原意，还需要记下原话，即为详细性会议记录。详细性会议记录只有在重要会议上才使用，记录完后还要给有关领导和讲话人员签名确认。

三、会议记录的写法

（一）标题的写法

会议记录跟一般应用文一样，在第一行居中写上标题。标题的构成一般是“会议名称＋会议记录”，也有采用专门会议记录纸的，在首页已经标明“会议记录”字样，还有会议名称、会议内容摘要、记录人、主要负责人和有关人员签名等项目，照表填写就行，然后把会议详细内容写在第二页。

（二）正文的写法

正文内容一般写以下几方面的内容：

（1）会议的组织情况。一般包括：会议名称、会议时间、会议地点、参加会议人员（人多写主要参加者及数量，人少可一一写明姓名）、主持人、记录人（如有专门会议记录纸，这些内容在首页填写就行）。

（2）会议内容。摘要性会议记录只记录会议要点和中心内容即可，谁讲话，主要讲了什么，按顺序排列下来；详细性会议记录就要具体详细地记录原话，要求记录人员有速记能力。

（3）会议结束，记录完毕，要另起一行写“散会”二字，如中途休会，要注明“休会”字样。

（4）由主持人（或会议主席）和记录人签名，写上记录时间，写在正文右下角。

四、会议记录的写作要求

（1）为了提高记录速度，记录者可以适当使用一些自己熟悉的简称、代号、符号等，待会议间隙或会后整理时补充完整，最好学习速记法。

（2）记录要快、准、全、清。

（3）要忠实于会议精神，特别是详细性会议记录，一定要尽可能记录原话，以供备查；摘要性记录也要摘要，不能偏离会议的主要精神和会议结果，准确、简洁，如【范文】。

【范文借鉴】

【范文】

××县楹联协会理事会第三次会议记录

时间：2019年12月10日上午8:30—10:30

地点：市文化馆第一会议室

出席人：会长胡××、副会长尚××、理事吕××、秘书长惠××、会员代表白××、会员代表尚××

缺席人：李××（生病住院）

列席人：黄××（实习人员）

主持人：孟××（副主任委员）

记录人：李××（办公室秘书）

议题：

1．补选协会常务副会长。

2．讨论编发第四期《长武联苑》有关事宜。

孟××：今天理事会主要有两个任务。一是补选常务副会长，二是议议编发第四期《长武联苑》的事。原任常务副会长任×同志已于上次理事会辞去职务。从便于工作的角度，我提议由协会秘书长惠××同志兼任常务副会长，请大家考虑。

胡××：惠××是文化馆助理研究员，长期从事民俗研究，联系工作和开展业务都很方便，我认为合适。

尚××：常务副会长事情多，要有较多的时间，精力又要充沛。这些条件惠××都具备。

孟××：如果大家没有其他意见，现在就举手表决。同意的，请举手。好，一致通过。根据协会章程，惠××同志从现在起正式担任本协会常务副会长。

惠××：下面讨论编发第四期《长武联苑》的事，请大家多提意见。

吕××：《长武联苑》作为我们的会刊，已发行了三期，影响较好。但三期都是油印本，印刷效果和纸张都不好。第四期能否做成胶印的？

尚××：主要是经费原因。以往都是靠协会的会费印刷，能印出来就不错了。要搞成胶印，就得另筹经费。

白××：印刷质量好了，还可以以成本价卖出一部分，回收一些资金。此外，对联要及早开始收集。

赵××：协会里的杨××先生不幸于上月逝世。杨先生撰的对联诙谐风趣，镶本县地名的组联更是独具匠意。我提议在第四期《长武联苑》为杨先生出个纪念专栏。

孟××：我把今天会议的情况作一个归纳：一、理事会补选惠××同志为协会常务副会长，并继续担任秘书长。二、第四期《长武联苑》原则上改成胶印，经费问题待下次理事会落实。三、在第四期《长武联苑》中为已故会员杨××先生刊出纪念专栏。

散会。

记录人：李××

主持人：孟××

2019年12月10日

【病例评析】

【病例】

会议记录

时间：20××年8月12日上午8时

地点：市福金路2号市个体劳动者协会办公室

出席：宋××、陈××、王××、李××、马××

缺席：马××

列席：吕××

主持人：宋××

记录员：徐××

议题：如何组织个体劳动者活动

宋××：各位女士、先生，大家好，今天请大家来，是征求大家意见，如何开展市个体劳动者协会活动，我市个体劳动者协会成立一年多了，还未开展过活动，现在请大家随便发言。

陈××：我先来介绍一下市个体劳动者协会吧……我们很想把协会办好，开展受大家欢迎的活动，所以请大家来谈谈。

李××：讲就讲，我做个体生意，没组织太自由了，又想有个组织管管。人一年一半在外，在外时想家，回家又闲得受不了……

王××：我也如此，一星期到舞厅两三次，说实在的，真没啥意思。离开学校，就没参加过什么活动。今年一年，就公安局给我们开过一次会，告诉不能收赃物。听说市里有个劳协是我们的"头"，可谁都不知道它在哪。

马××：我毕业干个体六年了，六年多没处交团费，恐怕早就自动退团了吧。(众人笑)

王××：我家七口人，六个党员，就我一个"白丁"。(记者问：你想入党吗？) 入党？哪入啊？没人管，完全靠自己管自己。

……

宋××：今天的会开得很好，大家的发言十分热烈，还提了不少很好的建议。归纳起来，协会计划做如下几件事：①健全协会组织，由在座各位担任各区协会分会长。②9月9日重阳节搞一次协会文体活动。③每月中旬举办一个讲座。④明年"五四"举行卡拉OK大奖赛。

【评析】

以上病文主要存在以下几个问题：

（1）会议名称要记会议全称，由会议名称加文种名称组成。

（2）会议组织要素完备，但存在不准确之处。一是开会时间要写明具体的起止时间。二是会议主持人、出席人、列席人、记录人要写明职务、身份等信息。三是缺席者要注明缺席原因。

（3）一般会议记录要记重点，不是什么话都记，文中"讲就讲……人一年一半在外，在外时想家，回家又闲得受不了"，这些话概括即可，不用记原话。

（4）散会时，主持人和记录人应分别在会议记录全文的右下方签名。

【微课资料】

会议记录的写法

【项目5】简报的写作

【能力目标】

1. 能熟练掌握简报的编写技能。
2. 能够根据具体情况编制格式规范、内容真实准确、篇幅短小、文字简练的简报。

【知识目标】

1. 了解简报的概念、特点和种类。

2. 掌握简报的格式和一般写法。

【工作情景】

××公司于2019年7月10日下午3:00在交通银行B座10楼召开员工技能测试活动安排会议。×××总经理作动员报告，×××副总经理安排具体测试内容和时间。首先是设备部技能测试，主要测试内容为一是强电组全体员工"实做电机安装控制和发动机发电演习"，时间为8月8日上午8:30—11:00；二是弱电组全体员工"模拟消防报警"，时间是8月8日下午2:30—5:00。其次是业务部员工技能测试，内容为楼层赛跑、立定跳远、列队、擒敌拳，时间为8月9—10日两天。再次是绿化部、话务部测试，时间为8月11日一天，上午话务部全体员工测试，内容为：打印一篇文章、制作一份表格、用普通话朗读散文。下午绿化部全体员工用20分钟锄20平方米的杂草。

讨论：根据上面的会议材料，参考简报格式，在老师指导下编制一份会议简报。

【必需知识】

一、什么是简报?

简报是国家机关和企事业单位、社会团体为汇报工作、交流经验、反映情况、沟通信息、报道动态而编发的内部常用事务文书，也叫动态、简讯、摘要、工作通讯、情况反映、情况交流、内部参考等。

二、简报的特点

（1）简，即文字简、内容精、篇幅短。

（2）快，即报道快。简报具有很强的时效性，要快写、快编、快审、快印、快发、快送。特别是一些会议简报，往往只在一定时间内有效，因此常常是一日一报，甚至一日数报。

（3）新，即内容新。简报要反映新情况、新问题，给人新信息、新启示，以利于有针对性地部署和安排工作。

（4）实，即事实真。简报的内容一定要真实可靠，准确无误。特别是时间、地点、具体数据必须经过调查核实，不能凭空想象和虚构。

三、简报的类型

简报按照不同的划分标准，可以分为不同类型：按性质分，有综合简报和专题简报；按内容分，有工作简报、动态简报、会议简报。

工作简报主要反映本地区、本系统、本部门日常工作情况或问题。它包含的内容较广，包括对党和国家方针政策的贯彻执行情况，工作中的经验教训，本单位、本部门发生的事件和开展活动的情况等。这种简报是定期或不定期编发的，在一定范围内发行。有固定的简报名称，如《简报》《共青团工作》《后勤简报》《教学通讯》等。

动态简报迅速及时、简明扼要地反映新近发生的各种重要的、有意义的新情况、新问题和新动向。它时效性强，信息量大。动态简报有两种：一是反映社会动态的简报，如有些新闻单位编发的《内部参考》《情况反映》等，这种简报保密性强，供较高层领导人参阅；二是反映本系统、本部门动态的简报，如《文艺动态》《高教动态》等。

会议简报即会议期间编发的反映会议情况的简报。内容包括会议概况、进程、讨论发言及会议决定等。

四、简报的格式和一般写法

简报的格式包括报头、报核、报尾，如【范文】。

（一）报头

报头设在第一页的上方，约占全页三分之一的位置，下边用间隔线与正文部分隔开。报头有以下内容：

（1）简报名称。一般用套红的大号字体居中印刷，字体和字号由编写单位根据美观醒目原则酌定，简报名称有的直接用文种，如“简报”“简讯”“动态”等；有的在文种前加上表示性质内容的词，如“工作简报”“高教动态”“会议简报”等；有的在文种前加上表示范围区域的词，如“广州情况”“经济体改简报”等。当有特殊内容而又不必另出一期简报时，就在名称或期数下面注明“增刊”或“××专刊”字样。秘密等级写在简报名称的左上角，也有的在左上角写“内部文件”或“内部资料，注意保存”等字样。

（2）期号。期号写在简报名称下一行，用小括号标注，居中；有的在本期号下面写上“总第××期”，也用小括号标注。

（3）编印单位。编印单位在期号下、间隔线上居左书写，如“学院教务处编”。

（4）印发日期。印发日期写在与编印单位平行的右侧。

报头与报核之间用间隔线隔开（红色印刷）。

（二）报核

报核，即简报中间部分，格式是“（按语+）标题+导语+主体+结尾”。

（1）按语。部分简报在标题上端加注编者“按语”，以说明材料的来源，转载的原因和目的，或指出简报内容的意义和价值，以及有关领导人对简报的批示意见等。按语写在报头部分间隔红线之下空1～2行，标题之上，左右页边最好不要与正文并齐，一般各缩进两三个字。不是所有的简报都要写按语，视情况而定。

（2）标题。简报的标题类似新闻的标题，要揭示主题，简短醒目，如《学生座谈会情况综述》。简报一般用单行标题，也有双行标题，即除正题之外，还有引题或副题；标题写在按语下面，如果没有按语，就写在间隔线下空1～2行之处。如果这份简报须同时报道几件事，就在第一页编排目录，目录下面如有空位可紧接着写第一篇报道。

（3）导语。导语即简报的开头。简明扼要地概括全文的主旨或主要内容，给读者一个总体印象。简报的导语一般有提问式、结论式、描写式、叙述式四种写法。导语一般要告诉读者何时、何地、何人、何事、为何、如何等，跟新闻的写法相似。

（4）主体。主体即简报的主要内容。用足够的、典型的、有说服力的材料把导语的内容加以具体化。这部分要做到观点明确，事实充分、条理清晰。可以时间为顺序；也可用几个并列的材料，突出某个观点；还可用逻辑顺序安排主体内容。有些简报，需要迅速反映新情况、新问题，只要简要说明何地发生了何事即可。

（5）结尾。结尾处可对主体部分进行归纳概括，或提出建议、希望及今后的打算。

（三）报尾

报尾在简报最后一页下部，用间隔横线（不用红色印刷）与报核隔开，横线下居左写明发送范围，如“报（上级机关）”“送（同级或不相隶属机关）”“发（下级机关）”。在最后的间隔横线下居右用括号注明印刷份数，如【范文】。

五、简报的写作要注意的问题

（1）文字简练，篇幅简短。一份简报，一个主题，要抓住关键，揭示本质。一般在1000字以内。

（2）内容真实、准确、典型。要本着实事求是的精神，客观、公正、如实地反映情况。所用材料要认真核实，确保准确无误。有喜报喜，有忧报忧，有成绩就总结经验，有问题就反映问题。

【范文借鉴】

【范文】
内部资料
注意保存

××集团公司

情况简报

（第六期）
（总 40 期）

××集团公司办公室　　　　2019 年 6 月 14 日

××集团财务工作会议纪要

在清产核资工作全面展开、新的《企业会计制度》即将实施、主辅分离逐步开展的形势下，12 月 16 日—18 日，集团公司在总部三楼会议室召开了集团 2019 年度财务工作会议，各子分公司总会计师、财务科长、决算人员、审计人员，各指挥部办事处财务主管等 130 余人参加了会议。

集团公司总会计师×××出席会议并做了重要讲话，从认清新的财务形势、树立新的财务理念、完善成本管理机制、规范资金运作、实施新《企业会计制度》、做好清产核资工作、做好财务预算工作、做好审计工作、加强会计基础工作、加强财会队伍建设等十个方面做出重要指示，为集团公司下一步的财务工作指明了方向。

集团公司副总会计师、财会部部长×××总结了 2019 年度集团公司财务工作情况，并对下一年度集团公司的财务工作做出了安排布置，提出了 2020 年度财务工作九个方面的要点：一是加强内部资金管理，提高信用意识；二是加强成本管理工作，探索有效的成本管理途径；三是严格执行财务预算制度，加强对资本运营中的监控；四是做好清产核资工作，为全面执行《企业会计制度》奠定基础；五是执行《企业会计制度》，完善相关的财务配套制度；六是结合“主辅分离”，紧缩经费开支；七是开展财会信息化建设，促进财会管理水平的提高；八是继续加强财会队伍建设，提高公司的财务管理水平；九是加强财会学会建设，充分发挥财会学会的作用。

此次财务工作会议全面布置了 2020 年度财务决算编制工作，提出了 2020 年财务预算的编制要求，明确了清产核资的步骤和方法，解答了汇总纳税及出口退税的有关问题。为下一步做好财务决算编织工作，提高财务预算的编制水平，加强国有资产的监控管理，合理筹划纳税工作，全面实施《企业会计制度》打下了基础，做好了准备。

报：集团公司总部
送：××分公司
发：集团公司各部

（共印 50 份）

【病例评析】

【病例】（正文部分）

层层务虚统一认识振奋精神

（正文部分摘要）

市工交系统领导干部第××次务虚会后，各总公司（局）根据副市长×××同志关于国庆节前调查研究、节后开会的要求，截至10月25日，××总公司、×××总公司、××××总公司、××××工业总公司、××××××工业总公司先后召开了本系统的务虚会。大家普遍反映，第××次务虚会开得适时，领导讲话内容好，有深度，抓住了当前经济体制改革中的关键问题，虚实结合，与会者很受启发和教育。

各总公司的务虚会都传达了精神，提高了认识，统一了思想，研究部署了工作，制定了措施，概括起来有以下主要特点。

一、指导思想明确。各总公司的务虚会不是一般地学学文件，交流体会，而是紧紧抓住怎样把党的全国代表会议、市第××次务虚会精神落实到各级领导干部的思想和行动中去，并通过统一对加强宏观管理和搞活微观、整党和改革的两大关系问题的认识，有针对性地牵动着每位与会者，使他们进一步明确，两个关系的核心问题是树立全局观念，是要时刻想着党，时刻不忘国家，这是每一个共产党员的党性问题，只有在这一党性观念的指导下，正确处理好局部和全局、企业和国家的关系，才能理顺各种关系，保证经济体制改革的健康发展。

二、紧密联系实际。各总公司都联系本系统改革和工作的实际，解决倾向性问题。例如××总公司通过剖析××××厂前领导班子和××工厂干部犯严重错误的问题，明确指出一些领导班子中倾向性的问题，与会者震动很大。有的同志说，这次会议敲的警钟使我们头脑清醒了，我们从中得到的不是消沉，而是动力，激励了我们用更高的标准树立开拓精神，以坚定的信心搞好改革，争创第一流的工作。

三、确定了工作的重心。各总公司在统一思想认识的基础上，明确了当前工作的重心。认为四季度要认真学习和贯彻中国共产党第××次全国代表会议、全国××会议和市工交系统第××次务虚会议精神；正确认识和估计当前的形势，坚持改革；加强宏观管理，进一步搞活企业；眼睛向内，提高产品质量，降低物资消耗；坚决压缩固定资产投资，缩短基本建设规模，增加社会经济效益；抓好社会主义精神文明建设；全面完成今年的任务。

【评析】

这是一篇信息反馈性质的简报，层次清楚，篇幅简短，可以说基本上具备了“简”的特点。但也有许多不足：①情况少，不具体。简报主要靠事实、实例说话，而不能靠作者本人空发议论。这篇简报从头到尾，只有一个实例，还没有说明白。②过于概括。整篇简报，大部分篇幅是概括论述。必要的概括、提炼，在简报中是不可少的，但如果满篇都是概括，那就失去了简报的特色，也难以起到沟通信息、交流情况的作用。

【技能实训题库】

一、修改题

（一）根据下面的通知内容，写成一份会议方案。

关于召开企业科协会议的通知

各市（县）、区科协、各企业科协：

为了贯彻落实广州市科协、发改委、科技局、经贸委等四部委《关于促进企业科协“讲理想、比贡献”活动的实施意见》精神，分析探讨企业科协面临的机遇和挑战，研究部署下一阶段全市企业科协工作，增强企业科协自主创新能力，决定召开全市企业科协秘书长会议。

一、会议主题

1．简要汇报各单位二十一届科普周的工作开展情况。

2．“讲、比”活动工作布置。

3．市企业科协研究会会员工作布置。

4．企业资源共享平台构建工作布置。

二、与会人员

各市（县）、区科协负责人，企业科协负责人，各企业科协秘书长或负责企业科协工作的同志各1名。

三、会议时间

7月11—12日上午8:00—12:00，下午3:00—5:30。

四、会议地点

市科技大楼九楼902会议室（海珠区新港西路152号）。

五、其他事项

1．接到通知后，请事先安排好工作，准时参加会议。

2．会议提供免费午餐，住宿自理。

3．联系人：李先生

联系电话：020-61239999

联系邮箱：huiyi@126.com

广州市科协科普部（章）

2019年6月27日

（二）把下面这篇会议记录改写为会议简报。

××××矿区行政办公会议记录

时间：20××年××月×日

地点：矿区办公楼会议室

主持人：程××主任

参加人：矿区副主任刘××、劳资科科长赵×、财务科科长洪×、安全科科长熊×、人事科科长范××、办公室主任张××

会议议题：

1．二季度奖金发放办法。

2．自然减员招工方案。

3．有关人员的调动问题。

4．对违反劳动纪律人员的处理。

会议决定事项：

1．矿区二季度奖金按照××总公司20××年×月制订的《奖金发放办法》（试行草案）第六条、第七条办理。

2．这次自然减员招工，招收20××年以前参加工作的职工子女，并实行文化统考、择优录取的办法（详细规定由劳资科负责制定）。

3．同意李×同志因父母身边无人照顾调往××容器厂工作。

4．同意陈×同志与硫铁矿区吴××对调，解决陈×同志夫妻长期两地分居问题。

5．对矿工盛×无故旷工三天的行为，责成劳资科在全矿区给予通报批评，并扣发旷工日工资及当月奖金。

××××矿区办公室

20××年×月×日

二、写作题

（一）广东水利电力职业技术学院第十四届校运会即将开始，请你为学院有关领导拟写一篇开幕词，在校运会开幕时讲话。

（二）广东水利电力职业技术学院第十四届校运会即将结束，请你为学院有关领导拟写一篇闭幕词，在校运会闭幕时讲话。

（三）请把下面会议资料整理成格式规范、条理清楚、内容完备、重点突出的会议记录。

会议资料

20××年2月2日上午，××市政府办公厅×××主任主持召开会议（地点：××市政府办公楼A座12楼第二会议室），协调解决沙面大街56号首层房屋使用权问题。参加会议的有省政府办公厅交际处、广东胜利宾馆、市商委、市国土房管局、二商局、市外轮供应公司等有关部门的负责同志。会议议程如下：

一、×××副市长讲话（摘要）：沙面大街56号首层房屋使用权的问题，是在过去计划经济和行政决定下形成的历史遗留问题。早几年曾多次协调，虽有进展，但未有结果。最近，按照省、市领导同志“向前看”“了却这笔历史旧账”的批示精神，今天，我厅组织大家开会，共同研究沙面大街56号首层房屋使用权的问题。希望大家本着尊重历史、面对现实、互谅互让的原则，积极讨论这个问题，合情合理地提出解决这宗矛盾的方案。

二、与会人员对如何协调解决沙面大街56号首层房屋使用权问题进行讨论。

三、××市长讲话（摘要）：经过协商、讨论，大家达成了一致的认识。主要有如下几点：

1. 市外轮供应公司应将沙面大街56号房屋的使用权交给胜利宾馆。

2. 考虑到市外轮供应公司在56号经营了30多年，已投入了不少资金，退出后，办公地方暂时难以解决，决定给予其商品损耗费、固定资产投资和搬迁费等一次性补偿费用共95万元。其中省政府办公厅和广东胜利宾馆负责80万元；考虑到省政府领导曾多次过问此事和省、市关系，另15万元由广州市政府支持补助。

3. 省政府办公厅和胜利宾馆的补偿款于20××年2月7日前划拨给市外轮供应公司。市政府的补助款于3月5日左右划拨。市外轮供应公司应于2月15日开始搬迁，2月20日前搬迁完毕并移交钥匙。

4. 市外轮供应公司原搭建的楼阁按房管部门规定不能拆迁。空调器和电话等2月20日前搬迁不了的，由胜利宾馆协助做好善后工作。

最后，希望双方在房屋使用权移交中要各自做好本单位干部群众的工作，团结协作，增进友谊，保证移交工作顺利进行。

模块十三　商务类文书

【项目1】商务传真的写作

【能力目标】

1. 能熟练掌握商务传真的写作技巧。
2. 能够根据具体情况写出格式规范、内容完备、结构完整、表述正确的商务传真。

【知识目标】

1. 了解商务传真的概念、特点、种类、写作要求和适用范围。
2. 掌握商务传真的格式、结构和一般写法。

【工作情景】

××有限公司于2019年3月25日与××包装设备公司购买了一台型号为V-301的速封设备，使用一周后发现该设备的预热功能存在明显问题，想请××包装设备公司派人来实地检查，排除该产品目前所存在的故障。因为要快和真实可靠，所以不用信函，用传真。

问题：请问如何写这份传真呢？（学生在老师的指导下完成。）

【必需知识】

一、什么是商务传真？

商务传真是运用传真通信工具传达的与原图文真迹相同的商函或其他相关商务文书的一种书信体文书。

通过传真，企业的文件、图表、照片等信息可以真实、方便地相互传递。它是目前采用公用电话网互联网传送图文真迹的主要方法。

二、商务传真的种类

从传输的内容分，商务传真可分为文书、文字资料和图像信息三种类型。

三、商务传真的特点

商务传真，具有以下的特点：

（1）真实性。商务传真传送的是文书、文字材料和图像信息的真迹。

（2）便捷性，即操作方便，传送快捷。

（3）可靠性，即传真不会对文字信息或图像进行修改。

四、商务传真的格式与写法

商务传真的规范运作，有两种途径。

（1）有些企业在内部公文的处理过程中，有自己比较规范的运作方式，如“传真签发单”等。在传真签发单中，除了明确本次传真的有关因素和具体内容外，还必须由企业的相关负责人予以签署。企业中分管传质设备的工作人员根据签署情况，具体给予传真。例如：

××公司（发出传真公司名称）传真签发单

单位：(接收单位)		传真号：(接收单位传真号)
收件人：(接收传真的人)		日期：
事由：(传真大致内容)		
抄送方：（如要抄送给其他单位，应在这里予以明确）		
传真起草人：	传真号（发送单位传真号）	核稿：(指本传真的核对人)
签发：(公司有关负责人签署)		内部编号：(该传真编号)

正文（略）

（2）套用办公自动化软件中已形成的规范格式，填写有关内容，并直接传真。例如：

传　真

收件人：	传真号：		收件人单位：	
发件人：	传真号：		电话：	
主题：			页数：(本传真的页数)	
抄送：			日期：	
□紧急	□请审阅	□请批注	□请答复	□请传阅

正文（略）

五、商务传真正文的写法

商务传真正文的写法与商务信函相同，具体包括：对受文者（单位或个人）的称呼、要交代的事情、落款。由于在传真首页上已写明日期，在落款时可以不写，只写发文单位名称。如果传真文件已经打印好，则在传真首页的栏目下面（即写正文处）写上一封短信，表示随之将文件一起传递过去，如【范文】。

六、写商务传真要注意的问题

1. 不同传真机使用不同的纸

热敏纸传真机使用热敏纸，这种纸是一面经过特殊处理的光滑的热敏感光纸，多为卷筒型，不需要墨粉，这种纸接收的传真件的清晰度会随时间的延长而下降，同时要注意存放，防止高温，避免强光照射，以保持字迹清晰。

普通纸传真机是使用喷墨或激光技术在标准复印纸上传真文件。这种传真纸和复印机或打印机共用，可以批量购买，以降低价格。这种传真机需要墨粉盒或喷墨盒，传真的质量也非常好，而且传递非常迅速。另外，这种传真机能制作复印件，通常可以在小企业中作为复印机使用。

2. 可以使用计算机通过网络收发传真

如果将计算机通过调制解调器连接到电信网络，可以不必将需要的传真件打印到纸张上再用传真机发送过去，而是通过计算机直接发送或接收传真件。发件人可以先在计算机上拟定传真稿，再通过计算机程序中的 WinFax Pro 通信软件拨叫对方的传真机，点击要发的文件，或从计算机中的“地址簿”中选择传真号码，传真便能自动发送给收件人。当接收传真时，对方发过来的传真信息能被收到并以图像形式储存在计算机内，可以方便阅读或用计算机中标准的传真形式打印出来。

3. 发送机密信函要注意保密

发送需要保密的传真件，应先打电话给接收者，请对方在传真机边等候，并立即取走传真件。

【范文借鉴】

【范文】

天地公司传真签发单（单位自己的传真签发单模式）

收件人：陆××		传真号：020-××××××××
事由：联系货物运输		日期：×月×日
抄送方：		
传真起草人：初萌	传真号：020-××××××××	核稿：张××
签发：王××		内部编号：2019105

信诚运输公司：

我公司现有30台彩电，急需运到广西南宁“南方百货大厦”，请贵公司速与我联系有关事宜。

信诚运输公司初萌
2019年×月×日

（联系电话：020-××××××××）

【病例评析】

【病例】

传　真

收件人：广州东凯宾馆总经理			传真号：	
发件人：广州洪运物流有限公司			日期：2019年4月5日	
关于：3月3日来函的回复			页数：1	
抄送：				
□ 紧急	□ 请审核	□ 请批准	□ 请答复	□ 请传阅

贵宾馆于3月3日的传真已经收到，对于贵宾馆委托本公司在负责托运贵宾馆顾客行李箱过程中，行李箱遗失，以致客户向贵宾馆投诉并要求赔偿经济损失一事，本公司在表示遗憾之余，亦认为这是合乎情理的。

然而，贵公司在传真中指出的本次事件是由本公司所承担托运的车辆质量问题和运输包装问题所导致的这一说法，本公司表示不敢苟同，其理由：一是本公司的所有车辆均经过专门车辆质监部门的检验并均持有合格运输证书；二是本公司在运输包装环节上亦是严格按照物流行业相关操作规程和标准进行的，因此不存在包装上的不合规格等问题。

另外，需要指出的是，贵宾馆服务员因没有将不同顾客使用的行李箱特征做好登记，导致我公司在运输行李箱物品时出现对货物编号的差错，从而进一步导致贵宾馆顾客在领取行李物品时发生了张冠李戴的情况（此情况是经询问广州市消费者协会得到的，受到经济损失的顾客曾向消费者协会作出了反映）。这样，本次事故的起因完全是由贵宾馆管理不当导致的，而绝不是我公司所承担托运车辆在质量和包装上的问题。因此，本公司将不予接受贵宾馆提出的要求我公司“承担部分经济损失”的要求。

希望贵公司能够加强内部管理，从失误中吸取教训，不要把过多精力花费在转移经济损失方面。我公司相信，通过贵公司的努力反省，一定能弥补在管理工作中产生的经济损失，我公司作为贵宾馆的合作伙伴，将不计前嫌地竭诚满足贵宾馆所提出的相应物流服务需求。

【评析】

该传真中存在的问题主要有：一是文头部分漏掉传真号；二是回复日期过于拖延；三是该传真的措辞态度有问题，在第一段就对本次事件先入为主表明态度，即“本公司在表示遗憾之余，亦认为这是合乎情理的”，以此表明本企业态度。虽然该企业是在进行了一番调查的前提下发出此传真，如向消费者协会和顾客反馈等，有一定的明确依据，但在确定东凯宾馆的经济损失与企业物流质量无关后，该文运用了较为调侃的语调，使对方感觉到来函没有诚意，甚至是无理取闹。

【项目2】商务信函的写作

【能力目标】

1. 能熟练掌握商务信函的写作技能。
2. 能够根据具体情况写出内容正确、目的清楚、表述具体、语气委婉、文字简洁的商务信函。

【知识目标】

1. 了解商务信函的概念、特点、类型和写作要求。
2. 了解商务信函的适用范围。
3. 掌握商务信函的格式和一般写法。

【工作情景】

××贸易有限公司于2018年6月12日在《经济日报》上看到××皮具有限公司的广告，对该公司的皮箱和各类皮鞋甚感兴趣，想去函询问该公司货价及产品详细情况。希望兴达公司做以下的事情：

1. 将附表内容项目以CIF上海报货价来函告知。
2. 将产品详细情况、最快发货日期及经常订购的折扣来函告知。
3. ××贸易有限公司对各类皮革日用杂货的每年需求量甚大，请对方惠赠一份目录及详细说明书。

讨论：根据上面资料，请你替四方贸易有限公司拟写一份询价函。（学生在老师指导下试写这份函。）

【必需知识】

一、什么是商务信函？

商务信函简称商函，是指在商务活动中交流信息、联系业务、洽谈贸易、磋商和处理问题的信件，目前主要通过邮寄、电子邮件、传真、电传及电报等方式进行信息传递。

在商务活动中，许多日常业务处理需要通过大量来往的商函解决，所以商函的写作在商务活动中地位举足轻重。人们可以通过商函去销售产品或提供服务，建立信贷和收款，调解矛盾、解除误会，与客户建立贸易关系等。一份写得成功、出色的商函甚至可以成为企业公关的一个组成部分，可以促进目标的实现，为企业带来巨大的经济效益和社会效益。能成功写作商函者甚至被视为公司的一大“财富”。

二、商务信函的种类

按行文方向，商务信函可分为致函和复函两种。

按具体业务项目或内容，一般可分为联络函、咨询函、询价函、推销函、订购函、催款函、寄样函、索赔函、报价函、还价函、致歉函、谈判函、调解函和婉拒函等。由于现代社会中的业务活动纷繁复杂，商务信函内容涉及销售、催款、投诉、咨询、合作及联络等多种情形，这只是大体的分法，以便于写作指导。

按行文对象，可分为对上级主管部门，对客户或协作单位、兄弟单位部门等。一般对上级主管部门多以行政公函形式出现，属于行政公文范畴；对客户或协作单位，是商函开展过程中最常见的沟通手段。这类商函因为涉及商务活动的主要内容，所以内容相当广泛。

三、商务信函的特点

1. 商务性

商务信函的内容一般主要集中在商务贸易的洽谈中，体现了商务性的特点。

2. 联络性

商务信函一般要经过询问、答复、磋商等环节，体现了联络性的特点。

3. 凭据性

商务信函一旦发出，即可作为办理商务的凭据。由于它是书面形式，双方一旦发生纠纷，便成为重要的凭据之一，体现了凭据性的特点。

4. 简洁性

商务信函应运用简洁朴实的语言，读起来简单、清楚、容易理解。用尽可能少的文字简练地表达思想，做到既简洁又无损语意。

5. 适度口语化

每一封商务信函的往来，都是发信人跟收信人之间的一次交流，可以体现出商务信函措辞适度口语化和随意性的一面。

四、商务信函的格式与一般写法

1. 称谓

称谓是对收信者的称呼，包括单位和个人称谓，视具体对象而定，应在第一行左边顶格书写。称谓包括两种形式：一种是泛尊称，如“尊敬的先生/女士/经理”等；一种是使用具体指姓或指全名的尊称，这一类是对写信人认识的受文者或很明确要发给的人，如“尊敬的李明总监”。如果是单位名称，不能简写，必须写全称；如果单位和个人负责人都要写，单位在上，负责人及其职务写在下一行。

2. 正文

正文可分开头、主体、结尾三部分。

（1）开头。开头部分主要写明起因或写信的出发点，或承接开头语陈述复信的理由。开头语是商务信函的起始部分，应根据是向对方发信还是向对方复信来确定不同写法。如果是主动发信，一般应先采用惯用语“您好”“见信好”等礼节性用语，再说明发信意图，表明主旨；如果是向对方复信，可先采用“收到贵公司的来函，非常荣幸”等，或说明于何日收到了对方的有关商洽什么内容的商函。

（2）主体。主体部分可根据发函的目的、所要表达的具体内容、理由、经过、要求、打算和措施等进行充分的陈述。一般情况下，只要做到表述清楚，具体明确写出发信或复信主要内容，用词确切、简明就可以了，不必过于拘泥于格式和文本。

（3）结尾。结尾部分用一两句结尾应酬语表示对收信人的礼貌周到。例如，提出联络事由的信函，结尾可用“拜托之处，将不胜感激”；询问报价、寄样等商函，可用“盼望回复”“静候佳音”等等。

3. 祝颂语

所有的商务信函结束都要使用祝颂语。祝颂语分为祝者自身的“请候语”和收信方的“安好语”两部分。请候语在正文结束后两格或另起一行空两格书写，常用的有“恭祝”“敬希”“顺颂”等；安好语一定要另起一行顶格书写，表示对对方的尊重，常用的有“商祺”“金安”“生意兴隆”等。

4. 落款

落款应在商务信函的最后偏右写出发信者或复信者的名称，包括单位名称和个人名称。其中个人姓名前要写职务，或把发函人的姓名附在企业名称后面。日期写在名称下方。

5. 附件

有的商务信函还有附件，一般在落款左侧靠下方，写“附件”或“附”，然后注明附件的名称和件数，常用的有商品目录、价格表、订货单、发货单、催款单、样品图表和收据，等等。

五、写商务信函必须注意的问题

1. 内容正确、目的清楚、表述具体

商务信函内容涉及双方的权利、义务和利害关系等，写作者首先必须写好每一条传递的信息，尤其是产品价格、名称、规格和数量等。其次是观点要准确，文字表达要准确，要选择恰当的词语和专业术语；思路要清楚，要避免双重意义的表述或模棱两可的含义，如某文中“虽然我公司同意回收完好的退货，但是我方无法同意回收有缺损的退货”一句，就不如“我公司只接受可再度销售的退货”清晰明了；内容多的行文层次要分明，先写什么、后写什么要安排妥当，条理清晰；表述上切忌笼统粗犷，含糊其辞和抽象化。表达不具体的信函易引发不必要的麻烦，若要双方反复问答联络才搞清楚，就会贻误工作。

2. 文字简洁、态度礼貌、语气委婉

书写者应考虑到，对方身处的情境往往是处于非常忙碌的商业事务中，因此，要用尽可能少的文字简练地表达意图，避免堆砌修饰和长篇大论式的表达，做到既简洁又无损语意，这是商务信函写作之必需。例如“关于贵方要求延期支付 11 月 3 日到期货款一事，现在很高兴通知您，在公司通过慎重考虑后，同意多给贵方两周的宽限来支付款额”，改写成“公司同意多给贵方两周时间来支付 11 月 3 日到期的货款”，在简洁之余，更突出了所要传递的信息。

礼貌是商务信函必需的，在商务信函中营造友好的气氛，有利于双方的协作和交往，在书写时要注意态度亲切、诚恳、措辞得体，语气平和。语气是一种很重要的交流因素，往往通过体谅和理解对方，有分寸地表达体现出来。在提到人、事、缘由、动机时，要注意防止出现令对方感觉不愉快的负面语句。例如“贵方在提交订购产品清单时遗漏了交代产品型号”简单的一句，就不如用“请速致函我公司贵方尚未提交的产品清单型号，以便我公司立即将订货发出”能让对方感觉到尊重和周到的服务。语句虽然有所扩展，但效果显著是第一位的。

3. 明确责任、划定界线、分清权限

在商务信函写作过程中，应该明确双方相应的界线，防止某方在执行过程中出现单方面违背承诺或出现偏差的情况。这里所指的界线、责任和权限，一般是针对业务对象来提出的。在商务信函的写作过程中，应明确地告知或提醒对方，哪些权力已经或将要超越对方的权限。例如：“处于对合作顺利开展负责的态度，我公司认为，贵公司在资产重组正式法律文本还没有正式签署之前，要求我公司提供详尽的财务报表，似乎不甚妥当。”这就是一种界线的明确，既婉拒了对方要求，也表明了我方的先决条件。这里所指的责任，主要是告知业务关联方在做出不利于合作业务顺利开展的行为后所应承担的相关责任。这既是一种善意的提醒，也为日后在产生法律纠纷之时，使本企业拥有主动权做好铺垫。在确定界线和责任时，商函撰写中应避免任意扩大或缩小界线范围，应严格对照以往的约定或有关法律、法规，否则可能会起反效果。

【范文借鉴】

【范文 1】（商洽函）

希望建立贸易关系函

××企业：

我们从××商会那里看到贵企业的名称及地址，得知你们有兴趣建立进出口商品的业务联系。如果贵企业在本地尚无固定客户，希望考虑以本公司为交易伙伴。

本公司有多年的外贸经验，希望在世界各地建立适宜而持久的贸易关系。由于与生产厂家的长期联系，我们在许多行业中，尤其是在工业机械行业中，是最有竞争力的。

我们也愿意从贵国进口优良产品，以有竞争力的价格在美国销售，以期能够持续、长期占领市场。

我们希望聆听贵企业的意见、要求和建议，以及如何才能使双方协力合作，互惠互利。此外，本公司愿意以收取佣金为条件充当贵企业在美国的代理。

恭候佳音。

××公司
20××年××月××日

【范文 2】（订购函）

订购函

××厂：

贵厂××月××日的报价单获悉，谢谢。贵方报价较合理，特订购下列货物：

Epson LQ-100 打印机 10 台，单价 1500 元，总计 15000 元；

Star AR-2463 打印机 10 台，单价 900 元，总计 9000 元。

交货日期：2019 年××月底之前

交货地点：××市××仓储部

结算方式：转账支票

烦请准时运送货物，以利我地市场需要。

我方接受贵方装运函，将立即开具转账支票。

请即予办理为盼。

××公司
2019 年××月××日

【范文 3】（确认订购函）

确认订购函

×××先生：

非常高兴收到贵方×月×日第 32 号 100 瓶五粮液特曲酒订单，我方即速予办理，货物将在贵方要求日期内运抵指定地点。

根据商业汇票的规定，我方通过××银行开出以贵方为付款人的银行承兑汇票，面额为×××××元，承兑期限为 3 个月，我们相信此汇票必得承兑。

贵方对此货还有何要求，请即函告。

感谢贵方的惠顾，希望我们能保持经常的贸易联系。

××公司
20××年×月×日

【范文 4】（报价函）

报价函

×××超级商场：

贵方××月××日询价函收悉，兹就贵方要求，报价详述如下。

商品：君山毛尖茶

规格：一级

容量：每包 100 克

单价：每包×元（含包装费）

包装：标准纸箱，每箱 100 包

结算方式：商业汇票

交货方式：自提

交货日期：收到订单10日内发货

我方所报价格极具竞争力，如果贵方订货量在1000包以上，我方可按95%的折扣收款。

如果贵方认为我们的报价符合贵企业的要求，请早日定购。

恭候佳音。

××茶叶厂

20××年××月××日

【范文5】（拒绝报价函）

拒绝报价信函

敬启者：

贵方5月15日关于2000台电视机的报价函收悉，谢谢。

经研究，认为本企业无法出售此等产品。因为我方顾客一致认为韩国产品交货快、供应量大，对你们提高价格，他们不能接受，对此，我方深感遗憾。

如果贵方能够低价供应，我方就保证订货。

×××敬上

20××年××月××日

【范文6】（接受报价函）

接受报价函

×××先生：

贵厂××月××日的报价函收悉，谢谢。我方接受贵方的报价，并乐意按贵厂提出的条件订货。

商品：五粮液

规格：特曲

容量：每瓶500克

单价：每瓶200元（含包装费）

数量：100瓶

包装：标准纸箱，每箱10瓶

结算方式：转账支票

交货日期：20××年××月××日

交货地点：××市火车站

请速予办理为盼。

×××企业

20××年××月××日

【病例评析】

【病例】

函

××国营林果场：

兹有我校林果专业学生毕业实习即将开始。经研究分配2019届3班学生到贵场实习，望能妥善安排。

可否，请迅速回音。

××县××农业学校

2019年4月3日

【评析】

此文是××县××农业学校给××国营林果场的发函。主旨是商洽该校学生到××国营林果场毕业实习问题。存在的主要毛病：①没有把有关的情况说清楚。既然要对方安排自己的毕业生实习，在函中就得把学校的要求说清楚，把该班学生的有关情况说清楚。比如，实习的时间多长，实习的主要内容是什么，要不要林果场负责业务指导，要不要解决住宿吃饭问题，有关的经费如何开支，学生有多少人，男女各多少等等。函里对这些问题压根儿没有说，就叫人家“妥善安排”。能不能“安排”都无法决定，怎么能做到“妥善”呢？事项说不清道不明，是这个函最根本的毛病。②语言不得体，说话没有分寸。函和其他的公文文种相比，“庄严度”不太高。但作为办理公务的工具，“方便”不是“随便”，写作中该注意的事情还得注意。办理公务，不论是办理“你有求于我的事”，还是办理“我有求于你的事”，不论是高级别机关要求低级别机关办事，还是低级别机关要求高级别机关办事，都应诚恳合作，尊重对方，平等待人，少一些居高临下的命令。

××县××农业学校和××国营林果场是没有隶属关系的“兄弟单位”，既然是这样，现在××县××农业学校又有求于人，就更应该尊重对方、平等待人，可是此函的撰稿者似乎不注意这些。在函中，他有意无意地把对方看作自己的下属单位，给人“分配”任务，开口是“妥善安排”，闭口是“迅速回音”，“商量”的余地、“平等”的意味太少了。用这样的态度、这样的语言和人家“商量”办事，“碰壁”是在所难免的，会把本来可以办、可能办好的事，变成不能办或办不好。说话要得体，并不是说不要注意上下左右，而是说要在平等待人、尊重别人的基础上，注意用词造句的分寸感。

【项目3】商务谈判备忘录的写作

【能力目标】

1. 能熟练掌握商务谈判备忘录的写作技巧。
2. 能够根据具体情况写出真实准确、格式规范、结构完整、行文简洁、表达恰当的商务谈判备忘录。

【知识目标】

1. 了解商务谈判备忘录的概念、特点、种类和写作要求。
2. 了解商务谈判备忘录的适用范围。
3. 掌握商务谈判备忘录的格式和一般写法。

【工作情景】

根据本项目【病例】资料及“病例评析”内容，试改写成一篇符合要求的商务谈判备忘录。（学生在老师指导下完成。）

【必需知识】

一、什么是商务谈判备忘录？

商务谈判备忘录又叫商务会谈备忘录，是指在商务谈判过程中用来综合概括谈判各方经初步讨论达成的谅解或共识、各方承诺事项、存在分歧及待定磋商的问题，作为进一步谈判的基础的一种纪实性商务文书。

二、商务谈判备忘录的特点

（1）纪实性。商务谈判备忘录忠于谈判记录，真实准确反映谈判情况，不可添油加醋。

（2）协商性。商务谈判备忘录不像合同那样，一经当事人双方签字就不能随意更改。它只是记载谈判各方经初步讨论达成的谅解或共识、各方承诺事项、存在分歧及待定磋商的问题，未尽事宜还可另约期磋商。

（3）简约性。商务谈判备忘录综合概括谈判内容，力求简约。

三、商务谈判备忘录的种类

（1）根据谈判的内容可分为，商品贸易谈判备忘录、经济合作项目谈判备忘录和技术合作谈判备忘录等。

（2）根据谈判的形式可分为，面对面商务谈判备忘录、电话商务谈判备忘录和函电商务谈判备忘录三种。

本单元只介绍面对面商务谈判备忘录的写作。

四、商务谈判备忘录的格式与一般写法

1. 标题

标题有两种形式：

（1）谈判双方单位名称+文种，例如《中国飞天公司与美国BB公司会谈备忘录》。

（2）文种，如《备忘录》。

2. 正文

正文的一般格式为“前言+主体”。

（1）前言。前言部分概述谈判的基本情况，主要包括谈判双方单位名称、谈判代表姓名、谈判时间、地点、对象（项目）和主题等。

（2）主体。主体部分写明双方经过谈判达成的谅解或共识、各方承诺事项、存在分歧以及待定磋商的问题等，写得比较原则，力求简约。

3. 尾部

尾部包括署名和日期。写明谈判双方单位的名称、谈判双方代表签名，并标明谈判日期全称，用中文汉字书写。

五、写商务谈判备忘录必须注意的问题

（1）要突出纪实性的特点。撰写商务谈判备忘录时，必须忠于谈判记录，真实准确地反映谈判情况，既不可添油加醋，也不可随意增删谈判各方经初步讨论达成的谅解或共识、各方承诺事项、存在分歧以及待定磋商的问题。

（2）结构要完整，格式要规范。商务谈判备忘录的标题、正文、尾部三个部分必须齐全，格式要规范。

（3）行文要简洁，条理要清楚。商务谈判备忘录正文的开头部分要简明扼要地概述谈判情况；主体部分，写谈判各方经初步讨论达成的谅解或共识、各方承诺事项、存在分歧以及待定磋商的问题时，行文力求简洁，要采用分条列项法进行表述，力求条理清楚，层次分明。

（4）要体现协商性的特点。撰写商务谈判备忘录时，要以双方各自的语气表达，常用语有“乙方同意”“甲方则认为”“乙方代表表示”“乙方承诺”“甲方希望”“乙方建议”“甲方提出”等；若双方达成一致意见或共识，可用“双方同意”“双方一致认为”等词语来表述，在行文中充分体现协商性的特点。

【范文借鉴】

【范文】

国际商务谈判备忘录

×××股份有限公司（以下简称甲方）和×××公司（以下简称乙方）的代表，于20××年×月在甲方公司本部就技术引进一事进行了初步协商，双方交换了意见，达到了了解，形成了以下初步意向：

一、×××产品技术转让问题

合资双方共同努力会加快技术引进速度。先期可进行技术引进谈判，若谈判成功，双方先签订合同，编写可行性研究报告。

二、乙方的合作意向

1．20××年×月，乙方组织了一批考察团对中国生产企业进行了考查之后，经董事会决定，只选择甲方谈技术转让或合资。

2．×××公司董事会认为，主要以技术转让为主，基本上不与国内其他厂谈合资，即使合资，也只是象征性地投入非常少的资金。

三、甲方公司技术引进的意向

1．甲方董事会已决定和外国公司进行技术合作。乙方是首先考虑的合作对象。并且认为若双方不尽快进行谈判，则会失去许多国内外的市场，因此甲方希望尽快在合作上有所进展。

2．甲方谈了和有关公司谈判的进度情况，并承诺保留和乙方谈判的优先权。

四、甲方与乙方公司合作方式

1．双方认为以引进技术的合作，则能生产国际性的最有竞争力的产品。这种国际间资源组合是产品成本降低的最有效途径。

2．双方均不赞成50%+50%股份的合作方式。

3．双方认为开始合作时，最好以贸易方式进行。

4．技术引进的主要产品为：(略)

五、这次洽谈，虽未能解决主要的问题，但双方都表达了合作的愿望。期望在今后的两个月内再进行接触，以便进一步商洽合作事宜，具体时间待双方磋商后再定。

×××股份有限公司　　　　××国际股份有限公司
代表×××（签字）　　　　代表×××（签字）

20××年×月×日

【病例评析】

【病例】

洽谈备忘录

谈判时间：20××年2月20日下午2:30—5:00，晚上7:00—9:30

谈判地点：河源市××酒店三楼会议室

谈判双方：中国　河源市××进出口贸易公司（简称甲方）
　　　　　美国　芝加哥××公司（简称乙方）

谈判双方代表：甲方：朱　光　郭永昌　张丽英
　　　　　　　乙方：迈克斯　汤姆逊　大卫

记录人：张丽英　大卫

中国河源市××进出口贸易公司（简称甲方）与美国芝加哥××公司（简称乙方）于 20××年 2 月 20 日在河源市××酒店三楼会议室就合资兴办绿色食品公司事宜进行第一轮谈判，谈判气氛热烈，具体情况如下：

一、依据双方的交谈，乙方同意就合资兴办绿色食品公司进行投资，投资金额约为 5000 万美元，投资方式为技术专利、成套设备及资金，作价原则和办法待进一步磋商。甲方承诺用厂房、土地使用权进行投资。作价原则和办法亦待进一步磋商。

二、关于利润的分配原则。乙方认为自己的投入既有资金，又有技术和成套设备，应该占 70%；甲方决定双方各占 50%。由于没有取得一致意见，甲方建议另约时间进行协商。

三、关于新建公司的产品销售。乙方建议在国际市场上销售年产量的 50%；甲方则坚决反对，要求乙方提高国际市场上销售额，达到 70%，其余的在中国国内市场上销售。否则免谈。

四、甲方决定将其属下第一分公司现在的厂房改造成新建公司生产工厂，乙方则反对，乙方认为该公司第一分公司交通不方便，乙方决定用甲方属下第三分公司现在的厂房改造为新建公司生产工厂。

五、关于新建公司的名称、规模、合营年限以及双方存在的分歧，双方一致同意 3 月 8 日继续洽谈。

谈判于晚上 9:30 结束。

中国　河源市××进出口贸易公司　　　　美国　芝加哥××公司

记录人：张丽英　　　　　　　　　　　　记录人：大卫

【评析】

该文书不像商务谈判备忘录，倒像一篇商务谈判记录。经分析存在以下不足之处：

（1）文书标题不正确。商务谈判备忘录的标题有两种形式：一是“商务谈判（会议）备忘录”；二是“备忘录”，而没有“洽谈备忘录”这样的标题。

（2）文书结构不正确。商务谈判备忘录的结构格式中没有首部，该文书有首部，而且像谈判记录的首部，不符合商务谈判备忘录的写作要求，应当删除。

（3）行文措辞不得体。在主体部分中多处措辞不得体，如“乙方决定”“甲方则反对”“甲方决定”等。

（4）正文末段不正确。商务谈判备忘录不必写谈判结束时间，谈判记录才需要写谈判结束时间，应当删掉。

（5）尾部落款不正确。尾部落款应由双方单位盖章和谈判代表签名，而不是记录人签名。

（6）右下角缺时间。

【项目 4】产品说明书的写作

【能力目标】

1. 能熟练掌握产品说明书的写作技能。
2. 能够根据具体情况写出内容全面、介绍真实、客观科学、表述明确、文字通俗简练的产品说明书。

【知识目标】

1. 了解产品说明书的概念、特点、种类和写作要求。
2. 掌握产品说明书的格式和一般写法。

【工作情景】

找自己身边的或熟悉的一件产品，试写一份产品说明书。（学生在老师指导下完成。）

【必需知识】

一、什么是产品说明书?

产品说明书也称商品说明书。在说明书这个范围内，一般不对产品和商品这两个概念进行严格界定。产品说明书是对产品的性能、规格、用途、保存和使用方法等进行说明的文书。

二、产品说明书的特点

1. 实用性

产品说明书是为方便人们了解产品、正确使用产品，同时也是为了宣传产品而制作的。所以，说明书要围绕产品的性能、特点、功用、使用方法、注意事项、维护保养等具有实用价值的内容来写。

2. 科学性

产品说明书是指导消费者科学认识和使用产品的指导书，必须实事求是，不能为了推销而任意夸大产品的功用。产品的功用和指标应当符合国家质量标准，其数据要力求准确、无误。

3. 条理性

为了达到实用、科学的要求，产品说明书在表述上要注意表达顺序，努力做到条理清晰、次序分明，以利于消费者正确理解说明书的内容。

三、产品说明书的格式与一般写法

产品说明书因产品、用途不同，写法也是多样的。就其结构而言，一般包括标题、正文和具名。

1. 标题

产品说明书的标题写明产品名称和“说明书”“说明”或“介绍”等字样即可，如《熊猫牌洗衣粉说明》《凯隆 KK-994 随身听使用说明》。如果产品属于国家有关部门批准许可生产的，还需要将批准部门的名称（简称）、文号、专利证号等写在标题的上方或下方。

2. 正文

正文是产品说明书的主要部分。写作形式有条款式、短文式、复合式、表格式。无论采用何种形式，一般应包括设计目的、原料配方、技术要求、工艺造型、性能特点、效率用途、注意事项及出厂价格等内容。有些内容视产品具体情况可略写或不写。

（1）条款式。条款式即产品说明书正文采用分条逐项的说明方式。其优点是内容具体、层次分明、条目清楚。通常用于简单产品的说明，例如罗拔臣啫喱糖制法说明：

①将啫喱粉溶于大滚水中待用。

②先将砂糖和鱼胶粉混合好，然后倒入啫喱糖溶液中，徐徐搅拌。

③搅匀后，倾于盆内。凉却后，放在冰柜内，待其凝固后，将之切成方块状，撒上椰丝来吃。

再如长城牌方便面说明书：

品种：鸡蛋面、番茄面、茄汁面、麻辣面、虾黄面、肉松面

特点：快速方便、营养丰富、味美价廉、老幼皆宜。

方法：沸水冲泡 5 分钟即可食用；若煮沸 2～3 分钟味道更佳。

方便面将为您的就餐提供省时、省力等种种方便。

（2）短文式。短文式即产品说明书正文采用概括和叙述的方式对产品进行介绍和说明。其优点是内容完整、意思连贯。例如，广东省乳源云山果脯综合加工厂是这样介绍生产的商品“南瓜干”的：

本品选用鲜南瓜、天然蜜糖精制而成，配方讲究，口感清甜、松韧适中，具有纯天然的南瓜口味，是旅行、送礼佳品。本品直接食用，保质期 6 个月，生产日期见封口。

再如集成电路（也叫固体电路）计算机的说明书：

30 年前问世的第一台电子计算机，用了 18000 只电子管，重量有 30 吨，体积约占 170 平方米的厂

房，运算速度只有每秒五千次。可是现在我们可以把一台需要几万只晶体管制作的计算机做在一块硅片上，装好后只有火柴盒大小，重量只有几十克，而运算速度比30年前的第一台计算机快几十倍。

（3）复合式。复合式即产品说明书综合使用条款式和短文式的形式。其优点是能把事情说得比较清楚、周密，既能给人一个总的印象，又能让人了解具体项目的内容。

（4）表格式。表格式即产品说明书是按表格逐项填写要说明的内容，也可加上适当的文字说明。表格式说明书中所运用的材料数据，必须经过精密考证，严格、认真推算，才能反映产品的真实情况，如：

产品说明书

杭州土特产 Q330121.X26.067-91　　　　净重量 150克

美味酱瓜

配料	原　料	优质黄瓜
	辅　料	精盐、白糖、酱油、生姜、味精
储存方法	宜在冷柜或25°C以下避光存放	
保质期限	10月～4月/为6个月	
	5月～10月/为3个月	
卫生许可证号	浙萧食监许字（88）第1063号	

厂址：××市南阳镇东解放路18号

电话：×××××××　　电挂：××××　　邮政编码：××××××

3. 具名

正文结束后，在正文右下方，写上产品生产企业和定点经销单位的名称以及联系方式等。

四、写产品说明书必须注意的问题

（1）用语既要科学又要通俗易懂。产品投放到市场就成为了商品，供大众消费。从对大众负责的角度看，产品说明书用语应当科学和通俗易懂。所谓科学，就是要准确地使用术语；所谓通俗易懂，即尽量用浅显的话语将术语解释明白。有些操作性产品，还需要用图文方式说明操作的步骤和方法。

（2）内容要全面、真实。对于某些大型产品、贵重产品、特定使用范围的产品。应尽量作全面、真实、客观的介绍，使消费者正确认识产品，避免因不了解产品、误操作而造成损坏或因不能满足消费者的需要而造成消费者与经销者或厂家之间的争议。

【范文借鉴】

【范文1】

双黄连口服液说明书

哈尔滨中药四厂

双黄连口服液系由双黄连注射液厂家哈尔滨中药四厂研制而成的新型抗病毒制剂。

本品为中药双花、连翘、黄芩经用科学方法提取有效成分制成的灭菌水溶液。经黑龙江中医药大学附属医院、黑龙江省医院、黑龙江省中医研究院三百余病例临床验证，对病毒和细菌感染引起的肺炎、上呼吸道感染、扁桃体炎等疗效显著。

双黄连口服液科技成果鉴定专家委员会认定：双黄连口服液具有抑菌、抗病毒的双重作用，无过敏、无任何毒副作用，疗效显著。双黄连口服液处方合理、工艺先进、产品质量稳定、数据可靠、符合卫生部标准。该成果达到国内先进水平，为国内首创。

〔性　　状〕本品为棕色澄清液体，味甜，微苦。

〔药 理 作 用〕解热、消炎、抗菌、抗病毒。

〔功能与主治〕辛凉解表、清热解毒。适用于病毒和细菌感染引起的肺炎、气管炎、支气管炎、咽炎及扁桃体炎等上呼吸道感染、病毒性流感引起的发热、咽痛、咳嗽和老年性哮喘等。

〔用法与用量〕口服，一日 3 次，一次 2 支，小儿酌减或遵医嘱。

〔规　　　格〕每支 10mL。

〔贮　　　藏〕密封，避光，置阴凉处保存。

〔注　　　意〕如有轻微沉淀，服前请摇匀，不影响疗效。服用时请将吸管从铝盖中央凹处插入即可服用。

〔使 用 期 限〕2 年。

〔生 产 批 号〕见上盖内侧。

【范文 2】

清热去湿冲剂

处方：党参、茵陈、陈皮、黄芪、苍术、野菊花、蔗糖。

功能：清暑益气、补肺生津、清热去湿、扶正祛邪。

适应症：清热解暑、四脚疲倦、精神不振、不思饮食、身热心烦、自汗口渴、体内湿热、常服有益。成人、老年、小儿均宜服用。

服法与用量：每日 2～3 次，每次 1 包（10 克），用热开水冲服。

批号：粤卫药准字（85）第 E5-101 号

广东省制药工业公司东莞市石龙制药厂

【病例评析】

【病例】

本皮包的保养说明

本产品精选优质牛皮精制而成，因皮包颜色纯白，注意清洁方法。

【评析】

商品说明书与广告不同，首先要求是：读者读了商品说明书，能正确把握说明对象的性质、特点、结构和使用要求，而这篇说明书连显示主旨的标题都没有，让读者一头雾水。对关键的清洁用品和清洁方式只字未提，起不到说明书应有的指导作用。

【技能实训题库】

一、分析题

下面是一则产品说明书，看看有什么问题，并改正。

口服胶囊式最新出产的广谱抗菌药。本产品疗效好，使用方便，无毒副作用。

使用方法：成人口服每次 150mg，每日两次。20～40 千克的儿童每次 100mg，每日两次。12～20 千克的儿童每次 50mg，每日两次。

产品规格：150mg/粒。

产品有效期：有效期暂定一年半。

生产厂家：××制药厂。

电话：×××××××。

二、写作题

（一）看下面资料，按要求完成任务。

格威精密机械制造有限公司给四会雄盛金属有限公司发去一份关于铝锭成分含量不合格的传真，要求四会雄盛铝锭厂在 7 月 30 日前解决上述有关问题，并填写格威公司的传真首页信息，且在首页上写一封短信。

（二）根据下面资料写作商务信函。

1. A 公司 10 月 6 日收到 B 公司的信函，函中 B 公司就毛毯的报价问题提出不同意见，A 公司慎重考虑后欲去函告知 B 公司无法再让利，并表示如果 B 公司愿意接受原报价的话，A 公司很乐意向 B 公司提供具有市场竞争力的货物，货物质量极为可靠，较其他外国制造商的同类产品更具有优越性，希望 B 公司接受 A 公司毛毯的原报价，继续合作。

2. ××进出口公司经营的工艺品有绣品、草竹编、灯具、涤纶花、珠宝首饰以及仿古器物和书法等。这些品种均制作精美，质量上乘。特别是涤纶花，式样新颖，色泽鲜艳，形态逼真，可与鲜花媲美。目前在欧美、亚洲的许多国家极为畅销，深受消费者的喜爱。

××进出口公司 2019 年×月×日收到了从驻意大利使馆商务处的来函，从中获悉××外贸公司希望与之经营工艺品等业务，××进出口公司愿意在开展这类商品的贸易方面与××外贸公司合作。请你替××进出口公司给××外贸公司去函联系推销工艺品的相关事宜，并寄上涤纶花样照一套供参考。

（三）根据下面材料写一份符合要求的产品说明书。

泰国 UNITED WINERY&DISTILLERY CO.，LTD. FOR: KEE COMPANY LIMITED 是于 2018 年生产出一种泰国混合威士忌精品，名称为黑猫威士忌“BLACK CAT WHISKY”。玻璃瓶装，12 瓶/件。每瓶含量：359mL/11.83 fl.oz。酒精度为 40%，每瓶零售价格为 130 铢（约 30.5 元），中下层人群也买得起。

该产品由 20%的纯威士忌和 80%酒精，纯度为 100proof 的淡质威士忌混合而成。口味清淡，取代原来各种类型麦芽威士忌的强烈刺激口味，使人更乐于品尝。

模块十四　演讲类文书

【项目1】竞聘词的写作

【能力目标】

1. 能熟练掌握竞聘词的写作技巧。
2. 能够根据具体情况写出实事求是、意向明确、理由充分、表述清楚、文字简练的竞聘词。

【知识目标】

1. 了解竞聘词的概念、特点和写作要求。
2. 掌握竞聘词的格式、结构和一般写法。

【工作情景】

广州财富饮食集团公司员工张文婷想竞聘人力资源部经理。

问题：请你替张文婷拟写这份竞聘词。（学生在老师的指导下完成。）

【必需知识】

一、什么是竞聘词?

竞聘词是竞聘者为谋取某一职务而在特定的会议上，面对特定的听众所发表的用以阐述自己的优势及被聘用后的工作设想、打算的演说文稿。它能够比较全面地反映竞聘者的基本情况和素质，向在场的听众推荐自己，它既是竞聘者能否被聘用的重要文字依据，也是组织人事部门用以考核干部的重要档案资料。竞聘词具有以下特点。

1. 指向的明确性

竞聘词总是明确地指向所竞聘的岗位，要求讲清自己竞聘哪一个具体岗位，具备什么样的竞聘条件等。有明确的目的指向，才能为领导和群众提供一个非常明确的权衡标准。

2. 内容的具体性

因为每一个岗位都有对任职人员政治素质、智能素质、才干素质等方面的要求。因此竞聘词应紧紧围绕某一具体岗位谈自己的具体情况，如讲自己的学识水平时，要具体说明学历、学位、学业成绩等；讲业务能力时必须讲自己的科研成果、学术论文、获奖情况等；讲工作能力也要用具体的事例，如创益多少，解决了多少问题等；讲应聘后的设想，也要根据具体的工作去谈。

3. 表述的论说性

竞聘演说的目的是说服招聘者聘用自己，所以在用具体事例和情况介绍自己的同时，也要突出说服的作用。它始终围绕“我最适合担任这一职务”的观点进行阐述，不管是说明自己的基本条件，还是说明自己竞聘的有利条件或被聘用后的打算和设想，都要有理有据，以事实和雄辩有力的论说去争取招聘者的认同。

4. 语言的简洁性

在竞聘现场演说，听众的注意力集中时间是有限的，如果语言不简洁，听众的注意力分散，讲得再多，也不会取得效果。所以，竞聘演说词要把握住关键点，用简洁明了的语句，重点突出地把自己的情况、意愿和胜任的条件、工作设想等说清楚。

5. 语气的诚谦性

竞聘词的语气要谦和有礼，诚恳平实。一方面，要尽量展示出自己的优势、长处，不能过于自谦；另一方面，又要给人谦和有礼、诚恳平实的感觉，因为任何招聘者都不会接受狂妄傲慢的竞聘者并委以重任。所以，竞聘词十分讲究语言的艺术，既不能曲意逢迎，又不能趾高气扬；既要生动有文采，打动人心，又要谦虚诚实，真挚可信。

二、竞聘词的格式和一般写法

竞聘词主要由标题、称谓、正文和落款等部分组成。

（一）标题

标题是根据竞聘词的具体内容而定的。可直接标明，如《关于竞聘××职务的演说词》；也可以采用正副标题的形式，正标题说明自己的打算、设想等，副标题标明竞聘的职务，如《以创新意识办好21世纪金融事业——竞聘××支行行长一职》。

（二）称谓

称谓是对招聘单位或招聘人员的称呼，写在开篇第一行顶格处，如“单位领导、同志们”“各位领导、各位同行”等。

（三）正文

竞聘词的正文一般包括开头、主体和结束语三部分。

1. 开头

开头基本上有如下几种写法：

（1）用礼节性的话语作导言。例如用“感谢领导和同志们给予机会让我参加此次竞选演说”之类的礼节性话语，感谢招聘单位或领导百忙之中能抽出时间听自己的演说，以引起招聘者的体恤之情，并由此导入正题。这种开头切忌堆砌过分谦虚的套话，否则会令人反感，影响演讲效果。

（2）单刀直入，开门见山。例如“我叫李×××，19××年×月出生，中共党员。20××年×月毕业于中国人民公安大学管理专业，获硕士学位。同年×月被分配到市公安局政治部工作，现任政治部主任。我这次竞聘的职位是市公安局局长。我之所以竞聘这一职务，主要有以下几点理由……”。这种开头直接道明基本身份以及所要竞聘的职位，给人以洗练明快之感。

（3）结合现实情况或形势，围绕某一中心引出竞聘演说。如：“面对知识经济时代，领导为我们一批年轻人提供了竞聘支行行长的机遇，几天来我非常激动。创新意识对于21世纪的发展至关重要。我想借这个机会也深入学习一下创新意识。下面，我想结合这个问题汇报自己的工作和想法……”这是直接明确竞聘演讲中心主旨的开头方式。无论采用哪一种开头方式，都需要表明什么情况，竞聘什么职务，使听众明确竞聘者的竞聘意向。

2. 主体

主体一般包括以下内容：

（1）竞聘人基本情况。简要介绍竞聘者的基本情况，包括姓名、性别、年龄、民族、政治面貌、文化程度、职务、职称、工作简历等，可根据实际安排详写或略写，不必面面俱到。例如对自己与竞聘岗位有密切关系的工作经历和资历，则要相对详细、具体、系统地写明，这样有利于招聘者对照岗位的要求去权衡竞聘者的情况。

（2）竞聘理由和资格。这部分是主体内容的重点，它直接关系到竞聘的成功与否，不可掉以轻心。竞聘理由主要是陈述自己胜任所竞岗位的理由，可从以下诸方面来阐述：首先，可讲明自己参加竞聘的出发点，可以从“挑战自我、提升自我或带动全体迈向事业新台阶”这一角度提出，给人以积极进取、不谋私利的良好形象。其次，略讲自己具备竞聘职位所需的学历、资历及工作经验等。再次，重点阐述自己具备各种素质和业务能力，各种素质中尤其要写好政治素质。政治素质，主要是指对党的方针政策的认识程度、在重大历史时期的表现、工作的责任心、遵纪守法等情况。业务能力指竞聘者所具有的观察分析、认识和解决业务问题的能力，可结合竞聘者目前的工作业绩（如科研成果、突出贡献、获奖情况等）来陈述。这部分要在实事求是的基础上，尽可能突出自己的优势，摆出自己优于别人的条件，以此增强自己的竞争力。

（3）被聘后的设想和打算。这部分主要写竞聘者所设想的被聘后对所任职务的工作目标及措施。设想和打算可以从这几个方面阐述：一是工作方面，表示自己将会从整体大局出发、从部门工作出发、从所分管的工作角度出发；二是个人方面，将会加强学习、提高业务工作能力等；三是为人方面，表明自己将与同行团结协作、廉政为官等。这部分要围绕人们对该竞聘岗位关注的热点、重点、难点问题来阐述，不宜太多太杂。

3. 结束语

这部分是主体内容的自然延伸，一般用以表明竞聘者的态度（竞聘成功或不成功的态度），希望听众支持自己以及向听众致谢等。这部分要写得简明扼要，自然贴切，意尽言止。

（四）落款

在正文右下方写上竞聘者的姓名和演讲日期，日期要求年、月、日俱全，如【范文】。

三、竞聘词的写作要求

（1）所具备的工作能力要有确凿有力的事实依据，令人信服。

（2）工作设想、打算、措施要针对目标有的放矢，实事求是，切实可行。

团结协作，开拓、奉献的思想境界，就能给人留下良好的印象，尤其不能把认识落在挣钱多、待遇好、清闲自在或能出国等的认识上，有损竞聘者的情操。

（3）篇幅不宜过长，把要讲的内容说清楚。

【范文借鉴】

【范文】

人教科副科长竞聘词

尊敬的各位评委、各位同事：

大家好！

公开、公平、竞争、择优的人事制度改革给我们每个人都创造了一个公平竞争、展现自我的机会；不断前进的社会、不断发展的体制既给我们带来了压力，也带来了动力，正确理解、积极参与、抓住机遇、挑战自我是我参加这次竞聘的目的。我要竞聘的是人教科副科长职位。

首先，向大家简单介绍一下我自己，本人××，现年三十岁，大学文化，中共党员，20××年7月毕业于××大学××专业。我竞聘的岗位是办公室副主任。下面，我想先谈谈竞聘本职位的优势。

一是具有一定的人事工作经验。自20××年以来，我一直在人教科负责人事工资管理和干部档案管理工作。十多年来，通过自己努力学习人事工作方面的相关知识以及向领导、向同事们学习，取长补短，不断充实自己，积累了一定的人事工作经验，并在大家的关心、支持和帮助下，在本职工作中也取得了一些成绩（讲述取得过的荣誉）。

二是具备一定的组织能力。在处理上下级单位相关工作协调关系方面也能摆正位置，理顺关系。对我局所属各县（市）局有关工资、干部档案方面的工作都能做到耐心指导、认真负责、互相学习、共同提高。20××年，我担任了机关支部的××（职位），在努力做好这两项工作的同时，也使自己的组织能力得到了进一步的锻炼和提高。

三是能坚持原则，秉公办事。人事工作大多涉及职工个人的切身利益，工资管理工作更是体现了这一点。我在工作中能坚持原则，本着对每一位同志认真负责的态度做到公正、公平，力求准确无误。对于工作中出现的差错，能及时纠正，不隐瞒过失，保证了职工个人的利益不受损失。同时，对个别干部的档案中发现的问题也能一丝不苟，查清查实，对组织负责。

如果能得到局党组的信任和同志们的大力支持，竞聘本职位成功，我将在科长的领导下着重做好以下几项工作：

一是当好科长的参谋与助手。认真贯彻执行人事工作的路线、政策；工作上做到到位不越位，到位不缺位；职责明确不推诿；实事求是、以身作则；充分调动和发挥科室人员的工作积极性；严于律己，宽以待人；团结协作；对待分管工作中发生的问题，本着积极协商、妥善处理、勇于承担错误的态度，以利于科室工作的进一步提高。同时，牢固树立为基层服务、为税收一线服务的思想，坚持求真务实的精神，积极应对工作中出现的各种问题。

二是通过调查研究，听取群众意见，在全系统逐步建立一套各级后备干部档案，动态地掌握各局税务骨干在德、能、勤、绩四个方面的表现，为我局在今后有计划、有步骤地培养和使用干部，坚持任人唯贤的用人制度提供依据打好基础。

三是在培训工作中认真听取基层单位的意见和建议。积极与各科室配合，从实际工作需要出发，本着注重技能、注重实效的原则，力求使培训工作做到学有所用，学有所长。同时，从长远角度出发，采取多种方式，在基层局重点培养税收业务骨干，使之成为税务理论、计算机应用方面的师资力量，以点带面，推动我区地税系统教育培训工作全面开展，进一步提高税务系统干部素质，以适应新时期知识更新、科技进步对税务干部队伍建设提出的新要求。

四是加强人事工作信息化建设，提高基础资料的计算机管理程度，使现有的工资管理、教育培训、干部档案、各类报表等应用软件得到进一步推广与使用。同时，提高各局人事干部在应用人事软件方面的整体素质，避免在我区地税系统广域网投入使用后人事信息化建设滞后的现象发生。

五是协助科长做好目标管理考核、干部年度考核等工作。同时，建议使用干部任期中的考核，下基层、走近群众，重点考核任命或聘任后的基层领导水平、业务能力、工作实绩、思想状况、群众基础等方面的情况，及时、准确地将考核情况反馈给局党组，杜绝干部走马上任后不求实绩、高高在上、混日子的现象发生，防患于未然，真正做到为税收中心工作的完成提供组织保证。

以上是我开展本职位工作的基本思路和工作目标，无论竞聘结果如何，我都会保持一颗平常心，坦然地面对未来。成功对我来说，争来的是一份信任、一副重担，在以后的日子里，我会增添一分拼搏向上的信心，不辜负局党组和同志们对我的希望，戒骄戒躁、努力工作；如果落聘，说明我同组织上的要求还有一定的差距，我也会积累经验，找出差距与不足，在今后的工作中，加倍努力，迎头赶上，通过学习不断完善自己。

最后，祝愿大家在这次机构改革中，成功地走向适合自己发展的岗位，祝愿我局机构改革工作圆满成功！

竞聘者：×××
20××年×月×日

【病例评析】

【病例】

综合秘书岗位竞聘

各位领导、各位评委、同志们：

大家好！

2008年我毕业于石家庄经济学院财务会计系，审计学本科，并获得经济学学士学位。同年7月进入我局财务部参加工作。2012年被任命为助理会计师。参加工作四年以来……在领导和同志们的关心、支持、帮助下，并通过自己的努力，使自己在思想上、工作上都取得了很大的进步，才能借此机会参加此次的竞聘。这次电信系统实施薪酬制度改革和竞争上岗，对于调动广大年轻干部的创业积极性，激励年轻干部的全面发展和健康成长具有重要的意义。作为符合条件的我，非常高兴，同时满怀信心参加这次公开、公平、公正的竞争活动。

我这次竞争的岗位是综合秘书主办。该岗位的目的是：通过该岗位各项工作的开展，使企业的印鉴管理及使用更加规范，使企业的合同管理、全面质量管理、计量管理工作不断提高。加强企业内、外部的信息沟通，当好领导助手。（略）

我认为我参加该岗位竞争的优势主要体现在以下五个方面：

一、具有广泛、多样的知识背景，深厚、扎实的理论功底（略）

二、具有谦虚、谨慎的做人态度（略）

三、具有良好的沟通能力和强烈的团队精神（略）

四、具有善于学习、勇于探索的求知欲望和与时俱进、敢于争先的时代意识（略）

五、具有坚韧不拔、百折不挠的心理素养和不甘守旧、勇于开拓的创新精神（略）

各位领导、各位评委、同志们，如果我这次能够竞聘成功，我会认真做好以下几个方面的工作，真正当好局领导和办公室主任的助手。（略）

拿破仑说过“不想当将军的士兵不是好士兵”。我要说“不想当领导的职员也不是好职员”。

我认为我担任综合秘书的岗位是最合适不过的，希望同志们能一如既往地支持我的工作。请大家投我一票，相信你的选择一定不会错。再次向各位评委、各位领导和同志们这几天的辛勤工作表示衷心的感谢！

谢谢大家！

【评析】

这篇竞聘词主要存在以下不足：①篇幅太长，内容庞杂，语言啰唆，且有几处存在语病。包罗万象，滔滔不绝，这是竞聘词的大忌。②重点不突出。在讲述竞聘优势时，过多地讲工作的过程，这使演说的篇幅过长，同时也影响重点的突出；在讲工作设想时面面俱到，谈的都是秘书岗位的日常事务工作的开展，无开拓性的工作设想，这样的竞聘词很难使竞聘者脱颖而出。③语气不够谦虚，有妄自尊大之嫌。④用词不当。⑤欠缺落款。

【项目2】就职词的写作

【能力目标】

1. 能熟练掌握就职词的写作技能。
2. 能够根据具体情况写出内容翔实、感情真挚、切合听众心理、态度干脆、文字简洁的就职词。

【知识目标】

1. 了解就职词的概念和写作要求。
2. 了解就职词的适用范围。
3. 掌握就职词的格式和一般写法。

【工作情景】

广州财富饮食集团公司员工张文婷成功竞聘人力资源部经理，就职时要发表就职演讲。

讨论：请你替张文婷拟写这份就职演讲。（学生在老师的指导下完成。）

【必需知识】

一、什么是就职词?

就职词是新当选的政府首脑、各级领导人或企事业单位的负责人在走马上任前的施政演说。就职词有利于向下属明确自己的工作计划，展示自己的领导形象和工作风范，获取下属的支持与合作，同时也能够促使其本人在今后工作中尽职尽责，不敢懈怠。

二、就职词的格式和一般写法

就职词的结构一般由标题、称谓、主体、结束语组成。

（一）标题

就职词的标题有以下写法：一是单标题写法，如《×××的就职演说》（要标明任何职）；二是双标题写法，正题表明就职词的主旨，副题标明职位。

（二）称谓

称谓的写法与竞聘词相同，这里不再赘述。

（三）主体

就职词的主体部分一般要写以下内容：①表明此刻的激动心情，向选民、代表或群众表示感谢；②简单介绍本人的情况；③讲自己的工作思想、施政纲领以及近期工作的具体任务、目标、措施等；④表示做好工作的信心和决心，请求大家予以支持，展望未来，鼓舞斗志。

就职词主体部分的写作要注意的问题有：一是要把自己置于从群众中来的位置，切忌打官腔；二是施政纲领、工作计划应实事求是，不好高骛远，不墨守成规，给下属留下严谨踏实而又锐意进取的形象；三是表现自己对克服目前暂时困难的勇气和对未来前景的信心，这样能显示自己的才能与魄力；四是表达自己对职务所辖之情，以情动人；五是承认自己在资质上的不足，然后表达自己以勤奋弥补不足的决心，以获得大家的信任；六是应特别在正确处理公私关系的问题上许下承诺，以获得更多的好感。

（四）结束语

就职词常用“谢谢”或“谢谢大家”等礼貌用语结束演说，如【范文】。

三、就职词的写作要求

（1）感情自然真挚。就职词要赢得听众的喝彩与支持，所凭借的是恳切的、发自真情的言辞。

（2）关注受众、切合心理。只有切合人们当前所关心的问题，把握事物的发展方向，说到点子上，才能燃起部属的工作热情，奠定发展的民心“基石”。

（3）简洁干练、要言不烦。应聘和就职演说都不宜长篇大论，过于繁冗拖沓只能使人厌烦，只要把公众最关心的问题讲明即可。

（4）态度干脆、坚决果断。就职演说的表态是关键部分，新上任的领导对于今后将如何发展，有何种意向，态度怎样，一定要讲得掷地有声、铿锵有力。

（5）条理清晰、表述方法灵活多变。首先，理顺演说的内容，使之条理化，让听众容易听懂；其次，适当运用各种修辞方法，增添演说的魅力；再者，尽量用短句，使语言表达节奏明快、铿锵有力，把就职演说果断干脆的特点充分展现出来。

【范文借鉴】

【范文】

做一个不被私利左右的人

——××市新市长的就职演说

各位代表：

当我听到主持人宣布的选举结果后，激动了。因为我出身于一个贫苦的农家，15岁以前，吃不饱饭，也几乎读不起书，我深深地懂得群众的疾苦，也深深地懂得人民的伟大。代表投我的一张张票，集中起来，就是全市270万父老乡亲寄予我的重托。权力是有限度的，任期也是有限度的，但是父老乡亲们交给我的责任是没有限度的，因此我要把为群众谋利益作为己任，努力地奉献，尽力地工作，尽心地服务，竭尽所能为群众多办实事。

要为群众办的最大实事就是要用我全部的精力和智慧调动所有的力量和积极性，切切实实把我市经济建设搞上去。我将进一步贯彻落实市委制定的“强工富市”战略，按照全市重心抓经济、经济突出抓工业、工业重点抓管理、管理关键抓班子的思路，加快工业发展的步伐，并以此进一步加强农业的基础地位，推动第三产业，确保地区经济的全面发展。同时关心群众的生活，体察群众的疾苦，保持社会的稳定。总之，通过大家的共同努力，我们××市的经济实力一天天壮大，各项社会事业一天天发展，群众的生活一天天好起来。

大家把市长这个重担交给我，但是我个人的力量是非常单薄的，所以我必须始终坚持在市委的领导之下，在人大和各位代表的监督和支持之下开展工作。同时依法行政，按章办事，把政府工作纳入法制化、制度化、规范化的轨道。特别是要加强廉政建设，努力建设一个清洁的政府，建设一个少花钱、多办事、办好事的政府，建设一个作风好、效率高的政府。

正人先要正己。我自己了解自己：身心不敏，资历不深，经验不够，水平不高。所以我必须下苦功坚持做到认真学习不自满、努力工作不失职、摆正位置不越权、廉洁自律不谋私，特别是要做到安心、实心、尽心、绝不贪心。安心就是把家尽早搬过来、安安心心在××市工作；实心就是一切从实际出发，实实在在做几件事；尽心就是担负起我工作职责范围内的全部责任，一心扑在工作上；绝不贪心，主要是做到一般不剪彩、不题字，坚决不受礼，不参加公款消费的娱乐活动，不利用自己的职权为自己和亲友谋取任何好处，努力做一个一切为了群众的利益而不被私利所左右的人。

各位代表，中国的一句老话叫为政不在言多。市长市长，应该成为一个实干之长。刚才代表们把市长这顶帽子戴到我的头上，现在我就拿下来托在我的手上，挺起腰杆做事，夹着尾巴做人。做得好，就好好做下去。做不好，我会自觉把这顶帽子还给我们的人民。谢谢大家！

×××

20××年×月×日

【病例评析】

【病例】

在人代会上的就职演说

各位代表：

在××县第十一届人民代表大会第三次会议上，我荣幸地当选为××县人民政府县长。此时此刻，我的心情无比激动，也非常高兴。我对各位代表投我一票表示最衷心的感谢。我是××县人民的儿子。我为自己能成为××县人民的县长感到荣幸和自豪。我爱这里的土地，我更爱这里的人民。是这里的人民哺育我成长的。

××县是一个具有悠久历史和光荣革命传统的文明古县。时至今日，我们××县已有两千多年的历史。在这两千多年的历史长河中，我们的祖先繁衍、生息、奋斗在这块土地上，他们用自己的聪明才智和勤劳的双手，为中华民族光辉灿烂的历史添绘了极为壮丽的一页。在这里，我无法统计××县曾经历了多少任县令、知县和县长，诞生和哺育了多少名人志士；同样，我也无法评价他们每一位的功过是非。如果说，落后的社会制度曾经阻碍了××县的发展，阻碍了无数仁人志士才智的施展，那么，1949 年 8 月 5 日××县的解放和社会主义制度的建立，则为××县的发展展示了无限广阔的前景。

这大概是一种历史的巧合。从 1949 年 7 月 25 日××县第一届人民政府建立以来，已经召开了×届人民代表大会，而我又恰巧是第×位县长。我有自知之明：与前辈们相比，我无论是在能力、资历、经历等方面都远不如他们。我的才学低微疏浅，恐怕难当此任，但是大家一定要推举我做县长，我只好硬着头皮做，不负众望，为××县人民努力工作。××县的兴盛，不单靠我，还靠大家，大家要团结努力拼搏，拧成一股绳，才有幸福。我不祈求在历史上建功立业，也不苛求人们对我的赞誉，我唯一的期望就是：在××县迈出更坚定的改革步伐时，当××县人民实现小康时，在这个用我们的心血和汗水构筑成的无比幸福和甜美的蜂巢中，有我那微不足道的一滴蜜——这就是我最大的快慰。

谢谢大家！

【评析】

这是一篇新任县长的就职演说，篇幅不长，详略得当，但也有一些不足：①表达欠妥，如演说的开始，一般要先感谢代表们的信任和支持，但演讲者却急于表达当选后的激动心情以及荣幸和自豪，一下子就拉开了与群众的距离，无形中给自己设了隔膜屏障；第三段讲自己“才学低微疏浅，恐怕难当此任，但是大家一定要推举我做县长，我只好硬着头皮做”不妥，容易使人感到就职者信心不足，难以获得下属支持。②用语不恰当，如“××县的兴盛，不单靠我……才有幸福”，此处的幸福是全县人民的幸福还是所谓“大家”的幸福，不明确；“建功立业”应立足于所辖的人民，才能深得人心，得到拥戴；“不祈求”“不苛求”虽然姿态低调，但容易给人留下就职者无大志、无进取精神的印象。③欠缺落款。

【项目3】述职报告的写作

【能力目标】

1. 能熟练掌握述职报告的写作技能。
2. 能够根据具体情况写出重点突出、材料真实、评价客观、态度诚恳、文字简洁的述职报告。

【知识目标】

1. 了解述职报告的概念、种类和写作要求。
2. 掌握述职报告的格式和一般写法。

【工作情景】

广州财富饮食集团公司员工张文婷任公司人力资源部经理一年了，年底考核评比，必须在职工大会上陈述自己一年来的工作情况，需要写一份述职报告。

问题：请你替张文婷拟写这份述职报告。（学生在老师的指导下试写这份述职报告。）

【必需知识】

一、什么是述职报告?

述职报告是党政机关、企事业单位、人民团体的干部或者专业技术人员为接受考核，就自己履行岗位职责的情况，从德、能、勤、绩等方面进行自我回顾和评估而写成的，向主管部门、组织人事部门或本单位的职工进行陈述汇报的书面报告。

二、述职报告的种类

按不同的标准，述职报告可以有不同的分类。从时效上分有任期述职报告、试聘期述职报告、年度述职报告，以及一些应急、不定期述职报告；从内容上分，有综合性述职报告和专题性述职报告；从述职的主体上分，有管理干部述职报告和专业技术人员述职报告；从表达形式上分，有书面述职报告和口头述职报告。

三、述职报告的格式和一般写法

述职报告的篇章结构一般由标题、主送机关或称谓、正文、结束语和落款等部分组成。

（一）标题

述职报告的标题一般有以下几种：

（1）只写文种名称，如《述职报告》。

（2）文种前加限定语，如《我的述职报告》《××会议上的述职报告》。

（3）文种前加上述职的时间范围，如《20××年述职报告》《试聘期述职报告》。

（4）文种前加上任职时限和任职名称，如《20××年至 20××年任市财政局长的述职报告》《20××年至20××年任助理经济师述职报告》。

（5）正副标题。正标题一般反映述职报告的主旨或基本观点、基本经验，副标题交代是何人任何职的述职报告，如《做经济工作也要讲政治——××公司经理兼党总支书记×××的述职报告》。

上述各种形式的标题都要具备述职报告文种名称。

（二）主送机关或称谓

述职报告有特定、明确的读者或受众对象，应在正文之前冠以主送机关或称谓。向上级领导呈送的述职报告，应按照公文写作的规范格式，在第一行顶格写主送机关，如“××组织部”“××人事处”；如果是在一定的场合向领导或下属宣读的述职报告，则应当使用一般对人的称谓，如“各位领导”“同志们”等。

（三）正文

述职报告正文内容包括：一是陈述岗位职责，这是述职报告首先要扼要讲明的事项；二是汇报自己主要做了哪些工作，尤其是开拓性的工作；三是交代做工作的指导思想；四是评估自己在任职期内取得的成绩；五是讲明工作中的失误或存在的问题等。上述内容可分为两大部分来写。

1．开头

开头说明履行职责的基本情况，说明自己的职务、职责、岗位责任、工作目标等，介绍任现职情况。这部分属于述职报告的前言，表述要简洁扼要。

2．主体

主体是正文的核心部分，主要包括以下内容：一是陈述履行职责的情况。就本人所负的职责和分管的工作进行陈述、评估。要写如何开展工作，效果如何，有哪些具体做法，从中的体会和认识等。二是不足方面和存在问题的说明。实事求是地分析工作中的失误和不足，以引起有关部门的关注，便于今后解决。

述职报告的正文部分通常有两种常见的结构方法：一是横式结构，即把问题的各个方面分别予以具体的叙述、分析，以便于多角度、全方位地表现述职人的工作情况，如【范文】。运用横式结构，先后顺序安排要注意合乎事物的内在逻辑联系，分清主次，摆正因果。二是纵式结构，即按照时间先后和事物发展的顺序安排内容，如把整体工作的进程分成几个阶段，再分别对每一个阶段的情况进行陈述、分析。采用纵式结构很清楚地反映了工作的进程。

正文的最后，应简要写出述职者今后的努力方向、态度、愿望等。

（四）结束语

述职报告的末尾，应有个明确的结束语，如“述职至此，谢谢大家”“以上述职报告，请予审议”。

（五）落款

写上述职者的职务、姓名和成文日期。署名也可在标题的正下方，如果标题中已出现，则不必单独署名，如【范文】。

四、述职报告的写作要求

（1）庄重严肃，实事求是。向上级领导机关、业务主管部门或本单位的职工群众述职，是干部管理制度和专业技术人员考核体系的重要部分，是上级和群众了解、评价有关人员的基本依据。所以必须庄重严肃，不可轻率马虎；必须实事求是，不可失真走样，任意夸大、缩小，不可溢美掩恶。

（2）述评结合，详略得当。摆材料、讲事实要实实在在，切忌空话、套话来凑成绩。评估工作、自我评议要客观，要从工作实践中总结出规律性的理性认识。在任职时间长、头绪多、工作任务重的情况下，更要观照全面，安排好详略，突出重点。

（3）内容的规定性，材料的真实性。述职报告侧重写述职人在一定时期内履行岗位职责的思路、过程和能力等，须回答称职与否的问题，具有相当的规定性。写履行职责的方方面面都须以工作实践为依据，做了什么、怎样做、取得哪些实绩，都必须是真实的。

【范文借鉴】

【范文】

述职报告

经济管理系　×××

我是因为喜欢才从事教师这个职业的，所以我的工作态度是积极的、主动的。从执教的第一天起，就要求自己的举止行为更加规范，因为从今以后我将为人师表，一言一行都影响着一批人，即我所教育对象的未来，我要对他们负责。

在职业活动中，我把热爱学生放在第一位，有了这种心境，师生之间就能处于和谐的状态，许多事情便迎刃而解，热爱学生包括尊重信任学生、关心爱护学生，只要是我的学生，无论成绩好坏，我都一视同仁。对于性格孤僻的学生，更多给予热情帮助，意图使他们恢复自信，走出自我评价的误区。人的感觉是相互的，教师的真诚学生是能感受到的。有次班上的学生手指破了，急需包扎，一时找不到红药水，我二话没说，骑上自行车去买了回来，后来这个学生与我亲近多了，上课也不再捣蛋了。我在大多数情况下，坚持与学生平等相处，鼓励他们谈自己的想法，尽量使师生之间形成交流的习惯。我坚信：只有当学生接受了你这个人，才可能以主动的态度接受你的教育。

尽到教书育人的职责，光有爱心是不够的，还要勤奋钻研、科学施教。教育活动有其客观规律，正确运用教学规律，能提高教师的工作效率。这个规律的核心便是科学、有效的教育方法，是要靠自己不断地摸索才能得到的。记得我做学生的时候，轻轻松松、快快乐乐地度时光，最后顺利考入了重点大学，再看周围的同学，大多是勤奋好学的，但总不乏努力不见成效的例子，分析下来，也许是我的学习方法得当吧。从那时起，我就想以后去做老师吧，可以把我的学习方法介绍给别人，让更多的人受益。以至于我去求职面试时，曾坦言有此优势。向学生建议一种高效的学习方法，等于完成了科学施教的一大半。然而在教学活动中贯彻实施这项工作是非常辛苦的，因为学生有惰性，他们习惯了填鸭式教育，懒得自己看书理解，哪怕再简单的东西，他也希望你讲，这样就需要我的教法打破传统模式。而与新学法相适应，而短时间内看不到成效，但我还是坚持不懈地做下去，因为教学大纲中明确指出，教育的目的是为学生将来走上社会打下扎实的基础，基础何义？基础是一种能力，未来的社会是一个不断更新的社会，要稳稳立足于社会，就必须不断地学习，获得新知识，充实自己，换句话说，在学校学的那些具体知识是远远不够的，所以我们要给学生的是一种能延续的东西，这就是能力，那么，无论什么时候、无论哪个领域的知识，只要他想学，都不会存在无师的困惑。令我感到欣慰的是，大部分学生还是接受了我的建议。

科学施教的同时要求教师不断地完善自身、提高业务水平、扩大知识面，因为学生形成良好的学习习惯以后，他的发散思维得到了开发，提的问题自然就多了，面也广了，所以不管工作有多忙，坚持反复钻研教材，大量阅读参考书，以提高自己的业务能力。另外，在公共知识方面，英语、日语、计算机、普通话都取得了不小的成绩。我想，作为教师，知识面越广，自己的感觉也好，学生对你的感觉也好。

教育是一项高难度的工作，要做好它，十分不易。但我相信，只要乐岗敬业，定会有所收获。我的精神生活中将会有一份常人无法比拟的欢愉。

2018 年×月×日

【病例评析】

【病例】

我的述职报告

市委组织部：

我于去年五月来××区任党委书记兼区长。作为书记、区长的主要职责，一是领导一班人认真贯彻执行党的基本路线、方针和政策，结合本区实际搞好“两个文明”建设；二是用好管好干部，坚持任人唯贤，选优汰劣；三是当好班长，团结一班人，充分发挥每个人的作用。

根据以上职责，我做了如下工作：

一、结合本区实际，提出工作的指导思想。我来时，对区里工作，心中无数。当时由于种种原因，区干部心不齐，经济工作困难突出。针对现状，我组织带领大家，走访基层，深入调查研究，提出了“统一思想，更新观念，顾全大局，加强团结，坚持改革，调整关系，向内使劲，对外搞活”八句话，并以此作为全区工作的指导思想，统一思想，理顺工作。

二、抓紧改革整顿，促进经济发展。针对我区企业有的“等饭吃”，有的濒临破产的现状，我跟区委区政府其他领导同志一起探讨和研究，作出了如下决策：①撤销工业公司。②处理亏损严重的二色织布厂，将其一部分转让给商场，一部分归黄棉。③合并建筑公司。④转让玻璃厂。⑤合并童鞋厂和卫材厂。经过改革整顿，目前，我区的经济工作有很大起色，有几个企业已扭亏为盈，还有几个企业起死回生，去年全区总产值达 5468.92 万元，比前年增长了 11.4%，其中工业总产值达 3631.25 万元，比前年增长了 16.86%。

三、认真贯彻党的十九大精神，充分认识习近平总书记的新时代中国特色社会主义思想，牢牢把握“八个明确”的主要内容和“十四个坚持”的基本方略，以此武装头脑、指导实践，坚定不移把新时代中国特色社会主义推向前进。区委把这项工作摆到重要的议事日程上，进行了统一研究和部署。经过大家共同协作努力，取得了明显成绩：普法教育全市第一；计划生育是省市先进单位；还有文化教育、城管城建、民兵武装、社会治安等工作，也多次受到市领导的肯定和表扬。

以上是我过去一年里做出的一些成绩，当然也有不足之处。主要表现是：“四多四少”，即开会多，深入调查少；听汇报多，帮助基层解决问题少；布置任务多，督促检查少；一般号召多，总结经验少。存在问题的主要原因是：求稳怕乱；对党的路线、方针、政策领会不够，加上对基层情况摸得不够准，所以顾虑多。

在新的一年，我要认真总结过去工作的经验教训，发扬成绩，克服缺点，为我区各项工作再上一层楼，做出更大的努力。

××区×××

2019 年 5 月 13 日

【评析】

这篇述职报告的开头部分概述了现任职务、任职时间、岗位职责及总的评价；主体部分陈述履行岗位职责情况，把取得的政绩和目标实现的做法程序糅合在一起来写，概括成三个方面，既汇报了工作及其成效，也总结了经验；结语部分概述了存在问题，找出了原因，明确了今后的努力方向。不足之处是未写出改进的思路。

【技能实训题库】

一、分析题

对下面这则致词进行评析。

在“北航报”学生记者元旦会上的致词

同学们好：

刚才主持人说“请宣传部长发言”。很抱歉，今晚我不当“宣传部长”，只作为一名 20 年前的老学生记者，来和大家聊聊，请接纳我这颗依然青春的心！

20 年前，当我开始我的大学生涯时，就十分荣幸地成了“北航报”的通讯员，在这块园地上，我第一次将自己写的文字变成了铅字，也最初萌发了我与文字终身为伍的信心。人生漫长，但影响和改变人生命运的，有时候仅仅是个偶然的事件或者是一个看来很小的机会，它的意义，大概要等到很久以后才能看出来。我想说的第一句话是：同学们，你们同我一样，十分幸运！真的，十分幸福！

我想说的第二句话是“抓住机会，干出个‘人模’、‘狗样’来！”什么叫“人模”呢？“北航报”是校党委行政的机关报，同学们是学生又是记者，是精神苗圃中的耕耘者。我们用笔讴歌校园新人、新事、新风尚，抨击不良风气，我们自己应该先有崇高的精神追求，要注意严于律己，成为同学们的模范。什么是“狗样”呢？要善于捕捉，我们周围有许多“闪光点”、新闻“热点”值得写。一个好记者，应该像一头警惕的“猎狗”，他的耳朵时刻是竖着的，只要哪里出现“动静”就立刻捕捉住，要敏感、要勤奋，努力写出更多的好作品。

我想说的第三句话是：“你们羡慕我，我更羡慕你们！”刚才，主持人多少带有些夸张地讲了我十几年的“成就”，在国家大报上写了上千篇文章。同学们有些羡慕。我在这辞旧迎新的时刻，面对着朝气蓬勃的你们，我更羡慕你们。我记得一位久负盛名的老学者说过的一段话：“假如我是你们当中的任何一人，哪怕你们中自以为倒霉的一个，我都感到无限的幸福。因为你们拥有时间。拥有一次次选择的机会，这就意味着拥有广阔的未来。”时代给我们的最好的礼物，就是伟大事业激起的巨大热情，让我们在这庄严的时刻互勉：我们珍惜时代赋予我们的每一个机会，让奋斗充实生活的每一个瞬间。

祝同学们新年快乐，万事如意！

谢谢大家！

二、写作题

（一）看看本模块【项目 2】的【病例】的【评析】，替这位县长写一份正确的就职词。

（二）假如你成功应聘系学生会主席，必须就职演讲，请为自己拟写一份就职词。

（三）在进行班委改选中，请你根据个人的情况选择一个职务，拟写一份竞聘词。

（四）假如通过竞选，你当上了班长，请你准备一份就职词。

（五）假如你是班长，学期末要在班会上进行述职，请你写这份述职报告。

模块十五　毕业论文

参考文献

[1] 文博．新编企业办公室文秘写作与范例全书[M]．北京：中国纺织出版社，2010．

[2] 李树村．企业办公室文秘写作规范与经典范本大全[M]．北京：中国纺织出版社，2010．

[3] 黄巨龙，何劲耘．企业应用写作[M]．广州：暨南大学出版社，2009．

[4] 朱悦雄．应用写作病文评析与修改[M]．广州：广东高等教育出版社，2004．

[5] 陈子典．全国秘书职业资格考核应试辅导[M]．广州：广东高等教育出版社，2005．

[6] 杨文丰．现代应用文写作[M]．北京：中国人民大学出版社，2001．

[7] 邱宣煌．财经应用文写作[M]．大连：东北财经大学出版社，2001．

[8] 严爱慈．新编应用文写作[M]．广州：广东高等教育出版社，2006．

[9] 张德实．应用写作[M]．北京：高等教育出版社，2001．

[10] 林升乐，李丽雅，胡晓娟．物业管理应用文写作[M]．重庆：重庆大学出版社，2004．

[11] 文博．最新办公室标准文书写作范例[M]．北京：蓝天出版社，2003．

[12] 李道馗，朱江天．财经应用文写作[M]．成都：西南财经大学出版社，2002．

[13] 裴传永，李晓波．现代公文写作与公文处理新编[M]．北京：中共中央党校出版社，2002．

[14] 谢玲，范照明．实用文写作[M]．北京：中国新闻出版社，2003．

[15] 陈仕持．文史哲类学生专业论文导写[M]．长沙：中南大学出版社，2000．

[16] 刘巨钦．经济管理类学生专业论文导写[M]．长沙：中南大学出版社，2000．

附录　文章修改符号及其用法

编号	符号名称	符号形态	符号说明	用法示例
1	改正号	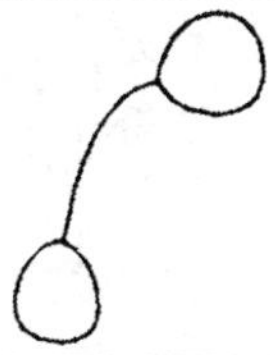	表明需要改正错误，把错误之处圈起来，再用引线引到空白处改正	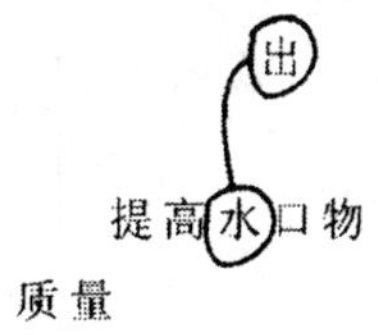
2	删除号	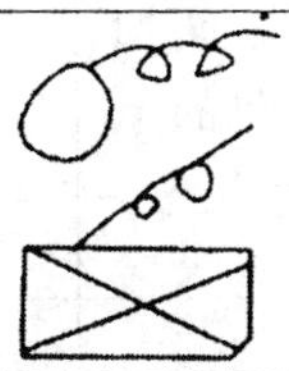	表明删除掉。文字少时加圈，文字多时可加框打叉	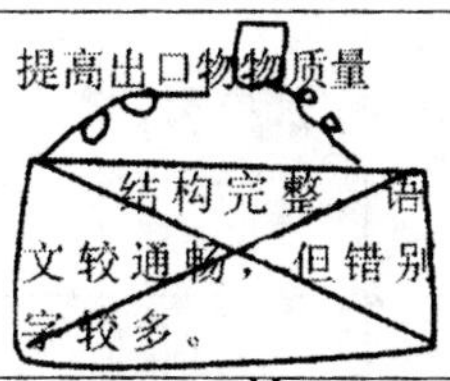
3	增补号		表明增补。文字少时加圈，文字多时可用线画清增补的范围	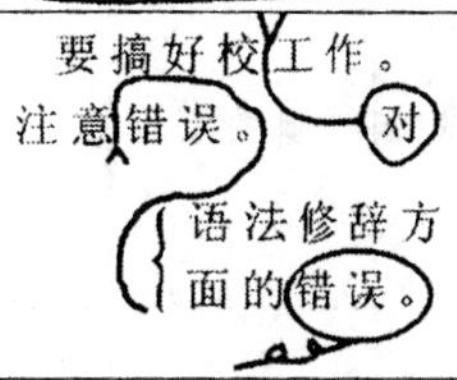
4	对调号	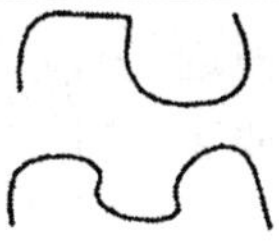	表明调整颠倒的字、句位置。三曲线的中间部分不调整	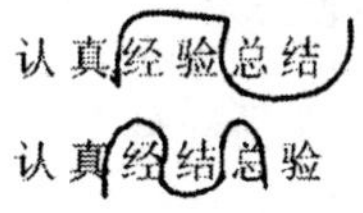
5	转移号		表明词语位置的转移。将要转移的部分圈起，并画出引线指向转移部位	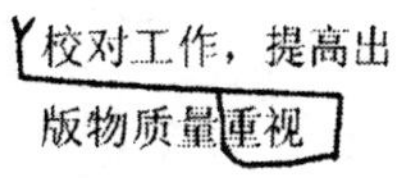
6	接排号		表明两行文字之间应接排，不需另起一行	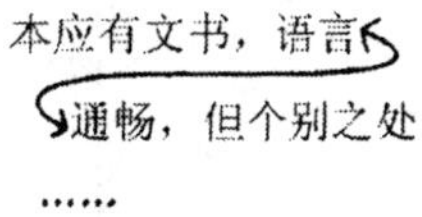
7	移位号	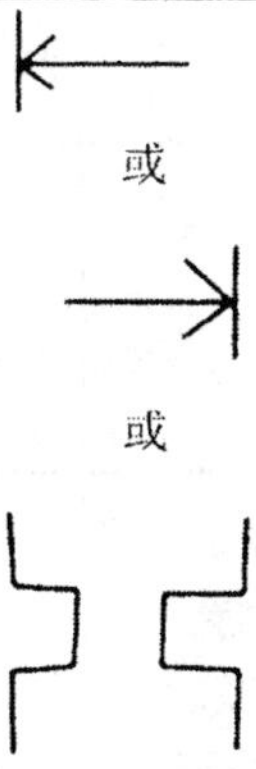	表明移位的方向。用箭头或凸曲线表示。使用箭头，是表示移至箭头前直线位置；使用凸曲线是表示把符号内的文字移至开口处两短直线位置	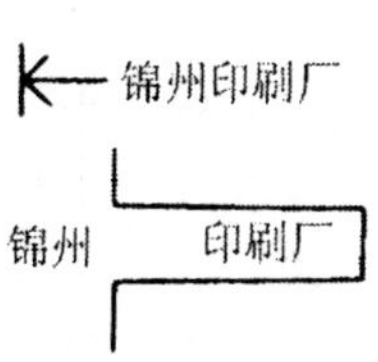

编号	符号名称	符号形态	符号说明	用法示例
8	排齐号	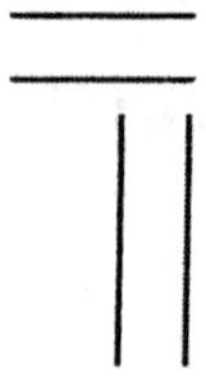	表明应排列整齐。在行列中不齐的字句上下或左右画出直线	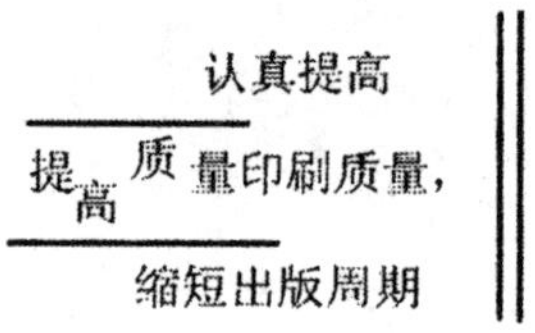
9	保留号		表明改错、删错后需保留原状。在改错、删错处的上方或下方画出三角符号，并在原删除符号上画两根短线	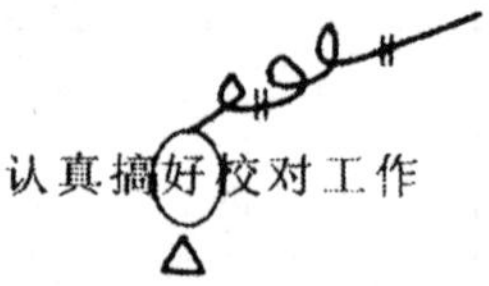
10	加空号	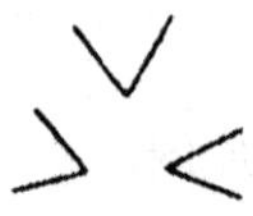	表明在字与字、行与行之间加空。符号画在字与字之间的上方；行与行之间的左右处	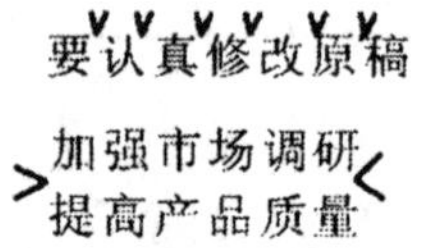
11	减空号		表明在字与字、行与行之间减空。符号使用方法同加空号	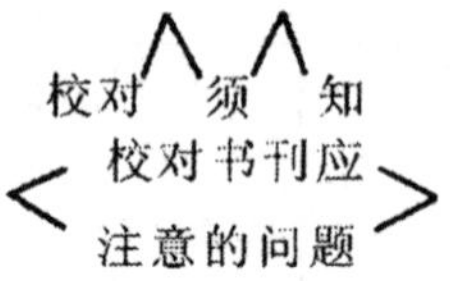
12	另起号		表明要另起一段。需要另起一段的地方，用引线向延伸到起段的位置	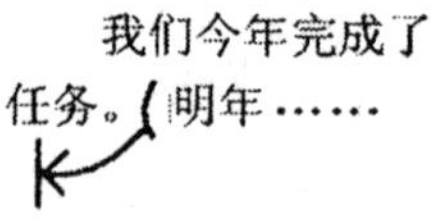
13	空字号	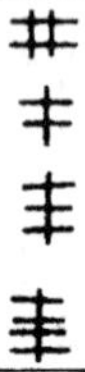	表明空一字距 表明空 1/2 字距 表明空 1/3 字距 表明空 1/4 字距	
14	角码号	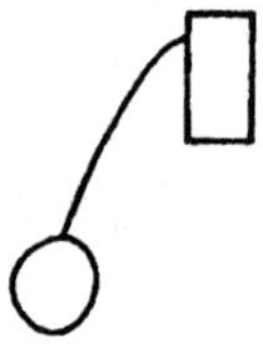	用以改正上、下角码的位置	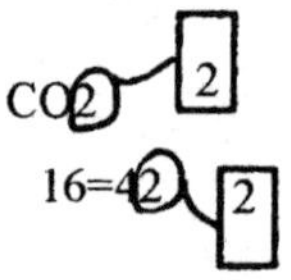
15	分开号		用以分开外文字母	

附录一 党政机关公文处理工作条例

附录二 党政机关公文格式